ΑΘΗΝΑΙΩΝ ΠΟΛΙΤΕΙΑ
ΑΡΙΣΤΟΤΕΛΟΥΣ

지은이 **아리스토텔레스** 기원전 384~322년

그리스 북동부 칼키디케 반도 스타게이로스 출생. 별칭으로 '스타게이로스의 사람'으로 불렸다. 마케도니아의 왕 아뮨타스 3세의 시의(侍醫)였던 아버지 니코마코스 덕에 어린 시절 펠라의 궁전에서 수준 높은 교육을 받으면서 성장했다. 17세가 되던 기원전 367년 아테네로 간 그는 플라톤의 아카데미아에 들어가 플라톤이 죽는 기원전 347년경까지 20년 동안 플라톤 문하에서 학문에 정진한다.

플라톤이 죽고 그의 조카 스페우시포스가 아카데미아의 새 원장이 되자 몇몇 동료와 아테네를 떠난 아리스토텔레스는 기원전 342년 마케도니아의 필립포스 왕에게서 그의 아들 알렉산드로스의 교육을 위탁받은 것으로 추정되기도 한다. 알렉산드로스가 아시아 원정을 준비하던 기원전 335년 아테네로 돌아온 그는 아폴론 신전 경내에 뤼케이온이라는 학원을 설립한다. 기원전 323년 알렉산드로스 대왕이 죽고, 아테네에 반마케도니아 기운이 감돌기 시작하자 아리스토텔레스는 아테네를 떠나 어머니의 고향 칼키스로 갔고, 이듬해에 세상을 떠난다.

그의 저술들을 주제별로 정리하면 다음과 같다. 논리학적 저작으로 『범주론』, 『명제론』, 『분석론 전서』, 『분석론 후서』, 『토피카』, 『소피스트적 논박에 대하여』 등이, 이론철학적 저작으로 『자연학』, 『형이상학』, 『혼에 대하여』 등이, 실천철학적 저술로 『니코마코스 윤리학』, 『정치학』, 『에우데모스 윤리학』, 『대도덕학』 등이 전해진다. 또한 언어학적 철학 저작인 『수사술』과 예술 이론적 저작인 『시학』이 전승되었고, 생물학 관련 작품으로 『동물 탐구』, 『동물의 부분들에 대하여』, 『동물의 운동에 대하여』 등도 전해진다.

옮긴이·주석 **김재홍**

숭실대학교 철학과 졸업. 동 대학원에서 서양고전 철학 전공. 1994년 「아리스토텔레스의 학문방법론에서의 변증술의 역할에 관한 연구」로 철학박사 학위 취득. 캐나다 토론토대학교 '고중세 철학 합동 프로그램'에서 철학 연구(Post-Doc). 가톨릭대학교 인간학연구소 전문연구원, 서울대학교 철학사상연구소 선임연구원 역임. 가톨릭관동대학교 연구교수를 거쳐 전남대학교 사회통합지원센터 부센터장을 지냈으며, 현재 정암학당 연구원으로 있다.

저서 『그리스 사유의 기원』, 『왕보다 더 자유로운 삶』, 『아리스토텔레스 정치학』 등. 역서 『자기 자신에게 이르는 것들』, 『에픽테토스 강의 1·2』, 『에픽테토스 강의 3·4, 엥케이리디온, 단편』, 아리스토텔레스의 『분석론 후서』, 『분석론 전서』, 『대도덕학』, 『동물의 부분들에 대하여』, 『가정경제학』, 『관상학』, 『정치학』, 『토피카』, 『소피스트적 논박에 대하여』, 『니코마코스 윤리학』 등.

ARISTOTELĒS
ΑΘΗΝΑΙΩΝ
ΠΟΛΙΤΕΙΑ

아테나이인의 정치체제

아리스토텔레스

김재홍
옮김·주석

그린비

고전의 숲 11 — 아리스토텔레스 전집 26
아테나이인의 정치체제

초판1쇄 펴냄 2025년 7월 24일

지은이 아리스토텔레스
옮긴이 · 주석 김재홍
펴낸이 유재건
펴낸곳 (주)그린비출판사
주소 서울시 서대문구 이화여대2길 10, 1층
대표전화 02-702-2717 | **팩스** 02-703-0272
홈페이지 www.greenbee.co.kr
원고투고 및 문의 editor@greenbee.co.kr

편집 이진희, 민승환, 문혜림, 성채현, 김혜미 | **디자인** 심민경, 조예빈
독자사업 류경희 | **경영관리** 장혜숙

저작권법에 의하여 한국 내에서 보호를 받는 저작물이므로 무단전재와 무단복제를 금합니다.
책값은 뒤표지에 있습니다. 잘못 만들어진 책은 구입처에서 바꿔 드립니다.
ISBN 979-11-94513-17-9 93190

독자의 학문사변행學問思辨行을 돕는 든든한 가이드 _(주)그린비출판사

일러두기

1. 이 책은 아리스토텔레스의 이름으로 전해지는 『아테나이인의 정치체제』를 번역하여 주석을 단 것이다. 이 번역의 대본으로 사용한 것은 다음의 책이다.

Chambers, M. H.(1986/1994), *Aristoteles, AθHNAIΩN ΠΟΛΙΤΕΙΑ*, 2nd ed., Stuttgart/Leipzig (Bibliotheca Teubneriana).

2. 번역에 다른 교정 텍스트도 참조했는데, 대본과 다른 읽기를 채택했을 때는 옮긴이 주를 통해 설명을 붙였다. 또한 대본 이전에 오랫동안 표준 텍스트로 이용되었던 케니언(Kenyon)의 옥스퍼드 고전 총서 판본도 참조했는데, 장과 절의 구분은 대본을 따랐다. 대본 이외에 가장 중요한 원전 텍스트는 다음의 책들이다.

Kenyon, F. G.(1891), *Aristotle on the Constitution of Athens*, Clarendon Press, Oxford.
Kenyon, F. G.(1920), *Aristotelis Atheniensium respublica*, Oxford(Oxford Classical Texts).
Rhodes, P. J.(2017), *The Athenian Constitution, Written in the school of ARISTOTLE*, Liverpool University Press.

3. 각주에서 참조하는 문헌 및 약칭

Chambers, Staat = Chambers, M. H.(1990), *Aristoteles, Staat der Athener*, Berlin.
Davies, APF = Davies, J. K.(1971), *Athenian propertied families 600~300 B.C.*, Oxford.
Develin, AOF = Develin, R.(1989), *Athenian officials 684~321 B.C.*, Cambridge.
FGrH = Jacoby, F.(1923), *Die Fragmente der griechischen Historiker*, Leiden.
Hansen, ADD = Hansen, M. H.(1999), *The Athenian democracy in the age of Demosthenes: structure, principles, and ideology*, trans. J. A. Crook, 2nd ed., Norman.
GAD = Gomme, A. W., Andrewes, A., Dover, K. J.(1945~1981), *A historical commentary on Thucydides* I~V, Oxford.
IG = Inscriptiones Graecae.
Jacoby, Atthis = Jacoby, F.(1949), *Atthis: the local chronicles of ancient Athens*, Oxford.
ML = Meiggs, R., Lewis, D.(1969), *A selection of Greek historical inscriptions to the end of the fifth century B.C.*, Oxford.
Rhodes, Comm. = Rhodes, P. J.(1981/1993), *A commentary on the Aristotelian Athenaion Politeia*, Oxford.
SEG = Supplementum epigraphicum Graecum.

4. 다음의 기호를 사용해 텍스트를 보충했다.

*** 원문에 추정 곤란한 탈문이 있는 대목.
〈 〉어구를 보충할 수 없는 파손, 탈루된 글자, 탈문.
[ ] 독자의 이해를 위해 옮긴이가 보충한 어구.
( ) 원래 사본의 본문에 있는 주석을 나타내는 문장.

5. ē와 ō는 헬라스어 장모음 에타(eta)와 오메가(omega)를 표시한다. x는 ch로, υ는 u로 표기하고, 헬라스어의 우리말 표기는 원음에 가깝게 표기하고, υ는 일관적으로 '위'로 읽어서 Phuthagoras는 퓌타고라스로, Aiguptos는 아이귑토스(이집트)로 표기했다. 본문에서 후대의 이오타시즘(iōtakismos)은 따르지 않았다. 또 드러내 표기하지 않았다.

6. 헬라스어 원전에 충실해서 옮기되, 우리말로 매끄럽지 않을 경우에 어느 정도는 의역을 가했다. 가능한 한 맥락이 연결될 수 있도록 옮긴이의 해석에 맞춰 옮기려고 노력했다.

『정치학』은 『아테나이인의 정치체제』에 의존하는가?

정치학과 윤리학의 연결고리

아리스토텔레스의 『정치학』 번역본(그린비, 2023) 마지막 주석에 나는 이런 말을 남겼다.

> 뭔가 명확히 매듭지어지고 있지 않다. 이어지는 논의는 무엇일까? 아리스토텔레스는 다시 어떤 주장을 덧붙이고 싶었을까? 영원한 숙제다. 어딘가에 남아 있을지도 모르는 그 어떤 텍스트가 발견되지 않는 한!

'그 어떤 텍스트가 발견'되는 그런 일이 일어날 수 있을까? 하지만 그런 일이 역사상으로 일어났다. 그 텍스트가 발견된 것. 그 텍스트가 바로 이 책 『아테나이인의 정치체제』다. 이에 관련된 이야기는 잠시 뒤로 미루고, 아리스토텔레스의 '정치학'과 '윤리학'에 대한 학문적 프로그램에 대한 이야기부터 해 보기로 하자.

『니코마코스 윤리학』 논의의 대단원을 마치는 가운데(제10권 제9장

1181b15~24) 아리스토텔레스는 '정치학' 프로그램을 예고한다. '다양한 법과 정치체제에 대한 자료 수집'(tōn nomōn kai tōn politeiōn hai sunagōgai), 즉 '정치체제의 집성'에 근거해 정치학의 과제에 대한 연구를 실행할 것이라고 말한 것이다. 여기서 말하는 '정치체제의 자료 집성'(politeia)은 3세기경의 인물 디오게네스 라에르티오스의 『유명한 철학자들의 생애와 사상』 제5권 제27절에 나오는 143개의 아리스토텔레스 저작 목록 중 『158개 도시(국가)의 정치체제: 민주정, 과두정, 귀족정 및 참주정』을 말하는 것으로 이해된다. 이런 언급을 통해 우리는 고대로부터 이 작품이 아리스토텔레스의 저작 중 하나로 간주되어 왔음을 알 수 있다. '아테나이인의 정치체제'를 위시한 158개 정치체제의 집성집이야말로 본격적으로 학문적 입장에서 정치체제를 다룬 '정치체제론'이라고 말할 수 있는데, 고대에 이런 종류의 저작은 아주 드물다.

아리스토텔레스는 '입법학'에 대한 적절한 접근 방법으로 '정치학'을 다루는 순서에 대하여 논하고 있다. 물론 이 대목을 후세의 삽입이 아니라, 아리스토텔레스 자신의 말이라고 받아들인다는 전제 위에서 하는 말이다. 이 말미의 구절은 윤리학에서 『정치학』으로 가는 가교가 되는 대목으로 여겨지고 있으며, 이 때문에 편집자에 따라서는 누군가의 삽입으로 보고 삭제 기호를 부착하기도 한다. 그 대목의 논의는 이렇다.

이처럼 우리의 선행자들은 입법에 관한 문제를 탐구하지 않은 채로 남겨 놓았기 때문에, 오히려 우리들 자신이 이 입법에 대해, 또 정치체제에 대해 전체적으로 고찰하는 것이, 아마도 보다 바람직한 일이며, 이것으로 가능한 한 '인간에 관련된 것에 대한 철학'이 완성될 것이다.
그래서 (1) 먼저 우리에 선행하는 자들이 말한 견해가 무엇인지, 세부적으로 적절한지를 살펴보고, (2) 그다음으로 기록 수집된 여러 국가의 정치 제도들에 비추어 보면서 어떤 조건이 그들 폴리스를 보전하고 또 무너뜨릴 것인가, 또 어떤 원인에 의해 그 폴리스는 적절히 통치되고, 또 그 반대 방법의 통치가 이루어지는 것인가라는 점을 고찰하도록 시도해 보자. 왜냐하면 이런 고찰이 다 이루어진다면, 우리는 아마도 (3) 어떤 종류의 정치 제도가 최선인지, 또 (4) 각각의 정치 제도가 어떻게 편성되면 최선인지, 또 이를 위해서는 어떤 법률과 관습들이 채택되어야 하는지, 이러한 사항들을 보다 포괄적으로 살펴볼 수 있을 것이다. 그러면 다음과 같이 논의를 시작해 보기로 하자.

(1)은 『정치학』 제2권의 주제다. (2)는 『정치학』 제3~6권의 고찰 대상이다. "기록 수집된 여러 국가의 정치 제도들"을 플라톤의 『법률』이라고 생각한다면 (1)과 (2)는 그러한 입법을 둘러싼 선행 연구라고 생각할 수 있을 것이다. 그러나 적어도 실증적인 연구라는 점에서, 아마도 아리스토텔레스에게는 그 분야가 미개척 분야라고 판단되고 있었던 것으로 보인다. 이것이 바로 아리스토텔레스의 지도 아래 편찬된 '158개의 헬라스 정치 제도들'에 관한 서술을 말하는 것으로 보인다. 물론 이 가운데 '아테나이에 관한 정치체제'만이 현재 남아 있다. (3)과 (4)는 『정치학』 제7~8권에서의 '최선의 정치체제'에 대한 논의일 것이다 ─ 이에 대한 더 자세한 논의는 『정치학』(김재홍 옮김·주석, 그린비, 2023)의 '정치학 프로그램에 대한 논의: 『니코마코스 윤리학』 제10권 제9장'(924~937쪽)을 참조하기 바란다.

대영 도서관에 소장되어 있는 아리스토텔레스의 『아테나이인의 정치체제』(P. Lond. 131).

런던 사본의 발견에 대하여

『아테나이인의 정치체제』(*Athēnaiōn Politeia*)라는 제목의 작은 작품이 고대 헬라스 역사 연구에 미친 영향은 매우 크다. 19세기 말에 그 사본이 발견된 것을 기점으로 해서 아테나이 역사뿐 아니라 헬라스 정치체제 전반의 연구가 크게 변모했다는 것을 부인할 수 없을 것이다. 특히 아테나이 민주정의 성립과 그 제도 운용의 실제를 극명하게 기록한 이 책은 다른 사료로부터 얻을 수 없는 귀중한 자료를 제공한다. 역사적 사실에 대한 서술 가운데 어떤 문제점을 가지고 있기는 하지만, 이 책이 고대 헬라스 역사를 연구하는 데에 필수적인 사료라는 점은 그 누구도 부인하지 못할 것이다.

잘 알려져 있다시피, 이 책은 오늘날 표준적으로 인용하는 벡커(Bekker)가 편집한 아리스토텔레스 전집(*Corpus Aristotelicum*)에는 수록되어 있지 않다. 수사가 키케로, 역사가 플루타르코스, 사전 편찬가 하르포크라티온과 폴룩스, 비잔틴의 문인 포티오스 등 여러 저술가에 의해 언급되고 인용되어 왔음에도, 대략 6세기부터 9세기에 이르는 혼란기에 텍스트가 여기저기로 흩어지게 된 이후 근대까지 겨우 '단편'의 형태로만 그 내용이 알려져 있었기 때문이다. 이 책이 이러한 제목으로 불리고 있었던 것은 하르포크라티온 등에 의한 인용으로부터 확인해 볼 수 있을 뿐이다(「단편」 2 참조).

야코비(F. Jacoby)에 따르면 고대의 정치체제론(politeia)에는 세 종류가 있다. 그 하나는 체제 비판이나 정치 개혁의 선전을 목적으로 쓰인 정치적 정치체제론이며, 다른 하나는 이상국가를 논한 철학적 정치체제이론으로 플라톤의 『국가』나 아리스토텔레스의 『정치학』을 들 수 있다. 그리고 마지막이 기존의 정치체제를 객관적으로 분석하고 서술한 학문적 정치체제론이다. 그러한 구체적이고 현실적인 경험의 바탕 위에서 쓰인 책이 바로 이 책이라고 할 수 있다(Atthis, pp. 211~212).

이들 158개의 정치체제를 논한 작품은 그 후 이 책을 비롯하여 여러 곳으로 파편적으로 흩어져 버렸다. 그럼에도 고대의 저작 여기저기에 많은 인용으로 남았으며, 그중 68개국의 223편에 달하는 인용 단편은 로제(V. Rose)가 편찬한 『아리스토텔레스 저작 단편집』에 수록되어 있다. 그 가운데 이 책으로부터 인용한 것으로 여겨지는 「단편」은 91편에 이르지만, 19세기 말까지만 해도 고대 문헌 학자들은, 이러한 몇 개의 「단편」에 의지해서 이 책의 전체 모습을 추정할 수밖에 없었다.

그러던 중 1879년에 이르러 이집트 파이윰(Fayum)에서 발견된 파피루스가 베를린 국립이집트박물관에 의해 취득되고, 다음 해에 공표된 사본이 『아테나이인의 정치체제』의 일부임을 밝혔던 사람이 베르크(T. Bergk)였다. 하지만 이 베를린 파피루스(P. Berol. 5009)는 불과 두 장으로 앞뒷면에 쓰인 것이 전부여서, 책의 전체 모습을 보여 주기에는 너무 단편적이었다.

그런데 불과 몇 년이 지나지 않아 놀라운 일이 일어났다. 1891년 1월 19일자 영국 일간 신문 『타임스』는 최근 대영박물관이 이집트에서 입수한 파피루스에서 아리스토텔레스의 『아테나이인의 정치체제』 사본이 발견되었다고 보도했다. '런던 파피루스'라고 불리는 이 사본(P. Lond. 131)의 발견으로 단편으로만 알 수 있었던 이 책의 텍스트가 놀랍게도 대부분 온전한 모습으로 천사백 년이란 시간을 건너뛰어 우리 눈앞에 나타나게 된 것이다.

세계를 경탄케 한 런던 파피루스의 발견 경위에 대해서는 아직도 불명료한 점이 많다. 대영박물관 유물 수집 대리인인 버지(E. A. W. T. Budge)가 1889년 4월에 이집트의 포트 사이드(Port Said)에서 입수한 것까지는 드러났지만, 그 이상의 것에 대한 그의 증언은 모호하고 부정확하다. 출토지에 대해서도 여러 설이 있지만, 오늘날의 연구에 따르면 이 파피루스는 나일강 서안의 마을 크눔(Khmum, 고대 헤르모폴리스) 부근에 있는 무덤에서 현지인에 의해 발굴되었고, 이를 미국인 선교사 알렉산더(J. R. Alexander)가 구매하고, 이를 다시 옥스퍼드대학교 아시리아학 교수 세이스(A. H. Sayce)가 중개하여 버지에게 인도한 것으로 추정되고 있다. 대영박물관은 이 파피루스 6권을 600파운드에 구입했고, 이듬해인 1890년 1월 당시 대영박물관 필사부의 조수였던 젊은 파피루스학자인 케니언(F. G. Kenyon, Sir Frederic)이 처음으로 해독에 착수했고, 그 속에 포함되어 있던 것이 그동안 사라졌던『아테나이인의 정치체제』의 사본임을 발견한 것이다.

그 후 얼마 되지 않아, 1891년 1월 30일에는 케니언이 교정한『아테나이인의 정치체제』초판이 간행되었다. 같은 해 3월에는 스콧(E. J. L. Scott)의 편집에 의한 판본도 간행되었다. 나중에 현지 판매인의 호주머니에서 발견되었다는 '단편'마저 그것에 더해져, 케니언에 의한 교정본은 판을 거듭해 갔다. 불과 1년 사이에 거의 정확한 교정 텍스트와 주석을 함께 간행한 케니언의 업적은 너무도 크다고 할 수 있다.

런던 파피루스 가운데『아테나이인의 정치체제』의 텍스트는 두루마리 형태의 4권으로 각 권의 뒷면에 전체 36란(欄)에 걸쳐 '뒤집어 다른 문서로 사용된' 헌 문서, 즉 이면지에 필사된 문서이다. 표면에는 베스파시아누스 황제의 10년부터 11년, 즉 77년부터 79년까지의 어느 영지의 회계문서가 기록되어 있기에, 이를 통해 뒷면의 필사 연대도 100년 전후로 추정하고 있다. 파피루스 섬유가 세로가 되는 뒷면에 가로로 쓰인 것은 일부 글자가 세로로 깨져서 판독이 어려운 원인이 되었다.

이 런던 사본에는 네 사람의 필적이 남아 있는 것으로 보이며, 그중 두 번째 필경사가 꼼꼼한 서체로 '둥근 대문자체'를 쓰고 있는 것 외에는 모두가 연속체로 된 반필기체를 사용하고 있다. 네 번째 필경사는 가장 문해(文解) 능력이 뛰어나며, 전체를 맥락에 맞추어 끝이 뾰족한 깃펜을 사용하여 다른 필경사의 오기(誤記)를 정정하고 있다. 그런데 가장 오기가 많은 것은 아이러니하게도 꼼꼼한 두 번째 필경사로, 철자 오류를 비롯한 초보적인 실수가 눈에 띈다. 아마도 그의 작업 속도가 너무 느려서 제20란 중간부터 세 번째 필경사로 교체된 모양이다.

사본 첫머리는 제1권 왼쪽 끝에 한 칸 분량의 여백을 비운 뒤 문장 중간부터 시작하고 있어 이미 필사 원본 자체도 첫머리가 누락되었음을 알 수 있다. 그럼에도 훼손된 부분은 전체 분량으로 보면 극히 일부에 지나지 않는다. 제4권의 후반부는 사본의 훼손이 심하며, 특히 인민재판소에 대한 서술이 이루어지는 제67~68장에서 파손이 가장 심각하다. 한편, 전체 저작의 말미인 제36란 왼쪽 아래 여백에는 세 번째 필경사에 의해 우아한 장식 기호가 그려져 있는데, 이것이 이 책 전체의 끝을 나타낸다고 생각된다. 누가 필사를 의뢰했는지는 알 수 없다. 다만 당시 헤르모폴리스가 헬레니즘 문화의 영향이 컸던 도시이므로, 여기서 이 책의 사본이 만들어진 사정을 쉽게 상상할 수 있게 한다.

문체상의 몇 가지 특징

이 책은 전반부와 후반부로, 2부의 구성을 취하고 있다. 전반부는 고대로부터 기원전 403년까지 '아테나이 정치체제'의 경과와 흐름을 서술하고 있고, 제42장부터 시작되는 후반부는 저자의 생애와 동시대인 기원전 4세기 말의 아테나이 민주정의 구조와 작동 체계를 가능한 한 객관적인 시각으로 살피면서 기술하고 있다.

전체적으로 이 책에 쓰인 헬라스어는 평이하고 읽기 쉽지만, 단조롭고 변화가 거의 없다. 후반부에서 특히 두드러진 문체의 특징은, 문장상의 첫머리에서 사용한 어구나 주제를 끄트머리에서 다시 반복하는 기법인 순환 구조(Ring Composition)를 채택한다는 점이다. '…에 대해서는 아래와 같다'라고 하는 도입부와 '…에 대해서는 이상과 같다'라고 하는 결어부가 짝을 이루어, 그 논의 가운데 하나가 다른 것에 포섭되는 복잡한 삽입형 구조를 갖고 있다. 이를테면, A, B, (C), (C1), (B1), (A1)의 식이다.

어떤 결어부가 다음의 화제를 시작하기 위한 도입부와 짝이 되어 '…에 대해서는 이상과 같으나, 다른 쪽에 대해서는 다음과 같다'라는 문장이 'men oun-de-'라는 구문으로 불변화사의 조합을 사용하는 경우가 많다. 키아니(Keaney, 1992: 72~89)는 이 순환 구조가 이 책의 후반부뿐만 아니라 전체에 걸쳐 사용되고 있다고 주장하지만, 후반부는 차치하고 전반부에서조차 문장의 순환 구조를 분명하게 읽어 내기란 그다지 쉽지 않다.

전체적으로 볼 때, 군데군데 문장상의 결함이나 논리의 결함, 설명의 부족이 여럿 드러나고 있다. 예를 들어 제5장 (3)에서 이 책의 저자는 솔론의 시를 인용하여 그의 사회적 지위를 증명하려 하지만, 오히려 그 인용된 시의 내용이 논지에 어긋나서 논증에는 실패하고 만다. 또 독자들은 인민재판소의 복잡한 절차에 대해서도 저자의 설명이 알기 어렵다고 말할 수 있으며, 용어법이 수미일관하지 않거나, 서로 일관성이 없는 구절, 그 의미가 불명료한 구절, 문법적으로 일관성이 없는 구절이 많으며, 그 역할을 맡은 담당자에 대한 설명이 뒤로 밀리거나, 실제로는 더욱 복잡했을 재판관 추첨 절차를 상당히 단순화하기도 한다.

로즈(Rhodes, *Comm*, p. 50)는 전체적으로는 이 책을 '대단히 균형이 맞지 않는 작품'(a very uneven work)이라고 평하기도 한다. 그래서 많은 학자가 이런 불완전함 때문에 이 작품을 미완성 작품으로 결론 짓기도 했다. 카이벨(Kaibel)은 아리스토텔레스가 생전에 이 작품을 수정하여 출판하려 했으나, 그의 사후 수정하지 않은 그대로를 그의 제자나 친구가 출판했다고 가정하기도 했다.

작품의 연대에 대하여

런던 사본에서 명시되는 가장 새로운 연대는 제54장 (7)에 헤파이스티아 제전이 시작된 해로 언급되는 케피소폰이 아르콘이었던 해인 기원전 329/328년이다. 즉, "다만 케피소폰이 아르콘인 해 이래로, 이것에 헤파이스티아 축제가 추가되었다". 한편, 제62장 (2)에는 "사모스에 관리를 파견한다"라고 되어 있으므로, 이 관리 파견이 폐지되는 기원전 322년(아리스토텔레스가 죽은 해) 말 이전에 이 책이 쓰인 것은 분명하다. 기원전 332년 이후에는 사모스는 더 이상 아테나이의 지배하에 있지 않았기 때문이다. 게다가 아리스토텔레스가 제46장 (1)에서 오단노선(pentērēs)을 언급하지 않은 것은 기원전 325/324년(오단노선이 처음으로 등장하는 해)을 가리킬 수 있는데, 이것은 이 책의 성립 시기를 기원전 328년에서 기원전 325년으로 하는 결정적인 증거가 된다는 것이다.

이러한 몇 가지 사례를 근거로 이 책이 기원전 329년부터 기원전 322년까지의 어느 시점에 작성되었다고 생각하는 입장이 이전에는 유력하게 통용되는 견해였다. 이때는 아리스토텔레스가 두 번째로 아테나이에 머물 때로, 어머니의 고향 칼키스로 떠나기 직전이었다. 그러나 키아니가 후반부 중에서 나중에 가필되고 수정되었다고 생각되는 부분을 몇 가지 지적하고, 또 가필을 하기 전의 이른바 제1판과 가필된 제2판의 두 가지 판본이 고대에 유포되고 있었다는 것을 발견한 이후(Keaney, 1970: 326~336), 이 책의 성립 연대도 두 단계로 나누어 생각하지 않을 수 없게 되었다.

키아니는 외적인 증거로 들고 있는 하르포크라티온과 폴룩스(8.107)에 의해 인용된 단편과 런던 사본 사이의 미묘한 차이에 주목했다. 예를 들어 제51장 (3)에 나오는 '곡물 감독관'의 인원수는 런던 사본에 총 35명이 나오는 데 반해, 하르포크라티온 인용에는 10명이 나오고 있다. 더욱이 성립 연대와 관련해서, 제54장 (7)에서 4년에 한 번인 제전을 열거할 때 런던 사본에는 헤파이스티아 제전 창시에 대한 언급이 있는 데 반해, 폴룩스 인용에는 없다는 것이다. 이는 이 책의 제1판이 완성된 후, 기원전 330년부터 기원전 327년까지 일어난 여러 제도 개혁을 반영하기 위해 새롭게 가필·수정된 제2판이 런던 사본에 의해 전승되는 한편, 하르포크라티온이나 폴룩스가 인용한 것은 수정 전의 제1판이었음을 보여 준다는 것이다.

이 밖에도 이 책에는 가필되어 삽입된 곳이 여러 군데에서 확인된다. 이를테면 제4장의 이른바 '드라콘의 정치체제' 및 제25장 (3)~(4)의 테미스토클레스와 에피알테스의 이야기는 나중에 삽입되었음이 확실시되고 있으며, 제46장 (1)에서의 '4단노선'에 대한 언급도 삽입일 가능성이 농후하다고 지적되고 있다.

이러한 키아니의 입장은 나중에 로즈의 지지를 받고 점차 보강되어서 지금은 학계의 공통 견해로 확립되었다(Comm, pp. 51~58; Keaney, 1992: 16 n. 25). 케피소폰이 아르콘인 해에 헤파이스티아 제전이 창시되었다는 언급이 나중의 삽입이라고 한다면, 원래의 이 책의 성립 시기에 대한 상한의 연대도 재검토되어야 한다. 그 단서는 몇 가지가 있는데, 제42장 (2)~(5)에 상세히 이야기되는 견습병 제도의 성립이 기원전 335년경인 점, 또 제61장 (1)에 있는 페이라이에우스에 장군의 배치가 기원전 333/332년부터 기원전 324/323년까지의 기간 동안이라는 점, 그리고 모든 시민으로부터의 장군의 선출은 기원전 357/356년부터 기원전 323/322년까지의 기간에 각각 시작되었다는 점, 이런 점들을 고려하면 제1판의 완성은 기원전 330년대 말이며, 그것이 저자의 손을 떠나 사본이 나돌게 된 얼마 후, 다시 가필되어 삽입된 제2판이 성립한 것은 기원전 330년대 전반일 것이라고 로즈는 추정한다(Comm, p. 56). 이 책의 성립 연대에 관해서는 현재 이 키아니-로즈설이 지지받고 있으며, 체임버스(Chambers)와 같이 예전의 전통적 입장을 고수하는 학자는 소수다. 그럼에도 가필해서 삽입한 것이 저자 자신인지 다른 사람인지는 결정하기 어렵다. 어쨌거나 아리스토텔레스학파 내의 어떤 인물일 것이다. 앞서 이야기한 바와 같이, 런던 사본은 제2판의 계통을 잇고 있지만, 고대에서 더 폭넓게 유포되고 있던 것은 제1판이었던 것 같다.

이 책의 저자에 대하여

이 책의 저자가 아리스토텔레스 본인인가 혹은 제자인가? 앞서 언급한 거의 모든 논점이 이 책의 저자 문제와 상호 의존적 관계에 있다는 점은 부인하기 어렵다.

먼저 확인해 둘 사항은 이 책의 저자가 아리스토텔레스 자신이든 그의 학파의 추종자이든 (아니면 어떤 방식의 제자와의 협력을 통한 생산품이든), 어느 입장을 채택하든 누구나가 인정하는 몇 가지 공통된 인식 기반을 가진다는 것이다. 첫 번째로 이 책이 고대에서 아리스토텔레스의 이름으로 돌려지고 있는 158개 정치체제의 집성 중 하나라는 것이고, 두 번째로 이 책의 저술 연대가 아리스토텔레스의 마지막 아테나이 체재 기간(기원전 335~322년)과 모순되지 않는다는 것이며, 세 번째로 이 책이 아리스토텔레스학파(페리파토스학파) 내에서 만들어진 작품이라는 점이다.

저자를 아리스토텔레스 자신으로 하는 입장은 이 책을 최초로 해독하고 교정한 케니언(Kenyon, 1891[2nd ed.]: xvi~xviii)에서 시작되어, 현재는 체임버스(Staat, pp. 75~82)와 키아니(Keaney, 1992: 12~14)가 이 입장을 지지한다. 특히, 키아니(1992: 14)는 저작의 언어적 사용을 바탕으로 한 접근을 통하여 저술 연대는 기원전 330년대 후반이며, 아리스토텔레스 자신이 이 책의 저자라는 것 외에 다른 결론에 도달할 수는 없다고 주장한다. 그 주요 논거를 정리하면 다음의 세 가지 관점으로 집약될 수 있다. (1) 디오게네스 라에르티오스를 비롯한 고대의 전승은 일제히 이 책의 저자를 아리스토텔레스라고 전하고 있다는 것. (2) 이 책에서 보여주는 정치사상 및 역사철학은 『정치학』에서 전개된 아리스토텔레스 자신의 것과 부합한다는 점. (3) 이 책의 용어 및 문체는 역시 아리스토텔레스의 그것에 겹친다는 것.

이와 달리 이 책의 저자가 아리스토텔레스가 아닌 그의 제자 가운데 누군가라고 하는 주장도 일찍부터 있어 왔다. 먼저 이 견해는 뉴먼(Newman, 1891: 159~161)이나 뒤링(Düring, 1968: 310~311) 같은 아리스토텔레스 철학의 연구자로부터 제기되었다. 역사학자의 입장에서 이를 강하게 주장한 것은 히그넷(Hignett, 1952)이며, 그 논의는 로즈에 의해 계승되어 오늘에 이르고 있다. 로즈(Comm, p. 63)는 아리스토텔레스는 직접 이 작품을 썼을 수도 있지만, 자신은 직접 쓴 것이 아니라고 생각한다고 말한다.

로즈로 대표되는, 아리스토텔레스의 제자들이 이 책을 썼다는 입장을 정리하면 다음과 같다(Comm, pp. 51~63 참조).

(1) 158개에 달하는 정치체제에 관한 집성을 모두 아리스토텔레스 혼자서 했다는 것은 상상할 수 없으며, 이 책을 포함한 정치체제 수집은 여러 제자를 동원한 아리스토텔레스학파의 공동 프로젝트로 봐야 한다.

(2) 더구나 이 책에 나타나 있는 아테나이 민주정에 비판적인 시각은 아리스토텔레스의 정치사상과 통하는 경향을 보이며, 때로는 역사적 실증보다 정치적 이데올로기를 우선시하는 경우조차 있기는 하다. 이는 제자가 스승의 이론을 따른 것이라고 해석하는 것으로 설명될 수 있다. 또 그들의 설명을 하나하나 따지다 보면, 저자 자신의 독립적인 사상을 표명했다기보다는, 주어진 어떤 사료의 견해에 끌려가는 경우가 적지 않다. 단적인 예는 제33장 (2)에서 이른바 '5000명의 정치체제'를 찬양하는 부분으로, 이것은 투퀴디데스의 『펠로폰네소스 전쟁』 제8권 제97장 제2절의 의견을 그대로 베꼈다고 할 수 있다. 그런 의미에서 저자는 강고한 이념이나 신조의 소유자라고는 말할 수 없으며, 그 사상이라고 해도 그저 수동적인 것에 불과하다. 따라서 이 책과 아리스토텔레스 사상과의 공통성을 강조할 필요는 없다.

다른 한편으로 일찍부터 지적되고 있던 것은 아리스토텔레스가 『정치학』에서 말하는 바와 모순되는 서술을 이 책에서 많이 찾을 수 있다는 것이다. 우선 『정치학』 제2권 제12장 1274b15~16에는 "드라콘이 현행하는 정치체제에 맞게 입법했다"라고 하는 데 반해, 이 책 제4장에서는 '드라콘이 독자적인 정치체제를 정했다'라고 말하고 있다(이것은 나중의 삽입임이 분명하다). 또 『정치학』 제2권 제12장 1273b40~1274a2에는 솔론이 "기존 관직자의 선거제를 존속시켰다"라고 하는 것에 대해, 이 책은 제8장 (1)과 (2)에서 예선 후보자로부터의 추첨제를 도입했다고 말한다. 또 『정치학』 제5권 제4장 1304b12~15는 "400인 정권이 페르시아 측의 라케다이몬인들에 맞서는 전쟁을 위한 자금 지원을 기대하게 하여 인민을 기만했다"라고 단언하고 있지만, 이 책 제29장 (1)에서는 '기만'에 대해 언급하고 있지 않다. 나아가 『정치학』 제5권 제6장 1305b22~27은 "400인 정권 주모자의 한 사람인 프뤼니코스를 선동적인 인민 정치가"라고 비판하는 데 반해, 이 책에서 그에 상응하는 기술은 보이지 않는다. 만일 아리스토텔레스 자신이 썼다면, 그 자신이 말한 바와 모순되는 이러한 부분을 설명할 수 없다.

(3) 사용된 용어법과 관련해서도 아리스토텔레스적인 표현을 분명하게 볼 수 있지만, 그것 또한 제자가 스승의 말씨를 모방한 결과라고 생각할 수 있다. 그렇지만 아리스토텔레스가 좋아할 만한 『정치학』에서 자주 사용된 용어, 예를 들면 폴리테우마(politeuma), 프로하이레시스(prohairesis)와 같은 단어들은 눈에 띄지 않는다. 오히려 전체적으로 이 책의 문체는 아리스토텔레스 저작집에서 볼 수 있는 엄밀한 논리적인 문장(논리적 표현)과는 매우 이질적이다. 무엇보다 무시할 수 없는 점은 논고로서의 그 질(quality)이 아리스토텔레스 작품이라고 하기에는 수준이 한참 떨어진다는 것이다. 전반부에서는 많은 사실의 오류를 범하거나 맥락의 연결성이 부족한 점을 포함하고 있다는 것, 또 후반부에는 설명의 부족이나 중요 사항의 누락 등이 눈에 띈다는 점을 지적할 수 있다. 제4장의 '드라콘의 정치체제'는 후세의 허구임이 분명하고, 또 제26장 (1)에서 키몬의 정계 입문이 늦었다는 점도 명확한 잘못이다.

물론 이상과 같은 반론에 대해서 재반박이 행해질 수 있을 것이다. 이 책은 아리스토텔레스 저작집의 철학 텍스트와는 기본적으로 다른 장르의 작품이기 때문에 용어법이나 문체가 서로 상이한 것은 당연하다. 또한 『정치학』과 모순되는 점은, 아리스토텔레스가 이 책을 집필했을 때 새롭게 입수한 정치체제에 관한 사료에 따라 생각을 바꾼 결과라는 것이다. 다시 말해서, "아리스토텔레스가 애초부터 정치체제의 집성을 바탕으로 해서 정치학을 쓰지는 않았지만, 그는 처음부터 『정치학』을 위해서는 정치체제의 집성에 대한 지식이 필요한 연구라고 보았고, 그의 제자들이 더 많은 정보를 수집함에 따라 자신의 '정치학'의 주제에 더 많은 정보를 포함시켰다는 것이다"(Comm, pp. 58~59). 또 문체와 관련해서도 키아니(Keaney, 1992: 14)는 '…에 대해서는 이상과 같지만'(ta peri men oun + 본동사 + touton echei ton tropon)이라고 하는 이 책에서 빈번하게 사용되는 결론을 나타내는 정형구는 제자들도 모방하지 않는 아리스토텔레스 개인에게 고유한 표현이며, 이것이 이 작품의 저자가 아리스토텔레스 자신이라는 결정적 증거라고 주장한다.

오늘날 고전학자들이 대체로 인정하고 있듯이 이 책의 저자는 아리스토텔레스가 아니라, 그의 추종자로서 페리파토스학파 중의 누군가로 추정한다.

아리스토텔레스의 다른 저작들과 장르가 다르다는 점을 받아들여도 이 책에서 내적으로 관찰되는 부정합적인 여러 가지를 지적할 수 있으며, 그런 점들이 아리스토텔레스 자신으로부터 만들어진 것이라고는 믿기 어렵게 만든다. 이런 점들은 어떤 사실에 대한 객관적 기술이라기보다 자신의 정치철학을 우선시했기 때문에 생겼다는 식으로 설명할 수 있는 결함이 아니다. 그렇다고 아리스토텔레스의 정치사상이 이 책 전체에 걸쳐 일관적으로 적용되고 있지도 않다. 예를 들면 제28장

(5)에서 이 책의 저자는 니키아스, 투퀴디데스, 테라메네스를 정치가로서 높이 평가하고 있지만, 이 중에 아리스토텔레스적 사상에 합치하는 자는 오직 테라메네스에 대한 평가뿐이며, 다른 두 사람에 대한 칭찬은 아리스토텔레스의 정치사상에 부합하지 않는다. 테라메네스에 대한 이 책 저자의 평가는 '중용의 정체'를 최상의 것으로 하는 아리스토텔레스학파의 사고방식과 일치하기 때문이다(『정치학』 제4권 제7~9장 1293a35~1294b41, 제11~12장 1295a25~1297a13 참조). 또한 『정치학』 제4권 제11장(1296a38~40)에서는 '중간'의 정치체제를 실현하고자 시도한 정치 지도자가 한 사람만 있다고 말하는데("이러한 조직을 폴리스에 도입하려고 한 사람은 오직 1명밖에 없다"), 뉴먼은 이것이 테라메네스를 언급하는 것이 아니냐는 의견을 제시한다(투퀴디데스, 『펠레폰네소스 전쟁』 제8권 97; *Comm*, p. 359; *Staat*, p. 273 참조).

또 작자는 제9장 (2)에서 솔론이 고의로 법 조항을 알기 어렵게 만들었다는 사람들의 생각을 비판하면서 "현재에 일어난 일에 비추어서가 아니라, 솔론의 정책의 다른 면으로부터도 그의 의도를 판단하는 것이 옳다"라고 말한다. 같은 시대의 다른 사실과의 정합성을 가지고 추론해야 한다는 이 입장은 정당한 주장일 수 있다. 그렇지만 저자는 스스로의 주장에 반해, 현재의 결과로부터 거슬러 올라가 과거를 설명하고 있는 사례도 적지 않다. 예를 들면 에피뤼코스가 폴레마르코스 재임 중 재건한 건물이기 때문에 '지금도' 에피뤼케이온이라고 불린다는 명칭의 기원(제3장 (5))에 대한 설명은, 저자가 전승의 신화적 해석을 소박하게 믿고 있음을 보여 준다. 이처럼 자신이 설정한 원칙과 모순된다는 점을 깨닫지 못한다는 측면은 아리스토텔레스적이라고는 말할 수 없다.

이 책을 아리스토텔레스의 작품이라고 하는 고대의 전승이란 것도 고대 사람들이 아리스토텔레스를 '이 책의 작자'라고 믿었다는 것을 의

미할 뿐이지, 그 사실의 정당성을 부여하지는 못한다. 158개의 '정치체제 집성집' 전부를 아리스토텔레스 혼자 썼을 리 없다는 주장은 여전히 유효하다고 말할 수 있다. 또 아테나이 '민주정의 타락'을 목격했던 그가 아테나이 한 도시만의 정치체제를 보고하는 책을 썼다고 하는 것도 믿을 수 없는 노릇이다.

문제의 특징을 봐서 아리스토텔레스 고유의 흔적을 인정한다는 키아니의 주장도 그다지 신뢰할 수 없다. 아리스토텔레스적 문체가 어떤 것인가는 다양한 측면에서 이야기될 수 있으며, 테오프라스토스가 사용한 문구와의 차이를 인정한다고 해서 그것이 곧 아리스토텔레스라는 것을 보장할 수는 없다.

그렇다면 로즈의 입장처럼, 158개의 '정치체제 집성집'이 『정치학』을 위한 기초 연구로서 아리스토텔레스가 기획·지도한 제자와의 공동 연구의 성과라고 해도, 이 책을 집필한 것은 그 본인이 아니라, 제자 중 누구라고 생각하는 편이 더 적합한 판단일 수 있다. 그러나 로즈처럼 『정치학』의 부분별 성립 연대의 문제에 ― 이것은 『정치학』의 성립 연대에 대한 논의에서 '뜨거운 감자'가 되는 사항이다 ― 관련해서 『정치학』은 한꺼번에 성립된 것이 아니라 정치체제의 집성 및 편찬 작업과 병행하여 단계적으로 이루어졌다고 보는 견해에 대해서, 나는 어떤 의문을 가진다(*Comm*, pp. 58~59). 이런 방법론적 접근은 예거(Jaeger)의 발전론적 해석만큼 흥미를 불러일으키지만, 아리스토텔레스가 늘 자신의 저작을 수정하고 개작했다는 사실을 고려할 때 여전히 저작의 성립 시기를 확정적으로 고정 지을 수는 없다. 그래서 『정치학』의 각 부분과 이 책의 성립 연대가 서로 앞뒤의 관계를 가질 가능성을 지적하는 키아니의 해석도 흥미롭기는 하지만, 그다지 만족스럽지는 않다. 그는 『정치학』 제2권→제3권→『아테나이인의 정치체제』(제1판)→제4권→제5~6권의 순서로 성립 연대가 되었다고 생각한다(Keaney, 1980: 56). 요컨대 '정치체제의 집성'이 『정치학』의 저작 순서를 규정한다는 것이다. 이것은 『아테나이인의 정치체제』가 『정치학』의 운명을 정한다는 이야기인데, 매우 그럴듯하지 않다. 『아테나이인의 정치체제』 없이는 『정치학』도 있을 수 없다는 말인가? 경험적 사례 없이도 정치 철학적 이론이 얼마든지 가능하다. 경험적 예들은 부차적으로 정치 이론에 달라붙어 모종의 역할을 수행할 수 있을 뿐이다. 정치 이론 없는 역사적 경험은 사상누각일 수 있다. 만일 이 책이 아리스토텔레스의 '단독 저작'이라면, 나와 상반되는 철학적 입장이 그럴 수도 있을 것이다.

본문을 번역하는 과정은 그리 긴 시간이 걸리지 않았다. 원문도 그다지 복잡하지 않은 구문을 가지고 있으며, 또 난해한 문장도 없었다. 그러나 막상 본문을 이해하기 위한 주석과 설명을 공부하다 보니 엄청난 시간이 걸렸다. 나의 역사적 지식과 깜냥이 모자라는 탓이다. 고전 철학자이지 역사학자가 아니라서, 역사에 대한 지식 부족을 절감했다. 따라서 본문과 달리 주석과 역사적 설명은 다른 학자들의 주석을 그대로 받아들이고 옮긴 경우가 많다. 특히 P. J. 로즈(*A commentary on the Aristotelian Athenaion Politeia*, Oxford, 1981/1993)와 M. H. 체임버스(*Aristoteles, Staat der Athener*, Berlin, 1990)로부터 전적으로 도움을 받았다. 또 『アテナイ人の国制』(橋場弦訳, 岩波書店, 2014)의 주석을 참고하면서 주석에 언급된 저서와 논문을 PDF로 받아 주석 내용 하나하나까지도 원문으로 확인할 수 있었다. 주석에 있는 책과 논문이 파일 형식으로 주어지지 못했다면 어떤 일도 가능할 수 없었을 것이다. 부족한 역사 지식에 도움을 준 모든 고전학자에게 감사를 전한다.

이 책에 관한 공부는 이쯤으로 그친다. 이 책에 관련된 내용 연구는 역사를 공부하는 전문가들에게 맡긴다. 그나마 이 책이 서양 고전학을 연구하는 분들에게 작은 도움이 되기를 바란다.

****

문득, 그리고 별안간(exaiphnēs) 기분 좋은 소식이 들려왔다. 나이가 들면서 고진감래, 사필귀정이라는 말의 의미를 절실하게 느끼는 중이다. 한강의 노벨 문학상 수상이 공동체의 한 일원으로서, 인문학자로서 오랜만에 누려 본 큰 기쁨이었다. '인문학은 배울 필요가 없고, 인문학은 대학원에서 가서나' 혹은 시간이 나면 해도 된다는, 지난(至難)한 세월의 무자비한 '우리의 역사'가 이렇게 감사와 은혜로 돌아오다니 그저 꿈만 같다. 진리는 역사 속에서 고스란히 노정(露呈)된다고 난 믿는다. "학문과 예술만이 인간을 신성에까지 높인다"라는 베토벤의 말을 참으로 받아들인다. 이것만이 인간의 목적이요, 인생의 의미일 것이다!

차례

일러두기 | 5

『정치학』은 『아테나이인의 정치체제』에 의존하는가? | 7

- 정치학과 윤리학의 연결고리 | 7
- 런던 사본의 발견에 대하여 | 10
- 문체상의 몇 가지 특징 | 14
- 작품의 연대에 대하여 | 15
- 이 책의 저자에 대하여 | 17

제1장 퀼론의 음모와 실패. 알크메온 가문의 추방 | 30

제2장 솔론 개혁 전야의 당쟁. 헥테모로이의 어려운 처지 | 33

제3장 고대의 정치체제 | 36

제4장 드라콘의 정치체제 | 41

제5장 솔론이 조정자가 되다 | 45

제6장 부채의 탕감의 단행 | 48

제7장 솔론의 재산정치 | 51

제8장 솔론의 입법 | 58

제9장 솔론의 정치체제의 평가 | 63

제10장 도량형과 화폐의 개혁 | 66

제11장 솔론 국외로 떠나다 | 69

제12장 솔론의 시와 그의 정치사상 | 71

제13장	솔론 이후의 3당파에 의한 정쟁	76
제14장	페이시스트라토스 최초의 참주정. 그 추방과 복귀	81
제15장	페이시스트라토스 참주정 확립. 시민의 무장 해제	85
제16장	페이시스트라토스의 정치와 인격	88
제17장	페이시스트라토스의 죽음과 아들들	92
제18장	하르모디오스와 아리스토게이톤, 히파르코스를 암살	94
제19장	힙피아스의 참주정이 타도되다	98
제20장	민중의 봉기와 정권 장악.
클레이스테네스 민중의 지도자가 되다	102
제21장	클레이스테네스의 개혁. 새로운 부족제와 500인 평의회	105
제22장	도편추방의 제정과 그 사례. 테미스토클레스의
해군 건설과 살라미스의 해전	111
제23장	아레오파고스 평의회 국정 지도. 델로스동맹의 성립	118
제24장	아리스테이데스의 정책. 해상 지배와 인민들의 식량 공급	121
제25장	에피알테스의 개혁. 아레오파고스 평의회, 실권 박탈당함	124
제26장	국정의 이완. 아르콘 선임 자격의 변화. 페리클레스의 시민권법	127
제27장	페리클레스의 정책과 펠로폰네소스 전쟁 발발.
재판관의 수당 도입	131
제28장	페리클레스 사후 정치의 타락. 아테나이의 정치 지도자들	134
제29장	400인의 정권. 국가 구제안의 초안	138
제30장	정치체제의 기초. 장래의 정치체제안	143
제31장	당면한 정치체제안. 400인의 평의회	147
제32장	400인의 과두정파와 전권을 가진 장군에 의한 지배.
화평 교섭 실패	150

제33장 400인의 정권 붕괴. 5000인의 정치체제 | 154

제34장 민주정의 회복. 패전과 30인 정권의 성립 | 157

제35장 30인 정권의 독재와 공포정치 | 161

제36장 테라메네스의 항의 | 164

제37장 트라쉬불로스의 민주파, 정권에 반기를 들다.
테라메네스의 처형 | 166

제38장 30인 정권의 해체와 10인의 지배.
파우사니아스에 의한 화의와 화해 | 168

제39장 화해의 조건. 과두정파 시민의 엘레우시스 이주 규정 | 171

제40장 아르키노스의 정책과 그 평가.
화해의 최종적 성립과 민주정 재건 | 176

제41장 고대 이래의 국제 변혁에 대한 총괄. 민회 수당의 변천 | 179

제42장 시민권 등록과 견습병의 훈련 | 182

제43장 500인 평의회. 민회의 일정과 의사 | 186

제44장 당번 평의원과 의장단 | 192

제45장 평의회의 재판권과 자격 심사권. 예비적 심의의 원칙 | 195

제46장 평의회에 의한 군선 건조와 공공건축 심사 | 198

제47장 아테나 여신 회계관. 계약관과 국가의 세입 | 200

제48장 수입 관리와 국가 재정. 회계 검사 위원. 집무 심사관 | 204

제49장 평의회에 의한 기마, 기병, 신체장애인의 자격 심사 | 207

제50장 신전 수축관. 시역 감독관 | 211

제51장 시장감독관. 도량형 감독관. 곡물 감독관. 거래소 감독관 | 213

제52장 '11인'. 소송제기관. 매달 소송 | 216

제53장 40명의 재판관. 중재원. 동료단의 조상 | 220

제54장 도로건설관. 회계 검사관과 집무 심사. 각종 서기. 희생 위원.
         살라미스의 아르콘과 페이라이에우스의 구장(區長) | 226

제55장 9명의 아르콘과 그 자격 심사 | 231

제56장 우두머리 아르콘의 직무 | 235

제57장 바실레우스의 직무 | 242

제58장 폴레마르코스 직무 | 247

제59장 테스모테타이의 직무 | 250

제60장 경기 위원. 올리브의 성목과 판아테나이아 축제의 상품 | 256

제61장 장군. 부족 보병 지휘관. 기병 장관. 부족 기병 지휘관 | 260

제62장 관리의 추첨 방법. 각종의 일당. 재임 규정 | 265

제63장 인민재판소 재판관의 자격과 그 명패 | 269

제64장 추첨기를 담당하는 자의 선출. 재판관의 법정의 분배 | 274

제65장 재판관의 입정 | 277

제66장 주재 관리와 법정의 조 추첨. 물시계와 투표구 담당자들 | 280

제67장 심리의 개시. 물시계에 의한 변론 시간의 계측 | 283

제68장 합동법정. 투표구를 이용한 판결 투표 | 288

제69장 투표의 집계와 판결. 양형 판정. 일당의 지급 | 292

상실된 첫머리의 단편 | 295

헤라클레이데스에 의한 발췌 | 301

참고문헌 | 305

찾아보기 | 315

제1장[1]

---

1 제1장은 기원전 632년(혹은 기원전 636, 628, 624년 중 어느 해)에 일어난 아테나이인 귀족 퀼론(Kulōn)과 그 동년배의 추종자들(tōn hēlikeōteōn)이 아크로폴리스를 점령하고 참주정을 수립하려다 미수에 그친 사건의 사후 처리를 기술한 것이다. 이 사건에 대해서는 헤로도토스, 『역사』 제5권 제71장과 투퀴디데스, 『펠로폰네소스 전쟁』 제1권 제126장에도 약간의 기술이 있지만, 그 어느 것도 제1장의 전거(典據)는 아니며, 플루타르코스의 「솔론」 제12장이 의거한 것과 같은 계통의 사료로 보인다. 퀼론은 기원전 640/639년 올림피아 경기 우승자로 메가라의 참주 테아게네스의 딸과 결혼했는데, 그의 지원을 받아 참주정 수립을 기도하고 아크로폴리스를 점거했으나, 시민의 지지를 받지 못해 실패하고 도망쳤다. 그의 잔당은 아테나 여신의 신전 구역으로 도망쳐 구명을 탄원했지만, 결국 나우크라리아(naukraria; 아테나이의 함대에 선박을 제공하고 승선 인력을 충원하기 위한 기본 단위였지만, 나중에 행정 업무를 담당하게 되었다. 4개의 부족 별로 각각 12개의 나우크라리아가 있었다. 초기에는 나우크라리아 집단이 프리타네이스, 즉 상임 대표자들을 교대로 맡아 임무를 수행했다고 한다)의 당국자인 나우크라로스(naukraros)에 의해 살해되었는데, 당시 아르콘이었던 알크메온 가문의 메가클레스(I)와 동료 아르콘들이 그 살해의 책임자로 지목되었다. 이들은 나중에 여신의 보호를 청하는 '탄원자'를 살해했다는 독신죄(瀆神罪)로 고소당했고, 재판 결과 직접적인 책임자의 시신이 아티카의 영외(嶺外)에 버려지고 후손은 추방되었다. 이 사건이 결과적으로 드라콘의 살인법 성립(기원전 621/620년. 제4장 (1))을 촉구했다는 설(Hignett, 1952: 87)이 더욱 설득력을 갖게 되었다. 재판 당시에 살해의 책임자가 자연사했다면, 이미 사건으로부터 한 세대 이상의 햇수가 경과한 것으로 보이기 때문에 재판과 정화 의식은 '드라콘의 입법 후, 솔론의 개혁 전'(기원전 620~616년 사이)일 것으로 판단된다(Rhodes, 1984: 119). 이 사건의 경위에 대해서는 Comm, pp. 79~84; Andrewes, 1982a: 368~370; Staat, p. 140 참조.

(1) ***² 뮈론³이 〈고소인이 되어〉, 고귀한 혈통에 따라서 〈선택된 300명의 배심원들이 성스러운〉 희생제물⁴을 바치고 선서한 후에 〈심리를 진행했다.〉⁵ 신을 모독하는 불결함⁶[不淨]에 대해 유죄의 판결이 내려졌기 때문에, [피고인] 자신들은⁷ 무덤에서 파내어져⁸ 영외로 버려지고 그들의 자손은 영구히 추방되었다.⁹ 위와 같은 조건으로 해서,¹⁰ 크레타인 에

---

2   런던 파피루스의 두루마리 시작 부분 텍스트의 상실은 애초에 이 사본이 만들어진 원본에서부터 있어 왔던 것으로 보인다.
3   플루타르코스의 「솔론」 제12장 제4절에 기록된 대로 아티카 지역의 한 구역인 아테나이 북동부에 있는 플뤼어 구역 출신의 사람이라는 것 외에는 알 수 없다. 살해된 퀼론 일파의 잔당에 속하는 시민('저주받은 자들'이라고 불림)일 것이다. 플뤼어는 비의 제의로 잘 알려져 있으며, 이를 관장하는 뤼코미다이 게노스(제22장 각주 14)의 본거지이다.
4   살아 있는 동물들.
5   런던 사본의 텍스트는 첫머리[卷頭] 좌단에 한 난(欄) 정도의 여백을 비운 후, 문장 중간부터 시작되고 있어서 이미 그 원본에서부터 머리말 부분이 상실되었음을 알 수 있다. 카이벨-빌라모비츠(Kaibel-Wilamowitz)는 플루타르코스의 「솔론」 제12장 제3~4절을 기초로("솔론은 '저주받은 자들'이라고 불리던 자들에게 재판을 받고 고귀한 혈통을 가진 자들에서 뽑힌 300명의 배심원들의 판결에 따르도록 간청하고, 타이르고, 설득했다. 플뤼아 구역 출신의 뮈론이 기소했고 피고들은 유죄로 인정되었다"), 여기서 상실된 부분을 〈edikazon de triakosioi andreskatēgorountos〉 Murōntos kath' hirōn omosantes 〈teleiōn hairethentes〉 aristindēn으로 보충했으며, 이에 따라서 번역했다.
6   신을 모독하는 행위로 인해 신의 복수의 대상이 되는 종교적 불결함. Parker, 1983: 8~9 참조.
7   죽은 자들의 시신.
8   투퀴디데스와 플루타르코스 참조.
9   '자신들'이란 살해의 책임자로 지목된 알크메온 가문 사람들을 가리킨다. 이 집안의 추방이 영속된 것은 아닌 것 같다. 살해 당시에 아르콘이었던 메가클레스(I)의 아들 알크메온(알크마이온)이 기원전 591년에는 군사령관으로 임명될 수 있었다. Develin, AOF p. 39 참조.
10 '이에 대해', '이 직후'로도 번역할 수 있지만 '시신의 제거와 영구 추방을 조건으로'라는 해석이 가장 그럴 듯하다. Comm, pp. 83~84; Staat, p. 142 참조.

피메니데스[11]가 도시를 정화했다.

---

[11] 종교적 초능력을 가진 자로 전해지며, 신체로부터 영혼의 벗어남이나 전생의 윤회를 비롯한 많은 초자연적 일화가 전해진다. 디오게네스 라에르티오스, 『유명한 철학자들의 생애와 사상』 제1권 제109~115절; 에피메니데스 FGrH457(*DK* 3B10, 플루타르코스, 「솔론」 제12장) 참조. 아테나이에 살해 사건이 일어났고, 그 불결함을 없애기 위해 아테나이에 초대되었다고 한다(기원전 596년). 보통 정화 의식은 맑은 물 등을 사용하여 행해지는데, 에피메니데스는 희생(犧牲)을 바쳐 신의 노여움을 달래 줌으로써 정화 의식을 행했다. 플라톤은 에피메니데스의 아테나이 방문을 솔론의 시대가 아니라 '페르시아 전쟁 10년 전'이라고 보고한다(『법률』 642D~E 참조). Parker, 1983: 209~210 참조.

제2장

(1) 이 일이 있은 후,[1] 귀족과 다중[2]은 오랫동안 당쟁(파당)[3]을 계속하게 되었다.[4] (2) 왜냐하면 그들[아테나이인]의 정치체제는 다른 여러 가지 점에서도 과두정이었는데, 특히 빈민들은 자신뿐만 아니라 처와 자식까

---

1 첫머리의 '이 일이 있은 후'란 '퀼론 사건 이후'라는 뜻이며, 추방이나 에피메니데스의 정화 의식 이후를 의미하지 않는다.
2 이 말은 시민단 전체를 가리키는 경우도 있지만(제21장 (3)), 이 책에서는 대개 귀족이나 부유한 사람과 대치되는 하층 시민을 의미한다. '인민'(demos)의 용법도 거의 같다. 따라서 ton dēmon은 불필요한 삽입으로 보인다.
3 stasis는 원래 당파(파당)를 가리키지만(제13장 (4) 등), 여기서는 '당파 싸움'을 의미한다. 정쟁이 통상적인 정치 활동의 범위를 넘어 음모나 폭력, 때로는 '내란'으로까지 발전하는 사태를 말한다. 이 절은 퀼론 사건 이후 페이시스트라토스의 참주정에 이르기까지의 한 세기에 걸친 당쟁의 출발을 기술하고 있다. 기원전 5~4세기의 당쟁에 대해서는 Gehrke(1985) 참조.
4 이 문장의 마지막 단어로 ton dēmon이 나오는데, 이는 아마도 불필요한 말로 to plēthos(다중)에 대한 주석이 본문 속으로 스며든 것 같다(Kenyon, 1891: 2).

지 부유한 자들에게 예속되어⁵ 있었기 때문이다. 그들은 펠라타이⁶라든가 헥테모로이[6분의 1]⁷라고 불렸다. 왜냐하면 그들은 6분의 1의 지대(地代)를 내고 부유한 자들의 농지를 경작하고 있었기 때문이다. 모든 땅은 소수자의 수중에 있었다.⁸ 그리고 지대를 낼 수 없으면, 그들 자신과

---

5   헤로도토스에 따르면, 초기에 아티카에는 노예(oiketai)가 없었다고 한다(제6권 137). 헤로도토스는 펠라스기에인들이 히메소소산 기슭에 독립적으로 살던 시대를 언급하는 것으로 보인다. 로마나 아티카에서는 부채가 가난한 계급을 노예까지는 아니라도, 농노 신분으로 전락하게 만들었다(Kenyon, 1891: 2).
6   라틴어 pelatai는 원래 '다가오는 자', '이웃' 혹은 일반적으로 '종속된 자'(clients)를 뜻한다. 솔론 시대에는 다른 특정한 단어의 의미가 있었을지 모르지만, 후세에는 상실되었고, 구체적으로 같은 계층을 지칭하는 것인지는 잘 알려져 있지 않다. 본문에는 펠라타이와 헥테모로이(hektēmoroi)를 나란히 사용하고 있지만, 양자가 같은 사람들을 가리키는 것인지, 다른 범주의 인간들을 가리키는 것인지는 불분명하다. 마이어(Meier, 2012: 5~9)는 같은 사람들을 가리키는 것으로 해석한다. 한편, 포스다이크(Forsdyke, 2006: 338)는 펠라타이를 임노동자(賃勞動者)로, 헥테모로이를 이익을 나누는 소작인으로 보고 있다. 플루타르코스, 「솔론」 제13장 참조(thētes[날품팔이들]). 플루타르코스는 이 구절을 솔론의 입법 직전의 상황을 기술하는 것으로 그리고 있다.
7   헥테모로이('6분의 1인 자들', hektēmoroi[hektēmorioi가 아님]). 아티카 지역에서 소작지 소출의 6분의 1을 지대(地代)로 낼 의무를 지고, 지대를 체납하면 본인과 가족이 노예로 팔린다는 조건으로 토지를 경작하는 사람들. 그러나 헥테모로이의 사회적 지위, 기원, 또 솔론의 개혁과의 관계에 대해서는 19세기 후반부터 오늘날까지 방대하고 복잡한 논쟁이 전개되고 있다. 1970년대까지의 연구사의 요약은 *Comm*. pp. 90~97 참조. 헥테모로이의 지위와 기원을 둘러싼 학설로는 크게, (1) 헥테모로이는 자유로운 소규모 토지 소유 농민이 기원전 7세기 말까지 빚으로 인해 몰락한 결과 생겨난 세습적인 종속 농민이라고 하는 설, (2) 헥테모로이는 원래 아티카에 존재했던 종속 농민으로, 그들의 기원과 빚의 문제와는 무관하다는 설이 존재한다. 아마도 고전기에 이미 헥테모로이라는 단어가 지시하는 실체가 상실되었기 때문에, 그것을 충분히 이해하기가 어려웠던 점, 또 헥테모로이에 대해서는 솔론 시대의 사료가 전혀 없기 때문에 논의가 여러 가정에 근거하지 않을 수 없는 사정에 따른 것일 수 있다.
8   조금은 과장된 표현이며, 실제로 얼마나 많은 아티카 주민이 헥테모로이의 신분에 놓여 있었는지는 불분명하다. 이 시대에 자유롭게 토지를 소유하는 농민의 존재를 상정하고 있는 입장에 대해서는 *Comm*. p. 95 참조.

아이들도 몸을 저당으로 압류당했다. 솔론 때까지는 누구나 자신의 신체를 저당으로 빚을 지고 있었던 것이다.[9] 솔론이 처음으로 민중의 옹호자[10]가 되었다. (3) 이와 같이 인민에게 정치체제와 관련해서 무엇보다 견디기 힘들고 가혹했던 것은, 다른 사람의 노예가 되는 것이었지만, 다른 점에서도 불만이 있었다. 왜냐하면 그들은 말하자면 어떤 몫도 받지 못했기 때문이다.[11]

---

[9] agōgimos는 노예로 팔리기 위해 채권자에 의해 신체의 자유를 빼앗기는 것. 플루타르코스, 「솔론」 제13장 제4절에도 같은 표현이 나온다.

[10] tou dēmou prostatēs. '앞서가는 자', 즉 인민의 '옹호자'(champion)라는 의미로, 어느 당파나 시민층의 대표 지도자를 가리키는 말로서 이 책에서 자주 사용된다. 페이시스트라토스, 클레이스테네스 등에게도 해당되는 말이다. 제28장 (1)~(3) 참조.

[11] 경제적인 이익을 얻지 못할 뿐 아니라 정치적으로도 권리가 없는 상태에 놓여 있었다는 것.

제3장

(1) 드라콘 이전의[1] 오래된 정치체제의 조직은 다음과 같았다. 먼저 관리는 혈통 좋은 부자들 중에서 임명되었고 처음에 임기는 종신이었지만, 그 후 10년이 되었다.[2] (2) 관리 중 가장 높고 가장 중요한 관직은 바

---

1   제4장에서 '드라콘의 정치체제'가 나중에 삽입된 결과, '드라콘 이전의'라고 하는 어구가 여기에 덧붙여진 것 같다. 이 장의 원래 의도는 솔론 이전 귀족정의 연혁을 설명하는 데 있었다.

2   이 책에 근거한 아테나이의 왕가와 아르콘 계보의 전승에 대해서는 Hignett, 1952: 38~46 및 *Comm*, pp. 65~79 참조. 그 전승에 따르면, 아테나이 초대 왕 케크롭스 이후 에렉테우스 왕가 14대가 이어지고, 이를 멜란토스에서 시작해 코드로스, 메돈, 아카스토스로 이어지는 두 번째 왕가가 계승한다. 이 코드로스 왕가의 메돈 혹은 그의 아들 아카스토스 때 세습 왕정이 끝나고, 같은 가계에서 종신 임기 아르콘이 13명 나온 후 임기는 10년이 된다. 그러나 같은 가문 출신의 힙포메네스가 아르콘을 맡은 후 아르콘직은 다른 출생 귀족(에우파트리다이)에게도 개방된다. 이윽고 아르콘의 임기는 1년이 되지만, 그것은 기원전 683/682년의 크레온으로부터라고 추정된다. 이상의 계보는 기원전 5세기 후반 헤라니코스에서 시작된 연대학의 성과라고 생각할 수 있는데 (Jacoby, *Atthis*, pp. 125~127; 헤라니코스 FGrH323a F23), 물론 후세의 전승으로부터 재구성된 것이다. 전승 가운데 크레온의 아르콘 취임 외에 사실로 확인되는 것은 거의 없다. 확실한 것은, 아테나이가 알카익 시기의 초기 단계에서, 왕정으로부터 귀족정으로 단계적으로 이행했다는 것뿐이다.

실레우스와 폴레마르코스와 아르콘이었다.³ 이 중 가장 오래된 직책은 바실레우스[왕]로, 이것은 조상 대대로의 역할이었다. 두 번째로 세워진 것은 폴레마르코스 직으로 왕 중에서 유약하고 군무(軍務)를 감당할 수 없는 자가 나타났기 때문이다. 아테나이인들이 어쩔 수 없이 '이온'⁴을 불러오게 된 것도 이 때문이었다. (3) 마지막으로 생긴 것이 아르콘직이다. 많은 사람은 메돈일 때 생겼다고 말하지만, 아카스토스일 때라고 말하는 사람도 있다. 그들은 그 증거로 9명의 아르콘이 아카토스 때〈와 같이〉⁵ 선서를 지키겠다는 맹세를 들어, 코드로스 왕의 자손이 왕위에서 물러나고, 그 대가로 아르콘에게 주어지는 여러 가지 특권을 손에 넣은 것은 이 사람일 때라고 주장한다.⁶ 어쨌든 [어느 것이든] 연대에 대한

---

3   basileus, polemarchos, archōn. 이들은 왕정 시대의 왕의 권력을 계승한 가장 중요한 직책이었다. 이 3인에 이어 나중에 언급되는 테스모테타이를 더해 9명을 넓은 의미에서 '아르콘'이라고 부른다. 이 3인 중 1명인 좁은 의미의 아르콘을 첫 번째 아르콘 혹은 기년(紀年)의 아르콘(archōn epōmumos)으로 부르고, 임기 1년이 된 이후에는 '누가 아르콘을 맡았던 해'라는 표현으로 각 해를 기억했다. 최고의 아르콘은 국가의 최고 행정관으로, 가장 막강한 권한을 가졌다. 바실레우스는 문자적으로는 '왕'을 의미하며, 왕정 시대의 왕과 구별하기 위해 '아르콘 바실레우스'라고도 불린다. 왕으로부터 주로 제사의 권한을 이어받았다. 폴레마르코스는 '군사령관'의 의미로 왕의 군사 지휘권을 계승했다. 이온의 이야기는 그가 초대 폴레마르코스라는 전승에 근거한다. 또한 9명의 아르콘은 솔론 이전 시대부터 각각 고유의 재판권을 행사했던 것으로 보인다. Hignett, 1952: 74~77 참조. 기원전 4세기의 이들 3인의 직무에 대해서는 제56~58장 참조.
4   이오니아인의 시조로 여겨지는 신화상의 영웅. 크수토스의 아들. 헬렌의 손자. 아테나이인의 전승에 의하면, 그의 할아버지인 에렉테우스 왕의 치세에 엘레우시스와 아테나이 사이에 전쟁이 일어났을 때, 펠로폰네소스 왕 크수토스와 에렉테우스의 딸 크레우사의 아들 '이온'이 아테나이의 군사령관(stratarchēs)이 되어 승리를 가져왔다고 한다. 아테나이인들은 그를 폴레마르코스라고 불렀다고 한다. 헤로도토스, 『역사』 제8권 제44장 제2절; 파우사니아스, 『그리스 안내기』 제1권 제31장 제3절, 제7권 제1장 제2절. 「헤라클레이데스에 의한 발췌」(1) 참조.
5   대본은 판독 불능으로 보는데, 케니언을 따라서 kathaper로 읽는다.
6   코드로스 왕가의 한 사람(이 설에 의하면 아카스토스)이 세습 왕위를 물러나는 대신 초

차이는 없을 것이다. 이러한 직책들 중 아르콘이 마지막이라는 것은 바실레우스나 폴레마르코스처럼, 조상 전래의 제사 중 아무것도 관장하는 일이 없고, 다만 나중에 덧붙인 제사를 지내는 것에서도 분명하다. 이러한 사정으로 이 직책은 업무가 부가되고 권한이 증대된 결과, 시대가 내려오면서 중요한 직무가 되었다.

(4) 테스모테타이[7]가 선임된 것은 훨씬 나중이 되는데, 이들 관리의 임기가 1년이 되고 난 다음의 일로, 분쟁 당사자 간의 당사자의 다툼에 판결을 내리기 위해 법령[테스미아]을 기록하고 보관하는 것이 그 직무였다. 그러므로 이상의 관리들 중 테스모테타이 직만은 임기가 1년을 넘는 일이 없었다.

(5) 이들 관직 상호 간의 시대적 전후 관계에 대해서는 이상과 같다. 그런데 9명의 아르콘은 모두가 함께 집무한 것이 아니며, 우선 바실레우스는 프뤼타네이온[8] 근처의 오늘날 부콜레이온이라 불리는 건물에 있

　대 종신의 아르콘에 취임하고, 그 후 한동안 아르콘은 이 가문에서 나왔다는 것.

7　thesmothetai. 앞서 언급한 3개의 직책 이후부터 도입된 6명의 사법 전문직 관리. '법령(테스모스)을 세우는 자'라는 의미인데, 히그넷(Hignett, 1952: 77)에 의하면 이 시대 테스모테타이의 직무는, 개개의 재판에 임해서 관습법을 해석하여 판결을 선고하는 것이었다고 한다. 기원전 4세기의 직무에 관해서는 제59장 참조.

8　prutaneion. 폴리스의 중심이 되는 시청사이자 영빈관으로서 외교 사절의 환대 등이 이루어지는 국가 의례상의 본부가 되는 곳이다. 헤스티아(Hestia) 신의 신령한 '불'이 끊이질 않고 그곳에 보존되어 있었다. 당번(대표) 평의원(프뤼타네이스)의 대기소인 '원형당'(제43장 (3))과 혼동해서는 안 된다. 아테나이의 프뤼타네이온의 위치에 대해서는 아크로폴리스 북쪽 기슭에 있었던 것으로 추정하는 의견이 이전에는 유력했다(Travlos 8(1971/1980) fig. 5; Thompson and Wycherley, 1972: 46~47; Miller, 1978: 48~49). 그러나 1983년에 돈타스(G. Dontas)가 공표한 비문(Dontas, 52 = SEG 33.115)의 내용에 따라, 프뤼타네이온의 위치는 아크로폴리스 동쪽 기슭, 고대의 트리포데스 거리를 따라 있는 장소였음이 거의 확실해졌고, 그와 동시에 알카익 시기의 아고라 및 제3장에 언급되는 건물 부콜레이온, 에피뤼케이온 및 테스모테이온 역시 그 부근의 아크로폴리스 동쪽 기슭에 있는 것으로 대략 추정되었다. Shear, 1994: 226~228;

었다. 그 증거로, 지금도 바실레우스의 아내와 디오니소스 신과의 제의적인 만남과 결혼의 의례가[9] 이곳에서 행해지고 있다는 것이다. 또 아르콘은 프뤼타네이온에, 폴레마르코스는 에피뤼케이온에 있었다. 이 건물은 예전에는 폴레마르케이온으로 불렸으나 에피뤼코스가 폴레마르코스 재임 중 이를 재건하고 설비를 갖추면서 에피뤼케이온으로 불려졌다.[10] 테스모테타이의 집무 장소는 테스모테타이온이었다. 솔론의 시대에 와서 9명 전원이 테스모테타이온에 모였다. 이들은 소송의 최종 판결권을 쥐고 있어, 오늘날처럼 예심[11] 권한을 갖는 것만은 아니었다. 관리에 대한 상황은 이상과 같았다.

    Robertson, 1998: 285의 지도 참조. 슈말츠(Schmalz, 2006)는 뤼스크라테스 기념비 동쪽에 인접한, 오늘날의 아기아 아이카테리니(Agia Aikaterini) 광장의 위치에 있던 스토아식 건물이 프뤼타네이온이 아닐까 추정하고 있다. 덧붙여 캠프(Camp, 1992: 107)는 테스모테타이온을 고전기 아고라에 있는 제우스 엘레우테리오스 스토아 건물로 추정한다. 이 건물은 기원전 5세기 후반의 건조물로, 솔론 이전 시대에는 존재하지 않았다.

9 디오니소스 신에게 바치는 안테스테리아 축제의 둘째 날, 즉 안테스테리온 달(오늘날의 2월 말이나 3월 초순) 열이틀째 날 저녁에 열린 바실레우스의 아내(Basilinna 혹은 basilissa)와 디오니소스 신과의 의례적 혼례의 비의. 신화에서는 아테나이의 왕 테세우스가 왕비 아리아드네를 디오니소스 신에게 바쳤다고 하며, 그로부터 왕의 상징적인 후계자인 바실레우스가 아내를 신에게 바치는 의례가 시작되었다고 한다. 혼례 행렬은 그 신의 신역인 림나이온(Limnaion)을 출발하여 아고라 근처의 부콜레이온(Boukoleion)으로 향하며, 그곳에서 디오니소스 신관이 분장하는 디오니소스 신과 신부의 대면 및 혼례 의식이 거행된다. 행렬에는 신랑을 동반하지 않는다. 바실레우스의 아내는 아테나이의 시민 신분으로, 결혼할 때 처녀가 아니면 안 되었다. 데모스테네스, 「연설」 59번([Dem.] 59.73~79); Pickard-Cambridge, 1968: 10~12; Simon, 1983: 96~97 참조.

10 에피뤼코스의 실재는 의심스럽고(*AOF* p. 34), 이 절의 에피뤼케이온 명칭의 기원에 대한 이야기의 사실성을 부정하는 의견이 강하다(*Comm*, p. 105). 에피뤼케이온은 뤼케이온(Lukeion) 근처에 있었던 건물로 추정하기도 한다.

11 예심에 대해서는 제56장 참조.

(6) 아레오파고스 평의회[12]는 여러 법률이 지켜지고 있는지 감시하는 것이 본래의 직무였지만, 국사(國事) 중 대부분을 또 가장 중요한 사항을 관장하고 있었으며, 질서를 문란하게 하는 자 모두를 전권을 갖고 응징하고 형을 부과하고 있었다. 왜냐하면 아르콘은 혈통이 좋고 부유한 자로부터 선임되었으며, 아레오파고스 평의원은 이 아르콘으로부터 임명되었기 때문이다. 그러므로 이 직책만이 유일하게 현재도 종신 임기제로 남아 있다.

---

12 아레오파고스 평의회(hē tōn Areopagitōn boulē)의 존재와 기원과 관련된 중요한 대목이다. 아레오파고스는 아크로폴리스 북서쪽에 있는 아레스 신의 언덕, 즉 아레이오스 파고스(아레오파고스)에서 열리고 있던 귀족정 이래 로마 제정기까지 존속한 평의회를 말한다. 평의원이 되는 것은 퇴임한 9명의 아르콘으로, 임기는 종신이었다. 제3장 (6) 및 제4장 (4), 제8장 (2), (4)에 기술된 바와 같이, 적어도 솔론 시대 이후 기원전 462/461년의 에피알테스 개혁(제25장)에 이르기까지, 평의회는 법률의 감시, 관리들의 처벌, 국정 전반의 감독 등 중요한 권한을 행사하여 귀족 세력의 본거지로 무게를 갖고 있었다. 평의원은 평상시에 150명 정도 있었던 것으로 추정된다. 언덕 꼭대기에 남아 있던 건물의 흔적은 거의 없고, 북동쪽 기슭에 있는 주위보다 높은 평지에서 회의가 열렸다고 한다. 아레오파고스 평의회의 제도사 및 이를 둘러싼 이데올로기에 대해서는 Wallace(1989) 참조. 솔론(혹은 드라콘) 이전에 아레오파고스 평의회가 국정 전반에 걸쳐 막강한 권한을 행사하고 있었다고 전하는 제3장 (6)의 기술의 신빙성에 대해서는 논란이 있다. 로즈(*Comm*, pp. 106~107)로 대표되는 통설은 이를 기본적으로 신뢰하고, 평의회가 아마도 왕정 시대에 왕의 자문기관으로서 창설되어 귀족정으로의 이행과 함께, 관리 처벌권을 통해서 기원전 7세기에는 국정 전반의 감독권을 획득했다고 추정한다. 이에 대해 월리스(Wallace, 1989: 3~47)는 제3장 (6)의 기술에 신빙성이 없으며, 솔론 이전의 아레오파고스는 주로 살인 재판이 행해진 장소의 명칭일 뿐, 이른바 아레오파고스 평의회는 아직 존재하지 않았다고 주장한다. 플루타르코스는 솔론이 아레오파고스 평의회를 창설한 것으로 말하고 있다(「솔론」 19장). 아리스토텔레스, 『정치학』 제2권 제12장 참조.

제4장

(1) 가장 오래된 정치체제는 대략 이상과 같았다. 그 후 얼마 지나지 않아 아리스타익모스가 아르콘인 해[기원전 621/620년]에 드라콘의 법령[thesmoi]을 제정했다.[1]

(2) 그의[2] 정치체제 조직은 다음과 같았다. 우선 참정권(시민권)은 무

---

1   '그 후'는 퀼론 사건 후라는 의미이다. 아리스타익모스의 아르콘 해에 대해서는, 기원전 624/623년과 기원전 621/620년의 두 가지 설이 있지만, 최근에는 후자가 통설로 인정받고 있다. Comm, p. 109; AOF, p. 31; Staat, p. 155 참조. 드라콘이 아테나이에서 처음으로 성문법을 제정했다고 하며 — 드라콘이 누구인지, 어떻게 입법자로 임명되었는지, 그의 정치적 지위가 무엇인지는 모른다 — 그 내용은 형사법으로 추정되지만 살인에 관한 법을 제외하고, 솔론의 개혁 시대에 폐지되었다(제7장 (1)). 그 살인에 관한 법은 기원전 409/408년에 새겨진 비문에 남아 있다(IG I3 104). 그 정밀한 교정과 고증은 스트라우드(Stroud, 1968)이다. 드라콘의 입법에 대한 기술은 이것만으로는 이해가 능하지 않으며, 로즈(Comm, p.112)는 다음 절 이후의 '드라콘의 정치체제'의 기술이 나중에 삽입된 결과, 원래부터 있던 기술이 삭제된 것 같다고 추정한다. 드라콘의 입법에 대해서는 Gagarin(1981); Carawan(1998) 참조.

2   케니언은 hautē('이것')로 하되, 대본에 따라 auton으로 읽는다. 제4장 (2)에서 (4)까지 이야기되는 이른바 '드라콘의 정치체제'의 기술은 기원전 5세기 말부터 기원전 4세기에 걸쳐 유행한 '조상의 정치체제'(patrios politeia, 제34장 (3))를 이상적으로 보는 과두정파의 정강(政綱)에 의해 조작된 허구이며, 또한 원래 이 책 중에는 존재하지 않았으나, 후에 저자 본인 또는 다른 사람에 의해 삽입된 것이라는 견해가 지배적이다. 그 근

기를 스스로 구비하는 자에게 주어져 있었다.[3] 9명의 아르콘과 회계관은 저당잡히지 않은 10므나[4] 이상의 재산을 소유한 자로부터 선임하고, 그보다 하위 관리는 무기를 스스로 구비하는 자로부터 선택했다. 장군과 기병 장관은 저당잡히지 않은 100므나 이상의 재산과 법적인 부인에게서 태어난 적자(嫡子)로서 10세 이상의 자녀가 있음을 증명할 수 있는 자로부터 선임했다. 이들[신임의 장군과 기병 장관]은 전년도 평의원 의장, 장군 및 기병 장관이 집무 심사를 마칠 때까지 그들로부터 신원 보증인을 구할 의무가 있었고, 장군이나 기병 장관과 같은 동일한 수입(재산) 등급에서 각각 4명의 신원보증인을 받았다.[5]

거는, (1) 화폐가 보급되지 않은 시대임에도 불구하고 금액에 의한 재산 사정이나 벌금형을 언급하거나 민주정 시기의 고유 직책이나 제도가 등장하는 등의 시대착오, (2) 무기(병장기)를 자기 부담하는 계층에 참정권을 한정한다는 원칙이, 기원전 411/410년의 '5000명의 정치체제'(제33장 (1))를 상기시키는 것, (3) 제41장 (2)에 있는 열한 번째의 정치체제 변혁에서 '드라콘의 정치체제'를 헤아릴 수 없는 것, (4) 아리스토텔레스 자신이 『정치학』 제2권 제12장에서, 드라콘은 기존의 정치체제를 위해 입법을 실시했다고 기술하고 있는 점 등이다(1274b15~18). 대표적인 의견으로는 Busolt, 1920~1926: 55~58; Fuks, 1953: 84~101; Hignett, 1952: 5, 7, 26; Comm, pp. 84~87; Staat, p. 154 참조. 다만 데블린(Develin, 1984a)은 '드라콘의 정치체제'를 사실이라고 주장한다. 또 월리스(Wallace, 1993)는 조작을 인정하면서도 삽입이 아니라 이 책에 당초부터 쓰여 있던 것으로 해석한다.

3 미완료 과거형의 apedidoto로 읽는다. 케니언은 과거 완료형의 apededoto라고 읽는다. 여기서는 대본을 따르지만, 과거 완료형을 지지하는 로즈(Comm, p. 112)와 월리스(Wallace, 1993: 276)의 견해 참조.

4 므나는 은화의 단위로 1므나는 100드라크마에 해당한다. 헬라스의 화폐 단위는 타란톤(talanton), 므나(mna), 드라크마(drachmē), 오볼로스(obolos)로 구성되었다. 1타란톤은 60므나, 6000드라크마, 3만 6000오볼로스에 해당한다. 1오볼로스는 하루의 품삯에 해당한다.

5 원문에서는 문법적으로 '이들은' 혹은 '전년도의 평의원 의장, 장군 및 기병 장관'이 모두 주어가 될 수 있고, 또 신원 보증을 '구하다'라거나 또는 '준다'(give security)로도 해석할 수 있지만, 여기에서는 로즈(Comm, p. 114)와 체임버스(Staat, p. 15, pp. 156~157)

(3) 또 참정권 보유자로부터 401명을 추첨으로 선택해, 그들이 평의원을 맡았다. 평의원도 그 밖의 다른 관리도 30세 이상인 자로부터 추첨으로 선정되어 전원이 직책을 다하기[6] 전까지는 동일인이 두 번 직책을 맡을 수 없었다. 그러다[7] 다시 처음부터 추첨을 반복한 것이다. 그리고 평의회나 민회의 집회가 열릴 때, 평의원 누군가가 그 회의에 불참하면, 500섬급(메딤노스)의 사람은 3드라크마, 기사급은 2드라크마, 중장보병급은 1드라크마의 벌금을 지불하는 규정이 있었다.[8]

에 따라 번역했다('to give security for the prytanes'[Wilamowitz-Möllendorff]). 즉, 새해의 관리가 전년도 관리의 집무 심사 전에 도망을 예방하고 직무 완료를 감시할 목적으로 보증인을 받을 의무를 진다는 뜻이다. 평의원 의장(prutaneis)이란 다음 절의 평의회 평의원 의장이라는 의미일 것이다. 기원전 4세기의 평의원 의장에 대해서는 제43장 (2)~(4) 참조. 또한 상설직으로서의 장군(stratēgoi)은 클레이스테네스의 개혁 직후에 창설된 것으로(제2장 (2)), 드라콘 시대에 존재했다고 생각할 수는 없다. 기원전 4세기 장군의 직무에 대해서는 제61장 (1)~(2)를, 또 기병 장관에 대해서는 제61장 (4) 참조. 또한 기원전 5세기 중반 이전의 집무 심사(euthunai)에 대해서는 불분명한 점이 많다. Hashiba, 2006: 64~67 참조. 기원전 4세기의 집무 심사 제도는 제48장 (3)~(5), 제54장 (2)에 자세히 기술되어 있다. 어쨌든 이곳에서의 제도적 서술은 기원전 4세기에 만들어진 공상의 산물일 것이다.

6 대본의 dielthein을 케니언은 exelthein(퇴임하다)이라고 읽는다.
7 즉, 차례가 다 돌아가면.
8 솔론의 소득 등급(제7장 (3)~(4))이 갑작스럽게 나타나는 것도 이 장의 시대착오 중 하나이다. 또한 후에 기원전 411년에 400인 정권이 수립될 때, 이른바 '장래의 정치체제'에서 평의원의 결석에 대한 벌금을 1일에 1드라크마로 했는데(제30장 (6)), 이 점에서 '드라콘의 정치체제'와 기원전 5세기 말의 과두파 정치 구상과의 유사점을 지적할 수 있다. 솔론이 폴리스의 구성원을 네 계급으로 나누었다는 것은 역사적 사실이다. 제1계급은 1년에 500메딤노스(Medimnos; 복수형 Medimnoi)에 상당하는 곡식, 올리브유, 포도주 등을 생산할 수 있는 재산을 가진 자들로 구성된다. 제2계급(zeugitai)은 한 쌍의 황소(zeugos)를 유지할 수 있을 정도의 300메딤노스를 생산할 수 있는 재산을 가진 자들이고, 제3계급은 200메딤노스를 생산할 수 있는 재산을 가진 자들인데, 이들은 말을 보유하고 유사시 기병(hippeis)으로 전쟁에 나갈 수 있는 자들이다. 나머지가 네 번째 계급(테테스[thētes]는 '품을 파는 고용인'을 의미한다)을 구성한다. 솔론은 전적

(4) 아레오파고스 평의회는 법의 파수꾼으로, 관리들이 법에 따라 직무를 수행하도록 감독했다. 부정의를 당한 자는 어느 법을 어기고 자신이 [어떤] 부정의를 당했는지를 보여 주면 아레오파고스 평의회에 탄핵재판을 제기할 수 있었다.[9]

(5) 앞에서 설명한 바와 같이, 빚은 신체를 저당잡히도록 했으며, 토지는 소수의 수중에 있었다.

으로 혈통이 아니라 재산과 부에 따라 계급을 나누었다고 하며 계층 상승을 허용했다고 한다(제7장). 요컨대 상위 세 계급은 땅을 소유하고, 맨 끝 계급은 땅을 소유하지 못했다. 『정치학』 제2권 제12장 참조.

[9] '부정의를 당한 자'란 맥락상 '관리로부터 부정의를 당한 자'로 해석해야 할 것이다. 그 경우 여기서 탄핵 재판(eisaggelia)이란 제45장 (2)에 나오는 '관리의 위법 행위에 대한 탄핵 재판'과 같은 종류로 해석할 수 있다.

제5장

(1) 정치체제에서의 조직은 이상과 같은 상태였고,[1] 또 다수의 사람들이 소수에게 예속되어 있었으므로 인민은 귀족에게 반항하고 일어섰다.

(2) 당쟁은 격렬하여 오랫동안 서로 반목하고 있었지만, 결국 양쪽은 솔론을 조정자이자 아르콘으로 선택하기로 합의하고, 그에게 국정을 맡

---

[1] 제2장부터 제3장에 있는 솔론 개혁 이전의 국가(폴리스)의 상황을 가리키며 직전 드라콘의 정치체제를 의미하지 않는다. 이 장에서 12장까지는 솔론의 여러 개혁을 자세히 설명하고 있다. 플루타르코스의 「솔론」과 겹치는 부분이 많은 것으로 보아, 플루타르코스가 이 책 혹은 이 책의 원래 사료(혹은 그 양쪽)를 이용했을 것으로 생각된다. 솔론에게 부과된 정치적 목표는 출생 귀족(eupatridai; 특정 가계(부계)에서 출생함으로써 정치적·사회적·종교적 특권을 부여받고 있는 문벌 엘리트) 대 평민, 부자 대 빈민의 대립을 조정하고 폴리스에 '좋은 질서'(에우노미아)를 가져다주는 데 있었다. 구체적으로는 경제적으로 몰락한 시민을 구제하고 폴리스 공동체의 분해를 회피한다는 사회경제적 과제, 그리고 출생 귀족이 독점해 온 참정권을 보다 넓은 시민층에게 개방한다는 정치적 과제가 그것이다. 솔론의 개혁 입법은 경제, 사회, 정치, 사법, 종교 등 폴리스 생활의 거의 모든 면에 걸쳐 있었다. 후세에 '솔론의 법'으로 전해진 152개에 달하는 '단편'은 루쉔부슈(Ruschenbusch, 1966)의 저작에 수록되어 있으며, 그 번역과 주해를 담은 그(Ruschenbusch, 2010)의 저작과 함께 필수적인 사료집이다. 또 솔론의 개혁 전반에 대해서는 *Comm*, pp. 118~179; Andrewes, 1982a: 375~391; Blok and Lardinois, 2006에 실려 있는 여러 논고 참조.

졌다[기원전 594/593년].[2] 이때 이미 그가 다음과 같이 시작하는 비가[엘레게이아]를 시작(詩作)하고 있었다.

> 나는 안다, 그리고 이아오니아에서 최고로 오래된 땅이
> 쓰러져 가는 것을 볼 때, 내 마음속에는 비통함이 가로놓인다.[3]

이 시 속에서 솔론은 서로 한쪽 당파의 입장에 서서 다른 쪽과 논전(論戰)하며 또 논쟁하고, 더구나 양쪽 사이에 계속되는 다툼을 함께 그만두라고 권고하고 있다.

(3) 솔론은 출신이나 명성에서는 최상위 계층이지만 재산과 지위에서는 중간에 속했다. 이는 다른 증거에서도 인정되지만, 그 자신의 다음 시구 속에서 부자에게 탐욕을 타이르고 있다는 점에서도 입증된다.

> 하지만 많은 좋은 것들로 가득 찬 너희들,

---

[2] 솔론의 아르콘 해(기원전 594/593년)에 대해서는 다소의 논쟁이 있지만(Comm, pp. 120~122; Staat, pp. 161~162) 여기에서는 데블린(AOF, p. 37)으로 대표되는 통설에 따른다. 다만 솔론의 모든 개혁이 한 해에 완료되었다고 보기는 어렵다. 예를 들어 데블린(AOF)은 주요 개혁 입법이 기원전 592/591년까지 지속되었다고 본다. 히그넷(Hignett, 1952: 316~321)과 체임버스(Staat, pp. 161~162)는 일련의 개혁 입법이 솔론의 아르콘 해가 아니라, 기원전 570년대에 행해졌다고 생각한다.

[3] 이 단편시(4a West)는 '알다'의 목적어가 무엇인지, 또 사본에서 klinomenēn('쓰러져 간다')과 kainomenēn('도륙당하다') 중 무엇으로 읽을지에 대해 논란이 있고 해석도 다양하다. 자세한 내용은 Mülke, 2002: 163~168 참조. 여기서는 체임버스(Staat, p. 15)의 해석을 따른다. '이아오니아'(Iaonia)는 '이오니아'의 옛날 형태다. 이 책에서 인용되는 솔론의 엘레게이아 시는 솔론의 개혁에 관한 유일한 동시대 사료로서 매우 귀중하며, 조정자로서의 입장과 인민에 대한 생각, 개혁의 주안점 등을 솔론의 입장에서 전해 주고 있다. 솔론의 시의 단편은 베스트의 저작(West, Solon, fr. 1~46)에 수록되어 있고, 여기서의 단편 번호도 그에 따랐다. 그에 대한 상세한 주해에 대해서는 Mülke, 2002 참조.

가슴속에 사나운 마음을 가라앉히고,

중용 중에 야망('큰 생각'[megan noon])을 거두어라.

우리들이 따를 일은 없을 테고,

너희들도 이런 것에[4] 완전히 만족하지는 않을 것이다.

그리고 그는 전적으로 당쟁의 책임(탓)을 항상 부자에게 돌리고 있다. 그래서 그는 이 비가의 첫머리에서도 '그들의 부에 대한 욕망과 오만을' 두려워한다고 말하고 있으며, 이것이 원인이 되어 적개심이 생긴 것처럼 말하고 있다.

---

[4] 대본과 *Comm*, p. 125, 그리고 윌큰(Wilcken), 베스트, 뮐케(Mülke), 체임버스 등에 따라 taut'로 읽는다. 카이벨-빌라모비츠 및 케니언은 pant'('모든 것에')로 읽는다. 이 단편(4c West)이 그다음의 '그들의 부에 대한 욕망과 오만을'(4b West)과 더불어, 앞 절의 단편(4a West)과 동일한 시에 귀속되는지에 대해서는 견해가 엇갈린다. Mülke, 2002: 159~160 참조. 또한 솔론의 출신이나 사회적 지위와 관련해서 이 책의 저자는 솔론이 중간 계급의 시민이었다는 증거로 이 시를 인용하는데, 그 내용은 분명 빈민의 입장에서 부유층을 비난하는 것이며, 게다가 인용 직후에 "(솔론이) 당쟁의 책임을 항상 부자에게 돌리고 있다"라고 말하고 있는 등 본문의 기술에는 모순과 혼란이 있어 보인다. 아리스토텔레스는 『정치학』 제4권 제11장에서 최선의 입법자는 중간 시민 출신이며 솔론도 그중 1명이라고 말하고 있지만(1296a18~20), 그에 반해 솔론의 사회적 지위나 입장에 관한 제5장 (3)의 기술은 일관되지 않다. 로즈(*Comm*, p. 124)는 이 책의 작가가 솔론의 시를 다른 사료로부터 재인용할 때 이런 부정합이 생긴 것으로 추정한다. 솔론의 가계에 관해서는, 코드로스 왕의 혈통을 잇는다는 전승이 있는데, 페이시스트라토스와는 어머니끼리 사촌 관계로, 기원전 645/644년의 아르콘이었던 드로피데스로부터, 후일 30인 정권의 수반 크리티아스나 철학자 플라톤에 이르기까지 아테나이의 손꼽히는 가문과 친척 관계에 있었다고 하는 점, 무엇보다 솔론 자신이 아르콘에 선임되어 있는 것으로 볼 때 그가 '명문의' 출생 귀족이었던 점은 의심할 사항이 아니다. 그가 재산과 사회적 지위 측면에서 중간 시민이었다는 설명은 앞서 언급한 아리스토텔레스의 이론에 기초한 후세의 가필인 것으로 보이며, 사료적으로는 실증할 수 없다. Davies, *APF*, pp. 322~324, 334~335 참조.

제6장

(1) 솔론은 국정의 전권을 장악하자 신체를 저당 잡는 대부를 금지하고, 그로 인해 현재에서뿐 아니라 장래에도 인민을 자유롭게 했다. 또 여러 입법을 실행해서 사적이며 공적인 부채의 탕감[끊어 냄, 무효화]을 단행했다. 이것은 [부채의] 무거운 짐을 떨쳐 냈다고 하기 때문에, '무거운 짐 내려놓기'¹라고 불리고 있다.

---

1   솔론의 경제 개혁은 '빚의 폐지'(novae tabulae)에 기초한다. '무거운 짐 내려놓기'(seisachtheia)는 원금과 이자를 포함한 모든 부채 탕감을 의미한다. 이것에 대해 안드로티온(Androtion)의 FGrH324 F34(= 플루타르코스, 「솔론」 제15장 제3~4절)는 '이자의 경감과 화폐가치의 평가절하'라는 다른 해석을 제시하지만, 이것은 잘못으로 보인다. Busolt, 1920~1926: 94~95; FGrH IIIb Suppl. I, pp. 144~145; Comm, p. 127 참조. 다만, 이 견해와 관련해서 기원전 4세기 아테나이에 그런 혁명적 조치는 없다고 주장하는 하딩의 반론도 있음에 주목하자. 화폐제도가 확립된 것은 기원전 6세기인데, 이것을 기원전 4세기에 적용하는 것은 잘못이라는 것이다(Harding, 1994: 129~133; Phoenix, xxviii, pp. 282~289, 특히 p. 288 n. 36). 솔론 자신은 자신의 시에서 '세이삭테이아'라는 말을 사용하지 않았다. 하지만 제12장 (4)에서 인용되는 시 단편에, 경계석(푯돌, horos)을 뽑아내어 아티카의 대지를 자유롭게 했다고 노래하고 있다(36.5~7 West). 그러므로, '무거운 짐 내려놓기'와 신체 저당 금지의 주된 목적이 헥테모로이(hektēmoroi)의 해방이며, 그들에게 있어서 '무거운 짐 내려놓기'란 6분의 1의 지대 납입 의무 폐지와 자기의 경작지에 대한 무제한의 소유권 확립을 의미했다는 것이 대

(2) 이것에 대해 그를 중상하려고 하는 사람도 있다. 즉, 솔론이 무거운 짐을 내려놓게 하려고 할 때, 우연히 귀족의 동료 누군가에게 그 일을 예고[발설]했는데, 그 후 인민파의 주장으로는 친구들의 책략에 걸려서, 혹은 그를 비방하려는 자에 따르면 솔론 자신도 공모에 가담했다는 것이다. 그도 그럴 것이, 이 동료들은 빚을 내서 많은 토지를 사재기했으며, 얼마 지나지 않아 부채의 탕감이 실행되었기 때문에 부유해졌다는 것이다. 나중에 대대로 재산가로 여겨지는 사람들도 실은 이렇게 해서 벼락부자가 된 것이라고 말해진다.[2]

(3) 하지만 인민파 쪽의 설명 쪽에 더 설득력이 있다. 왜냐하면 어느 한쪽의 당파를 복종시켜 국가의 참주가 되고 군림할 수 있을 정도의 권

체로 받아들여지는 견해다(Andrewes, 1982a: 381~382; Manville, 1990: 126~127, 131; Rhodes, 2006: 252~253 참조). 다만 해리스(Harris, 1997)는 '경계석'(horos)이 토지 저당을 나타내는 표지가 되는 것은 기원전 4세기 중반 이후의 일이라며 '통설'을 비판하고, '무거운 짐 내려놓기'란 부채의 끊어 냄이 아니라, 헥테모로이가 귀족에게 지불하고 있던 보호세의 폐지라고 주장한다. 본문이 말하는 '공사(公私)의 부채'가 각각 무엇을 가리키는지 특정하기는 어렵다. 사적인 부채로는 헥테모로이의 지대 납입 의무 외에도, 다음 해 수확기의 변제를 전망한 단순한 곡물의 차입 등을 생각해 볼 수 있다. 그리고 아티카에서 화폐가 제조되던 시기는 솔론의 시대보다 50년 정도 나중의 일이며, 화폐가 보급되지 않은 이 시대의 빚은 귀금속을 포함한 현물에 의한 것이라고 생각해야 할 것이다. 또 일반적으로 고전기에서 공적인 부채란 국가, 신전, 종교적 조직 등에 대한 부채를 말하는데, 그것이 솔론 시대에 그대로 해당되는지에 대해서는 의문이 남는다. 맨빌(Manville, 1990: 126~127)은 헥테모로이의 지대 납입 의무를 공적인 부채, 그 이외의 부채를 사적인 부채로 해석한다.

2   이와 동일한 일화가 플루타르코스의 「솔론」 제15장 제7~9절에도 나와 있는데, 그곳에서 솔론이 내부 정보를 자신의 친구들에게 흘림으로써, 돈을 빌려 방대한 토지를 매입해서 벼락부자가 된 귀족 동료로서 코논, 클레이니아스, 힙포니코스의 이름이 거론되고 있다. 이들은 각각 기원전 5세기 말(펠로폰네소스 전쟁 끝 무렵)에서 기원전 4세기 초에 활약한 3명의 정치인인 코논, 알키비아데스, 칼리아스의 조상으로 꼽히며, 이 일화도 이들을 헐뜯을 목적으로 그 무렵에 조작된 것으로 생각된다. *Comm*, pp. 128~129; *Staat*, p. 165 참조.

력을 부여받았으면서도, 어느 한쪽으로부터 미움을 받든 개인적 탐욕보다는 덕과 국가의 구제를 우선시했을 정도로 다른 면에서는 흔히 중용을 지키고 공평했던 그가, 이처럼 하찮게 보이는 일로 자신의 명예를 더럽히는 일은 하지 않았을 것이기 때문이다. (4) 그가 그럴 만큼의 직권을 가지고 있었다는 것은 당시 국가의 병적인 상황이 증명할 뿐만 아니라 그 자신의 시에서 자주 언급되고 또 다른 논자들도 모두 동의하는 바이다. 그러므로 [솔론이 공모했다는] 비난은 거짓이라고 볼 수밖에 없다.

제7장

(1) 솔론은 정치체제를 확립하고 다른 여러 법을 제정했다. 그리고 아테나이인은 드라콘의 법령을 살인에 관한 것을 제외하고 폐기했다. 그리고 여러 법을 회전 기둥[1](kurbeis)에 적어 넣어 '왕'의 스토아[2]에 세우고

---

1 중심 '축'(axones)을 중심으로 회전하는 나무(또는 돌)의 3면(또는 4면)으로 된 구조의 모양을 가진다. 아고라 서쪽에 있는 왕-아르콘의 궁정인 스토아 바실리케(Stoa Basilike)에 세워졌다. 플루타르코스의 「솔론」 제25장 제1~2절에는 개정하지 못하는 솔론의 법들이 악소네스(axones)와 퀴르베이스(kurbeis)에 씌어 공표되었다고 전하지만, 각각 어떤 기록 매체였는지에 대해서는 여러 논쟁이 벌어지고 있으며 결론도 나지 않았다. 논쟁사에 대해서는 Davis, 2011: 3~10 참조. 이 중 악소네스는 몇 개의 각목을 나무틀에 수평 혹은 수직으로 부착해서 축목(軸木)에 의해 회전시켜 측면에 새겨진 법문(法文)을 읽을 수 있도록 한 '회전 기둥'이라고 생각한다는 점에서는 이견이 없다. 한편, 본문에 있는 퀴르베이스에 대해서는 악소네스와 동일시하는 의견(*Atthis*, p. 309 n. 64; Ruschenbusch, 1966: 14~25; *Comm*, pp. 131~134)과 청동제 혹은 돌로 만든 각뿔비[角錐碑]로서 악소네스와는 별개라는 의견(Stroud, 1979; Sickinger, 1999: 26~27; Davis, 2011)이 대립하고 있다. 여기서는 전자에 따라 '회전 기둥'이라고 번역했다.

2 열주(列柱)로 된 낭하를 가진 건물. '왕'의 스토아(Stoa hē Basileios)는 고전기 아고라 북서쪽에 위치한 바실레우스의 집무 장소였던 늘어 선 기둥[列柱]으로 된 건물(스토아). 발굴된 유적으로 보아 기원전 480년 이후의 건조된 것으로 생각되며(Camp, 1992: 53; Camp II, 2010: 79), 솔론이 이곳에 회전 기둥을 세웠다는 본문의 기술은 시대에 맞지 않는다. 아마도 솔론이 법전을 제정, 공표한 장소는 아크로폴리스이며, 후에 그 원본은

모두가 그 법들을 따를 것을 맹세했다.³ 또한 9명의 아르콘은 돌에 서서 하고, 만일 이들 법 중 하나라도 위배한다면 황금상 일체를 봉납하겠다고 약속했다. 그래서 아직도 그들은 그렇게 선서하고 있다.⁴

(2) 솔론은 이후 100년간 그 법들을 개정하는 것을 금지하고, 정치체제를 다음과 같이 정했다. (3) 그는 시민들을 종전에도 그랬듯이,⁵ 소득

기원전 5세기 중반 '왕'의 스토아로, 다시 기원전 4세기 초에는 프뤼타네이온으로 옮겨지고, 대신 원래의 '왕'의 스토아에는 재편찬과 개정을 거친 솔론의 법 사본이 나대지에 보관되었을 것으로 보인다. Comm, pp. 134~135; Sickinger, 1999: 29~30 참조.

3 플루타르코스, 「솔론」 제25장 제1~2절 참조("… 이 법들은 악소네스 또는 목판들에 쓰였다. … 아리스토텔레스는 그것들을 퀴르베이스[kurbeis]라고 불렀다고 한다. … [5세기의 희극 시인 크라티노스 5보격의 2행시에 나오는 인용에는] '솔론과 드라콘의 퀴르베이스가 오늘날에는 보리를 찧는 데 쓰인다.' … 몇몇 사람들(enioi)의 주장에 따르면, '퀴르베이스에는 성스러운 법들과 희생제의 일정이 포함되며, 나머지 것들은 악소네스에 포함된다'"). 그렇다면 이 책이 아리스토텔레스의 논고라는 직접적 증거가 될 수 있을까?(Kenyon, 1891: 17 n. 7 참조) 또한 아리스토파네스의 『새들』 1354행의 고주석도 퀴르베이스란 말을 아리스토텔레스의 언급이라고 전하고 있다(Rose, 『단편』 352).

4 아르콘의 선서에 대해서는 제3장 (3), 제55장 (5) 참조. 아르콘이 그 위에서 선서하는 돌은, 그 실물이 1970년에 '왕'의 스토아 정면에서 발굴되었다. 크기 0.95×2.95×0.4미터의 석회암으로 미케네 시대 분묘의 돌을 전용했을 것이라는 추측도 있다. 솔론 시대에 이 돌이 어디에 놓여 있었는지는 알 수 없으나 '왕'의 스토아 건축 시점에는(앞의 각주 1) 이미 현재의 위치에 있었던 것 같다. Camp, 1992: 101~102; Camp II, 2010: 79~80 참조.

5 '종전에도 그랬듯이'의 어구를 나중에 삽입된 것으로 간주하고, 솔론 이전에 소득 등급이 존재하지 않았다고 하는 히그넷(Hignett, 1952: 99~100)과 같은 견해도 있다. 하지만 기사급, 중장보병급, 노동자급의 3개 등급은 솔론 이전부터 존재하여 원래 군역 부담 능력을 기준으로 한 것이었는데, 솔론은 여기에 500섬급을 추가한 다음, 4개 등급을 다시 경제적 기준에 의해 재정의하고 각각 계급에 해당하는 응분의 참정권을 부여했다고 보는 설이 가장 유력하다. Comm, pp. 137~138; Andrewes, 1982a: 385; Staat, p. 170; Stanley, 1999: 205~208 참조. 이 장의 아래에서 기술되는 솔론에 의한 금권정치(티모크라티아)의 도입은 종래의 '출생 엘리트'를 대신하여 '부유한 자들'이 지배층으로 제도를 통해 인정받으면서 경제적 지위와 참정권과의 불균형이 어느 정도 해소되었음을 의미한다. 그 정치사적 의의에 대해서는 Ober, 1989: 60~65 참조.

평가액에 따라 500섬급[펜타코시오메딤노이], 기사급[히페이스], 중장보병급[제우기타이] 및 노동자급[테테스]의 4개 등급으로 나누었다.[6] 그리고 9명의 아르콘,[7] 회계관[8]이나 계약관,[9] '11인',[10] 콜라크레타이[11]라고

---

6   1년간 생산되는 농업 생산물을 기준으로 해서 소득 평가액에 따라서 계급이 4개 등급으로 분류되었다. 펜타코시오메딤노이(pentekosiomedimnoi)는 500섬, 기사급(히페이스)은 300섬, 중장보병급(제우기타이)은 200섬 그리고 노동자급(테테스)은 200섬 아래로 이루어졌다. 여기에 따르면 국가의 핵심 관리(아르콘)는 단지 상위에 있는 한두 계층의 구성원에게만 개방되었다는 것이다. 출신이 아니라 경제적 능력에 따라서 상향으로의 가능성이 열려 있기 때문에, 테테스에서 히페이스 계급으로 올라간 사람(디피로스, 제7장 (4))도 있었다고 한다. 엘리트 계급의 순환은 안정적인 엘리트 통치에 필수적인 요소이다. 경제적으로 성공한 아테나이인들은 자동적으로 지배 엘리트에 흡수될 것이고, 재정적 실패는 그곳으로부터의 탈락이 수반될 것이다. 그렇다면 새로운 지배계급의 구성원은 경제적 변화에 민감할 수밖에 없다. 경제적 지위와 정치적 권력에 대한 접근 사이의 격차가 없다면, 엘리트 내부의 긴장이 상당히 완화될 수 있었을 것이다(Ober, 1989: 61 참조).

7   9명의 아르콘에 대해서는 제3장과 제55~59장 참조.

8   회계관은 아테나 여신 회계관을 말한다. 제8장 (1) 및 제47장 (1)에서의 논의 참조.

9   계약관은 국가의 계약 작성 및 압수된 재산의 판매 역할을 맡는 관리. 제47장 (2)~(3) 참조.

10 '11인'이 맡는 역할인 간수와 사형 집행인에 대해서는 제52장 (1)에서 다루어진다.

11 콜라크레타이(kōlakretai, kōlagretēs[단수])란 '희생 동물의 허벅지살을 모으는 자'(collector of the pieces at a sacrifice)라는 문자적 의미를 가지는데, 국고에서 공금을 지출하는 직책을 말한다. 비문에서는 기원전 5세기 중반에서부터 확인할 수 있다(IG I3 7.9). 기원전 411년 혹은 그 직전에 폐지되었고, 그 권한은 동맹 회계관(제30장 (2))이나 회계관(제48장 (1)~(2))으로 넘어갔다. Rhodes, 1972: 102~103 참조. 또한 아르콘을 별도로 하면, 이들의 역할이 솔론 이전부터 실재했다는 것을 다른 사료로부터 실증하는 것은 어렵다. 회계관이 500섬급에서만 선정된 것은 제8장 (1), 제47장 (1)로부터 분명하나, 그 이외의 직책이 어느 소득 등급에서 선택되었는지는 알 수 없다. 기원전 457/456년에 중장보병급까지 취임 자격이 확대되기 이전의 아르콘직은 상위 2등급에서 선택된 것으로 추정되지만(제26장 (2)), 당초에는 회계관과 같이 500섬급으로 한정되었는지, 아니면 처음부터 상위 2등급으로 열려 있었는지에 대해서는 논란이 있다. Hignett, 1952: 101~102; Comm, p. 148; Staat, p. 170 참조.

하는 중요한 직책[12]은 500섬급, 기사급 및 중장보병급으로부터 임명하도록 분배해서, 그 소득 평가액에 따라 각 등급에 직책을 할당했다. 한편 노동자급에 속하는 자에게는 민회[13]와 인민법원[14]에 참여하는 것만을

---

12 케니언은 me[n all]as archas('그 밖의 다른 직책을')로 읽지만 문맥이 통하지 않는다. 대본대로 megalas archas로 읽는다(Comm, pp. 138~139 참조).

13 민회(ekklēsia)는 성년 남자 시민의 전체 집회로, 민주정 시기에는 국가의 최고 의사결정 기관이었다. 성년의 남자 시민이면 빈부 구분 없이 평등하게 출석권, 발언권, 투표권을 부여받을 수 있다. 이 책이 쓰인 시대에는 연 40회 개최되며, 그중 '주요 민회'는 각 프뤼타네이아에 1번씩, 총 10번이었다. 정족수는 대략 6000명이었다. 대개는 거수로 표결하고, 군사, 외교, 전시 재정, 시민권 부여 및 관리 선거 등 최고로 중요한 과제에 대해 결의했다. 소집은 본문에 나오는 대로 '당번 평의원'(prutaneis)이 하되, 의사 진행은 의장단(proedroi)이 맡는다. 민회에 대한 연구에 대해서는 Hansen, 1987b 참조. 과거에는 아고라에서 민회가 열렸으나, 아마도 기원전 5세기 중반에 서쪽의 프뉙스 언덕(Pnux)으로 옮겨졌고, 이후 두 차례에 걸친 회의장의 개수 및 확장을 거쳐 기원전 4세기 말까지 이곳이 주된 민회 회의장으로 이용되었다. 오늘날 볼 수 있는 유적은 기원전 340년 이후 개수된 제3기의 것으로, 수용 인원은 1만 3800명이었다. 이 외에도 아크로폴리스 남쪽 기슭의 디오뉘소스 극장이나 페이라이에우스 극장 등에서도 민회가 열리는 일이 있었다. 민회 회의장에 대해서는 Hansen, 1987b: 12~14 참조. 그런데 이 책은 국가의 최고기관인 민회를 어쩐 일인지 독립된 기술의 대상으로 다루고 있지 않으며, 제43장에서도 '당번 평의원'의 직무에 관련된 범위에서 부수적으로 언급되고 있을 뿐이다. 이 책이 여러 종류의 관리나 인민재판소를 상세하게 설명하는 것에 비하면, 민회의 권한이나 기능에 대해서는 관심이 적다는 점은 주목받아야 한다.

14 민회와 인민법원의 노동자(기술자, 테테스) 구성원은 관리(archē)로서 인정받지 못했다. 이 맥락은 과거에는 다중이 민회에서 배제되었다는 것을 시사하고 있는 듯하다. 솔론이 인민에게 관직자의 선출과 직무 심사라는 최소한의 필수적 권한만을 부여했다는 점에 대해서는 아리스토텔레스, 『정치학』제2권 제12장 1274a15~21, 제3권 제11장 1281b31~34 참조. 힉넷은 민주정이 클레이스테네스에 의해 최종적으로 인정될 때까지 다중들은 배제되었다고 주장하기도 한다. 민회는 성년 남자 시민들의 전체 집회이다. 민주정 시기의 기능은 제43장 (4)~(6) 참조. 귀족정 시기, 특히 솔론 이전의 민회에 대해서는 불분명한 점이 많지만, 제12장 (4)에 인용되는 "인민을 모아 제안하고"(36.1~2, West)라는 솔론의 시구를 민회의 소집을 시사하는 것으로도 해석할 수 있다. 아마도 솔론은 그때까지 비공식적이고 불규칙했던 민회에 공식적인 지위를 인정하고 개회를 정기적으로 했을 것이다. Andrewes, 1982a: 385 참조. 또 솔론의 '인민재판소'에 대해서는 제9장 참조.

인정했다.

(4) 누구라도 그 토지재산에서 건량과 액량[15]을 합해 500단위[16]를 생산하는 자는 500섬급에 속하는 것으로 정해져 있으며, 또한 300단위를 생산하는 자는 기사급에 소속되었다. 그러나 이것은 말을 사육할 수 있었던 사람들을 말하는 것이라는 사람도 있고, 그 증거로서 이 소득 등급의 [기사(hippada)라고 하는] 명칭을 들어, [말(hippeus)을 기른다는] 사실로부터 그렇게 명명되었을 것이기 때문이라고 주장할 뿐만 아니라, 조상의 봉납품도 그 증거로 하고 있다. 왜냐하면 아크로폴리스에는 디피로스[17]의 상이 봉납되어 있고, 거기에는 다음과 같은 비명이 새겨져 있기 때문이다.

---

15 즉 곡식과 포도주 및 올리브유의 양.

16 건량(乾量), 액량(液量)을 합쳐서 500단위. 건량 단위란 보리, 밀 등 곡물에 이용되는 메딤노스로 52.512리터. 올리브유나 포도주 등 액량에는 메트레테스 단위가 이용되었으며 39.38리터가 된다(즉 3/4 메딤노스에 상당함). 또한 같은 단위라도 밀과 보리, 올리브유와 포도주의 각각의 경제 가치가 다르기 때문에(올리브유와 포도주가 곡식보다 가치가 있었으며, 밀이 보리보다 더 가치가 있었을 것이다), 여러 가지 생산물의 단위를 어떻게 환산해서 생산고를 산출했는지에 대해서는 논란이 벌어진다. 논쟁사는 *Comm*, pp. 141~142에 상세히 나와 있지만, 아마도 소득 등급 사정에 있어서는 본문의 기술대로 메딤노스의 곡물량과 메트레테스의 액량을 단순하게 합산한 것이 토지의 생산고로 여겨진 것으로 보인다(p. 141). 게다가 그것은 본인 자신의 신고에 맡겨진 것이라고 하는 로즈(*Comm*, p. 141)의 추정이 오늘날 일반적으로 지지받고 있다(Andrewes, 1982a: 385; Manville, 1990: 145 n. 53; Stanley, 1999: 208 참조). 이에 반해 폭스홀(Foxhall, 1997: 70)은, 소득 등급은 본래 곡물 생산액만을 기준으로 한 것이라고 주장하며 본문의 기술을 받아들이지 않는다. 어쨌든 솔론의 소득 등급은 이처럼 시민의 경제력을 자산이 아닌 연소득, 또 화폐가 아닌 농업 생산물에 의해 평가하고 있다는 점이 이 시대에 걸맞은 특징이다.

17 상(像)의 비명에는 '안테미온'이라고 해야 할 곳으로, 잘못 삽입된 것으로 보인다. 로즈(*Comm*, p. 143)는 필경사의 잘못일 것으로 본다.

디피로스의 자식 안테미온[18]은,

노동자급에서 기사급으로 진급한 기념으로,

이 상(像)을 신들에게 봉납했다.

그리고 마치 기사급이란 이것을 의미하는 것이라고 증언하는 것처럼, 그 곁에 말 한 마리의 상이 세워져 있다. 하지만 역시 기사급은 500섬 급과 마찬가지로 그 생산물의 단위에 따라 구분되었다고 하는 편이 더 타당하다. 또 중장보병급[19]에 소속된 것은 건량과 액량을 합하여 200섬 급[단위]을 생산하는 자이며, 이에 미달하는 자는 노동자급으로, 이들은

---

18 기원전 5세기 말에서 기원전 4세기 초에 활약한 민주정파의 정치가 아뉘토스(제27장 (5), 제34장 (3))의 아버지 안테미온이 아니냐는 추정도 있지만 확증할 수 없다. *APF*, pp. 40~41 참조. 이 비명을 제외하면 소득 등급이 각 시민의 연소득의 변동에 따라 다시 사정(査正)되었음을 나타내는 사료는 없으며, 아마도 본인이 적극적으로 변경을 신청하지 않는 한 등급이 세습되었을 것이다. 이 점에 대해서는 *Comm*, p. 143 참조.

19 중장보병급(zeugision telos, zeugitai)은 문자적으로는 '(멍에로 묶은) 한 쌍의 소를 기를 수 있는 자'이다. 즉, 농민급으로 해석하는 의견과, '진열(陳列)을 이루는 자', 다시 말해 중장보병급으로 해석하는 의견의 두 가지 설이 있는데, 후자의 설이 로즈(*Comm*, p. 138)에 의해 채용되었으며, 나중에 화이트헤드(Whitehead,1981)가 이를 상세하게 논의한 이래로 오늘날 주류의 견해가 되고 있다. 다만 위즈(Wees, 2006: 352~357)는 이를 반박하며 농민급으로 해석한다. 어쨌든 상위 두 등급과 달리 이 계급은 중소 독립적인 자영 농민들로 이루어진 폭넓은 중류 시민층이며 중장보병군의 주체를 구성한다고 보는 것이 통설이다(Andrewes, 1956: 87~89; Forrest, 1966: 168~174; Stanley, 1999: 207~208; Rosivach, 2002: 36~37). 그러나 이에 최근 폭스홀(Foxhall, 1997: 70~71) 및 위즈(Wees, 2006: 360~367) 등이 반론을 제기했다. 위즈(2006: 361)에 의하면, 보리 200메딤노스의 수입은 씨앗과 짐승의 사료를 공제하더라도 연간 최대 15명을 부양할 수 있는 데 충분한 양이며, 한 가족의 생활 유지에 필요 생산량의 4배에 해당하므로 중장보병급은 중소 농민층이 아닌 노예 등 노동력에 의존하는 유한계급 토지 소유자이며, 단지 성년 남자 시민의 5~10퍼센트를 차지하는 부유한 엘리트라고 한다. 위즈의 새로운 이론은 알카이기(고대 시기)의 아테나이 사회 구성 및 군사 편제에 대한 통념을 크게 뒤엎는 것이지만, 그 연구에 대한 평가는 아직 결정되지 않았다.

어떠한 직책에도 보임되지 않는다. 그런 이유로 현재에도, 추첨을 통해 어떤 직책을 맡으려는 자가 어떤 등급에 속하느냐는 질문에 노동자급이라고 대답하는 사람은 1명도 없을 것이다.[20]

---

20 소득 등급에 근거하여 관직의 취임 자격을 결정하는 솔론의 법은 이 책의 시대까지 유효했지만, 현실에서는 소득 등급이 시민 본인의 실소득과 괴리되는 경우가 많았다(앞의 각주 18). 그렇기 때문에 이 법 규정은 폐지되지는 않았지만, 기원전 4세기 중반 이후로 사문화되어, 관리의 선임에 있어 후보자에 해당하는 시민들이 적당한 소득 등급을 자진해서 신고했다고 한다. *Comm*, pp. 145~146; Rosivach, 2002 참조.

제8장

(1) 솔론은 각 부족의 [선거에서] 예선을 거친 후보자 중에서 추첨으로 관리를 임명하기로 했다.[1] 9명의 아르콘에는 각 부족이 10명의 예선 후보를 내서, 그중에서[2] 추첨으로 임명했다. 그래서 지금도 각 부족이 10명의 후보를 추첨하고, 그런 다음 그중에서 [또] 추첨으로 뽑는 관습이 남아 있다. 솔론이 소득 평가액에 따라 추첨으로 임명한다고 정한 증거로 회계관에 관한 법이 있으며, 이 법은 오늘날에도 유효하다. 즉, 동일한 법은 500섬급에서 회계관을 추첨하도록 규정하고 있는 것이다.

---

1 『정치학』 제2권 제12장(1273b40~12742)은 솔론이 기존의 관리 선거제를 개편하지 않았다고 분명히 하고 있는데, 이는 추첨제를 도입했다고 하는 여기서의 본문의 기술과 모순된다. 이에 대해서는 이 책의 기술을 받아들이는 입장(Comm, pp. 146~148; Rhodes, 2006: 253~254; Andrewes, 1982a: 386)과 후세의 허구로 간주하여 서로 대립하는 입장이 있다(Hignett, 1952: 321~326; Hansen, ADD, pp. 49~52, p. 353; Staat, pp. 174~175). 솔론은 기원전 4세기에 이르러 민주정의 시조로 여겨지게 되었고, 일반적으로 민주정 제도의 창시를 솔론에게 돌리려는 경향이 강해졌다(Mossé, 1979 참조). 그러나 솔론 자신의 시(詩)를 따로따로 참조해서 살펴보면, 민주적인 여러 제도를 만든 공헌을 그에게 돌리는 사료의 신빙성에는 여전히 문제가 있다.

2 대본은 toutous('그 사람들을')라고 읽지만, 문맥상 케니언의 독해에 따라 ⟨ek⟩ toutōn으로 읽는다.

(2) 솔론은 9명의 아르콘에 대해 이상과 같이 입법했다. 종래에는 아레오파고스 평의회가 그 자체적으로(독자적으로) 사람을 불러내 선정하고, 적임자를 그해의 각 직책에 〈할당해〉 임명하고 있었다.[3]

(3) 부족은 이전과 마찬가지로 4개가 있었고, 부족장이 4명이 있었다.[4] 각 부족은 3개의 트리튀스[5]로, 또 12개의 나우크라리아[6]로 나뉘어

---

[3] '종전에는 … 임명했던 것이다'라고 하는 말은 나중의 허구로 간주하려는 의견이 강하다(Hignett, 1952: 79, 325~326; Wallace, 1989: 44 참조). 솔론 이전에 아르콘이 어떻게 선임되었는지는 추측에 의존할 수밖에 없지만, 히그넷(Hignett, 1952: 79)은 민회에서 직접 선거로 뽑혔다고 한다.

[4] 이곳에서의 부족(phulē)은 이온으로부터 유래한 이오니아 계열의 여러 폴리스에 공통된 예로부터 내려온 4부족, 즉 Geleontes(농부), Hopletes(전사), Argadeis(기술자; ergon은 '일'을 의미), Aigikoreis(목자; aix는 '염소'라는 의미)를 가리킨다. 이처럼 명칭이 직업에서 유래했다고 하는 설도 있으나, 학자들은 이를 받아들이지 않는다(플루타르코스, 「솔론」 23장 참조). 한편, 헤로도토스는 이온의 네 아들들인 겔레온, 아이기코레스, 아르가데스, 호플레스의 이름에서 따온 부족 명칭이라고 밝히고 있다(『역사』 제5권 66). 과거에는 폴리스 이전부터 존재했던 씨족제 모습의 혈연 집단을 계승한 것으로 설명되었지만, 근래에는 폴리스 성립 이후 새롭게 편성된 시민단 조직의 최대 단위로 이해하는 설이 강하다. 제4장 (2)는 아테나이에 이온이 정착하여 가장 오래된 정치체제에서 비로소 부족이 네 갈래로 갈라졌음을 전한다. 아테나이에서의 오래된 4부족은 군사적인 기능을 담당한 조직이었다고 하나, 기원전 508/507년의 클레이스테네스의 개혁으로 폐지되어 새로운 10부족으로 대체되었다(제21장 (2)). 부족장(phulobasileis)은 4부족 각각의 우두머리로, 클레이스테네스 개혁 이후에도 존속하여 국가 제사와 살인 재판에서 일정한 역할을 했다(제57장 (4)). 클레이스테네스 이전의 부족 및 부족장에 대해서는 Lambert, 1998: 256~257 참조.

[5] 트리튀스(trittus)는 문자적으로 '3분의 1'이다. 세 트리튀스가 1부족을 구성하여 모두 12개였다. 부족과 마찬가지로 군사 조직으로 기능했을 것이다. Lambert, 1998: 257~258 참조.

[6] 나우크라리아(naukraria)는 부족의 하부 조직으로 클레이스테네스 이전에 총 48개가 있었으며, 지연적·세습적 성격의 사회 집단으로서 행정 조직의 말단을 담당하고 있었다고 한다. 나우크라리아는 아마도 군선(軍船)의 공급과 유지에 필요한 재정을 담당했고, 그 우두머리인 나우크라로스('선장')가 이를 위한 징세를 담당했을 것으로 추정한다. 나우크라리아가 트리튀스의 하부 조직인지는 불분명하다. 나우크라리아의 조직과

있었다. 나우크라리아를 관장하는 관리(아르케)로 나우크라로스를 두어 경상의 세입 세출을 관장했다. 그래서 오늘날에는 더 이상 사용하지 않게 된 솔론의 법에도 종종 '나우크라로스가 징수해야 한다'거나 '나우크라리아의 공급으로부터 지출해야 한다'는 식으로 적혀 있다.

(4) 솔론은 각 부족에서 100명, 총 400명의 평의회[7]를 창설했다. 그리고 아레오파고스 평의회를 이전부터 정치체제의 감독자였던 것처럼, 법률 수호의 임무를 맡게 했다. 그 밖에도 아레오파고스 평의회는 대부분의, 또 가장 중요한 나랏일을 감독하고, 형벌을 가하고 또 사람을 응징하는 권한에 의해 불법행위자를 집무 심사에 회부해서, 〈집무 심사에 회부되는〉[8] 이유도 기록하지 않고 벌금을 징수해 아크로폴리스로 옮겼다. 또

기능에 대해서는 오랜 논쟁이 있지만, 그 연구사와 관련 사료 소개를 포함해 전체적인 조망에 대해서는 Lambert, 1998: 251~256 참조.

[7] 플루타르코스, 「솔론」 제19장 제1절에는 솔론이 설립한 평의회가 사전에 심의해서 준비한 의제를 민회에 상정했다는 취지의 내용이 나온다. 그러나 그 밖에 400인 평의회의 활동을 전하는 사료는 거의 없으며, 히그넷(Hignett, 1952: 92~96)은 솔론에 의한 평의회 창설을 후세의 조작이라고 논하고 그 사실성을 부정했다. 한편, 로즈는 이 주장에 강한 반론을 내세우고, 민회의 사전 심의 기관으로서 평의회를 창설하고, 민회를 규칙적으로 개최함으로써 인민에게 일정한 권한을 부여하는 것이 솔론의 의도였다고 주장한다(Rhodes, 1972: 208~209; Rhodes, 2006: 254~255). 최근에는 로즈설을 받아들이는 견해가 비교적 유력하다(Andrewes, 1982a: 387; Lambert, 1998: 257 n. 56; Wees, 2006: 367~368, 377~378). 그러나 체임버스(Staat, pp. 178~179)는 솔론의 창설에 대해서는 회의적이며, 또한 앤더슨(Anderson, 2003: 57~76)은 나중의 과두정파에 의한 허구라고 명확히 부정한다.

[8] 텍스트의 파손 때문에 해석에 어려움을 겪는 부분이다. 케니언은 de ho to ektinesthai로 읽고 '벌금을 부과받는 이유'라고 해석한다. 그러나 체임버스(Staat, p. 18)는 사본에 thu를 판독할 수 있다고 보고 윌큰에 따라 dia to euthunesthai라고 읽은 후에 무언가 텍스트 파손이 있는 것으로 추정하고, 본래의 의미를 '집무 심사에 회부되는 이유'로 해석한다.

민주정 전복의 음모를 꾸미는 자들에 대해서는 솔론이 탄핵 재판의 법[9]을 제정했기 때문에, 아레오파고스 평의회가 그들을 재판했다.

(5) 솔론은 국가가 당쟁을 일삼으면 시민 중에 무관심으로 해서(dia rhathumian) 벗어나는 자가 있는 것을 보고, 그런 사람들에 대해서는 특별법을 제정해 국가가 당쟁에 있을 때 [양쪽 중] 어느 당파에도 가담하지 않는 사람[10]은 법의 보호를 박탈하고[11] 시민의 권리를 상실케 한다고

---

[9] nomos eisaggekias. 국사범이나 관리의 위법 행위를 재판하는 탄핵 재판 소송 절차와 그 기능에 대해서는 제43장 (4) 참조. 솔론이 민주정의 전복죄에 대해 탄핵 재판의 법을 마련했다는 본문의 기술은 후세의 조작일 가능성이 높다.

[10] 종래에는 '어느 당파를 위해서라도 무기를 취하지 않는 자는'이라고 번역하는 경우가 많았지만, 로즈(Comm, pp.157~158)는 '무기를 맡기지 않는 자는'이라고 해석한다. 여기서는 좀 더 의역했다.

[11] atimos(명사형 atimia). 아티마(문자적으로 'timē의 박탈')의 개념에는 두 가지 의미가 있는데, 오래전에는 모든 권리의 완전한 박탈을 의미했다. 즉 타인에게 살상당하거나 재산을 빼앗기더라도 법의 보호를 호소할 수 없다는 법의 보호 박탈(outlawry)을 의미했다. 솔론 시대의 법률에서도 이 오래된 의미로 해석할 수 있지만, 이 책의 시대에는 이미 이러한 해석은 행해질 수 없었다. 공민권 정지(atimos, atimia)는 문자적으로 '명예의 상실'이다. 알카익기('고대 시기')에는 '법의 보호 박탈', 즉 '그런 자'를 살해해도 재산을 빼앗더라도 죄를 묻지 않는다는, 완전한 권리의 박탈을 가리켰다. 그러나 훗날 기원전 5세기 중반부터 이 개념은 관용적이 되어, 시민으로서 행사할 수 있는 공적인 권리의 전부 혹은 일부를 영구적으로 혹은 일시적으로 정지하는 것, 즉 공민권 정지(loss of civic rights)를 의미하게 되었다. 이런 식으로 옮기는 것도 만족스러운 것이 아니다. 공민권 정지 상태는 그 자체로 형벌로 부과되거나 국가에 부채를 지게 되면서 발생한다. 구체적으로는 아고라 등의 특정 장소, 특히 신역에 대한 출입이 금지되거나 관리가 되는 권리, 민회 출석권, 소송 당사자나 증인으로서 법정에 출석할 권리 등을 정지당하거나 하는 것을 말한다. 공민권 정지를 받고도 이러한 금지를 어기면 약식 체포되어 사형에 처해졌다. 단 공민권 정지를 받은 사람이라도 시민으로서의 사적 권리, 즉 생명이나 재산권 등은 잃지 않고, 그를 살해하면 살인죄를 묻게 된다. Todd, 1993: 142~143, 181~182 참조. 여기서는 시대의 맥락에 따라 예전의 방식과 새로운 방식의 두 가지 의미로 옮기기로 한다. 오스트발트(Ostwald, 1969: 59, 140)에 의하면, 제16장 (10)에 인용되는 법은 드라콘의 법의 일부이며, 따라서 여기서 아티모스는 본래 재판이 없는 처형을 포함한 '법의 보호 박탈'이라는 옛날의 의미이다. 그런데 이 책의 저자는 그것을

규정했다.¹²

'공민권 정지'라고 하는 새로운 '느슨한' 의미로 오해했기 때문에, 이 법의 조치를 관대하다고 생각한 것이다. 본문에서는 부득이 이 책의 저자가 오해한 의미로 번역했지만, 법 본래의 취지에 따르면 제8장 (5)와 마찬가지로 '법의 보호를 박탈당해야 한다'라고 번역해야 할 대목이다. 아테나이에서는 이후 이 책과 동시대의 기원전 4세기 말의 에우크라테스법(제16장 해당 각주)에 이르기까지 이와 같이 참주정 수립이나 민주정 전복을 기도하고 실행한 자를 법의 보호 밖에 두겠다는 취지의 엄격한 법률이 전후 4회에 걸쳐 입법되었다. 이 책의 저자도 그 엄한 처벌의 실체를 알고 있었으므로, 그에 비해 이것이 '관대'한 처사라고 생각했을 것이다. 제6장 (10)의 '규칙'은 그 원류로 자리 잡는다. Carawan, 1993 참조. 폴리스 공동체의 정식 구성원의 권리라는 의미의 시민권 (citizenship)은 아테나이 민주정의 경우, 페리클레스의 '시민권법'(제26장 각주 9 참조)에 의해 부모의 출신에 의해 생득적으로 부여된 것으로, 법이론상 박탈하는 것은 불가능했다. 따라서 공민권 정지를 받은 사람이라도 여전히 아테나이 시민권은 보유하고 있는 것이며, 따라서 여기에서의 아티마를 '시민권 상실', '시민권 박탈'이라고 옮기는 것은 잘못이다.

12 플루타르코스, 「솔론」 제20장의 1절에도 이와 동일한 언급("당파 싸움이 있을 때 어느 편에도 가담하지 않은 자의 공민권을 박탈하는 법이 있는데. … 공적인 것에 무감각하고 무관심하면서도 사적인 이익과 안전을 도모하거나 나라의 고통과 혼란에 동참하지 않는 것을 자랑스럽게 여기며 어느 쪽이 우세해지는지를 옆에서 안전하게 기다릴 것 아니라, 더 낫고 더 정의로운 편에 즉시 가담해 위험을 같이하며 그들을 도와야 한다는 것")이 나온다. 이 입법이 당쟁을 진정시키기 위해 노력한 솔론의 의도와 배치되는 것으로 보고 후세에 조작된 것으로 간주하는 견해(Hignett, 1952: 26~27; Staat, pp. 180~181; Ruschenbusch, 2010: 76)와 액면 그대로 사실로 인정하는 견해(Rhodes, 2006: 255)가 대립한다. 뤼시아스, 「연설」 31번(Lys. 31,27~28)에는 기원전 404/403년 내란 발생 시에 국외 도망자에 대하여 이러한 행위를 금지하는 입법은 일찍이 없었다는 진술이 있으며, 이것이 맞다면 솔론의 '당쟁법'은 이 시점에 존재하지 않았던 셈이 된다. 이 논쟁사에 대해서는 Comm, p. 157; Staat, p. 180 참조.

제9장

(1) 그런데 관리에 관한 규정은 이상과 같았다. 솔론의 정치체제에서 가장 민주적인 것은 다음의 세 가지로 생각된다. 첫째로, 또 가장 중요한 점은 신체 저당에 의한 대출을 금지한 것이며, 다음에는 누구든지 원하면 부정의를 당한 자를 위하여 보상을 요구할 권리를 얻은 것이다. 그리고 세 번째는 인민법원[1]으로의 심리 회부[2]이며, 이것이 다중이 권력을

---

1 dikastērion. 한젠(Hansen, 1981~1982: 39)은 이를 추첨된 재판관에 의해 여러 법정으로 구성된 법원이었다고 주장한다. 그러나 솔론 시대에 후일 민주정하의 조직화된 재판소와 같이 독립되어 있었다고는 생각하기 어렵고, 여기의 인민법원은 재판 목적으로 소집된 인민의 모임이라고 하는 것이 통설이다. Rhodes, 1972: 167~168; *Comm*, p. 160; Andrewes, 1982a: 388; *Staat*, pp. 182~183 참조. 또한 솔론의 인민재판소를 dikastērion이라고 부르는 것은 시대에 맞지 않으며, 솔론 당시의 호칭으로는 hēliaia가 옳다.

2 심리 회부(ephesis, 동사 ephienai)는 1심 재판 주체가 상급 재판 주체에게 소송 심리를 회부하는 것을 의미하며, 회부받은 재판 주체가 최종심을 담당한다. 이것은 근대적 의미의 '항소'(appeal, Appellation)와 달리 제1심판결에 불복한 당사자의 제기에서 일어나는 경우뿐만 아니라 제1심 재판 주체인 관리나 법정이 당사자의 의사와 관계없이 직무로서 자동적으로 심리 회부하는 경우도 포함한다. 최종심은 심리를 처음부터 다시 하는 것(a fresh hearing)이지 제1심판결을 재검토하는 것은 아니다(Ruschenbusch, 1961; Todd, 1993: 375 참조). 여기에서는 당사자의 불복에 의한 것일 경우에는 '상소'라고 옮기고(제42장 (1), 제53장 (2), (6)), 그 이외는 '심리 회부'라고 번역한다(제45장

얻기 위해 가장 효과가 있었다고 한다. 왜냐하면 인민들이 투표권을 손에 쥐었을 때 정치체제의 주인이 되기 때문이다. (2) 게다가 또 법이 평이하고 명쾌하게 쓰이지 않고, 예를 들어 상속재산[3]이나 여자 상속인[4]에 관한 법과 같이 [난해]했기 때문에 많은 다툼이 일어나고, 그 결과 공사(公私)의 소송 사건 전부를 인민법원이 심리하게 되는 것도 필연이었다. 그래서 민중이 판결권을 획득하기 위해, 솔론이 고의로 법을 알기 어렵

---

(2)~(3), 제55장 (2)). 솔론이 창시했다는 '인민재판소로의 ephesis'(eis to dikastērion epheseis)가 구체적으로 어떤 절차를 의미하는지에 대해서는 의견이 분분하다. '인민재판소'에 대한 솔론의 말은 dikastērion이 아니라 hēliaia이다. 솔론은 항소할 수 있는 권리의 중요성을 인식하고 있었다. 로즈(*Comm*, p. 161)와 앤드루스(Andrewes, 1982a: 388), 한젠(*ADD*, p. 30, 189) 등은 아르콘의 판결에 불복하는 당사자가 제기하는 상소로 해석하는 데 대하여, 루쉔부슈(Ruschenbusch, 1965)와 토드(Todd, 1993: 375)는 관리에 의한 자동적인 직무로서의 심리 회부로 해석한다. 어차피 솔론은 그때까지 아르콘 등 관리가 독점하고 있던 재판권을 제한하고, 관리가 모종의 사건의 소송을 인민재판소(민회)에 심리 회부하도록 '의무화'하고, 그로 인해 인민에게 일정한 재판권을 이양했다고 할 수 있다(플루타르코스, 「솔론」 제18장: "테테스는 관직에 취임하는 것이 허용되지 않았으나, 민회에 참석하고 배심원으로 활동함으로써 정치에 참여했다. … 나중에 대단한 중요한 의미를 갖게 되었다. … 솔론은 관리들이 심판하게 되어 있는 사건들도 원할 경우 인민법정에 항소할 수 있도록 했다.").

3 klēros. 시민들의 집(오이코스)에 계승되는 가산(家產)을 말한다. 상속재산에 대한 솔론의 법은 루쉔부슈(Ruschenbusch, 1966, 2010: *Frag*. 49~53)에는 사료 단편의 집성과 주해가 있다. 본문이 구체적으로 어느 법을 가리키는지는 말하기 어렵다. 「솔론」 제21장 제3절은 남자 상속인이 없을 경우에 '재산을 마음대로 넘겨줄 수 있는' '유언의 자유'를 허용하는 법을 솔론이 제정했다고 전하며, 제35장 (2)에도 그 법의 일부가 인용되어 있다. 본문은 솔론의 법 문구가 기원전 4세기 아테나이인들에게 더 이상 읽기 어려운 언어가 되었음을 시사한다. 기원전 4세기의 상속재산의 법 제도에 대해서는 제56장 (6) 및 해당 각주 참조.

4 epiklēros. 남자 상속인을 남기지 않은 채 죽은 가부장(家父長)에게 딸이 있을 경우, 그녀 자신에게 상속권은 없지만, 집안의 딸로서 아버지가 유언으로 지명한 남성이나 가장 가까운 부모의 친족 남성과 결혼하여, 태어난 아이에게 가산을 상속할 수 있었다. 집안의 딸에 대한 솔론의 법은 Ruschenbusch, 1966, 2010: *Frag*. 48ab, 53 참조. 기원전 4세기의 집안의 딸에 대하여 제56장 (6)~(7) 및 해당 각주 참조.

게 만든 것이라고 생각하는 사람들도 있다.[5] 하지만 이것은 있을 법하지 않은 일로, 오히려 '최선'(beltiston)을 일반적인 표현으로 정의할 수 없었기 때문이다. 현재에 일어난 일에 비추어서가 아니라 솔론의 정책의 다른 면으로부터도 그의 의도를 판단하는 것이 옳은 일이다.

---

[5] '법을 일부러 모호하게 만들었다는 이야기'에 대해서는, 플루타르코스,「솔론」제18장 제6~7절 참조. 종래에는 소송을 제기할 권리는 피해 당사자에게만 있었지만('피해자 소추주의'), 솔론은 피해자가 스스로 소송을 제기할 수 없는 경우, 혹은 국가 공동의 이익이 손상되어 있는 경우에, 아테나이 시민인 제삼자가 누구라도 부정행위자를 소추하고 죄의 보상을 요구할 권리를 정했다. 이를 '인민 소추주의'라고 한다(플루타르코스,「솔론」제18장 참조). *ADD*, p. 192; Todd, 1993: 100 참조.

제10장

(1) 솔론의 입법에서 민주적 특징이라고 생각되는 점은 이상과 같다. 그런데 그는 입법에 앞서 부채의 탕감을 실행했으며, 그다음에 도량형[개혁] 및 화폐의 증대를 행했다.[1] (2) 증대라고 한 것은, 그 당시에 중량(무게)이 페이돈의 중량보다 커졌고,[2] 또 이전에는 70드라크마의 무게였던

---

[1] 솔론의 개혁에서 도량형 및 화폐의 개혁에 대해서는 여러 논의가 있다. 고전학(古錢學)의 성과에 의해 화폐의 제조 시기는 아테나이에서는 최초로는 기원전 6세기 중반경이었고, 아이기나에서도 기원전 570~550년경으로 추정된다. 솔론 시대에는 아테나이인이 화폐를 사용하고 있던 흔적은 없다고 한다(Kraay, 1976: 58; Kraay, 1988: 437~438). 그렇다면 솔론에 의한 화폐 개혁도 사실이 아닌 것으로 밝혀졌다. 실제로 솔론이 아테나이의 도량형을 개혁했다는 직접적인 사료 증거도 거의 없다. 크로퍼드(Crawford)는 솔론의 도량형 개혁을 후세의 허위로 보며, 그 사실성을 근본적으로 부정한다. 로즈(Comm, pp. 164~168)도 기본적으로 회의론의 입장에 서지만, 다만 솔론이 어떤 통일적인 도량형의 사용을 정했을 가능성은 있다고 본다. 앤드루스(Andrewes, 1982a: 382~384)는 솔론의 무게 단위 개혁만이 사실이었을 가능성을 암시한다. 체임버스는 도량형 개혁에 대해서는 기본적으로 제10장의 기술을 사실로 인정한다(Staat, pp. 185~190). 그러나 오늘날에는 대체로 회의론으로 기울어지고 있다. 제10장의 기술과 설명에 대해서는 역사적 사실성이 의문시되고 있는 상황이다. 이에 대해서는 Comm, pp. 164~168 참조.

[2] 여기서 중량이란 메딤노스 등의 용적 단위를 말한다(4코튈레 = 1코이닉스[0.27리터]; 48코이닉스 = 1메딤노스[약 51.8리터]). 페이돈은 기원전 7세기 전반 아르고스의 참주

것이 100드라크마까지 끌어올려졌기 때문이다.³ 오래된 시대의 표준화폐는 2드라크마였다.⁴ 또한 그는 무게 단위도 화폐에 대응하여 정하고, 1타란톤의 무게를 63므나에 상당하는 것으로 하고, 또 [우수리의] 3므나는 스타테르⁵나 그 밖의 다른 무게 단위에 따라 분배되었다.⁶

로, 그가 정한 도량형이 펠로폰네소스 반도 지역의 통일된 단위가 되었다고 한다. 고전기에 아티카의 중량이 페이돈의 중량보다 컸던 것은 사실이지만, 그것이 어떤 도량형 개혁의 결과였다는 증거는 없다.

3 여기서 므나는 화폐 단위를 나타내는 화폐 므나가 아니라 무게를 나타내는 '무게 므나'이다. 드라크마도 마찬가지다. 본문은 이른바 솔론의 중량 단위 개혁을 전하지만, 그것이 의미하는 바가 1드라크마의 가치는 바꾸지 않고 1드라크마의 무게를 늘렸다는 것인지, 1드라크마의 가치는 바꾸지 않고 1드라크마의 무게를 줄인 것으로 봐야 하는지에 대한 해석이 분분하다. 안드로티온 FGrH324 F34(= 플루타르코스 「솔론」 제15장 제3~4절: '73드라크마 하던 것을 100드라크마로 바꿈')는 후자의 해석을 취하지만, 이 책은 전자의 입장에서 읽을 수도 있다. 기원전 6세기 말에서 기원전 4세기에 아티카의 므나가 단계적으로 무게를 늘린 것은 사실이지만, 결코 그것을 솔론의 개혁으로 돌릴 수는 없다. 고전기의 아티카 단위의 1드라크마는 4.36그램이었다.

4 솔론이 표준화폐(standard coin)를 4드라크마로 고쳤다는 의미이다. 크레이(Kraay, 1976: 58, 60)에 따르면, 아티카의 최고 화폐는 기원전 6세기 중반 제조가 시작되는 '문장 화폐'(Wappenmünzen)라고 불리는 유형이었는데, 그 무렵에는 2드라크마 은화가 표준화폐였다. 기원전 525~500년경부터 제조되기 시작한 것은 아테나이 국장(國章)의 올빼미와 아테나 여신의 머리 부분을 안팎에 각인한 그 저명한 '올빼미화'로, 이것은 4드라크마가 표준이었다. 따라서 본문은 이 변화를 반영한 것이라고도 해석할 수 있지만, 그것은 솔론의 개혁의 결과가 아니며, 저자는 그 변화를 솔론에게 돌리고 있는 것에 지나지 않는다. 또 크로퍼드(Crawford, 1972: 8)가 지적하듯이, 후세의 아테나이인이 이러한 고전학(古錢學)상의 변화를 정확하게 기억하고 있었는지도 의문이다.

5 1므나의 5분의 1에 해당하는 무게.

6 문장의 의미에 대해서는 논란이 있지만, 솔론이 은화를 명목상의 무게보다도 약간 가볍게 제조해서 은 1타란톤으로부터 액면가 63므나 즉 6300드라크마의 은화를 만들고, 그중 3므나 분은 조폐소의 수수료로 징수했다는 의미로 일반적으로 해석된다. 화폐 단위로서의 1타란톤 = 60므나라는 환산식은 불변이다. 1타란톤은 일용노동자의 하루 품삯의 600배에 달하는 거액이다. 1므나는 100드라크마이다. 우수리 숫자인 3므나로 말하는 것은 실제 은의 무게에 대해 5퍼센트분을 액면상의 화폐 단위에 얹어 준다는 비율 원칙과 므나뿐만 아니라 스타테르(중량 단위로는 2므나) 등 다른 중량 단위에도 적

용되었다는 것을 말한다. 이것도 이 책의 시대에 시행되던 제도를 후세의 솔론에게 돌리고 있다.

제11장

(1) 솔론은 정치체제를 앞에서 말해진 대로 정했는데, 사람들이 그에게 와서는 그의 법에 대해 어떤 점은 힐난하기도 하고, 어떤 점은 질문을 던져 책망하기도 하여 성가시게 했다. 그는 그런 점들을 개편하는 것도, 또한 국내에 머무르며 증오를 사는 것도 싫었기 때문에, 10년은 돌아오지 않을 것이라고 말하고, 장사와 구경(theōria)을 겸해 이집트로 여행을 떠났다.[1] 그가 말하길, 자신이 곁에 남아 있으면서 법률의 문구를 일일이 설명하기보다는 각자가 법에 적힌 대로 실행하는 것이 정의에 부합한다고 생각한다는 것이었다.

(2) 또 동시에 다음과 같은 일이 일어나게 되었다. 귀족들의 상당수가

---

[1] 이와 비슷한 이야기는 헤로도토스, 『역사』 제1권 제29장 제1절 및 플루타르코스, 「솔론」 제25장 제6절에 나온다. 전자가 이 책의 전거인 것 같다. 「솔론」 제26~28장에 의하면, 솔론은 이집트, 퀴프로스, 뤼디아로 여행을 갔고, 『역사』 제1권 제30~33장에서는 뤼디아의 크로이소스 왕과 '가장 행복한 인간은 누구인가'라는 유명한 문답을 나눈 것으로 되어 있다. 이집트와 퀴프로스로의 여행은 솔론 자신의 시(19, 28 West)로부터 사실로 인정되지만, 크로이소스 왕과의 만남은 연대가 맞지 않아 허구로 여기는 의견이 강하다. Comm, pp. 169~170; Staat, p. 191 참조. 또 솔론이 젊은 시절에 무역 상인을 했다는 확증은 없다. APF, p. 334; Comm, p. 124 참조.

부채 탕감 때문에 이미 그에게 적개심을 품게 되었고, 또 어느 당파도 그의 조정책이 자신들의 기대에 어긋났기 때문에 그를 향한 태도를 바꾸었다. 왜냐하면 인민들은 그가 모든 재산을 재분배해 줄 것이라고 믿고 있었고, 또 귀족들은 다시 원래대로의 질서로 되돌리거나, 혹은 극히 적은 약간의 변혁으로 그치는 것이라고 생각했기 때문이다. 그러나 솔론은 그 양쪽 모두에 반대했다. 그리고 어느 쪽이든 좋아하는 당파와 짜고 참주가 될 수도 있었지만, 조국을 구하고 최선의 입법을 한 결과 양쪽의 미움을 받는 길을 굳이 택한 것이다.

제12장

(1) 사실이 이상과 같았음은 누구나 일치해서 인정하는 것이지만, 그 자신은 그 일들에 대해 시에서 다음과 같이 언급하고 있다.

> 나는 인민들에게 분수에 맞는 지위를 주었다.
> 그 명예로부터는 아무것도 빼앗지 않고,
> 또 여분으로 보태지도 않았다.
> 또 권력을 갖고 그 부로 칭송받는 사람들,
> 그들도 결코 부당한 일을 당하지 않도록 배려했다.
> 나는 양쪽을 강한 방패로 지키고 서서,[1]
> 어느 쪽도 부정의하게 승리하는 것을 허락하지 않았다.[2]

---

1 종래에는 '양쪽에 맞서 튼튼한 방패를 들고 일어나다'('I stood holding my stout buckler against both', 'meinen starken Schild gegen beide haltend') 식의 번역이 일반적이었지만 (Rhodes, 1984/2002/2017: 61; Staat, p. 20 참조), 뮐케(Mülke, 2002: 191~192)에 따라 이렇게 옮겼다.

2 5 West.

(2) 또 다른 시구에서는 다중에 대해, 그들을 어떻게 대우해야 하는지를 다음과 같이 제시하고 있다.

인민이 지도자를 가장 잘 따르는 것은,
너무나도 방자하게 구는 것을 허락하는 것도,
또 힘으로 짓누르는 것도 아닐 때.
사려가 부족한 인간이 많은 행복을 손에 넣게 되면,
지나친 만족이 오만을 키우는 법이니까.³

(3) 또 다른 시구에서는 토지의 재분배를 원하는 자들에 대해 이렇게 말한다.

하지만 그들은 약탈을 목적으로 왔다, 풍요로워질 거라고 기대하고.
그들 모두가 많은 부를 발견할 것이라고 생각했다.
그리고 내가 부드러운 감언(甘言)을 쓰고 있어도,
언젠가 엄한 뜻을 드러낼 것이라고.
그 시절 그들은 헛된 희망을 품고 있었다. 허나 지금은 내게 화를 내고,
마치 적을 보듯 모두가 곁눈질로 나를 노려본다.
부당한 일이다. 입 밖에 낸 일을, 나는 신의 도움을 얻어 실현했는데,
다른 어떤 일도 헛되게 손댄 적이 없다.
참주정의 폭력으로 행하는 것은 나에게 달갑지 않은 일이다.
조상의 비옥한 나라땅에 비천한 자가 고귀한 자와 똑같이 제 몫을 받아

---

3 6 West. 솔론의 인민(여기서는 하층 민중을 가리킨다)에 대한 생각을 잘 보여 주는 시구이다.

서는 안 된다.[4]

(4) 〈또〉 부채의 탕감과, 이전에는 노예였지만 '무거운 짐 내려놓기'(seisachtheia) 덕분에 자유롭게 된 사람들에 대해서도,[5]

내가 인민을 모아 제안한 것 중에서,
실현되지 못하고 그만둔 적이 있는가?
이것은 시간이 내리는 심판에서 올림포스에 계시는
신들의 가장 위대한 어머니,
검은 대지의 여신이 나를 위해 최선의 증인으로 증명해 주리라.
곳곳에 박힌 표석[6]을,
일찍이 대지에서 빼내어,
전에는 노예였던 대지를 이제는 자유롭게 한 것은,

---

4 34 West. 하층 민중에게 토지를 재분배해 줄 것을 솔론에게 요구하는 자들이 있었음을 보여 주는 시구이다.

5 제7장 해당 각주 참조.

6 horos. 일반적으로는 토지의 경계를 나타내는 돌기둥을 가리킨다. 여기서 표석과 그것을 빼내는 것이 구체적으로 무엇을 의미하는지는 헥테모로이란 무엇인가, '무거운 짐 내려놓기'(세이삭테이아)란 무엇인가라는 문제와 복잡하게 얽혀 해석이 일정하지 않다. 헥테모로이에 관한 어떤 학설은 빚의 저당에 들어 있는(혹은 환매 약정부 매매에 부쳐져 있는) 토지를 나타내는 저당 표석으로 본다. 이에 대하여 다른 학설은 헥테모로이의 지대 납입 의무를 나타내는 표석으로 본다. 어쨌든 표석을 뽑는 것은 헥테모로이 신분의 해방을 의미한다고 생각된다. 릴(Rihll, 1991: 116)은 헥테모로이가 빌리고 있는 공유지의 경계 표석으로 생각하고, 해리스(Harris, 1997: 104~107)는 알카익기에 저당 표석의 실제 사례는 없으며, 이 시에 나오는 표석은 헥테모로이와 무관한 것으로, 대립하는 두 파를 가르는 표시, 즉 당쟁을 상징하는 비유 표현이라고 주장한다. 한편 오버(Ober, 2006: 449~450)는 호로이(horoi, horos의 복수형)가 특정 지역 구역을 표시했기 때문에, 영지 소유 내외(內外)의 특정 사람의 결합과 이동을 제한할 목적으로 귀족이 세운 특정한 경계 표석으로 생각한다. 여기서는 가장 일반적으로 '표석'으로 옮긴다.

바로 나니까.

그리고 나는 많은 사람을 아테나이로,

신들이 창조한 조국으로 데려왔다.

그들은 부정의하게 혹은 정당하게 노예로 팔려 나가고,

혹은 어쩔 수 없는 몸부림으로 고국을 떠나,

마치 이곳저곳을 방랑해 온 것처럼,

더 이상 아티카의 말을 입에 담지 않는 사람들,

혹은 이 나라에서 수치스러운 노예의 몸이 되어,

주인의 변덕에 떨고 있는 사람들.

이 자들을 나는 자유롭게 했다.

나는 힘과 정의를 조화시키고,

이것을 내 권한으로 실행했다.

약속대로 해낸 것이다.

나는 천한 자에게나 고귀한 자에게나 평등하게 규칙을 적었다,

각각에게 정당한 권리를 인정하고.

만일 그 밖의 다른 누군가, 생각이 어리석고 탐욕스러운 사내가,

나처럼 막대기[7]를 손에 쥐었다가는,

인민을 억누르지 못했을 것이다.

그때 내가 인민의 적이 기뻐하는 것,

또는 그들에게 인민이 억지를 부리는 것을 행하려 했다면,

이 나라는 꽤 많은 저명한 사람을 잃었을 것이다.

그래서 나는 사방으로 수비 태세를 다지고,

마치 많은 사냥개 사이에서 늑대처럼,

---

7   kentron. 가축을 몰기 위한 끝이 뾰족한 막대기.

이리저리 몸을 돌려 댔던 것이다.[8]

(5) 게다가, 나중에 양쪽이 불만을 제기한 것을 비난하며,

만일 인민을 공공연히 비난해야 한다면 [나는 이렇게 말하겠다],
그들이 지금 수중에 갖고 있는 것을, 그들의 눈으로 본다는 것은 전혀
꿈속에서도 이루어지지 않았을 것이다. 〈…〉[9]
또 그들보다 위대하고 강한 힘을 가진 사람들은,
나를 찬양하고 친구가 되어 주어야 할 것이다.

그는 말한다 — 왜냐하면 만일 누군가 다른 사람이 자신의 이 직무를 맡았더라도,

인민을 억누르지는 않았을 것이고,
혹은 우유를 휘저어서,
유지(乳脂)가 섞여 없어질 때까지[10] 멈추지 않았을 것이다.
나는 마치 경계 표석[11]처럼,
두 파의 중간에 서 있었던 것이다.[12]

---

8 36 West.
9 37 West는 탈문이 있다고 상정한다.
10 '유지'(piar)를 '사회의 최고층, 귀족'의 비유로 파악하여 '유지가 섞여 없어질 때까지'라고 하는 이유도 있지만(Staat, p. 22, 193 등), 여기서는 뮐케(Mülke, 2002: 404~405)를 따라 '우유를 많이 휘저어서 유지가 흩어질 때까지', 즉 개혁의 지나침에 의해 사회가 혼란스러워질 때까지라는 의미로 해석한다.
11 horos로 읽는다.
12 37 West.

제13장

(1) 그런데 그가 국외로 여행을 떠난 것은 앞서 말한 이유에서였다. 그런데 솔론이 나라를 떠난 후, 국내의 혼란은 여전했지만 4년 동안은 조용히 지나갔다. 그런데 솔론의 집정 후 5년째에, 아테나이인은 당쟁(파당) 때문에 아르콘을 임명하지 못하고[기원전 590/589년], 또 그 후 5년째에도 같은 이유로 다시 아르콘 부재의 상태[1]에 빠졌다[기원전 586/585년].

(2) 그 이후 역시 같은 햇수를 거쳐 다마시아스[2]가 아르콘에 뽑혀[기원전 582/581년], 2년 2개월 동안 그 임무를 맡고 있었지만, 마침내는 강제로 그 직에서 쫓겨났다. 그래서 다음에 그들은 당쟁 끝에 10명의 아르

---

1 anarchia. 솔론의 아르콘(기원전 594/593년) 재임 이후 아르콘 부재에서 10명의 아르콘에 이르기까지의 연대는 다른 이론이 있기는 하지만, 본문에 나타낸 연대로 정하는 것이 일반적이다. *Comm*, pp. 180~181; *AOF*, pp. 39~40; *Staat*, p. 14 참조. '5년째'는 실제로는 4년째를 말하며, 양 끝의 해를 포함해 헤아리는 고대 헬라스인 특유의 표현이다. 아래도 마찬가지다. 솔론의 개혁에 불만을 품은 이전의 출생 귀족들이 새롭게 참정권을 부여받은 부유한 엘리트들과의 권력 투쟁을 벌인 결과 이와 같은 정치적 혼란이 발생한 것으로 보인다.

2 같은 이름을 가진 인물이 기원전 639~638년에 아르콘을 지냈으며(*AOF*, p. 29). 그 후손으로 여겨진다. 그렇기에 다마시아스는 출생 귀족으로 비출생 귀족의 대두에 불만을 품은 결과 불법적으로 오랫동안 아르콘의 지위에 눌러앉은 것으로 생각할 수 있다.

콘을 뽑기로 결정하고, 그중 5명은 출생 귀족[에우파트리다이]에서, 3명은 농민[아그로이코이]에서, 그리고 2명은 수공업자[데미우르고이] 중에서 선택하여,[3] 이들이 다마시아스의 다음에 그 연도의 기간을 맡게 되었다[4](기원전 580~579년). 이 사실은 당시 아르콘이 가장 큰 권력을 가지고 있었다는 것도 보여 준다. 왜냐하면 그들이 항상 이 자리를 놓고 당쟁을 벌였다는 것을 알 수 있기 때문이다.

(3) 요컨대 그들은 여전히 서로 내분을 계속하고 있었고, 어떤 사람들에게는 부채 탕감이 그 원인이자 구실이기도 했다. 왜냐하면 그들은 그로 인해서 가난해졌기 때문이다. 또 어떤 사람은 큰 변혁이 일어남에 따라 정치체제에 불만을 품었고, 또 다른 사람은 서로에 대한 경쟁심이 싸

---

3 최대의 아르콘을 말하는 것으로 보인다. 10명의 집단이 실제로 아르콘직을 맡았는지에 대해서는 논쟁이 있다. 체임버스(Staat, p. 194)는 본문의 기술을 기본적으로 신뢰해서 10명의 아르콘이 각자 1달의 임기를 맡았다고 해석한다. 로즈(Comm, p. 183)는 이것을 의심한다. 10명을 각 부족에서 예비적으로 경선된 후보자의 인원수로 추정해서, 이후 합계 40명의 후보로부터 아르콘을 선출하는 것으로 타협이 성립되었다고 생각한다. 다만 세 신분(eupatridai, agroikoi[geōrgoi, geōmopoi], dēmiourgoi) 대표자가 아르콘에 선출되었다는 본문의 기술은 후세의 역사 시기를 반영한 허구라는 시각이 강하다. 로즈(Comm, p. 183)는 기원전 6세기 농민이나 수공업자가 자신들의 대표자를 선출한다는 것은 믿기 어렵고, 사실은 아마 다마시아스(eupatridai 출신)의 해직 후 타협안으로서 ─ 즉 귀족의 패배를 의미 ─ 출생 귀족 5명, 비 출생 귀족 5명, 합계 10명의 예선 경선의 후보자를 각 부족이 냈을 것이라고 생각한다. 체임버스(Staat, p. 194)도 기원전 4세기의 정치이론가에 의한 허구라고 생각한다. 「단편」 2~3 참조. 출생 귀족(eupatridai)이란 특정한 가계(부계)에서 출생함으로써 정치적·사회적·종교적 특권을 부여받은 문벌(門閥) 엘리트를 가리킨다. 또한 호메로스의 『오뒷세이아』(18.384~385행)에 나오는 데미우르고이(dēmiourgoi['daimio-(F)orgos]; '공적인 일들에 훈련된 일꾼')란 말은 '수공업자' 외에도 알카익 시기의 여러 폴리스에서는 국가의 중요한 직책명으로도 등장한다. 그러나 아테나이에서는 이러한 직책이 존재하지 않는다. 더 자세한 것은 Jeffery, 1973~1974) 참조.

4 기원전 580/579년 다마시아스가 2개월간 아르콘직을 맡은 후, 남은 10개월간을 10명의 아르콘이 맡았다.

움의 동기였다.

(4) 당시 당파에는 셋이 있었다. 하나는 '해안의 사람들'[5]의 당파로, 알크메온의 아들 메가클레스[6]가 우두머리이며, 그들이야말로 중용의 정치체제를 가장 추구하는 것으로 여겨졌다. 다음은 '평야의 사람들'[7]이기 때문에 과두정을 목표로 하고 있었다. 그들을 이끌고 있던 자가 뤼쿠르고스[8]였다. 그리고 세 번째가 '산악 사람들'[9]의 당파로 페이시스트라

---

5   paralioi. '해안'(paralia)이란 아테나이 시외 남동쪽, 팔레론에서 수니온에 이르는 연안부를 넓게 가리키는데, 메가클레스(I)(이어지는 각주 참조)의 알크메온 가문이 실제로 근거지로 삼은 곳은 아테나이시로부터 남쪽 지방 내지는 남동쪽 지방 연안까지의 비교적 한정된 지역, 즉 나중의 알로페케, 아그륄레, 크쉬페테 구였다. 이 세 지역과 귀족 세력권의 관계에 대해서는 Lewis, 1963: 22~26 참조. 이 책은 세 파의 대립을, 민주정, 과두정, 중용의 정치체제라고 하는 정치 이데올로기의 차이로 돌리고 있지만, 이것은 나중의 아리스토텔레스학파의 정치 이론을 반영한 시대착오인 것으로 보이며, 로즈(*Comm*, pp. 185~186)가 지적한 대로. 사실은 정치적 주도권을 둘러싼 귀족들 간의 개인적·지역적 대립일 것으로 추정된다.

6   메가클레스(II). 퀼론 사건 당시 아르콘이자 메가클레스(I)의 손자로 알크메온의 아들(제1장 (1) 및 해당 각주 참조). 대표적 출생 귀족인 알크메온 가문의 당시 호주(戶主)였다. 시퀴온의 참주 클레이스테네스의 딸 아가리스테(I)(Agaristē)와 결혼하고(기원전 575년), 그것을 배경으로 세력을 얻었다. 훗날의 개혁자 클레이스테네스의 아버지로, 민주정 지도자 페리클레스의 증조부였다.

7   pediakoi. 아테나이 시내 및 주변의 '평야의 주민'을 가리킨다(『정치학』 제5권 제5장 1305a23~25 참조). '평야에 거주하는 자들'은 전통적인 지배계급인 지주 계급과 그들을 따르는 소작농으로 구성된 부유한 땅 소유자들이었다(헤로도토스, 『역사』 제1권 56~64). Lewis, 1963: 22~23 참조.

8   뤼쿠르고스는 아테나이 시외 서북쪽, 후에 부타다이(Boutadai) 구를 본거지로 하는 명망 있는 게노스인 에테오브타다이(Eteoboutada; 'Eteo'는 'genuine'을 의미)에 속한 것으로 추정되는 귀족 출생으로, 기원전 4세기 말에 활약한 연설가이자 정치가인 뤼쿠르고스의 조상으로 보인다. Lewis, 1963: 22, 26; *APF*, pp. 348~349 참조.

9   diakrioi. '산악, 산지'(diakria)는 아티카 북동부의 산간 지역을 가리킨다. 한편, 헤로도토스 『역사』 제1권 제59장 제3절은 '산 너머 사람들'(huperakrioi), 즉 아테나이 시내에서 볼 때 북동쪽의 파르네스, 펜테리콘, 휘메토스 각 지역의 바깥쪽에 사는 사람들을 가리키는 말로 사용하고 있으며, 당파의 호칭으로는 이쪽이 옳다. 여기에는 아티카 동

토스¹⁰가 우두머리였고 가장 민주적이라고 여겨졌다.¹¹ (5) 이 당파를 추종한 것은 우선 채무에서 벗어난 사람들¹²로, 그들은 곤궁하기 때문에 가담했다. 또 순수한 아테나이인 태생이 아닌 자들도 [시민권을 빼앗길] 두려움 때문에 가담했다. 그 증거로, 참주가 타도된 후 많은 사람이 자격이 없는데도 불구하고 시민권을 가지고 있다는 이유로, 전 주민의 시민권 재심사¹³를 실시한 것이다. 각 당파는 그들이 농업에 종사하고 있는

부 연안의 일부도 포함되며, 실제로 페이시스트라토스의 본거지는 아티카 동쪽 해안의 브라우론(Brauron)이었다. Lewis, 1963: 23~24; *APF*, pp. 452~455 참조.

10 『역사』 제5권 제65장 제3절에는 페이시스트라토스가 퓔로스 왕족을 조상으로 하며 아테나이의 왕 멜란토스, 코드로스와 동족이었다고 한다. 기원전 699~698년에 아르콘을 지낸 같은 이름의 조상을 두었다(*AOF*, p. 28). 솔론과도 혈연관계가 있으며, 페이시스트라토스 자신도 출생 귀족의 한 사람이라는 것이 일반적으로 알려진 견해이다. *APF*, pp. 445~450 참조. 다만 라벨(Lavelle, 2005: 29, 191~198)은 이런 일반적 입장을 비판하며, 페이시스트라토스 가문은 메가라 전쟁에서 니사이아 항구를 빼앗을 때(제14장 각주 1 참조)까지는 전혀 이름이 알려지지 않았다고 주장한다. 아테나이 왕가와 아르콘의 계보 전승은 히그넷(Hignett, 1952: 38~46) 및 로즈(*Comm*, pp. 65~79, 특히 p. 66)에 자세히 설명되어 있다. 그 전승에 따르면 아테나이의 초대 왕 케크롭스 이후 에렉테우스(Erechtheus) 왕가 14대(크라나우스에서 튀모이테스까지)가 이어지고, 멜란토스(1127/1126년)에서 시작해 코드로스, 메돈, 아카스토스로 이어지는 두 번째 왕가가 계속된다. 이 코드로스 왕가의 메돈 혹은 그의 아들 아카스토스 때 세습 왕정이 끝나고, 같은 가계에서 종신 임기의 아르콘이 13명이 나온 이후, 임기는 10년이 되었다. 그러나 같은 가문 출신 히포메네스가 아르콘을 맡은 후(723/722~714/713년) 아르콘직은 다른 출생 귀족(에우파트리다이['좋은 아버지들'])에게도 개방되었다. 마침내 아르콘의 임기는 1년이 되는데, 그것은 기원전 683/682년의 크레온(683/682년)부터라고 여겨진다. 이러한 계보는 기원전 5세기 후반 헤라니코스에서 시작된 연대학의 성과라고 생각할 수 있는데(*Atthis*, pp. 125~127; 헤라니코스 FGrH323a F23), 물론 후세의 여러 전승으로부터 재구축된 것이다. 전승 가운데 크레온이 아르콘의 직위에 있었다는 점을 제외하고 사실로 확인되는 것은 거의 없다. 확실한 것은, 아테나이가 알카익기의 이른 단계에서, 왕정으로부터 귀족정으로 단계적으로 이행했다는 것뿐이다.

11 플루타르코스, 「솔론」 제29장 참조.
12 솔론의 부채 탕감법에 의해.
13 diapsēphismos('review vote'). 기원전 510/509년, 참주 추방 직후에 전체 아테나이 주민

지역의 이름을 따서 붙여졌다.

───────────

의 출신을 심사해, '순수한 아테나이인의 출생이 아닌' 자들을 시민단으로부터 배제했다고 생각되는 사건이다. 달리 이를 전하는 사료가 없어, 누가 주도하고 어떤 기준으로 심사했는지 등은 불분명한 점이 많지만, 오늘날에는 그 사실성을 인정하는 의견이 강하다. *Comm*, p. 188; Manville, 1990: 174 n. 60; Hignett, 1952: 132~133 참조. 솔론의 개혁 이후 해외에서 이주해 온 수공업자(플루타르코스, 「솔론」 제22장 제1~3절, 제24장 제4절) 등이 여기서 배제 대상이 되어 시민권을 상실하며, 법의 보호를 잃었다고 주장하는 맨빌(Manville, 1990: 173~185)의 자세한 논의 참조. 그러나 이를 클레이스테네스의 시민권 부여와 연결시킬 필요는 없어 보인다(『정치학』 제3권 제2장 1275b35 아래).

제14장

(1) 페이시스트라토스는 가장 민주적이라는 평판을 얻었으며, 또한 메가라와의 전쟁[1]에서 매우 높은 명성을 얻고 있었다. 그는 자신의 몸에 상처를 내고 반대파의 손에 이런 일을 당했다며 민회를 설득해 자신에게 호위대를 붙이게 했다. 그 민회 제안을 작성한 것은 아리스티온이었다.[2] 하지만 '곤봉꾼'이라고 불리는 호위대를 손에 넣자, 페이시스트라토스는 이것을 이용해 인민에 대해 반란을 일으켜, 아크로폴리스를 장악했

---

1 기원전 7세기 이래로 아테나이는 서쪽의 이웃 국가인 메가라와 살라미스섬 및 엘레우시스의 영유권을 놓고 다툼을 계속해 왔다. 기원전 600년경 솔론이 메가라 전쟁을 주도하여 살라미스를 점령했지만, 그 후 다시 빼앗겼다고 한다. 기원전 560년대 중반에 페이시스트라토스는 메가라 전쟁 지휘에서 두각을 나타냈고, 메가라의 항구도시인 니사이아를 빼앗아 이 전쟁을 최종적 승리로 이끌었다. 헤로도토스, 『역사』 제1권 제59장 제4절; Lavelle, 2005: 30~65 참조.
2 플루타르코스, 「솔론」 제30장 제3절은 아리스톤이 발의했다고 하고 있다. 솔론 개혁 후의 민회가 어느 정도의 권한을 부여받고 있었는지는 불분명하고, 페이시스트라토스에 호위대를 붙이는 결의를 내렸다는 말도 믿을 수 있을지 의문이다. 아리스톤이 민회 제안을 작성했다는 기술은 명백히 거짓인 것으로 간주하는 라벨(Lavelle, 2005: 72~73)은 그 사실성을 부정한다. 페이시스트라토스에 의한 최초의 정권 탈취 경위는 『역사』 제1권 제59장 제3절에서 제60장 제1절에 걸쳐 자세히 서술되고 있으며, 이 책의 서술과도 어느 정도 겹친다.

다. 그때는 [솔론의] 법률 제정 후 32년째,[3] 코메아스가 아르콘인 해였다(기원전 561/560년).

(2) 일설에 의하면, 페이시스트라토스가 호위대를 요구했을 때, 솔론이 반대 의견을 말하며, 자신은 어떤 사람보다 지혜로우며, 다른 사람보다 용감하다고 했다. 페이시스트라토스가 참주정을 꾀하고 있다는 것을 깨닫지 못하는 사람보다 지혜로우며, 눈치채고도 묵과하는 자보다 용기가 있다고 말한 것이다. 하지만 이렇게 말하긴 했지만 민회를 설득할 수 없었기 때문에, 그는 자택 문 앞에 병장기를 내걸고, 자신은 지금까지 힘이 닿는 한 조국을 도와 왔고(이때 그는 이미 상당한 고령이었으므로), 다른 사람들도 이와 마찬가지로 행동하도록 요구한다고 말했다.[4]

(3) 이때, 솔론은 이렇게 호소했으나 허사로 끝났다. 그런데 페이시스트라토스는 정권을 손아귀에 넣자, 공적인 일에 참주라기보다는 오히려 폴리스적 시민에 걸맞게[정치적으로][5] 나라를 다스렸다. 그런데 아직 그의 지배가 뿌리내리기도 전에 메가클레스파와 뤼쿠르고스파가 동조하여, 그의 첫 정권 수립으로부터 6년째인, 헤게시아스가 아르콘인 해에

---

3 솔론의 아르콘 해(기원전 594/593년)로 따지면 34년째가 된다. 이 책은 페이시스트라토스에 관한 연대를 어떤 『아티카』(*Atthis*)에 의거하지만, 이와 같은 분명한 오류나 모순도 포함한다. 제1회 참주정 수립(기원전 561/560년)과 그의 죽음(기원전 528/527년)을 제외하면, 페이시스트라토스의 공적에 대한 정확한 연대는 아직 결정되지 않았다. 오늘날 가장 일반적으로 받아들여지고 있는 연대는 *Comm*, pp. 191~199, 특히 p. 198('table 2')이며, 여기서도 그것을 따른다.

4 「솔론」 제30장 제3~8절에도 유사한 에피소드가 나온다. 솔론이 죽은 해가 기원전 560년경으로 되어 있으므로(*APF*, p. 324) 그가 페이시스트라토스의 참주정 수립을 목격한 것으로 생각할 수 있지만, 이런 종류의 전승은 거의 후세의 창작으로 여겨진다.

5 politikōs는 사적 이익보다 폴리스의 '공적 이익'을 우선시하는 것을 말한다. 제16장 (2), 제18장 (1), 제40장 (3) 참조.

[기원전 565/565년[6]] 그를 추방했다.

(4) 그 후 12[혹은 5]년째[7] 당쟁에 시달리던 메가클레스는 자신의 딸을 받아들이겠다는 조건으로 다시 페이시스트라토스와 협상해 그를 복권시켰는데, 그 방식이 고답적이고 또 너무 단순한 것이었다. 즉, 메가클레스는 아테나 여신이 페이시스트라토스를 복권시키려 한다는 소문을 미리 퍼뜨린 뒤 키가 크고 아름다운 여자를 찾아냈다. 헤로도토스의 전언에 의하면,[8] 파이아니어구[9] 출신의 여성이라고 하지만, 다른 전승에

---

6   로즈(*Comm*, p. 198)의 연대 추정에 따르면 이는 잘못된 것으로, 제1차 참주정은 몇 달밖에 유지할 수 없었으며, 첫 번째 추방은 기원전 561/560년 혹은 그다음 해의 일이라고 한다.

7   tetartō[i]로 읽기도 한다(Thompson, 1996). 제17장 (1)은 페이시스트라토스의 추방 기간을 통산 14년으로 하고, 다른 한편 제15장 (2)는 2차 추방 기간을 10년이라고 전하며, 이는 헤로도토스 『역사』 제1권 제62장 제1절과 일치한다. 그러므로 그의 1차 추방 기간은 4년이었을 것이고, '12년차'는 '5년차'의 잘못이다. Wilamowitz-Möllendorff I, 1893: 22~23; *Comm*, p. 194 참조. 로즈에 따르면, 이는 기원전 557/556 혹은 565/565년이며 한편, 체임버스(*Staat*, p. 203)는 추방 기간이 통산 16년이었다고 하여, 여기를 '7년째'로 본다.

8   『역사』 제1권 제60장 제4절. 솔론의 시를 제외하면, 이 책에서 유일하게 출처를 명기하는 곳이다.

9   아테나이 시외의 동쪽, 휘메토스산 동쪽 기슭에 있는 촌락. 행정의 말단 조직으로서의 구(dēmos)가 창설된 것은 클레이스테네스의 개혁 시절이므로, 원래는 시대에 맞지 않는 표현이다. 다만 구는 시민권을 등록하는 기관이었기 때문에(제42장 (1)), 퓌에가 시민 신분의 여성임을 보여 주는 표현일 수는 있다.
    '구'(區)는 아티카 전역에서 예로부터 자연적으로 형성된 촌락 혹은 행정 구역을 클레이스테네스가 시민단의 말단 조직으로서 재편성한 것을 말한다. 트레일(Traill, 1975: 73~103)의 실증적 연구는 그 수가 기원전 3세기 후반까지 139개였음을 보여 줬다. 화이트헤드(Whitehead, 1986: 21)는 이 수가 클레이스테네스 이래로 변화되지 않았다고 생각한다. 클레이테네스 이후, '아테나이의 시민의 구의 이름'은 자신의 이름, 아버지의 이름, 구의 이름 세 요소를 포함한다. 구는 크고 작은 여러 가지로 촌락이라고 해도 좋은 규모이지만, 그중에는 한 구에서 하나의 트리튀스를 구성하는 아카르나이구처럼 큰 것도 예외적으로 존재한다. 구의 가장 중요한 기능은 시민권 등록이었다. 어느 아테

의하면 콜뤼토스[10]에서 온 화관팔이인 트라키아 여인이라고 한다. 아무튼 여자의 이름은 퓌에라고 하고, 그녀를 여신과 같이 생긴 의상을 입혀 페이시스트라토스와 함께 시민들 앞으로 데려왔다. 그리고 페이시스트라토스가 여자를 한쪽으로 세우고 전차에 올라타 시민들에게 나아가자, 도성(都城)에 있던 사람들은 경배하고 찬탄하며 맞아들였던 것이다.[11]

나이 시민이나 클레이스테네스 개혁 시점에 조상이 거주하고 있던 구를 본적 구로 정하고, 현 거주지가 어디냐에 관계없이 시민의 가정에서 태어난 남자가 18세에 이르면 본적 구에서 자격 심사를 받은 후 시민권을 등록했다(제42장 (1) 참조). 기존에 귀족의 지배권은 각 지역 여러 촌락에까지 미치고 있었지만, 시민권 등록 이후 각 시민은 구에 귀속되어 시민권을 획득하게 되었기 때문에, 귀족에 의한 인신 지배의 사슬이 끊어지게 되었다. 클레이스테네스의 개혁으로 구가 어떻게 이루어지게 되었는지에 대한 고찰은 Whitehead, 1986: 6~39 참조. 구는 독자적으로 재정, 제사, 관리 조직 및 구민회를 가졌으며, 또한 아테나이 민주정의 축소판이라는 정치체제의 형식을 갖추고 있었다. 그 제도사적 연구에 대해서는 Whitehead, 1986/2014 참조.

10 아테나이 시내, 아크로폴리스 남쪽 기슭의 작은 구역. 여기에는 '구'라는 말이 첨부되어 있지 않다. 비-시민 신분의 외국인이라는 것을 의도한 표현일 수도 있다.

11 퓌에 행진의 에피소드는 기본적으로 사실로 인정하는 의견이 강하다. Comm, pp. 205~206; Lavelle, 2005: 100 참조. 다만 블록(Blok, 2000: 39~48)은 이 사건을 팔레니스의 승리(제15장 (3)) 직후의 전승 행진이었다고 해석한다. 또 라벨(Lavelle, 2005: 99~107)에 의하면, 퓌에가 분장한 아테나 여신은 페이시스트라토스의 지배권의 인격화이며, 아테나이인은 마치 연극을 보듯 그 인격적 표상을 수용한 것일 뿐, 정말 여신으로 믿은 것은 아니라고 한다.

제15장

(1) [페이시스트라토스의] 최초의 귀환은 이렇게 이루어졌지만, 귀환 이후 7년 만[1]에 그는 다시 추방되었다. 그의 정권은 오래가지 못하고, 메가클레스의 딸과 성교하기를 달가워하지 않았기 때문에[2] 두 파를 두려워하여 그가 물러난 것이다.

(2) 그리고 우선 테르메만 연안의 라이케로스[3]라고 불리는 땅에 정착지를 만들고, 내친김에 그곳을 뒤로 하고 팡가이온[4] 부근에 이르러, 그곳에서 자금을 모아 병사를 고용하고 나서 에레트리아[5]로 향했다. 그리고

1　로즈의 연대 추정에 의하면 귀환 후 '7년째'가 아니라, 다음 해 무렵의 일이다.

2　헤로도토스, 『역사』 제1권 61 참조("그에게는 이미 청년기의 아들이 있었고 … 새로 맞이한 아내에게서 자식이 생기는 것을 원치 않아…" 성교를 거부했다는 것이다).

3　에게해 북서쪽 테르메만의 동쪽 해안. 라이케로스(Rhaikēlos)는 결정적으로 확인되지 않았지만, 고대의 아이네이아(오늘날의 Nea Mihaniona) 혹은 테살로니키에서 남서쪽으로 약 25킬로미터 떨어진 테르마이코스만 동쪽에 있는 메갈로 카라부르누(Megalo Karabournou)의 곶에 있거나 그 부근에 있었을 가능성이 매우 높다(Lavelle, 2005: 119, 222~227).

4　에게해 북쪽 해안. 불가리아로부터 흐르는 트라키아 지방의 스트뤼몬(Strumōn)강 동쪽 해안의 산지로 금은 및 재목의 산출지.

5　아티카 동부와 해협을 사이에 두고 마주보는, 에우보이아섬 서쪽 해안의 폴리스.

[두 번째 추방 후] 겨우 11년 만에 다시 정권을 무력으로 손아귀에 넣으려고 기도한 것이다.[6] 그를 열렬히 지지한 세력은 그 밖에도 많이 있었는데, 특히 테바이인, 낙소스[7]의 뤼그다미스, 심지어 에레트리아에서 지배권을 쥔 기사층도 있었다.

(3) 그는 팔레니스[8] 전투에서 승리해 [아테나이의] 그 도시를 탈취해, 인민으로부터 무기를 빼앗은 후, 이번에야말로 확실히 참주정을 수중에 넣었다. 또 낙소스를 점령하고 뤼그다미스를 그 지배자로 삼았다.

(4) 그가 인민으로부터 무기를 빼앗은[9] 것은, 다음과 같은 방식에 의해서였다. 그는 테세이온[의 신전][10]에서 열병을 한 뒤 민회를 소집하려

---

6 '11년 만에 다시'의 구절을 앞뒤 어느 쪽에 두느냐에 따라 이 글의 해석이 갈린다. Sandys, 1912; Staat, p. 24 참조. 어떤 사람은 이것을 앞의 문장과 연결해, "11년째에 다시 에레트리아에 흥미를 느낀다"라고 해석하지만, 페이시스트라토스가 에레트리아로 향했다는 것은 이 책의 다른 곳에서는 보이지 않는다. 헤로도토스, 『역사』 제1권 제61장 제2절은 추방 후 곧바로 에레트리아로 향했다고 말하지만, 페이시스트라토스 추방 후 귀환까지의 발걸음에 대해서는 라벨(Lavelle, 2005: 117)이 생각하는 대로, 이 책을 더 신뢰할 수 있을 것 같다. 여기서는 로즈(Comm, p. 208)에 따라 11년차를 재귀환과 제3차 참주정 수립의 연대로 보고 번역했다. 이것이 이 책의 연대기라면 기원전 536/535년이 되는데, 로즈의 연대 추정에 의하면 기원전 546/545년경이다.

7 에게해 중부의 섬.

8 '팔레네의 아테나 여신'. 아테나이 북서쪽에 있는 아테네 여신의 구역을 가리킨다. 팔레네는 휘메토스산 북쪽 기슭의 구(dēme).

9 페이시스트라토스에 의한 시민의 무기 몰수에 대해서는 헤로도토스의 언급이 없다는 이유로 이를 의심하는 의견이 강하다. Busolt, 1920~1926: 863 n. 2; Andrewes, 1982b: 399; Staat, p. 206 참조. 투퀴디데스, 『펠로폰네소스 전쟁사』 제6권 제56장 제2절 및 제58장 제1~2절에는 참주정 아래에서 시민은 판아테나이어 축제의 행렬에 무장하고 참가하는 것이 허용되었지만, 기원전 514년 히파르코스 암살 사건 때 참주 히피아스가 책략을 써서 시민을 무장 해제시켰다는 기술이 있으며, 아마 이쪽이 맞을 것이다. 제18장 (4) 및 해당 각주 참조. 『정치학』 제5권 제10장(1311a12~13)은 참주정의 악폐 중 하나로 시민의 무장 해제를 꼽는다.

10 thēseion. 신화상의 아테나이왕 테세우스의 성역으로, 아크로폴리스 동쪽 끝의 북쪽,

고 〈잠시 연설을 했다.〉[11] 사람들이 말이 잘 들리지 않는다고 말하자, 그는 더 잘 들리게 아크로폴리스 앞문까지 올라오라고 그들에게 명령했다. 그래서 그가 열변을 토하며 연설하며 시간을 끌자 미리 그의 명을 받은 자들이 인민의 무기를 빼앗아, 그것을 테세이온 신전 근처 건물에 놓아 두고 나서, 페이시스트라토스에게 찾아와 신호를 보냈다. (5) 그는 남은 연설을 끝맺은 후, 무기[의 몰수]에 대해서도 그 경위를 이야기하고, "놀라거나 의기소침하거나 할 필요가 없다, 돌아가서 자신의 개인적인 일에 전념하는 것이 좋겠다, 모든 국사(공적인 일)는 자기가 배려할 테니"라고 말했다.

프뤼타네이온의 서쪽, 고대의 트리포데스 거리 북쪽으로 보이는 넓은 영역을 말한다. 이 성역이 알카익기에 존재했는지는 분명하지 않다. 안티폰 안도키데스(Antiphon Andokidēs)의 「연설」 1번(And. 1.45)에는 기원전 5세기 말에 무장한 시민들의 집합 장소였다고 전해지며, 본문의 열병 이야기도 거기로부터 유추한 후세의 창작일 것으로 생각된다. 또한 과거에는 고전기 아고라 서쪽의 콜로노스 아고라이오스 언덕에 현존하는 신전을 테세이온으로 믿어 왔지만, 이는 잘못으로 정확히는 헤파이스토스 신전이다.

11 대본은 이 부분을 판독 불가능으로 하고 있는데, 여기에서는 케니언의 보충에 따른다 ([chronon prosēgo]reuen).

제16장

(1) 이렇게 해서 페이시스트라토스의 참주정이 애초부터 어떻게 성립되어 어느 정도의 변천을 거쳐 왔는지는 앞에서 말한 바와 같다. (2) 그런데 앞에서도 말했듯이, 페이시스트라토스는 국정을 안성맞춤으로, 또 참주라기보다는 오히려 폴리스적 시민에 걸맞게 경영했다. 그는 모든 일에 인정이 많고 부드러웠으며, 남의 잘못에 관대했는데, 특히 가난한 자들에게는 자금을 미리 빌려 주어 생업을 돕고, 그래서 농업으로 생활을 유지할 수 있도록 했다.

(3) 이렇게 한 이유는 두 가지가 있는데, 하나는 사람들이 성내(시내, astu)에서 시간을 보내지 않고 전원(田園)에 띄엄띄엄 거주하도록 하기 위한 것이며,[12] 그리고 그들이 그럭저럭 생활의 밑천으로 사적인 일에만 전념하고, 공적인 일에 관심을 기울이는 열의나 여가를 갖지 못하도록 하기 위해서였다.[13] (4) 동시에 국토가 잘 경작되자 그의 세입도 증가하

---

12 이 점에 대해서는 『정치학』 제6권 제4장 1319a26~32 참조.
13 두 번째 점에 대해서는 『정치학』 제4권 제6장 1292b25~29, 제6권 제4장 1318b9~16 참조. 페이시스트라토스가 의도적으로 시민들을 전원(田園) 지역에 흩어져 거주하게 했다는 기술은, 그것이 대중 불신에서 유래한 악정(惡政)이라고 했던 아리스토텔레스의

는 결과를 가져왔다. 왜냐하면 그는 수확물로부터 10분의 1세[14]를 징수했기 때문이다. (5) 그러므로 그는 마을(데모스)마다 재판관[15]을 두었고, 스스로 자주 전원에 나가 감독하고, 또 다툼에 개입된 사람을 조정하여 사람들이 시내까지 와서 생업을 소홀히 하는 일이 없도록 했다.

(6) 페이시스트라토스가 이러한 순회를 나갔던 어느 때 다음과 같은 일이 있었다고 전해진다. 그것은 나중에 '면세지'라고 불린, 휘메토스산 산중에서 땅을 일구던 남자의 이야기로, 그 남자가 바위투성이의 땅을 일구고 있는 것을 보고 놀란 페이시스트라토스는 시종 젊은이에게 명하여 그 땅에서 무엇을 수확할 수 있는지를 묻게 했다. 그러자 그는 이렇게

정치적 생각과 일치한다. "이런 까닭에 중무장 병장기를 빼앗는 것이고, 또 군중을 학대하고 도시 바깥으로 내쫓아 흩어져 살게 하는데, 이는 과두정과 참주정 양쪽 모두에 공통적인 것이다."(『정치학』 제5권 제10장 1311a13~15) 사실은 오히려 솔론에 의해 해방된 빈농의 삶을 향상시키는 데 그의 정책의 주안점이 있었다고 봐야 할 것이다. Comm, p. 214; Andrewes, 1982b: 407 참조. 페이시스트라토스의 참주정은 땅을 가진 귀족에 의한 인민의 지배를 약화시키고, 중소 농민을 보호하며 상공업을 장려해서 국가의 경제력을 높였다. 또한 국가 제사나 공공건축 사업을 전개함으로써 시민단의 국가 귀속 의식을 함양했으며, 결과적으로 후대의 민주정을 담당하는 시민층과 그 이데올로기를 만들어 냈다는 점에서 아테나이의 정치체제 사상에서 중요한 의미가 인정된다. "아마도 가장 중요한 것은, 페이시스트라토스가 시민 전체를 아테나이인의 국가와 더욱 긴밀하게 이념적으로 동일시함으로써 자신의 지위를 정당화하려고 시도했다는 것이다." Ober, 1989: 66, 65~68 참조.

14 dekatē. 투퀴디데스, 『펠로폰네소스 전쟁』 제6권 제54장 제5절은 참주정하에서의 세율이 5퍼센트라고 전하고 있다. 본문의 '10분의 1세'는 조세 일반을 나타내는 말로, 그 세율은 투퀴디데스가 설명하는 대로 5퍼센트였다는 의견이 강하다. Comm, p. 215; Andrewes, 1982b: 407; Staat, p. 209 참조.

15 dikastai kata dēmous. 전원 지역을 순회하는 재판관. 제53장 해당 각주 참조. 페이시스트라토스에 의한 순회재판관의 도입은 본문에 나와 있는 것과 같은 소극적인 이유에서가 아니다. 다시 말해 땅을 소유한 귀족들이 기존에 보유하고 있던 재판권을 제한하고 농민 귀족에 대한 종속관계를 끊는 데 그 목적이 있었던 것으로 보인다. Andrewes, 1982b: 407 참조. '데모스의 장(長)'인 데마르코이(dēmarchoi) 제도에 대해서는 제21장 (5) 참조.

말했다. '불행과 고통뿐이다. 게다가 그 불행과 고통으로부터, 페이시스트라토스에게 10분 1을 지불해야 한다.' 이 남자는 상대방이 누군지도 모르고 이렇게 대답했는데, 페이시스트라토스는 그 솔직한 말투와 근면이 마음에 들어 그에게 일체의 세금을 면제해 주었다.

(7) 그는 이 밖에도 재위 중 다중을 괴롭히지 않고 항상 평화를 유지하고 평온함을 유지하도록 대비했다. 그래서 페이시스트라토스의 참주정은 크로노스의 [황금] 치세였다고 〈종종 소문난 것이다〉.[16] 왜냐하면 나중에 그의 아들들이 그 뒤를 잇자 결과적으로 지배는 훨씬 가혹해졌기 때문이다.

(8) 지금까지 말한 것들 중 가장 중요한 것은, 그의 성품이 민주적이고 인정이 많다는 것이었다. 왜냐하면 평소 그는 모든 것을 법대로 다스리려고 했고, 결코 자신은 사사로운 이익을 탐하지 않았다. 어느 날 그가 살인에 대해 개인이 제기한 소송으로 인해 아레오파고스 평의회에 소환되자 변명을 하기 위해 자진 출정했으나 소환을 제기한 측은 겁에 질려 불참했다.

(9) 그래서 그의 정권은 오래 지속되었고, 추방되더라도 다시 쉽게 복권되었다. 이는 귀족과 평민 모두 그를 지지하는 이들이 많았기 때문이다. 그는 귀족들을 후의에 의해, 또 평민들을 사적인 도움에 의해 각각 자기편으로 만들었지만, 원래 그는 어느 편에게든지 친절한 사람이었기 때문이다.

(10) 또한 당시 참주에 관한 아테나이의 법들은 관대했으며, 특히 참

---

16 대본은 이 부분을 판독 불가능하다고 말하고 있는데, 여기에서는 케니언의 보충 독해에 따른다(polla kle[a e]thr[ullo]un). 크로노스의 시대가 인류에게 황금시대였던 것은 헤시오도스(『일과 나날』 109~126행)에 나온다.

주정 수립에 대한 법은 그러했다. 왜냐하면 그들에게는 다음과 같은 법이 있었기 때문이다. 즉 "이것은 아테나이인의 규칙[thesmia]이며 조상의 법으로, 만일 누군가 참주정 수립을 목적으로[17] 모반을 일으켰거나 혹은 참주정 수립에 가담한 사람이 있으면, 본인과 그의 일족 모두 공민권 정지(atimos)에 처해야 한다".

---

17 케니언을 비롯한 대부분의 다른 편집자는 사본의 epi turannidi('참주정 수립을 목적으로')를 삭제하지만, 1952년 아고라에서 발굴된 기원전 336년에 제정된 에우크라테스의 법비문(SEG 12.87.7=GHE 79.7)에는 "참주정 수립을 목적으로 '모반을 일으켜'"라는 본문과 유사한 문구가 발견되었다. 그렇기에 이 어구를 보존하고, 대신에 turannein('참주가 되다')을 삭제하는 편이 낫다고 주장하는 로즈(*Comm*, p. 223)의 견해 및 대본을 따른다.

제17장

(1) 그런데 페이시스트라토스는 고령이 될 때까지 정권의 자리에 있었고, 필로네오스가 아르콘인 해[기원전 528/527년]에 병들어 죽었다. 페이시스트라토스가 참주의 자리에 처음 오른 뒤 산 연수는 33년으로, 그동안 지배자의 지위에 있던 시기는 19년이었고, 나머지는 국외로 추방되었다. (2) 그러므로 페이시스트라토스가 솔론의 애인이었고, 또 살라미스를 둘러싼 메가라와의 전쟁[1]에서 장군을 지냈다는 주장은 명백히 황당한 이야기이다. 왜냐하면 만일 두 사람의 생애 연수와 죽음을 맞이한 [해의] 아르콘을 계산하면 나이 면에서 그것은 있을 수 없는 일이기 때문이다.

(3) 페이시스트라토스 사후 그의 아들들이 정권을 승계하면서 아버지와 비슷한 방식으로 정치를 해나갔다. 아들 중 두 사람은 정실에게서 태어난 히피아스와 히파르코스였고, 여기에 아르고스 여인 사이에서 태

---

1 기원전 600년경에 솔론 주도로 벌어진 전쟁. 제14장 해당 각주 참조. 페이시스트라토스가 태어난 해가 기원전 605~기원전 600년경이기에, 이때는 장군이 될 수 없다. 솔론보다는 스무 해가 젊었을 것으로 추정된다(*APF*, p. 445).

어난 이오폰과 헤게시스트라토스(또 다른 이름인 테탈로스)[非아테나이인에게서 난 서자]라는 두 사람이 있었다.[2] (4) 왜냐하면 페이시스트라토스는 아르고스에서, 고르길로스라는 이름의 아르고스인의 딸 티모나사를 아내로 맞이했는데, 이 사람은 이전에 쿱셀로스 가문 출신으로 암브라키아인[3]인 아르키노스의 아내였던 여성이다. 거기서부터 아르고스인과의 친애 관계도 시작되어, 팔레니스 전투에서는 헤게시스트라토스가 데려온 1000명[의 아르고스인]이 원군(援軍)으로 참가했다. 어떤 사람은 그가 아르고스 여성과 결혼한 것은 맨 처음 추방 기간이라고 하며, 또 다른 사람은 첫 번째로 정권의 자리에 있었던 기간이라고도 한다.[4]

---

2 헤게시스트라토스와 테탈로스가 동일인인지 서로 다른 두 사람인지도 불확실하다. 페이시스트라토스의 세 번의 결혼과 아들들에 대해서는 데이비스(*APF*, pp. 445~450)의 연구를 가장 신뢰할 수 있다. 페이시스트라토스는 2명의 여성에게서 총 5명의 아들을 두었으며, 그중 아테나이인 아내로부터 태어난 아이가 히피아스, 히파르코스, 그리고 테살로스 등 3명이며(투퀴디데스, 『펠로폰네소스 전쟁』 제6권 제55장 제1~2절; 『역사』 제1권 제61권 제1~3절 참조), 아르고스인 여성 티모나사(Timonassa)로부터 태어난 아이는 이오폰과 헤게시스트라토스 두 사람이다. 따라서 테살로스(테탈로스)를 헤게시스트라토스와 동일 인물로 보는 본문의 기술은 잘못된 것이다. 또한 헤게시스트라토스는 페이시스트라토스가 헬레스폰토스 해협에 가까운 소아시아의 도시 시게이온을 점령했을 때 그 지배자의 자리에 올랐다(『역사』 제5권 제94장 제1절). 나중에 히피아스는 참주의 자리에서 쫓겨난 후, 시게이온으로 망명했다(『역사』 제5권 제65장 제3절, 제91장 제1절, 제94장 제1절; 『펠로폰네소스 전쟁』 제6권 제59장 제4절 참조).
3 쿱셀로스는 고린토스의 참주(재위 기원전 657~627년경). 암브라키아는 헬라스 북서부 에페이로스 지방의 식민시로 그의 주도로 건설되었다.
4 티모나사와의 결혼 시기 및 그 정치적 배경에 대해서는 라벨(Lavelle, 2005: 203~209)에 설명되어 있다. 덧붙여 헤게시스트라토스가 팔레니스 전투에서 아르고스의 원군을 지휘했다는 본문의 기술은 당시 그의 나이가 너무 어리다는 이유로 의심하는 의견이 강하다. Lavelle, 2005: 204 참조.

제18장

(1) 그 명성과 나이 때문에 히파르코스와 히피아스가 국정을 관장하고 있었지만, 히피아스의 나이가 위이고,[1] 또 타고난 폴리스적 시민답게 행동하고 사려에도 능했기 때문에 정권의 필두에 서 있었다. 반면, 히파르코스 쪽은 놀기를 좋아하며 호색적이고, 또 시가를 사랑해서, 아나크레온[2]이나 시모니데스[3], 그 외의 시인들을 불러들인 것도 이 사람이었다. (2) 테탈로스는 훨씬 어리고, 생활 태도가 무분별하고 오만했으며, 결과적으로 일족(一族)의 모든 불행이 시작된 것도 그 때문이었던 것이다.[4]

---

1 투퀴디데스, 『펠로폰네소스 전쟁』 제1권 제20장 제2절, 제6권 제54장 제2절에도 히피아스를 형으로 기록하고 있다. 히파르코스를 형으로 하는 전승도 있지만, 이 책과 투퀴디데스의 말이 맞는 것 같다. 자세한 것은 APF, pp. 446~448 참조.
2 테오스 출신으로 기원전 6세기 후반에 활약한 서정 시인.
3 케오스섬 출신으로 기원전 6세기 말부터 기원전 5세기 초에 걸쳐 활약한 서정 시인. 히피아스의 딸 아르케디케의 묘비명을 썼다고 한다.
4 아래에서 말하는 히파르코스 암살 사건의 경위는 『펠로폰네소스 전쟁』 제6권 제54~58장에 상세히 기술되지만, 이 책과 몇 가지 점에서 차이를 보인다. 가장 중요한 차이는, 이 책이 하르모디오스를 사모하는 인물을 테탈로스(헤게시스트라토스)라고 하는 것에 대해, 『펠로폰네소스 전쟁』 제6권 제54장 제2~4절은 암살된 히파르코스 본인으로 하고 있다. 후자가 옳다. 그럼에도 이 책은 처음에 암살자가 노린 것은 히파르코

왜냐하면 그는 하르모디오스를 사랑했지만, 그에 대한 사랑을 얻지 못하게 되자 화를 억제할 수 없었고, 여러 가지 방식으로 적의를 드러내고 있었는데, 마침내는 하르모디오스의 누이가 판아테나이아[5] 축제의 행렬에서 성스러운 바구니를 옮기려 한 것을 방해하고,[6] 그때 하르모디오스를 '여자 같은 놈'이라고 어쨌든 조롱하고 욕했기 때문에, 하르모디오스와 아리스토게이톤은 분개해서 많은 지원자의 도움을 받아 그 사건을

스(결국 살해된 것은 히파르코스)라고 쓰고 있어, 도중에서부터 이야기의 앞뒤가 맞지 않게 된다. 이것은 전거가 되는 원래의 사료를 아무렇게나 메꾼 나머지 발생한 부정합인 것으로 보이지만, 이 책의 저자는 그 점을 그대로 놔두고 있다. 헤로도토스, 『역사』 제5권 제55장에 따르면, 미소년 하르모디오스와 그의 애인 아리스토게이톤은 동시에 게퓌라이오이라 불리는 게노스(씨족) 출신이자 명문 집안 출신이다. 그들의 출신에 대해서는 *APF*, pp. 473~474 참조. 두 사람은 참주정 타도 후, '참주 죽이기'로서 알려져 있지만, 사건의 직접적인 동기가 정치적인 것이 아니라 연애의 얽힘이며, 또 살해당한 자도 참주 본인이 아니라 그 동생이었음을 투퀴디데스는 강조하고 있으며, 이 책도 기본적으로는 그 주장에 따르고 있다.

5 수호신 아테나 여신의 생일로 꼽히는 헤카톰바이온달(오늘날의 8월) 28일에 행해진, 아테나 여신에게 바치는 아테나이 최대의 제전이다. 4년에 한 번(올림피아드 제3년)에 열리는 대축제와 그 이외의 소축제가 있는데, 『펠로폰네소스 전쟁』 제6권 제56장 제2절에는 대제전이라고 기록되어 있기에 그로부터 사건이 기원전 514년의 여름임을 알 수 있다. 대축제의 가장 큰 상징물은 이 책에서 그려지는 제례 행렬로, 케라메이코스 지구(케라메이스구)에서 출발해 아고라를 북서쪽에서 남동쪽으로 가로지르는 판아테나이아 지역을 지나 아크로폴리스 위의 신전까지 행진한다. 또한 각종 문화 경기와 운동 경기도 개최되었다. 경기에 대해서는 제60장 (1) 및 해당 각주 참조. 대 판아테나이아 제전과 그 경기는 기원전 566/565년에, 올륌피아 제전이나 퓌티아 제전을 모델로 하여, 이전부터 있었던 아테나 여신 제사를 재편하는 형태로 창설되었다고 생각되고 있다. Parke, 1977: 33~50; Neils, 2007 참조.

6 '성스러운 바구니'(kanoun)란 제물에 필요한 도구를 넣는 3개의 손잡이가 달린 바구니로, 제례 행렬 때 이를 운반하는 역할은 아테나이인의 고귀한 집안에서 태어난 처녀에 한정되어 있어, 『펠로폰네소스 전쟁』 제6권 제56장 제1절에 따르면, 청혼을 거부당한 히파르코스가 '바구니 나르는 사람'으로 하르모디오스의 누이를 불러 놓고 그 역할에 어울리지 않는다며 거부했다고 한다. 이는 가문의 모욕일 뿐만 아니라 그녀가 처녀가 아님을 시사하는 모욕이었다.

일으킬 지경에 이르렀기 때문이다[기원전 514년].

(3) 판아테나이아 제전 중에 그들은 이미 아크로폴리스에서 히피아스를 노리고 있었다(왜냐하면 우연히 그는 행렬을 맞이하는 역할을 맡았고 히파르코스는 내보내는 역할을 맡았기 때문이다). 하지만 사건의 공모자 중 1명이 히피아스와 다정하게 대화를 나누는 것을 보고 그들이 밀고당했다고 판단하고, 체포되기 전에 어쨌든 무슨 일을 저지르고자 아크로폴리스를 내려가 신관들[7] 앞으로 뛰쳐나와 제례 행렬의 지휘를 맡고 있던 히파르코스를 레오콜레이온[8] 부근에서 살해했다. 이것으로 그 기도는 모든 것을 헛된 것으로 돌아가게 하고 말았다.

(4) 그들 중 하르모디오스는 즉시 창을 든 호위병에 의해 죽었으나, 아리스토게이톤은 나중에 체포되어 장시간 고문을 당한 후 죽었다. 그리고 고문의 고통 속에서 명문 태생으로 참주들과 가까운 많은 사람의 이름을 밝혔다. 즉, 그들은 음모의 단서를 바로 잡아낼 수 없었던 것이며, 히피아스가 행렬의 참가자로부터 무기를 빼앗고, 단검을 소지한 자들을 찾아냈다는, 일반에 유포되고 있는 이야기는 진실이 아니다.[9] 왜냐하면 〈당시에는〉 무기를 들고 행렬하는 일은 없었으며, 이것은 후에 민주정의 세상이 되어서 생긴 관행이었기 때문이다. (5) 민주정파의 주장

---

7 대본에 따라서 hiepeōn으로 읽는다. 케니언은 allōn으로 읽으며 '다른 사람들을 기다리지 말라'고 해석하지만, 체임버스는 사본의 흔적을 찾아 이 독해를 거부한다.

8 Leōkoreion. 몸을 바쳐 아테나이를 역병에서 구했다는 레오스의 딸들에게 바쳐진 신의 구역으로, 아고라 북서부 구석에 위치한, 판아테나이아 거리와 아고라 서쪽 거리가 교차하는 안쪽의 유적으로 추정된다. Camp, 1992: 79 참조.

9 이 책의 저자는 페이시스트라토스가 팔레니스 전투 이후에 시민들을 무장 해제했다고 믿었기 때문에(제15장 (4)~(5)), 이 사건을 계기로 히피아스가 시민들을 무장 해제했다는 『펠로폰네소스 전쟁』 제6권 제58장에서의 주장에 반론하고 있다. 제15장 각주 9 참조.

에 의하면, 그가[10] 참주의 친구들 이름을 밝힌 것은 거짓 자백으로, 참주가 무고하고 또 친구이기도 한 사람들을 살해함으로써 불신의 죄를 범함과 동시에 스스로의 세력을 약화시키는 것을 노린 것이라고 한다. 한편, 그것은 허위를 꾸며 낸 것이 아니라, 진짜 공모자를 자백한 것에 지나지 않는다고 말하는 사람들도 있다.

(6) 그리고 마지막으로, 아리스토게이톤은 어떻게 해도 죽을 수밖에 없었으므로, 더 많은 사람의 이름을 밝히겠다고 약속했고, 믿음의 표시로 오른손을 내밀라고 히피아스를 설득했다. 그리고 그 손을 잡자마자, 너는 자신의 동생을 죽인 자에게 오른손을 주었느냐고 힐난하여 히피아스를 격분시켰기 때문에, 그는 분개한 나머지 자신을 억제하지 못하고 단검을 뽑아서 아리스토게이톤을 죽이고 말았다.

---

10 아리스토게이톤.

제19장

(1) 그 후 참주정은 이전보다 훨씬 포학해졌다. 동생을 위해 복수하고 게다가 많은 자를 처형하고 추방했기 때문에, 히피아스는 누구에게나 시의심(猜疑心)과 증오를 품게 된 것이다.[1] (2) 히파르코스 사후 약 4년째에, 시내에서의 정세가 악화되었기 때문에, 그는 무뉘키아[2]로 이주하기 위해 그곳에 성벽을 세우려고 기획했다. 하지만 건설하는 중에, 그는 라케다이몬인의 왕 클레오메네스에 의해 추방되었다. 이전부터 라코니아인에게는 참주정을 타도하도록 여러 번 신탁이 내려졌기 때문인데, 거기에는 다음과 같은 사정이 있었다. (3) 알크메온 가문을 필두로 한 망명자들[3]은 자신의 힘으로 귀국을 이루지 못하고 번번이 좌절을 거듭하고

---

1 히피아스의 폭정으로부터 추방에 이르기까지의 경위는 헤로도토스, 『역사』 제5권 제62~65장에 상세하게 나와 있고 이 책의 주요 전거가 되고 있다.

2 후에 아테나이의 주요 항구가 되는 페이라이에우스의 동부, 팔레론만에 접한 언덕. 군사상의 요충지.

3 1939년에 발견된 아르콘 명부 비문에는 기원전 525/524년의 아르콘으로서 클레이스테네스(메가클레스(II)의 자식, 개혁자)의 이름이 보이고(ML 6c.3 = IG I³ 1031.18), 이 시점에서 알크메온 가문이 이미 귀국해서 참주 일족에 협조하고 있었다는 것을 알 수 있다. 로즈(*comm*, p. 234)는 같은 가문이 페이시스트라토스가 죽으면서 화해했고, 히파

있었다. 그 밖에도 여러 가지 일에 손을 댔지만 실패로 끝나고 있었는데, 어느 때엔가 전원 지방의 파르네스산 기슭에 있는(밑에)[4] 레이프쉬드리온에 성채를 쌓았고, 거기에 시내[城內]에서 온 몇몇 지지자가 합류했는데 참주의 사람들에게 포위되어 투항했다. 그래서 이 불운 뒤에 사람들은 주연가(酒宴歌)에서 이렇게 노래를 부르곤 했다.

아아, 동료를 배신한 레이프쉬드리온이여,

너는 무슨 사람들을 죽게 만든 거냐? 싸움에서는

무용(武勇)을 보여 주고, 게다가 명문 출신인 사람들이,

그때 그들 스스로가 어떤 조상의 후예인지 알게 해준 것을.

(4) 그런데 이렇게 모든 실패를 거듭한 후에, 그들은 델포이의 신전 건축을 청부받았고,[5] 그로 인해 라코니아인의 지원을 얻기 위한 자금을 풍족하게 쌓아 뒀다. 퓌티아는 오래전부터 라케다이몬인이 신탁을 구할 때마다 아테나이를 해방하도록 명하고 있었다.[6] 그래서 페이시스트라토스 가문이 그들의 손님[7]이었음에도 불구하고, 마침내 스파르타 시민

    르코스 암살 사건 이후 다시 망명했을 것으로 추정한다(p. 234).

4 사본에는 '파르네스산 너머로'(huper Panēthos; 고대 이름은 parnēs)라고 나오며 케니언도 이를 따르는데, 레이프쉬드리온은 파르네스산의 아테나이 서쪽 산록에 있어 지리적으로 모순된다. 기본적으로 우리의 대본에 따라 hupo(밑에)로 바꿔 읽는다.

5 델포이의 예전의 아폴론 신전이 불타 버린 것은 기원전 548/547년의 일이므로, 알크메온 가문이 건축을 하청받은 히파르코스의 암살 사건(기원전 514년)보다도 훨씬 전의 일일 것이다. 따라서 청부 계약이 레이프쉬드리온의 실패 후였다고 하는 헤로도토스 및 이 책의 기술은 역사적 사실과 부합하지 않는다.

6 『역사』 제5권 제63장 제1절에 의하면, 알크메온 가문이 퓌티아(델포이의 신탁을 내리는 여사제)를 매수한 결과라고 한다.

7 xenoi. 상호주의 원칙을 매개로 하여, 다른 나라의 개인 간에 성립하는 영속적·세습적

들을 설득해 승낙을 받았다. 페이시스트라토스 가문이 아르고스인과 친애 관계를 갖고 있었던 것도 적지 않게 라코니아인들이 이런 행동을 하게 하는 요인이 되었다.[8]

(5) 그래서 그들은 먼저 안키몰로스로 하여금 군대를 이끌게 하여 해상으로 파견했다. 그런데 테살리아의 키네아스가 기병 1000명을 거느리고 구원하기 위해 온 결과, 그는 패퇴하여 죽고 말았다. 그 전말에 분노한 스파르타인들은 클레오메네스 왕에게 전보다 많은 군사를 이끌고 [와서] 육로로 보냈다. 그는 아티카 침입을 막으려던 테살리아 기병을 무찌르고 히피아스를 이른바 페라르기콘[9]이라는 성채 안에 가두고, 아테나이인과 함께 이를 포위했다. (6) 그가 포위하고 있는 동안 우연히 페이시스트라토스 가문의 아들들이 몰래 울타리를 넘어 탈출하려다 붙잡히는 일이 벌어졌다. 그들이 잡히니 [히피아스 측 사람들은] 아이들을 돕는다는 조건으로 화해를 맺었고, 닷새 안에 재산을 빼돌린 뒤 아테나이인에게 아크로폴리스를 내주었다. 이때는 하르곽티데스가 아르콘인 해 [기원전 510년]였고, 그의 아버지 사후 참주정을 장악한 것은 약 17년,

---

우의관계(xenia)를 맺는 당사자. '크세니아'(Xenia)는 국가 상류층 상호 간에 사적으로 형성되는 인적 결합으로 헬라스 세계에서 외교관계 형성에 중요한 역할을 했다. 더 자세한 사항은 Herman, 1987: 13~142 참조('Xenia and Proxenia'). 오늘날에도 기원전 405년에 아테나이와 사모스 간의 우의 관계 협약에 대한 대리석 부조가 남아 있다(IG I³ 127). 그 부조에는 이 동맹이 두 도시의 수호 여신인 아테나와 헤라가 제의적 악수를 통해 맺은 크세니아 계약임을 시각적으로 보여 준다. 또한 제20장 (2) 참조.

8 아르고스는 스파르타(라케다이몬, 라코니아)의 숙적이었으니까.
9 페라르기콘(Pelargikon)은 아크로폴리스 서쪽 기슭을 성벽으로 둘러싼 부분이다 (prehistoric walled area west below the Acropolis of Athens). 축조 시기는 미케네 시대로 거슬러 올라가며 일부가 현존한다. 히피아스가 이곳에서 농성(籠城)한 것은 물을 이용할 수 있기 때문일 것이다. 아테나이의 수원 감독관(ho tōn krēnōn epmelētēs)의 언급이 나오는 제43장 (1) 참조. 아테나이 정치가들의 물 공급의 중요성을 논하고 있는 Dillon, 1996: 192~204 및 Camp II, 1984: 37~41 참조.

아버지의 치세도 포함하면 지배는 모두 49년[10]이 되었다.

---

10 페이시스트라토스의 첫 번째 정권 수립부터 헤아리면 50년이라고 할 수 있다. 그러나 참주정의 실질적 지배는 이 책의 연대기에 따르면 총 36년이며(제17장 (1)), 이 점은 『역사』 제5권 제65장 제3절의 기록과 일치한다.

제20장

(1) 참주정이 쓰러진 뒤, 테이산드로스의 아들로 참주들과 친했던 이사고라스[1]와 알크메온 가문의 일족인 클레이스테네스[2]가 서로 당쟁을 시작했다. 패거리에서 힘이 부족했던 클레이스테네스는 다중에게 참정권을 이양하겠다고 약속해 인민을 자기편으로 끌어들였다.[3] (2) 그래서 세

---

1   이사고라스의 출신에 대해서는 여러 학자가 이렇게 저렇게 추정하고 있지만, 로즈(Comm, p. 242)와 데블린(AOF, p. 51) 등이 밝히고 있듯, 거의 알 수 없다. 헤로도토스 또한 "아테나이의 저명한 가문의 일원이었지만 나는 그 가문의 기원을 설명할 수 없다"라고 말하고 있다(『역사』 제5권 제66장). 아래의 클레오메네스의 물러남에 대한 본문의 기술은 헤로도토스,『역사』 제5권 제66장, 제69~73장 제1절의 내용을 거의 그대로 요약한 것이다.
2   클레이스테네스는 페이시스트라토스와 다툰 메가클레스(I)와 시퀴온의 참주 클레이스테네스의 딸인 아가리스테(I)의 아들로 알크메온 가문의 연장자(시니어)였다. 기원전 525/524년에는 아르콘직을 맡았으며(제19장 해당 각주), 히파르코스의 죽음 이후에 추방되었다. 이미 클레이스테네스는 아르콘직을 맡은 그 전후로부터 자신의 가문을 이끌어 온 것으로 보인다. APF, pp. 375~376 참조.
3   이사고라스가 기원전 508~507년의 아르콘 선거에서 승리함으로써 열세에 놓이자, 반격을 시도한 클레이스테네스가 민주적 정치체제 개혁안을 민회에 제출해 승인된 것으로 해석되고 있다. 하지만 개혁안이 실행에 옮겨지기 전에, 클레오메네스의 개입에 의해 국외로 추방되었다고 한다. Hignett, 1952: 126, 331~336; Comm. p. 244; Ostwald, 1988: 306~307; Ober, 1996: 38 참조. 기원전 508년부터 다음 해에 걸친 정변의 구

력에서 뒤떨어진 이사고라스는 자신의 '손님'(사절)인 클레오메네스를 다시 불러들여, 알크메온 가문은 독신자(瀆神者, '저주받은 자')의 일당으로 생각된다는 이유로,[4] 함께 그 독신(저주받음)의 부정을 물리치자고 설득했다. (3) 클레이스테네스는 국외로 물러나게 되고, 〈클레오메네스는〉 소수의 부하 군사와 함께 〈도착했고〉, 아테나이인 700가족을 저주받았다는 이유로 추방했다. 그 일을 마치자, 우선 평의회[5]를 해산하려고 기도하고, 이어서 이사고라스와 그의 친구 중 300명을 국가의 지배자 자리에 앉히고자 했다. 그런데 평의회는 이에 저항하고, 또 다중이 대거 모여들었으므로, 클레오메네스와 이사고라스의 일파는 아크로폴리스로 도망쳐, 인민은 이틀간 이들을 포위했지만, 3일째에 정전 협정을 맺어 클레오메네스와 그의 부하의 군사 전원을 해방시켜 주었고, 또 클레이

체적인 경위에 대해서는 불분명한 점이 많지만, 이 연대에 대해서는 Ostwald, 1988: 303~308 참조.

[4] 기원전 7세기의 퀼론 사건 때 그 잔당을 살해한 이래, 알크메온 가문은 대대로 독신(瀆神, 신의 저주)에 의한 부정을 입는다고 여겨져, 자주 이렇게 스파르타 개입의 구실을 주게 되었다. 제1장 참조.

[5] 이 평의회의 실체를 둘러싸고는 의견이 대립한다. 체임버스(Staat, pp. 222~223)는 창설한 지 얼마 되지 않은 500인 평의회라고 생각하고, 또 히그닛(Hignett, 1952: 94~95)은 아레오파고스 평의회라고 주장하지만, 로즈(Comm, p. 246)와 오스트발트(Ostwald, 1988: 307)는 솔론이 창설한 400인 평의회(제8장 (4))라고 추정한다. 라우쉬(Rausch, 1998)는 클레이스테네스가 창설한 300명 전후로 구성된 새로운 평의회라고 주장한다. 그러나 솔론의 입법과 클레이스테네스의 개혁이 도입되는 사이에 아테나이에서 아레오파고스 외에 다른 평의회가 존재했다는 확실한 증거는 없다. 한편, 월리스(Wallace, 1989: 72, 76)가 지적한 대로 이 시기의 아레오파고스 평의원 대부분은 참주정과 친밀한 관계에 있던 자들이었을 것이며, '참주들과 친했다'는 이사고라스가 그 아레오파고스 평의회의 해산을 기도했다고 생각하기는 어렵다. 아마 클레이스테네스가 민회의 의사(議事)를 준비하는 400인 평의회의 지지를 얻었고, 이사고라스는 그것의 해산을 통해 반대파의 세력을 꺾으려 했을 것이다(Comm, p. 246).

스테네스와 다른 망명자를 불러들였다.[6]

(4) 그래서 인민이 국정을 장악하자, 클레이스테네스가 인민의 지도자이자 옹호자가 되었다. 왜냐하면 참주의 추방에 가장 공적이 있었던 것은 알크메온 가문이었고, 또 [참주정 시대의] 대부분의 기간 동안 [참주와의] 당쟁을 지속하고 있었기 때문이다.

(5) 게다가 더 이전에도, 알크메온 가문의 케돈[7]이 참주들을 쓰러뜨리려고 한 적이 있었다. 그래서 그 역시 주연가를 이렇게 부르곤 했다.

시종이여, 케돈에게도 술잔을 올려라, 그리고 잊지 마라,
만일 용사들에게 술을 따라야 한다면.

---

[6] 오스트발트(Ostwald, 1988: 307)에 의하면 기원전 507년 여름의 일이다. 오버(Ober, 1996: 32~52)는 이 아크로폴리스 포위 사건을 귀족의 지도에 의하지 않은 자발적 인민 봉기로 보고, 민주정의 출현은 인민 자신의 자기 인식의 산물이라고 생각했다. 그는 이 봉기와 클레이스테네스의 개혁을 '아테나이 혁명'(Athenian Revolution)이라고 부르며, 인민의 주체적인 행동에 의해 실현된 획기적인 '아래로부터의' 혁명이라고 주장한다(제4장, 'The Athenian Revolution of 508/507 B.C.: Violence, Authority, and the Origins of Democracy'). 하지만 그 후 기원전 5세기 중반에 이르기까지 여전히 귀족의 주도권이 우위였던 것만은 분명하고, 기원전 6세기 말 시점에서 인민이 그렇게까지 주도적이었는지는 여전히 의문이 남는다. 앤더슨(Anderson, 2003: 81)은 오버의 입장을 이렇게 비판한다. "오버(Ober, 1988: 67~69)가 주장했듯이, 그것들은 아테나이 정치사에서 결정적인 '단절점', 알카이기 국가와 고전 시기 국가 사이 단절의 결정적인 계기를 나타낸다. 하지만 새로운 질서는 인민의 혁명적 열의의 자발적인 창조물이 아니었다. 비록 비-엘리트 시민의 지지가 성공에 결정적이었을지라도 말이다. 오히려 그것은 사회 공학에서 거대하고 교묘하게, 기술적인 자의식적인 운동으로 봐야 한다. 간단히 말해, 아래가 아닌 위로부터의 비전의 산물인 것이다."

[7] 케돈에 대해서는 이 부분 이외에는 알 수 없다. tōn Alkmeōnidōn을 그 앞에 걸쳐 '알크메온 가문 이전에도.'라고 해석하는 것은 Loeb판; Fritz-Kapp, 1950; Staat, p. 29 등이고, Wilamowitz-Möllendorff I, 1893: 38; Kenyon; Comm, p.248 등과 같이 다음의 '케돈'에 걸쳐 해석하는 편이 앞 문장과의 전후 맥락상 자연스럽다. 이 주연가(skolion)는 아테나이오스, 『식탁의 현인들』 15.695E에도 인용되어 있다.

제21장

(1) 그런데 이러한 이유로 인민은 클레이스테네스에게 신뢰를 보내고 있었다. 그런데 참주 타도 후 4년째, 이사고라스가 아르콘인 해[기원전 508~507년]¹에 그가 다중의 옹호자가 되자, (2) 먼저 4부족 대신에 모든 시민을 10부족으로 나누었다.² 이는 이전보다 많은 사람이 정치체제에

---

1 기원전 508/507년에 클레이스테네스의 정치체제의 개혁안이 민회에 승인된 것은 확실하지만(제20장 해당 각주), 아티카의 전 지역에서 부족의 재편을 포함한 개혁 전체의 시행이 1년 안에 모두 완료되었다고는 생각하기 어렵다. 개혁의 완성 연도를 데블린(AOF, pp. 52~53)은 기원전 505/504년, 로즈(Comm, p. 249, 263)는 기원전 501/500년으로 보지만, 오스트발트(Ostwald, 1988: 308, 317~319)와 체임버스(Staat, p. 221)는 기원전 508/507년 내지 그다음 해 중에 개혁의 큰 틀이 실행되었다고 생각한다.

2 종래의 4부족제 아래에서는 아티카 각지에 근거지를 둔 전통적 귀족 문벌이 혈연이나 지역적 통합을 기반으로 영향력을 휘두르고 있었다. 그것이 귀족들의 비타협적인 당쟁과 국가 분열을 낳았음을 통찰한 클레이스테네스는 출신이나 빈부와 관계없이 전 시민이 평등의 입장에서 참정권을 받는 것, 즉 이소노미아(평등)를 개혁 목표로 내걸고 귀족들의 정치적 기반을 끊어서 전혀 새로운 원리로 시민단을 재편성하고 아테나이 국가의 재통합을 통해 시민단의 잠재력을 이끌어 내려고 했다. 클레이스테네스가 재편한 시민단 조직은 구(區), 트리튀스, 부족이라는 3층 구조를 취한다. 우선 자연 취락지인 구가 시민단의 말단 조직으로 정해져서 아티카에 사는 모든 자유인은 각각 개혁 당시 거주하던 구에 등록함으로써 남성 후손의 아테나이 시민권을 보장받게 되었

참여할 수(참정권) 있도록 시민들을 혼합하고자 한 것이다. 그래서 [다른] 사람의 가문의 내력(족보)을 캐묻고 싶어 하는 사람들에게는 '부족 구분을 하지 말라'[3]라고 했다. (3) 다음에 400명 평의회를 폐지하고 각 부족에서 500명, 합계 500명으로 구성된 평의회를 창설했다.[4] 그때까지 [평의원은 각 부족에서 온] 100명이었다. 그러므로 그는 [시민을] 12부족으로 편성하지 않았던 것인데, 이는 기존에 있었던 각 트리튀스마다 시

다. 이로써 시민들은 구에 소속되어 폴리스에서의 정치적·사회적 지위가 확립되었다. 이어서 클레이스테네스는 전국을 시역, 연안부, 내륙부라는 3개 지역으로 나누고, 또 각각을 10개의 영역으로 구분해서, 인구가 대체로 균등해지도록 각 영역에 복수의 구를 배분했다. 이 각각의 영역을 트리튀스라 부른다. 그리고 세 지역에서 하나씩, 총 3개의 트리튀스를 모아 하나의 부족으로 나누어, 합계 10부족을 새로이 편성했다. 이것이 클레이스테네스의 '새로운' 부족제이며, 이후 부족은 군대의 최대 단위인 동시에 관리와 500명 평의원 등을 선출하는 조직 기반이 되며, 또한 공통의 제사나 독자적인 관리나 집회도 갖고, 아테나이 시민단의 새로운 최대 하부 조직으로서 기능하게 된다.

[3] mē phulokrinein. 원래 phulokrinein이란 말은 'tribal membership'을 가리켰는데, 나중에 이것은 "사람을 출신 종족에 따라 차별하지 말라"라는 의미의 관용구로 사용된다(투퀴디데스, 『펠로폰네소스 전쟁』 제6권 제18장 제2절 참조). 이 책의 저자는 그 유래가 클레이스테네스의 새로운 부족제에 있다고 생각한 것이다. 여기서 원래의 의미가 새로운 시민(neopolotai, 21장의 (4))과 기존 시민의 차별을 경계한 것인지, 귀족과 평민의 차별을 금지한 것인지에 대해서는 논란이 있다. Comm, pp. 250~251; Staat, p. 226 참조.

[4] 500인 평의회는 기원전 5세기 중반 이후 행정 최고기관 및 입법 보조기관으로서 큰 권한을 갖고 있었으나, 클레이스테네스 개혁에서 애초의 역할은 민회의 의사(議事)를 준비하는 것에 한정되어 있었던 것 같다. Rhodes, 1972: 209~210 참조. 각 부족 50명의 정수는 인구비에 따라 각 구에 할당되었다. 기원전 4세기 이후의 평의원 명부의 비문에서 추정되는 각 구의 평의원 정수는 Traill, 1975: table I~X; Whitehead, 1986: 369~373 참조. 대략 각 구의 정원은 몇 명에 불과하지만 예외적으로 아카르나이구(22명)나 아퓌도나구(16명)와 같이 정원을 더 많이 거느린 구도 있었다. 평의원은 임기 1년, 30세 이상의 시민으로부터 선출되어 적어도 기원전 4세기에는 생애에 두 번까지 취임할 수 있었다. 기원전 5세기 중반 이후에는 추첨하게 되었지만, 그때까지는 선거로 선택된 것 같다. 그 구성원은 솔론의 계급에서 3개의 상위 계급에 한정되었다. Rhodes, 1972: 7; Comm, p. 251 참조. 기원전 4세기에 평의회의 기능에 대해서는 제43~49장 및 해당 각주 참조.

민을 나누는 결과를 피하기 위해서였다. 왜냐하면 기존에 있었던 4부족에 총 12개의 트리튀스가 있었고, [만일 12부족으로 편성했다면] 그는 시민단을 혼합할 수 없었을 것이기 때문이다.[5]

(4) 그는 또한 전 국토를 몇 개의 구(區)[6]로 이루어진 30개의 부분으로 나누고, 그중 10개는 시 주변(astu) 지역에서, 10개는 연안부 지역에서, 10개는 내륙부 지역에서 이루어지게 했다.[7] 그리고 이들 각 부분을 트리튀스[8]라고 이름을 붙이고, 각각의 부족이 세 지역 모두에게 몫이 돌아갈

---

5 『정치학』 제6권 제4장 1319b23 아래 참조: "민주정 강화를 원하는 클레이스테네스는 … 왜냐하면 상이한 수많은 부족과 씨족이 새롭게 만들어져야 하고, 사적인 종교 제의들은 소수의 공적 종교 제의로 흡수되어야 하며, 모든 방책을 고안해 내어 가능한 한 모든 시민을 서로 섞이게 하는 것과 동시에, 다른 한편으로 이전의 좁은 결합(sunētheia)이 해체될 수 있도록 하면 되기 때문이다."

6 구에 대해서는 제14장 각주 9 참조.

7 시 주변 지역. 즉, 시역(astu)은 아테나이시의 성벽 안 및 아이갈레오스산과 휘메토스산 사이에 끼어 있는 그 주변. 연안부(paralia)는 파르네스산과 아이갈레오스산 사이의 서부 연안 및 아티카 반도 동부, 남부, 남서부의 연안이다. 내륙부(mesogeios)는 아테나이 평야의 북부, 휘메토스산 동부, 파르네스산 남동부 및 펜텔리콘산 주변. 이에 관련된 지역의 구조와 구들을 자세히 그려 주고 있는 트레일(Trail, 1975)의 그림 1~3 참조. 제13장 (4)에 나타난 귀족들의 정치적 지반과 겹치지 않도록 의도적으로 구분한 것으로 생각된다.

8 클레이스테네스가 정한 시민단의 3층 구조 중 종래 귀족의 정치적 지반을 끊어 내기 위해 가장 의도적·인위적으로 편성한 조직으로 전국에서 30개 중 18개 정도의 명칭이 판명되었다(Siewert, 1982: 14). 대부분의 트리튀스는 서로 이웃한 여러 구로 이루어진 한 묶음의 지역이지만, 같은 트리튀스에 속해 있으면서 다른 구에서 지리적으로 떨어진 거주지(enclave)로 고립되는 구도 많이 확인되고 있다. 이처럼 부자연스러운 트리튀스 편성을 어떻게 설명할 것인지에 대해서는 논란이 있다. 루이스(Lewis, 1963: 30~40)는 이사고라스나 페이시스트라토스 가문의 정치적 지반을 끊어 내면서도, 한편으로 알크메온 가문의 기반은 그대로 놔두려고 하는 클레이스테네스의 정치적 의도라고 추정한다. 한편, 각 트리튀스의 인구를 균등하게 하려는 결과라고 보는 견해(Siewert, 1982: 105~130)가 있고, 게다가 트리튀스를 군사 편제의 단위로 간주하여 병력 동원을 용이하게 하기 위해, 같은 트리튀스에 속한 각 구가 아테나이 중심 도심으로 향하는 각

수 있도록 각 부족에게 3개의 트리튀스를 추첨으로 배정했다.[9] 그리고 각 구에 거주하는 사람들을 서로 '같은 구민'으로 만들었다. 그래서 그들의 아버지 이름으로 서로 부름으로써 '새로운 시민'[10]의 신원이 드러나지 않도록, 그들의 '[본적] 구로써' 부르도록 하기 위함이었다. 그렇기에 지금도 아테나이인은 본적 구로 서로를 부르고 있다.[11]

(5) 그는 또한 구장(區長)[12]을 임명하여 과거의 나우쿨라로스[13]와 같은

도로를 따라 배치되었다는 견해(Siewert, 1982: 139~159)도 있다.
[9] 부족의 편성에서 트리튀스의 조합을 추첨으로 결정한다고 하는 본문의 기술을 의심하는 의견도 있다. 지베르트(Siewert, 1982: 26, 79, 86, 126~128)는 아이안티스 부족의 내륙 트리튀스와 연안 트리튀스가 아티카 동부에서 인접해 있는 사례 등에서 각 부족 군인의 동원을 용이하게 하기 위해 중심시로 향하는 도로를 따라 트리튀스가 의도적으로 동일 부족에 편입되었다고 주장한다. 한젠(Hansen, 1987a)은 이를 반박하며 실제 실시한 추첨 실험의 결과에서 추첨을 통해 동일 부족 내에서 우연히 트리튀스가 인접하는 결과가 나오는 일은 드물지 않다고 주장한다. 오스트발크(Ostwald, 1988: 317)도 이를 지지하며 추첨에 의한 부족 편성을 신뢰한다. 만일 클레이스테네스가 정치적 목적을 가지고 의도적으로 트리튀스의 조합을 행했다면, 페이시스트라토스 가문의 지반이었던 아티카 동부에서 동일 부족의 트리튀스가 인접하고 있다는 사실은 역으로 정적의 지반을 끊어 내려고 했던 그의 의도와 모순되므로 추첨은 사실로 봐야 할 것이다.
[10] neopolitai. 제13장 (5)에 있는 '시민권 재검사'로 시민권을 잃은 '순수한 아테나이인의 출생이 아닌' 자들, 즉 체류 외국인이나 해방노예로, 클레이스테네스의 개혁에 의해 구(區)의 거주를 근거로 재차 시민이 된 사람들을 말한다. 『정치학』 제3권 제2장(1275b34~37); Manville, 1990: 185~191 참조.
[11] 예를 들어 '콜라르고스구의 페리클레스'와 같이 구명(dēmotikon)을 곁들인 호칭법을 가리킨다. 그러나 '크산티포스의 아들 페리클레스'처럼 아버지의 이름을 딴 부칭(patrōnumikon)은 이후에도 폐지되지 않고 병용되었다. 따라서 출신을 알 수 없도록 부칭 사용을 중지시켰다는 본문의 기술은 부정확하다.
[12] dēmarchos. 구의 최고 관직. 펠라이에우스를 제외하고(제54장 (8)), 매년 각 구의 선거에서 뽑혔다고 한다. 그 직무는 구민회 소집, 직접세 징수, 시민권 등록부 작성 및 보관, 구의 제사, 구의 재정 관리, 죽은 자의 매장 등으로 다양하다. Whitehead, 1986: 121~139 참조.
[13] naukraros('해군 책임자')는 문자적으로 '시민단의 어떤 부분에서의 최고 관료'.

직무를 부여했다. 왜냐하면 구(區)는 예전부터 내려온 나우쿨라리아[14]를 대체해서 만들어졌기 때문이다. 일부는 그 지명에 따라, 나머지는 개척자(정착자)의 이름을 따서 구의 이름을 지었다. 더 이상 정착자 모두가 그 땅에 있었던 것은 아니었으니까.[15] (6) 또한 그는 게노스[16]나 프라트리아[17](씨족), 신관직이 각각 조상 전래의 제도에 따라서 존속하는 것

14　제8장 (3) 및 해당 각주 참조. 테미스토클레스의 해군 창설(기원전 483/482년)에 의해 폐지될 때까지, 해군의 유지 조직으로서 존속했다고 한다. Lambert, 1998: 255 참조.

15　주어를 '구'(區)라고 하면 '이제 모든 구가 더 이상 그 장소와 일치한 것은 아니었기 때문에'라고도 번역할 수 있는데, 여기서는 '정착자'(hoi ktisantes)를 주어로 하여 이렇게 번역한다. 즉, 촌락의 정착자(혹은 창설자)를 알고 있는 경우는 그것을 따서 구의 이름을 지었는데, 그렇지 않은 경우도 있었다는 의미로 해석한다. Comm, p. 258 참조. 정착민의 이름을 딴 구명이란 예를 들어 퓔라이다이('퓔라이오스의 후예') 등과 같이 촌락 시조의 이름을 딴 구명을 가리킨다.

16　게노스는 아테나이 시민단의 하부 조직 중 하나이다. 기원전 4세기 후반의 게노스란, 공통의 조상을 가진다고 믿고 전형적으로는 특정 제사의 신관직을 세습하는 의제적(擬制的) 부계 혈연 집단으로 아테나이에서는 60여 개 이상의 존재가 확인되고 있다고 한다. 모든 아테나이 시민이 게노스에 소속된 것은 아니다. 과거 게노스는 폴리스 성립 이전에 그 기원을 가진 특권 귀족의 씨족제적 혈연 집단으로 여겨졌고, 따라서 '씨족'의 역어가 맞아떨어졌다. 하지만 부리오와 루셀(Bourriot & Roussel, 1976)의 연구는 이 기존의 가설을 근본적으로 뒤엎는 새로운 견해를 제시한 이래 다소 이견도 있지만, 게노스는 본래 귀족의 혈연 집단이 아니라 폴리스 성립 과정에서 시민단의 하부 조직으로 편입된 촌락공동체가 그 기원이라는 설이 유력해지고 있으며, 귀족정의 권력 거점으로 보는 것은 잘못이라는 설이 오늘날 지지를 받고 있다. 기존의 가설에 대한 입장에서의 부리오-루셀설에 대한 비판적 검증과 연구사의 정리는 Parker, 1996: 56~66 참조. 또한 이 두 가설을 기본적으로 수용하는 입장에서 논의를 정리하고 있는 Lambert, 1998: 59~64 참조. 아티카의 전체 게노스에 대한 전체적인 조망에 대해서는 Parker, 1996: 284~327 참조.

17　프라트리아는 아테나이 시민단의 하부 조직 중 하나로 시민 각자의 합법적 출신과 가족관계를 인정하는 역할을 했다. 총 30개 정도 존재했을 것으로 추정되며, 적어도 9개의 명칭이 판명되었다. 게노스와 달리 고전기에는 어느 시민이나 어느 프라트리아에 소속되어 있으며, 그 구성원의 권한이 아테나이 시민권의 필요조건으로 간주되어 매년 가을에 행해지는 아파투리아제전에서 프라트리아는 구성원의 아이를 아테나이 여

을 인정했다. 각 부족에는 예비적으로 뽑힌 100명의 조상으로부터, 퓌티아가 [신탁에 의해] 선택한 10명을 부족의 조상으로 정했다.[18]

성과의 합법적 혼인으로부터 태어난 아이임을 인정하고, 프라트리아 입적을 인정한다. 프라트리아와 게노스의 관계에 대해서는 논란이 있지만, 아마 전자가 후자를 포섭하는 관계인 것 같다. 게노스와 마찬가지로 프라트리아도 과거에는 폴리스 성립 이전으로 거슬러 올라가는 씨족제의 혈연 집단으로 간주되었지만, 오늘날에는 기원전 8세기 이후에 형성된 지연 조직이 그 기원이라고 생각되고 있다. 드라콘의 입법 이래 의사에 반한 살인의 화해에서 프라트리아가 일정한 역할을 하고 있다는 것이 알려져 있는데(IG I³ 104,16~19), 옛 부족, 옛 트리튀스, 나우쿨라리아(제8장 (3))와 달리 그 정치적·재정적·군사적 기능은 그다지 크지 않았으며, 따라서 클레이스테네스는 프라트리아를 존속시켰다. 프라트리아(파토리아)를 옛 트리튀스와 동일시하는 「단편」 2의 기술은 잘못되었다. 아테나이의 프라트리아에 대한 종합적 연구는 Lambert, 1998 참조.

18 부족의 조상은 모두 아티카의 전설적 왕이나 영웅으로, 예를 들면 엘렉테우스 왕(왕가의 계보 전승에 대해서는 Hignett, 1952: 38~46; Comm, pp. 65~79; Atthis, pp. 125~127 참조)의 이름을 따서 엘렉티스 부족으로 명명되었다. 부족에게는 공식적으로 붙여진 순서가 있으며, 기원전 5세기 중반까지 확립된 10개 부족의 이름과 그 공식 순서는 다음과 같다. Erekhtheis I, Aigeis II, Pandionis III, Leontis IV, Akamantis V, Oineis VI, Kekropis VII, Hippothontis VIII, Aiantis IX, Antiokhis X. 단지 클레이스테네스 시대에서의 부족의 조상 및 부족명은 이것과 약간 달랐던 것 같고, 부족명이 확립된 것은 페르시아 전쟁 이후인 것으로 보인다(Kearns, 1989: 81 참조). 10명의 부족 조상(epōnumoi)은 이전부터 아티카 각지에서 제사를 지내고 있었고, 그 지역적 영향력은 정치적으로도 무시할 수 없었기 때문에, 그 선정을 완전히 퓌티아에게 맡겼다고는 생각하기 어렵고, 클레이스테네스가 사전에 어떠한 선정 기준을 퓌티아에게 암시했을 가능성이 있다고 생각된다("Cleisthenes may in fact have sent along with his list some hints on the criteria to be used in making a selection"; Kearns, 1989: 90 참조).

제22장

(1) 이러한 일[개혁]이 실현된 결과, 정치체제는 솔론의 것보다 훨씬 더 민주적이 되었다. 왜냐하면 참주정은 솔론의 법을 사용하지 않음으로써 망각되게 했지만,[1] 클레이스테네스는 대중의 지지를 노리고 다른 새로운 법들을 제정했기 때문이다. 그중 하나로 도편추방[오스트라키스모스[2]]에 관한 법도 정해졌다. (2) 그런데 [클레이스테네스의] 개혁 후 5년

---

1 페이시스트라토스가 솔론의 법 등 기존의 법제를 존중한 것은 제16장 (8)의 본문과 모순된다. 참주정이 종래의 정치체제를 그대로 유지시킨 것은 헤로도토스, 『역사』 제1권 제59장 제6절이나 투퀴디데스, 『펠로폰네소스 전쟁』 제6권 제54장 제6절 등에서도 분명하게 나타나며, 따라서 이 책의 본문 기술을 잘못된 것으로 봐야 할 것이다.

2 과도한 권력 때문에 참주가 될 우려가 있는 인물의 이름을 도편에 새겨서 투표해 국외 추방하는 제도이다. 매년 제6프뤼타네이아(겨울) 주요 민회에서 도편추방 여부를 논의하고(제43장 (5)), 그렇게 결정되면 제8프뤼타네이아(봄)의 정해진 날짜에 아고라에서 도편 투표가 진행된다. 정족수 6만 표로, 최다 득표자는 10년간 추방된다(플루타르코스, 「아리스테이데스」 제7장 제6절). 당사자의 시민권이나 재산은 상실되지 않고, 도중에 귀국을 허용하는 경우도 있었다(제22장 (8)). 도편추방의 구체적인 절차에 대해서는 디오도로스, 제11권 제55장 제2절; 플루타르코스, 「아리스테이데스」 제7장 제5~6절 참조. 도편추방된 인물은 기원전 487년부터 기원전 415년경 사이에 적어도 13명, 중복을 포함하면 15개의 사례가 알려져 있다. 오늘까지도 아고라, 아크로폴리스 및 케라메이코스 지구에서 총 1만 1000개 이상의 도편이 발견되고 있다. 도편들을

째,[3] 헤르모크레온이 아르콘인 해[기원전 501/500년]에, 우선 현재에도 [여전히] 맹세하고 있는 500인 평의회 선서[4]를 제정했다. 그다음으로 부족마다 장군[5]을, 각 부족에서 1명씩 임명했는데, 전군의 사령관은 폴레

기록된 이름, 발견된 수, 출토지, 연대 등에 따라 표로 정리한 총람에 대해서는 Brenne, 2002: 43~71 참조. 이름이 새겨진 인물만 해도 적어도 170명에 이른다. 발견 수는 케라메이코스 지구가 9000개 이상으로 가장 많고, 이어 아고라(1500개 이상), 아크로폴리스(193개) 순이다. 이 중 아고라와 아크로폴리스에서 출토된 도편에 대해서는 그 개개의 치수, 재질, 모양과 형태 및 새겨진 글자 텍스트를 기록하고 있는 Lang, 1990 참조.
도편추방의 본래 목적은 참주의 출현 방지였으나, 기원전 480년대 이후 정치인들 간의 정쟁의 수단으로 이용되게 된다. 나중에는 기원전 415년경의 휘페르볼로스(Huperbolos) 추방을 마지막으로, 제도는 존속하지만, 이후 두 번 다시 이용되지 않게 되었다. 이것은 「아리스테이데스」 제7장 제4절이 전하는 바와 같이 제도 자체에 대한 시민의 신뢰가 상실됨과 동시에 기원전 5세기 후반에 이르러 탄핵 재판이나 위법 제안에 대한 공소(graphē paranomōn) 등의 소송 수단(제43장, 제45장)을 통해 정적을 직접 법정에 호소할 수 있게 되어, 제도로서 도편추방이 시대에 뒤떨어진 것이라는 점이 그 이유로 생각될 수 있다. Rhodes, 1994[in R. Osborne & S. Hornblower] 참조. 또한 도편추방은 정치 권력과 추방 간의 역사적 인과관계를 상기시킴으로써 엘리트 간의 정쟁을 억제하기 위해 만들어진 상징적 제도라는 포스다이크(Forsdyke, 2005: 149~165['Ostracism as a Symbolic Institution']) 논의도 참조.

3   헤르모크레온이 아르콘인 해가 언제인가 하는 문제와 관련해 연대를 정하기는 어렵다. 로즈(Comm, p. 262)는 이 아르콘을 기원전 501/500년으로 하고, '클레이스테네스의 개혁'을 기원전 508/507년이라고 하면, 이 '5년째'는 '8년째'의 잘못이라고 한다. 한편, 체임버스(Staat, pp. 235~236)는 아르콘의 해를 기원전 503/502년, 개혁 실시년을 기원전 507/506년으로 둠으로, 사본의 '5년째'를 보존한다. 여기에서는 '5년째'를 사본 그대로 두고, 아르콘 해는 로즈나 데블린(AOF, p. 54)에 따라, 기원전 501/500년으로 한다. 여기를 포함해 이 장의 연대는 오류나 불명한 부분이 많다.

4   그 내용의 복원은 로즈(Rhodes, 1972: 194~199)에 상세하게 나와 있다. 요컨대, 법에 따라 국가를 위해 최선의 평의(評議)를 하는 것, 오로지 시민을 투옥하지 않는 것, 선전포고, 사형, 벌금 등의 중요 사항은 민회 결의를 필요로 하는 것 등이 맹세되며, 다만 이것들은 기원전 5세기 중반 이후의 고전사료 및 IG I³ 105의 비문 사료에서 복원되는 것으로, 기원전 501/500년에 정해진 대로의 내용이라고 할 수는 없다.

5   stratēgoi. 추첨이 아닌 선거로 뽑혀 여러 번 연임이 허용되는 10명의 군사 최고 관직이다. 아마도 클레이스테네스 이전부터 임시로 임명된 군사 사령관으로서 장군이라 불

마르코스로 삼았다.[6]

(3) 그 후 12년째, 파이니포스가 아르콘인 해[기원전 490/489년]에, 아테나이인은 마라톤의 전투에서 승리했다. 그 승리 후 2년을 기다려 [기원전 488~487년], 이미 인민이 충분히 자신감을 얻었을 때 비로소 도편추방에 관한 법을 사용한 것이다. 이는 페이시스트라토스가 인민 지도자(demagōgos)이자 장군이라는 입장에서 참주의 자리에 올랐다는 사정에 비추어 권력 있는 자에 대한 [그런 일을 저지를 것이라는] 혐의 때문에 제정된 것이었다. (4) 최초로 도편추방을 당한 것은 페이시스트라토스의 친족 중 1명으로, 콜뤼토스구 카르모스의 아들 히파르코스[7]였다. 클레이스테네스가 이 법을 제정한 것은 무엇보다 이 사람 때문이며, 그를 추방하기를 원했던 것이었다. 왜냐하면 아테나이인은 인민의 관습

    리는 직책은 존재했지만(제17장 (2), 이 장의 (3)), 상설된 것은 기원전 501/500년이 처음일 것이다. 본문이 의미하는 바는 각 부족 출신의 장군을 1명씩 전 시민의 민회에서 선거했다는 것이지, 부족이 각자 독자적으로 장군을 선거했다는 것은 아니다. 아마도 이전의 부족장(제8장 (3))을 대신하여 장군이 부족군의 지휘관으로 임명되었을 것이다. Hignett, 1952: 169~170; *Comm*, p. 264 참조. 기원전 5세기 중반부터 1부족당 장군 1명의 원칙은 깨지고, 기원전 4세기 후반에는 전 시민들 사이에서 선출하게 된다. 제61장 해당 각주 참조. 기원전 4세기 장군의 선출과 직무에 대해서는 제61장 (1), (2) 참조.

6 제3장 (2) 및 해당 각주 참조. 장군과 폴레마르코스 상호 간의 업무 분담 관계에 대한 논의는 Hamel, 1998: 79~83 참조. 기원전 490년의 마라톤 전투 시점에서는 이미 명목상으로만 최고 사령관에 지나지 않았고, 실질적인 지휘권은 장군이 쥐고 있었다고 로즈(*Comm*, pp. 264~265)는 주장한다. 한편, 하멜(Hamel, 1998: 82)은 기원전 501/500년부터 아르콘 추첨제가 시작되는 기원전 487/486년(이 장 (5))까지의 기간 동안 양자의 업무 관계는 아직 명확하게 정해지지 않았다고 주장한다.

7 기원전 496/495년의 아르콘(*AOF*, p. 54)인 참주 히피아스의 딸의 아들이 아닐까 추정한다(*APF*, p. 451). 그의 이름이 새겨진 도편이 12개가 발견되고 있지만, 이 인물 때문에 클레이스테네스가 도편추방을 창설했다는 본문의 기술은 믿을 수 없다. Brenne, 2002: 54 참조.

적인 관용에 따라서, 그 정치적 혼란[8] 때에 범죄에 가담한 것이 아닌 한, 참주의 친족의 친구도 폴리스에 거주하는 것을 허락하고 있었기 때문이다. 그들의 지도자이자 옹호자였던 것이 바로 히파르코스였다.

(5) 그 직후 이듬해, 즉 텔레시노스가 아르콘이었던 해[기원전 487/486년], 참주정 후 처음으로 9명의 아르콘을 구민에 의해 [선거에서] 예비적으로 선출된 100명[9]의 후보자로부터 부족마다 추첨으로 임명했다. 그 이전의 아르콘은 모두 선거에서 선출되고 있었다.[10] 또 알로페케구 히포크라테스의 아들 메가클레스[11]가 도편추방되었다. (6) 그

---

8 참주정 말기 공포정치부터 '참주들과 친했던' 이사고라스의 실각까지의 일련의 정치적 혼란을 가리킨다.

9 사본에는 500명으로 나오지만 예비로 선발된 자의 수로서는 너무 많기 때문에, 우리의 대본과 같이 100으로 개정하는 교정이 대다수이다. 이것에 대해 화이트헤드(Whitehead, 1986: 273~277)는 사본대로 500명으로 하고, 이것을 아르콘뿐만 아니라 추첨으로 임명되는 모든 관리의 예비 선발된 자의 수라고 생각한다.

10 솔론 이전 시대부터 기원전 5세기 초까지의 관리 선출 방식에 대해서는 불분명한 점이 많다. 이 책에서는 아르콘은 원래 아레오파고스 평의회의 전권으로 임명되어(제8장 (2)), 이어 솔론이 예비 선발된 자들 중에서 추첨으로 임명하기로 했지만(제8장 (1)), 참주정 시대에 직접 선거가 되고, 그리고 기원전 487/486년에 예비 선발된 자의 추첨이 부활했다고 되어 있다. 로즈(*Comm*, pp. 272~273)는 이 일련의 기술을 기본적으로 사실로 인정한다. 반면, 한젠(Hansen, 1990: 60~61)은 이를 믿지 않으며, 기원전 487/486년에 처음 추첨제가 도입되기 전까지 관리 선임 방식은 기본적으로 선거였다고 주장한다(제8장 참조). 어쨌든 이 해의 아르콘 추첨제 도입은 이미 아르콘의 권위가 떨어지고 장군의 지위가 상대적으로 상승한 결과로 보이지만, 동시에 앞으로 이 같은 현상을 더욱 가속화시키는 원인이 되기도 했다.

11 메가클레스(IV). 개혁가 클레이스테네스의 형제인 히포크라테스의 아들로 페리클레스의 외삼촌이다. *APF*, p. 379 참조. 브레네(Brenne, 2002: 62)에 의하면, 그의 이름이 새겨진 도편은 총 4443개가 발견되었으며, 이름이 기입된 도편 중에서 최대수이다. 그에게 표가 쏠린 이유는 분명하지 않지만, 지나친 권력욕, 사치스러운 생활 등으로 인해 민주정에 대한 충성심을 의심받았던 것 같다. 포스다이크(Forsdyke, 2005: 155~156) 또한, 그가 기원전 471년에 재차 추방된 것으로 본다. 뤼시아스, 「연설」 14번(Lys. 14,39); Brenne, 2002: 42~43 참조.

로부터 3년 동안, 아테나이인은 이 입법의 본래 표적이었던 참주의 친족의 친구들을 도편추방하고 있었다. 그런데 그 후 4년째에는[기원전 485/484년], 권력이 너무 강하다고 생각되면 다른 사람이라도 제거하게 되었다. 그리고 참주정과는 인연이 없는 사람으로 처음으로 도편추방된 사람은 아리프론의 아들 크산티포스[12]였다.

(7) 이후 3년째, 니코데모스가 아르콘인 해[기원전 483/482년]에, 마로네이아[13]의 은광산이 발견되어, 그 채굴 사업으로부터 국가가 100타란톤의 잉여금을 얻었을 때, 그 돈을 인민에게 [각각 10드라크마씩] 분배해야 한다고 제안하는 사람도 있었지만, 테미스토클레스[14]가 그것을

---

12 메가클레스(IV)의 누이인 아가리스테(II)의 남편으로 페리클레스(기원전 456년 태어남)의 아버지이다. 출신에 대해서는 *APF*, pp. 455~456 참조. 아버지 아리프론 대에는 무명의 가계였지만, 크산티포스는 결혼을 통해서 알크메온 가문과 맺어져, 아마도 그 영향력을 배경으로, 기원전 490/489년에는 마라톤의 장군 밀티아데스를 고소해, 죽음에 이르게 했다(『역사』제6권 제136장). 그가 도편추방된 것(기원전 484년)은 테미스토클레스, 아리스테이데스와의 사이에 벌어진 3파전 정쟁의 결과인데, 이 장 (8)에 나와 있듯이, 그 후 귀국을 허락받았고, 기원전 479년에는 장군으로 뽑혀 제2차 페르시아 침입 시 2개의 중요한 전투 중 하나인 뮈카레(Mukalē) 해전에서 페르시아 해군을 꺾는 공을 세웠다.

13 아티카 반도 남부에 있는 라우레이온(Laureion) 은광(銀鑛)에 속하는 은광맥. 아마 트리코스구에 속해, 현재의 카마레자(Kamareza) 지역의 남쪽에 있었던 것 같다. 라우레이온 은광은 이미 오래전부터 개발되어 은화 제조에 사용하는 은을 산출하고 있었는데, 테미스토클레스 시대에 이곳에서 대광맥이 발견되어 채굴량이 급증한 것으로 생각되고 있다.

14 뤼코미다이 게노스(가문)에 속하고, 어머니는 외국인(에우테르페, 카리아 혹은 할리카르나소스 출신의 여자)이었을 것으로 추정된다. 기원전 480년에 살라미스의 해전을 승리로 이끈 장군으로 유명하다. 출신에 대해서는 *APF*, pp. 211~220 참조. 기원전 493/492년에 아르콘(*AOF*, p. 55)이었다. 삼단노선 전함 200척을 건조하자는 그의 제안에 대해서는 헤로도토스, 『역사』제7권 제144장 제1~2절, 『펠로폰네소스 전쟁』제1권 제14장 제3절, 제93장 제4절, 플루타르코스, 「테미스토클레스」제4장 제1~3절에도 같은 기술이 나온다. 헤로도토스에 따르면, 그는 아이기나(사로니코스만에 있는 섬으로 아테나이에서 남서쪽으로 20킬로미터쯤 떨어져 있다)인과의 전쟁을 삼단노선 건조의

저지했다. 그는 그 자금을 무엇에 사용할 것인지는 말하지 않고, 아테나이인의 최고로 부유한 시민 100명에게 1타란톤씩 대부하고, 또 만일 그 사용처가 만족스러운 결과가 되면 그 지출은 국가의 부담으로 하고, 그렇지 않으면 대부받은 자들에게 자금을 상환하게 하라고 권고했다. 이와 같은 조건으로 자금을 받게 되면, 테미스토클레스는 100명에게 각각 1척씩, 합계 100척[15]의 삼단노선[16]을 건조하도록 했다. 이들 삼단노선을 갖고 아테나이인들은 살라미스에서 이민족과 해전을 벌였다. 바로 이 해, 뤼시마코스의 아들 아리스테이데스[17]가 도편추방되었다.

(8) 그 후 4(혹은 3)년째,[18] 휘펩세키데스가 아르콘인 해[기원전 481/480년], 크세르크세스의 원정 때문에 도편추방되었던 자들을 모두 귀국시켰다. 그리고 앞으로 도편추방자는 게라이스토스곶과 스퀼라이온곶

이유로 들었다고 하며, 아마도 이쪽이 옳을 것이다.

15 『역사』 제7권 제14장 제1절에는 200척의 군선 건조를 제안한 바 있는데, 아마도 헤로도토스의 보고가 옳을 것이다. Comm, p. 278 참조.

16 triērēs. 삼단노선은 고전기부터 헬레니즘 시대에 걸쳐 널리 동지중해 세계에서 사용된 주력 군선이다. 양현 각각 삼단으로 노 젓는 사람의 좌석이 늘어선 구조로, 고속과 고도의 활동성이 특징이다. 1척의 노 젓는 사람 수는 170명이며, 뱃머리에 붙여 놓은 청동으로 만든 충각(衝角)으로 적선에 부딪친다. 기원전 6세기 말에 동지중해 연안 지역에서 개발되었다고 하는데, 아테나이에서는 본문에 나와 있는 대로 기원전 483/482년에 테미스토클레스가 최초로 건함을 제의했고, 전성기의 아테나이 해군은 300척을 거느렸다(투퀴디데스, 『펠로폰네소스 전쟁』 제2권 제13장 제8절). 삼단노선의 역사와 구조적 복원은 Morrison & Rankov, 2000 참조.

17 뤼시마코스의 아들이자 알로페케구 출신의 정치인으로 청렴했기 때문에 '가장 훌륭하고 정의로운 사람'으로 불렸다(헤로도토스, 『역사』 제8권 제79장). 그 출신에 대해서는 APF, pp. 48~49, 256~257 참조. 기원전 490/489년에는 장군을 맡아 마라톤 전투에 참가했고, 기원전 489/488년에는 아르콘을 맡았다(AOF, pp. 56~57). 그의 도편추방이 이 해의 테미스토클레스와 군함을 만드는 논쟁에 패배한 결과인지는 알 수 없다.

18 휘펩세키데스가 아르콘인 해는 기원전 481/480년이므로(AOF, p. 59), '3년차'가 맞다. Comm, p. 281; Cadoux, 1948: 70~123.

안쪽에 거주해야 한다고[19] 정하고, 위반자는 완전히 법의 보호를 박탈당하도록 했다.

---

19 런던 사본에 따라 읽는다. 우리가 읽고 있는 대본은 entos(안쪽) 대신에 ektos(바깥쪽)로 읽자고 제안한다(W. Wyse). 또 katoikein(거주하다) 앞에 mē를 삽입하자는 제안도 있다(Kaibel; Kenyon, OCT; Loeb). 게라이스토스곶과 스퀼라이온곶 사이는 아테나이의 세력권으로 간주된다. 기원전 480년의 정세 속에서는 아테나이의 세력권 밖으로 추방하는 것보다 페르시아 세력권으로 출입을 금지하는 조치가 더 현실적이었다고 로즈(*Comm*, p. 282)는 지적한다. 페르시아 전쟁에 직면해서 도편추방자를 귀국시켰다는 맥락에서 이 지적은 타당하다고 생각된다. 여기서는 런던 사본과 로즈의 지적대로 '안쪽'으로 읽는다.

제23장

(1) 그런데 이때까지 국가는 민주정과 함께 발전하여 조금씩 성장해 갔다. 하지만 페르시아 전쟁 후, 아레오파고스 평의회가 다시 권한을 강화해, 국가의 통치를 맡았다.[1] 이 평의회가 국정의 지도권을 쥔 것은 어떤 정식 결의에 의한 것이 아니라, 살라미스 해전[기원전 480/479년]에서의 공적 때문이었다. 왜냐하면 장군들이 이 난국 대처에 전혀 속수무책으로, 시민들에게 각자 자신을 지키라고 포고했을 때, 아레오파고스 평의회는 자금을 조달해 각자에게 8드라크마씩 분배하고 군선에 승선하게 한 것이다.[2] (2) 그래서 이와 같은 이유로 아테나이인은 평의회의 권

---

1 아레오파고스 평의회가 페르시아 전쟁부터 지도권을 강화했다는 설명은, 아리스토텔레스의 『정치학』 제5권 제4장 1304a17~21("페르시아 전쟁 때 높은 평판을 얻음으로써 아테나이의 정치체제를 한층 엄격하게 옥조이던 것으로 여겨진다")과 일치하지만, 로즈(Comm, p. 287)처럼, 이를 후세의 허구로 보는 것이 일반적이다. 한편 월리스(Wallace, 1989: 78~83)는 이 시대에 아레오파고스가 중요한 정치 세력이 된 사실이라고 주장한다.

2 살라미스 해전의 승리가 장군이 아닌 아레오파고스 평의회가 지휘한 결과라는 이 일화는 헤로도토스를 비롯한 페르시아 전쟁에 관련된 다른 사료에는 전혀 나타나지 않으며, 사실상 사실이 아니다. Comm, pp. 287~289; Wallace, 1989: 77~78 참조. 플루타르코스는 이 일화를 아리스토텔레스의 권위(바로 이 장)에 기대어 전해 주면서, 클레

위에 복종하고, 이 시대에도³ 좋은 정치를 행한 것이다. 왜냐하면 이 무렵 그들은 전투에 대비해 훈련을 게을리하지 않았고, 게다가 헬라스인들 사이에서도 명성이 높아 라케다이몬인들의 불만에도 불구하고 해상 패권을 장악하게 되었기 때문이다.

(3) 당시 인민의 옹호자는 뤼시마코스의 아들 아리스테이데스와 네오클레스의 아들 테미스토클레스였다.⁴ 후자는 군사적 전술에 정통하고, 또 전자는 정치에 유능하고 공정함이라는 점에서는 동시대의 사람들을 능가한다는 평판을 받았다. 그래서 아테나이인들은 한 사람을 장군으로, 다른 사람을 조언자로 사용했다. (4) 그런데 이 두 사람은 서로 정적이었음에도 불구하고 성벽의 재건에는⁵ 협력하여 그 감독을 맡았다. 또 이오니아인을 라케다이몬인과의 동맹으로부터 이반하도록 촉구

이데모스는 이것 역시 테미스토클레스의 계략 덕분이었다고 덧붙여 말하고 있다(「테미스토클레스」 10; Rose, *Frag.* 360).

3 카이벨-빌라모비츠 및 케니언은 kai('…도')를 삭제한다. 하지만 앞 절의 '다시 권한을 강화해'라고 하는 어구에 관련시키면, 대본과 마찬가지로 이것을 보존해야 한다. 이 책의 저자는, 제3장 (6), 제8장 (4)에 있는 것과 같이 솔론 이전부터의 강고한 지도권을, 이때 아레오파고스 평의회가 회복했다고 보는 것이다.

4 아리스테이데스는 인민파인 테미스토클레스와 대조적으로 귀족파의 영수로 그려지는 경우가 많다(플루타르코스, 「아리스테이데스」 제2장 제1절, 「테미스토클레스」 제3장 제1~3절; 헤로도토스, 『역사』 제8권 제79장 제1~2절 참조). 또한 제28장 (2)에서도 귀족파의 지도자로 되어 있으며, 모두 인민의 지도자였다고 하는 본문의 기술과는 모순된다. 어느 것이 진실인지는 불분명하지만, 기원전 470~기원전 460년대는 밀티아데스의 아들 키몬이 귀족파의 지도자로서 대두되어 온 시대로, 로즈(*Comm*, p. 293)는 반스파르타주의 입장에서 아리스테이데스는 오히려 키몬보다 테미스토클레스의 협력자였을 것이라고 추정한다.

5 페르시아군에 의해 파괴된 아테나이 성벽의 재건을 스파르타는 저지하려 했으나, 테미스토클레스의 책략과 아리스테이데스의 도움으로 아테나이인들은 신속하게 성벽을 완성했다고 투퀴디데스는 『펠로폰네소스 전쟁』 제1권 제90~93장에서 전한다. 기원전 478년의 일로 생각된다.

한 것은 아리스테이데스이며, 이것은 파우사니아의 일로 해서 라코니아인이[6] 비난받고 있는 것을 알아채고 있었기 때문이었다. (5) 그래서 동맹국들에게 부과하는 최초의 동맹공조금(동맹비용)[7]을 사정(査正)한 것도 그였으며, 이것은 살라미스 해전(기원전 480/479년) 이후 3년째, 티모스테네스가 아르콘인 해였다[기원전 478/477년]. 그리고 그는 공통의 적과 아군을 가질 것[8]을 이오니아인에게 서약하고, 그 약속을 확실하게 하기 위해 쇳덩이를 바다에 가라앉힌 것이었다.[9]

---

6   스파르타의 섭정 파우사니아스는 기원전 478년 헬라스 해군 총사령관으로 페르시아의 잔존 세력을 몰아냈으나 친구인 헬라스인들에 대해 횡포를 부리자, 이를 싫어한 이오니아 주민들은 아테나이에게 동맹군 지휘권을 맡겼다. 『펠로폰네소스 전쟁』 제1권 제94~96장 참조.

7   기원전 488/487년에 성립된 델로스 동맹은 아테나이에게 동맹군의 지휘권과 재정권을 맡기고 페르시아군 재침공에 대비해 각 동맹국의 국력에 따라 군선 또는 '동맹 공조금'(phoros)을 부과했다. 동맹 공조금의 첫 사정을 공정하게 한 것은 같은 해 장군 중 한 사람 아리스테이데스였다고 한다(플루타르코스, 「아리스테이데스」 제24장). 기원전 454/453년까지 델로스섬에 놓여 있던 동맹 금고가 아테나이의 아크로폴리스로 운반된 이후, 펠로폰네소스 전쟁 말기에 이르기까지 매년 납부된 동맹 공조금의 액수는 '동맹 공조표'로 알려진 일련의 비문(IG I³ 259~290)에서 나타난다. 동맹 성립에 대한 그간의 경과에 대해서는 논란이 많지만, Meiggs, 1972: 42~67, 459~464; Hornblower I, 1991~2008: 143~147; Rhodes, 1992: 34~40 참조.

8   '공통의 적과 아군을 갖는다는 것'은 이른바 공수(攻守) 동맹의 맹세로 공격과 방어 양면에서 동맹군에 참여할 의무를 진다는 의미이다.

9   가라앉은 쇳덩어리가 해수면에 떠오를 때까지, 즉 영원히 동맹이 존속해야 함을 다짐했다는 것이다. 플루타르코스, 「아리스테이데스」 제25장 제1절 참조.

제24장

(1) 그 후 이미 국가가 자신감에 차, 고액의 자금이 모였으므로, 아리스테이데스는 [아테나이인들에게] 패권을 장악하고 또 전원 지역으로부터 옮겨서 시역(市域)에 거주하도록 권고했다.[1] 원정에 나서는 군대에도, 수비병에도 혹은 공무에 참여하는 자들에게도, 모든 사람에게 생활의 자금이 공급될 수 있도록, 이러한 식으로 패권을 확보할 수 있도록 제안한 것이다. (2) 아테나이인은 이 권고에 따라 [동맹의] 지배권을 얻자, 동맹국가들에 대해 이전보다 한층 더 전제적으로 굴게 되었다. 다만 키오

---

[1] 기원전 431년에 펠로폰네소스 전쟁 발발 때까지 아테나이인의 대부분이 전원 지역에 거주하고 있었음은 『펠로폰네소스 전쟁』 제2권 제14장 제2절, 제16장 제1절로부터 분명하며, 아리스테이데스가 이러한 제안을 했다는 것은 후세의 허구일 것이다. *Comm*, p. 297; Hornblower I, 1991~2008: 268 참조. 동맹 공조금으로부터 아테나이인들이 도움을 받았는지에 대해서는 Meiggs, 1972: 255~272 참조. 아리스토텔레스는 『정치학』에서 농부가 전원에서 시역으로 이주하는 것이 가장 나쁜 극단적 민주정을 유발하는 것으로 ── 민회에 다수가 참여할 테니까 ── 간주하고 있다(제4권 제4장 참조). 이 책 『아테나이인의 정치체제』의 저자 역시 아리스토텔레스의 생각을 수용한다. 그러나 '인민 옹호자들'은 농부와 같은 낮은 계급의 사람들이 민회의 참석을 좋아하므로 도시로의 이주를 좋아할 것이다.

스, 레스보스, 사모스는 예외로,[2] 이들 동맹국은 계속 동맹 지배의 옹호자로서, 그들에게는 종래의 정치체제와 현재의 지배 방식을 유지하도록 허용했다.

(3) 더욱이 아테나이인들은 아리스테이데스의 발의에 따라[3] 다중(多衆)에게 생활의 자원을 듬뿍 가져다주었다. 즉 동맹 공조금과 조세, 동맹국들로부터의 수입으로[4] 2만 명 이상을 부양하게 된 것이다.[5] 즉 우선 인민재판소의 재판관이 6000명, 궁병(弓兵)이 1600명, 그리고 기병이 1200명, 평의원이 500명, 부두 수비병이 500명, 또 아크로폴리스에는 수비병 50명이 배치돼 있었다. 또 관리는 국내에 약 700명, 해외 주재하는 자는 약 700[0]명[6]에 이르렀다. 여기에 더해 아테나이인이 나중에 전쟁

---

2 이들 세 나라가 특권적 독립을 허용받았다는 사실은 없다. 『펠로폰네소스 전쟁』 제1권 제19장에는 키오스와 레스보스만이 군선 보유를 허가받고 있었다고 하며, 본문의 기술은 이것을 오해한 것이 아닐까 한다(Staat, p. 254 참조).

3 아래의 내용도 이 장의 (1)과 마찬가지로 아리스테이데스의 발의라고 보기에는 믿기 어려운 내용이다.

4 만일 사본대로 읽고자 하면, '공조금' 이외의 '동맹국으로부터의 수입'이란 무엇인가 하는 것이 문제가 된다. 일반적으로 '조세'란 항만세, 관세와 같은 간접세나 체류 외국인에게 부과되는 인두세 등으로 아테나이 국내에서 징수되는 세금을 말한다. 그래서 kai tōn telōn kai를 삭제하기도 한다(Herwerden & Leeuwen). 또 kai tōn summachōn을 삭제하고 읽기도 한다(Kaibel & Wilamowitz). 어쨌든 '동맹 공조금'(phoros; 동맹국의 구성 국가들이 내놓는 것)과 '조세'(telē; 아티카의 외국인과 아테나이인들이 내놓는 것) 이 두 가지와 '동맹국들'을 한데 나란히 두는 것은 논리적으로 이상하다고 보고, 로즈(Comm, pp. 300~301)는 telōn apo tōn summarchōn('동맹국으로부터의 공조금[貢租金] 혹은 조세')으로 수정한다. 포터(Potter, 1987: 164~166)는 아리스토파네스의 『벌』 657~660행과의 유사한 구절을 참조하여 tōn phorōn tōn summachōn kai tōn telōn('동맹의 공조금 및 조세')으로 수정하고자 한다. 즉 'phoros'는 공물만을 말하는 것으로 해석한다.

5 국고로 먹여 살리는 다양한 사람들의 인원수, 일당의 액수, 또 그것들의 신빙성이나 전거에 대해서는 Comm, pp. 301~309; Staat, pp. 254~255 참조.

6 카이벨-빌라모비츠, 케니언, 로즈(Comm, p. 305) 및 대본은 필사자의 실수로 700이라

을[7] 일으킨 때에는 중장보병 2500명,[8] 항만 봉쇄선[9] 20척, 그 밖에 동맹 공조금〈과〉 추첨으로 선정된 2000명을 태우는 배가 있었고, 프뤼타네이온,[10] 고아,[11] 죄수의 간수[12]가 있었다. 요컨대 이들 모두가 국고에 의해 먹여 살려지고 있었다.

는 앞의 숫자를 반복해서 옮겨 적은 것으로 본다. 아테나이에서 델로스 동맹국에 파견된 해외 주재 관리의 인원수를 추정하는 것은 곤란하다. 다른 국가 내의 관리 수 700과 관련해서 이 책이 이루어진 기원전 4세기에 대해서도 대체로 올바른 인원수임을 한젠(Hansen, 1980)이 논증하고 있다.

7 펠로폰네소스 전쟁(기원전 431~기원전 404년)을 가리킨다.

8 『펠로폰네소스 전쟁』 제2권 제13장 제6절은 개전 시의 아테나이 중장보병군을 전투요원 1만 3000명에 수비병 1만 6000명(총 2만 9000명)으로 하고 있으며, 본문의 숫자는 명백히 너무 적어서 믿을 수 없다. 빌라모비츠-묄렌도르프(Wilamowitz-Möllendorff II, 1893: 204)는 이것을 평시의 병사 수가 아닐까 추정한다.

9 nēs phrourides. 이 단어는 투퀴디데스, 『펠로폰네소스 전쟁』 제4권 제13장 제2절, 크세노폰, 『헬레니카』 제1권 제3장 제17절, 그리고 여기에서 나타난다. '호위함'(guard ships)이라는 해석이 많은데(*Comm*, p. 306; 케니언 등), 매팅글리(Mattingly, 1996: 171~172)는 이 단어가 해군 봉쇄선(naval blockade)임을 고증해 냈다. 즉 그 배는 적의 주요 항구를 해상에서 봉쇄 사슬로 묶어서 물자 보급로를 끊는 데 이용했다는 것이다. 여기서는 매팅글리(Mattingly, 1996)의 견해에 따라 번역한다.

10 프뤼타네이온에 대해서는 제3장 각주 8 참조. 국가에 특별한 공적이 있는 자는 프뤼타네이온에서 식사를 제공받는 특전을 얻었다. IG I³ p. 131의 프뤼타네이온의 영예를 기리는 결의 비문(기원전 440~기원전 433년)은 하르모디오스와 아리스토게이톤(제18장)의 후손이나 올림피아 축제 등 전 헬라스적 경기 제전에서의 우승자가 종신토록 혜택을 받는 것으로 규정하고 있다.

11 전사자의 자녀가 성년이 될 때까지 국가에 의해 부양되었음은 『펠로폰네소스 전쟁』 제2권 제46장 제1절 등에서 분명하다. 기원전 5세기 전반 이후의 제도라고 한다. *Comm*, pp. 308~309 참조.

12 죄수를 감시하고 형을 집행하는 '11인'을 가리킨다. 제52장 (1) 참조. 왜 여기에 그들이 올려져 있는지는 분명하지 않다. 『정치학』 제6권 제8장 1322a22 참조.

제25장

(1) 민중을 먹여 살리는 일은 이와 같은 방식으로 이루어졌다. 그런데 페르시아 전쟁 후 약 17년간은, 조금씩 타락하긴 했지만, 여전히 아레오파고스 평의회 의원이 지도하는 정치체제가 존속하고 있었다. 하지만 다중의 힘이 증대해 간 결과, 청렴하고 정치에 공정하다고 평판이 높았던 소포니데스의 아들 에피알테스[1]가 인민의 옹호자가 되어 이 평의회를 공격했다. (2) 우선 그는 아레오파고스 평의회 의원의 대부분을 직무 수행과 관련해서 재판에 회부함으로써 배제했다.[2] 그런 다음 코논이 아르콘인 해[기원전 462/461년], 정치체제의 수호자 지위의 근거가 되고 있던 부가적 권한을 평의회로부터 모조리 박탈하고, 일부는 500인 평의회

1　당시의 민주정파의 지도자이지만(제28장 (2)), 출신에 대해서는 알 수 없다. 기원전 465/464년에 장군으로 뽑혔다고 한다. *AOF*, p. 71 참조.
2　아마 아레오파고스 평의원의 아르콘 재임 중 직무에 관해 집무 심사(euthunai)에서 죄를 물었을 것이다.

에, 나머지는 민회와 인민재판소³에 넘겨주었다.⁴

(3) 그가 이 일을 실행할 때는 테미스토클레스도 한몫을 거들었다.⁵

---

3   dikastēria. 복수의 법정으로 조직되어 임기 1년 6000명의 재판관으로 구성된 인민재판소가 언제 민회로부터 독립해서 성립되었는가에 대해서는 논란이 있지만, 에피알테스의 개혁 시, 혹은 그 전후로 생각하는 것이 일반적이다. Boegehold, 1995: 20~21, 117~241 또 제9장 각주 1 참조. 인민재판소의 기원전 4세기 말의 제도에 대한 자세한 내용은 제63~69장 참조.

4   제25장에 앞서, 기원전 462/461년에서의 에피알테스의 개혁은 아레오파고스 평의회로부터 정치적 실권을 박탈함으로써 귀족정적 요소를 없애고, 아테나이 민주정의 골격을 완성시켜서, 기원전 322년까지 존속하는 극단정 민주정(radical democracy)의 시대를 연 사건으로서 중요한 의미를 지닌다. 하지만 솔론이나 클레이스테네스의 개혁에 비해, 이 책의 설명은 대단히 짧고, 그 구체적인 내용에 대해서는 명확치 않은 점이 많다. 에피알테스의 개혁에 대해서는 그 밖에도 『정치학』(제2권 제12장 1274a8~9), 디오도로스(제11권 제77장 제6절), 플루타르코스, 「키몬」(제15장 제2절), 「페리클레스」(제9장 제5절, 제10장 제7~8절) 등의 사료가 남아 있지만, 모두 단편적이다. 아레오파고스 평의회로부터 권한이 박탈되어 민회, 평의회, 인민재판소에 나누어지게 되었다는 정치적 권한이 구체적으로 어떤 것이었는가? 솔론 이전부터의 '법의 파수꾼'으로서의 지위(제3장 (6), 제4장 (4), 제8장 (4)), 자격 심사, 집무 심사 등을 포함한 관리 감독권 및 국사범의 탄핵 재판권 등 일련의 사법권이었다는 점에서는 대체로 전문 학자의 의견은 일치한다(Rhodes, 1992: 70~72; Wallace, 1989: 85). 정작 문제는 이들 박탈된 권한이 왜 제25장 (2)에서 '부가적 권한'(epitheta)이라고 불리느냐는 것으로, 본래의 전통적인 권한(patria)에 대해 부당하게 나중에 부가된 권한이라고 하는 당시의 인민파의 프로파간다의 영향이라는 설(Rhodes, 1992: 70), 혹은 본래의 권한으로서 평의회에 인정되고 있던 것은 살인 재판권(제57장 (3))뿐이며, 그 이외의 권한을 부가적이라고 표현한 것이라고 하는 설(Wallace, 1989: 86~87)이 있다. 개혁의 구체적 경위에 대해서도 알 수 없지만, 아마도 이 해, 귀족파의 수령인 키몬이 제3차 메세니아 전쟁일 때 곤경에 처해 있던 스파르타를 구원하기 위해 중장보병 다수를 이끌고 원정을 떠난 그의 부재를 노리고, 에피알테스가 민회에서 개혁 입법을 발의해서 통과시켰다는 견해가 일반적이다. Rhodes, 1992: 69 참조.

5   테미스토클레스는 기원전 470년경 도편추방되었기에(Brenne, 2002: 69), 에피알테스의 개혁 당시 아테나이에 없었고, 따라서 이 에피소드는 조작되었을 것이다. 로즈(*Comm*, pp. 53~55, p. 319)는 상당히 후세에 이르러서야 비로소 이 책에 삽입되었다고 추정한다. 이 에피소드는 에피알테스가 밀고된 줄 알고 기겁하는 장면에서 내용적으로 중단되었으며, 두 사람이 왜 최종적으로 협력하기에 이르렀는지에 대한 설명이 부

그는 아레오파고스 평의원이었는데, 페르시아와 내통한 죄로 바로 재판에 회부되려 하고 있었다.[6] 그래서 평의회의 전복을 모의한 테미스토클레스는, 우선 에피알테스를 향해서는 평의회가 그를 체포 연행하려고 하고 있다고 말하고, 또 아레오파고스 평의원들에게는 정치체제의 전복의 음모를 꾸미고 있는 자들을 밝혀 보이고자 한다고 했다. 그리고 음모자가 모여 있는 것을 보여 주라고 해서 [아레오파고스] 평의회에서 뽑힌 사람들을 데리고 에피알테스가 있는 곳으로 가서, 그들과 열심히 대화하기 시작했다. 에피알테스는 이를 보고 기겁을 해서 속옷 한 장을 입고 탄원자로 제단 옆에 앉았다. (4) 모든 사람이 이 일어난 일에 놀랐지만, 그 후 500명의 평의회가 소집되자, 에피알테스와 테미스토클레스 두 사람은 아레오파고스 평의원을 공격하고, 또 민회에서도 같은 일을 벌여서, 마침내 그들로부터 권한을 박탈한 것이었다. 그리고 〈…〉[7] 그 후 얼마 지나지 않아, 에피알테스도 타나그라 사람인 아리스토디코스[8]의 계략에 걸려 암살당했다.

족하므로, 그 맥락의 부자연스러움은 후세의 삽입설을 더욱 뒷받침한다. 제35장 (2)는 에피알테스의 협력자가 아르케스트라토스였음을 시사하는데, 플루타르코스, 「키몬」 제15장 제2절, 「페리클레스」 제9장 제5절, 제10장 제7절은 협력자를 페리클레스로 하고 있다.

6   테미스토클레스가 도편추방된 후, 대략 기원전 467/466년경에 페르시아와의 내통죄로 결석 재판에 회부된 것은 사실이다.

7   카이벨-빌라모비츠에 따라 케니언을 비롯한 많은 교정자가 여기에 탈문(lacuna)이 있다고 상정하고, 거기에 '테미스토클레스의 죽음과 추방에 대해'(ho men Thmistoklēs …) 기술되어 있었다고 본다. 바로 뒤에 이어지는 내용으로 보면, 그럴듯한 추정이다. 우리의 대본은 탈문을 상정하고 있지 않다.

8   타나그라는 보이오티아 지방의 폴리스. 아리스토디코스에 대해서는 알려진 바가 없지만, 반대파인 아테나이 시민들에게 지시를 받아 에피알테스 암살을 실행했을 것으로 보인다. 시민들이 직접 손을 대지 않고 외국인을 시켜서 정적(政敵)을 암살하는 일은 흔했다. 플루타르코스, 「페리클레스」 제10장 참조.

제26장

(1) 그런데 아레오파고스 평의회가 국정 감독의 권한을 빼앗긴 것은 이런 식으로이다.

그 후 정치체제는 열성적으로 인민 선동에 힘쓰는 정치가들 때문에 점점 느슨해져 갔다. 왜냐하면 이 무렵 더 유능한 사람들[1]에게는 진정한 지도자가 없었고, 밀티아데스의 아들 키몬이 그들의 옹호자이긴 했지만, 그는 아직 젊어서 정치 활동에 진입한 것이 늦었고,[2] 많은 사람이 전쟁으로 목숨을 잃고 있었기 때문이다. 왜냐하면 이 당시 징병은 병사 명부의 선발을 바탕으로 이루어졌고,[3] 지휘하는 장군들은 실전 경험이 부

---

1 '인민', '민중', '다중'에 대비되는 상류층을 말한다.
2 키몬은 마라톤에서 승리한 장군 밀티아데스의 아들로 귀족파 지도자이자, 페리클레스의 정적이다. 자신도 장군으로서 기원전 470~기원전 460년대에 활약했다. 아테나이의 대외 확장 정책을 견인해 페르시아군 세력을 에게해에서 쫓아냈다. 키몬은 기원전 510년경에 태어났기 때문에(APF, p. 302), 기원전 460년경에는 이미 50세 전후이다. 또한 기원전 480/479년에는 스파르타의 외교 사절로 선정되었고(AOF, p. 64), 30세 무렵부터 정계에서 활약하고 있었던 것은 사실이기 때문에, 에피알테스 개혁 직후에 그가 아직 젊었고 정계 입문도 늦었다는 본문의 기술은 부정확하다.
3 아테나이에서 중장보병 시민군의 징병은 기원전 5세기에는 각 부족의 병사 명부에서 선발하여 장군이 소집병의 명부를 작성해 갔으나, 기원전 4세기에 이르러 소집에 응

족함에도 불구하고 조상(祖上)의 명성에 따라 지위를 인정받았기 때문에 원정 때마다 출정병 중에서 늘 2000명에서 3000명의 전사자가 나오는 일이 일어났으며, 그 결과 인민도 부유한 사람도 유능한 인사를 잃어버렸다.[4]

(2) 그런데 아테나이인들은 국정을 행함에서 다른 측면에서는 어떤 것도 더 이상 예전처럼 법을 준수하는 일을 하지 않게 되었지만, 9명의 아르콘의 선임만은 바꾸려고 하지 않았다. 더구나 에피알테스의 죽음으로부터 6년째[기원전 457/456년], 9명의 아르콘에 추첨될 후보자를 중장보병급(zeugitai)에서도 예비 경선할 것을 결의했고, 이 등급에서 처음으로 아르콘직을 맡은 것은 무네시테이데스[5]였다. 그[무네시테이데스] 이전에 9명의 아르콘은 모두 기사급(hippeis)과 500섬급

할 각 연령 집단을 공지함으로써 동원을 실시했다. 그 제도의 개혁은 기원전 386~기원전 366년 동안으로 여겨진다. 로즈(Comm, p. 327)는 이곳에서의 기원전 5세기 징병제도는 '유능한' 계층에 무거운 희생을 강요하는 것이었다고 본문을 해석하고 있다. 또한 중앙에서 일괄 작성해서 관리된 병사 명부가 있었는지에 대해서는 논란이 있다. 이것에 관한 논쟁사를 포함한 자세한 내용은 Christ, 2001 참조. 또한 기원전 4세기의 군사 소집에 대한 자세한 내용은 제53장 (7) 참조.

4 장군은 선거로 뽑혔기 때문에 특히 이 시대에 유능하지 않은 장군이 많았다고 생각할 수는 없다. 또 원정 때마다 2000~3000명의 전사자가 발생했다는 것은 명백한 과장이지만, 이소크라테스 「연설」 8번(Isoc. 8. 87)에 유사한 표현이 있고, 체임버스(Staat, pp. 262~263)는 거기로부터 이소크라테스의 제자 안드로티온이 본문의 전거라고 생각한다. "전쟁은 늘 젊은이를 몰아낸다"(philei gar andras polemos agreuein neous; S. fr. 554 R).

5 기원전 457/456년은 무네시테이데스가 아르콘인 해로, 그가 중장보병급에서 선발된 최초의 아르콘이었다면, 선임 자격의 법 개정은 늦어도 그 전년이었을 것이다. 솔론의 소득 등급이 기원전 5~4세기에 어떻게 적용되고 있었는지에 대해서는 논란이 있으나, 어느 시점부터 현물 소득이 아닌 화폐 소득액(혹은 자산액)으로 사정 평가를 대신했다고 생각하는 것이 일반적이다. Hignett, 1952: 142~143, 225~226; Comm, pp. 142~143 참조. 중장보병급을 중산층에 속한다고 볼 것인가, 상류층이라고 볼 것인가는 논쟁의 대상이다.

(pentakosiomedimnoi) 출신으로, 법의 규정이 무시되지 않는 한[6] 중장보병급은 보통의 관리밖에 되지 않았던 것이다. (3) 그 후 5년째, 뤼시크라테스가 아르콘인 해[기원전 453/452년]에, 이른바 구(區)의 재판관 30명이 부활했다.[7] (4) 그 후 3년째, 안티도토스가 아르콘인 해[기원전 451/450년]에는 시민 수가 증가했기 때문에 페리클레스[8]의 제안으로, 동시에 아테나이 시민 신분인 양친으로부터 출생한 사람이 아니라면 시민권을 받을 수 없다고 결의했다.[9]

---

6 런던 사본에는 여기에 hupo tōn dēmōn, 즉 '구에 의해(무시되지 않는 한)'라는 어구가 쓰여 있는데, 위에 선이 그어져 삭제되어 있다. 이에 따라 케니언 및 우리가 사용하는 대본은 이를 삭제하는데, 화이트헤드(Whitehead, 1986/2014: 276~277)는 보존하고, 관리 추첨 시에는 후보자의 재산 자격을 구(區)가 심사하며 인정하고 있었다고 주장한다. 그러나 원문의 구성에 비추어 볼 때, 이 어구의 위치는 부자연스럽기에 여기에서는 대본을 따른다.

7 구의 재판관에 대해서는 제53장 (1) 참조.

8 아테나이 민주정의 전성기를 구축한 정치가. 크산티포스와 아가리스테(II)의 자식. 에피알테스의 협력자. 기원전 443/442년 이후, 연속 15년을 장군으로 선정되었다. 기원전 447년부터 15년에 걸쳐, 파르테논 신전이나 아테나 여신상 등의 공공건축 사업을 주도했다. 기원전 431년 여름에 펠로폰네소스 전쟁 개전을 단행한다. 개전 첫해 전사자 국장의 장송 연설(투퀴디데스, 『펠로폰네소스 전쟁』 제2권 제35~46장)은, 민주정의 이상을 노래한 것으로 유명하다. 역사가 투퀴디데스에 따르면, 그가 지도하는 아테나이는 '이름으로는 민주정이지만 실제로는 일등 시민에 의한 지배'(hupo tou prōtou andros archō; 제2권 제65장 제9절)였다. 기원전 429년에 역병으로 사망했다. 그의 전기는 플루타르코스, 「페리클레스」에 상세히 잘 나와 있고, 또 그것에 대한 정밀한 주해는 스태더(Stadter, 1989)로, 페리클레스 연구에 필요한 참고 문헌이다.

9 페리클레스의 시민권법이 성립되기 전까지는 아버지가 아테나이인이라면 어머니가 외국인이더라도 합법적 혼인에서 태어난 아이는 '법적인 적자'(gnēsios)로 인정되어 아테나이 시민권을 부여받았다. 클레이스테네스, 테미스토클레스, 키몬 등이 그 두드러진 예이다. 시민권법은 기원전 451/450년 이후에 시민권 등록을 받는 18세 남자에게 적용되었고, 이후 외국인 여성과의 사이에서 태어난 아이는 서자(nothos)로 시민권에서 배제되었다. 펠로폰네소스 전쟁 말기에는 폐기 내지는 효력이 없어졌지만, 전후에 다시 제정되어 이후에 외국인 여성과의 혼인은 처벌의 대상이 되었다. 페리클레스

가 시민권법을 제안한 이유에 대해서는 오랜 논쟁이 있었고, 아직 정설이 정해지지 않았지만, 시민권에 부수되는 특전(일당 수급권의 권리 등)을 무제한으로 넓히지 않기 위해, 시민단 혈통의 순수성을 유지하기 위해, 또는 전통적으로 외국인과의 결혼이 일반적이었던 귀족파(특히 키몬)에 대한 정치적 공격 등의 이유가 고려되고 있다. 이것에 관련된 논쟁사와 그 검토에 대해서는 *Comm*, pp. 333~334; Patterson, 1981: 97~115; Blok, 2009: 146~154 참조. 본문은 입법의 이유를 시민 숫자의 과잉으로 돌리고 있지만, 다수의 시민이 전사했다는 제26장 (1)의 기술과는 모순된다.

제27장

(1) 그 후 페리클레스가 인민 지도자가 되어, 젊은 나이임에도 불구하고 키몬의 장군직 집무 심사에서 고소인을 맡아서 명성을 얻자,[1] 정치체제가 전보다 더욱 민주화되는 결과를 낳았다. 왜냐하면 그는 아레오파고스 평의원으로부터 권한의 일부를 박탈한 데다, 특히 국가를 해군 확충으로 이끈 결과, 다중은 자신감을 키워 그들 스스로 국가의 전체 지배권을 더욱 장악했기 때문이다.

(2) 살라미스 해전으로부터 49년째, 퓌토도로스가 아르콘인 해[기원전 432/431년], 펠로폰네소스 전쟁이 발발했다. 그동안 인민들은 시내(도성)에서 농성을 해야 했고, 원정에서 일당을 받는 것에 익숙해지자 어떤 일에서는 자신의 의지에 따라, 다른 어떤 일에서는 자신의 뜻과 관

---

1 기원전 463/462년, 키몬과 그의 동료들은 마케도니아의 왕 알렉산드로스(1세)에게 매수된 죄를 페리클레스 등에게 추궁당해 재판에 회부되었지만 무죄를 받았다. 이때는 페리클레스가 젊었고(neos ōn) 이 일로 인한 공적으로 두각을 나타내기 시작했는데, 아직은 인민의 지도자가 아니었다. 플루타르코스, 「키몬」 제14장 제3절, 제15장 제1절, 「페리클레스」 제10장 제5절 참조. 아마도 이것이 다음 해의 에피알테스 개혁의 계기가 되었다고 생각된다.

계없이 국정을 운영하는 것을 택했다.

(3) 더욱이 인민재판소를 일당제[2]로 만든 것도 페리클레스가 최초였고, 이는 키몬의 부에 대항하여 인민의 환심을 사기 위함이었다. 그도 그럴 것이 키몬은 참주와 같은 재력을 가지고 있었기 때문에, 우선은 국가의 공공 봉사[3]에 아까워하지 않고 기부했으며, 다음으로 많은 자신의 구민을 부양했다. 즉 라키아다이[4] 구민의 희망자는 누구나 매일 그에게 찾아와 웬만한 생활의 밑천을 받을 수 있었고, 게다가 누구라도 원하는 자가 과실(果實)의 혜택을 받을 수 있도록 그의 모든 소유지에는 울타리가 없었다.[5] (4) 페리클레스는 이러한 봉사를 하기에는 재력이 부족했지만, 오에구(區)의 다모니데스[6](이 사람은 페리클레스의 많은 시책을 내놓은

---

2 재판관 수당을 말한다. 아래의 기술은 「페리클레스」 제9장 제2~3절에도 보인다. 에피알테스의 개혁으로 출발한 완전(극단적) 민주정을 궤도에 올리기 위해서는 많은 하층민 시민이 노동 시간을 쪼개서 민주정에 참여할 수 있도록 경제적 보상을 제공할 필요가 있었다. 인민재판소의 재판관 수당은 그러한 제도 중 최초의 것으로, 키몬이 정계에서 영향력을 잃어버린 기원전 460~450년경 페리클레스에 의해 도입되었다는 의견이 강하다. 금액은 처음에 2오볼로스(6오볼로스는 1드라크마), 나중에 기원전 420년대에 3오볼로스로 인상된 이후, 이 책이 쓰인 기원전 4세기 말까지 동결되었다(제62장 (2)). *Comm*, pp. 338~339; *Staat*, pp. 267~268 참조.

3 lētourgia(공적 봉사). 부유한 시민에게 부과되는 재정 부담의 의무로, 삼단노선의 의장, 수리와 배의 지휘를 사비로 담당하는 삼단노선 봉사(제52장 (2), 제61장 (1)) 및 제전에서의 합창대 편성과 연습의 비용을 부담하는 합창대 봉사(제56장 (3))가 그 주된 임무였다.

4 아테나이 시외 서쪽에 위치하고 있으며, 오이네이스 부족에 속하는 구(區). 밀티아데스와 그의 아들 키몬 일족의 본적 구이다.

5 키몬이 사재를 베풀어 하층 시민과의 사이에 관계를 맺고 있었던 것은 테오폰포스의 FGrH115 F89가 전한다.

6 다른 많은 사료(이소크라테스, 「연설」 15번(Isoc. 15.235), 플루타르코스, 「아리스테이데스」 제1장 제7절, 「페리클레스」 제4장 제1절, 「니키아스」 제6장 제1절)에는 다몬(Damōn)이라고 되어 있는데, 이쪽이 옳다. 페리클레스의 음악 교사로 소피스트라고 전해진다. 플라톤, 『알키비아데스』 118C 참조(여기에는 페리클레스의 음악 교사로 '퓌

사람이라고 생각되고, 그래서 사람들은 나중에 그를 도편추방했다)가 사재(私財) 면에서는 키몬에 뒤떨어져서, 다중에게는 다중 자신의 것을 주는 것이 좋다고 그에게 조언했다. 그래서 페리클레스는 재판관에게 일당을 도입한 것이다. 인민재판소가 타락한 것은 이것 때문이고, 언제나 세상에서는 '유능한 사람'보다 장삼이사(張三李四)가 [임무를 위한] 추첨을 받기 위해 더 열심이라고 주장하는 사람도 있다. (5) 인민재판의 매수가 시작된 것도 그 이후였다. 이것은 아뉘토스[7]가 장군으로서 퓔로스에서의 임무를 맡은 후, 처음으로 이 예를 보여 줬던 것이었다. 왜냐하면 그가 퓔로스 함락으로 인한 죄 때문에 일부 사람들에 의해 재판에 회부되었지만, 인민재판을 매수해 무죄가 되었기 때문이다.

    토클레이데스'가 언급되기도 한다). 그가 도편추방된 것은 아마도 기원전 5세기 중반쯤으로 추정되며, '오에구 다모니데스의 아들 다몬'에 투표된 도편이 케라메이코스 지구에서 4개가 출토되었기 때문에(Brenne, 2002: 50~51; IGi² 912), 본문은 아버지의 이름과 혼동하고 있는 것으로 보이며, 또한 본적 구도 오에구(오네이스 부족)가 아니라 오아(Oa)구(판디오니스 부족)가 옳다. *Comm*, p. 341 참조.

[7] 안테미온의 아들(제7장 해당 각주)로, 아버지 대부터 가죽 무두질, 제화업으로 부(富)를 이루어 새롭게 부상한 정치가다. 기원전 413/412년경 평의원. 처음에는 온건 과두파에 속하지만(제34장 (3)), 기원전 404년에 30인 정권에 의해 추방되어, 나중에 그 타도에 온 힘을 기울인다. 기원전 403년에 회복한 민주정하에서 가장 유력한 정치인들의 한 사람이 되어, 기원전 399년에 소크라테스를 고소한 인물 중 1명이다. 출신은 *APF*, pp. 40~41 참조. 기원전 409년 장군으로 선발되어 (*AOF*, p. 169) 스파르타 영내 메세니아에 아테나이가 점령하고 있던 요새 퓔로스를 구원하기 위해 함대를 이끌고 출격하지만 악천후로 되돌아왔다. 귀국 후 퓔로스 함락의 죄로 재판에 회부되었지만, 재판관을 매수한 결과 무죄가 되었다고 한다(디오도로스, 제13권 제64장 제6절). 직접적인 인과관계는 불분명하지만, 이 사건 전후에 인민재판소의 제도가 개혁되어 사전(事前)에 재판관을 매수하기 어려운 법정 편성의 구조가 도입되었다. 제63장 참조. 게다가 맥도웰(MacDowell, 1983: 66~67)은 이 사건이 계기가 되어 재판관의 매수를 금지하는 '법정 매수죄 관련법'(데모스테네스, 「연설」 46번([Dem.] 46.26))이 성립되었다고 본다.

제28장

(1) 그런데 이렇게 페리클레스가 인민의 옹호자인 동안 정치체제의 상황은 아직 괜찮았지만, 페리클레스의 죽음 후에는 훨씬 나빠졌다. 이때 비로소 인민은 유능한 사람들 사이에서 평판이 나쁜 사람들을 그 옹호자로 삼았다. 그 이전 시대에는 항상 유능한 인사들이 인민 지도자였다.

(2) 애초에 첫번째로 민중의 옹호자가 된 것은 솔론이며, 두 번째가 페이시스트라토스이며, 〈한편〉 명문가와 명망가[귀족]의 사람들의 옹호자는 〈뤼쿠르고스였다〉.[1] 참주정이 타도된 후에는 알크메온 가문의 클레이스테네스가 등장했다. 그리고 이사고라스 일파가 축출되자 그에게 대항할 수 있는 반대파는 1명도 없었다. 그 후 인민의 옹호자가 된 것은 크산티포스로, 명망가 층의 옹호자는 밀티아데스였다. 다음에 각각의 옹호자가 된 것은 테미스토클레스와 아리스테이데스이다. 그들의 뒤를 이어 에피알테스가 인민의 옹호자였고, 밀티아데스의 아들 키몬이

---

1 곰메(Gomme, 1940: 238, n. 2)는 문구의 탈락을 상정하여 이와 같이 보충해서 읽으며, 대본 및 로즈(*Comm*, pp. 347~348)도 그것을 채용한다. 한편 케니언은 사본대로 읽는다.

부자들의 옹호자가 되었다. 이어서 페리클레스가 인민의 옹호자, 키몬의 친척이었던 투퀴디데스[2]는 다른 파의 옹호자가 되었다.

(3) 페리클레스의 죽음 후, 이름이 알려진 사람들의 옹호자가 된 것은 시켈리아에서 죽은 니키아스[3]였으며, 한편 인민의 옹호자는 클레아이네토스의 아들 크레온[4]이었다. 그는 그 충동적인 행동으로 누구보다도 인민을 부패 타락시켰다고 생각된다. 다른 사람들이 모두 예절을 갖추고 연설한 데 반해 연단 위에서 소리를 지르며 욕을 하고, 옷을 걷어 올리고[5] 민회에서 연설한 것이 그가 처음이었다. 그들의 뒤를 이어 다른 파의 옹호자가 된 것은 하그논의 아들 테라메네스[6]였고, 인민의 옹호자

---

2   멜레시아스의 자식. 키몬 일족과의 친척 관계는 알 수 없다. *APF*, p. 232 참조. 키몬의 죽음을 계기로 귀족 지도자가 되어 페리클레스의 공공건축 사업에 반대했다(플루타르코스, 「페리클레스」 제14장). 기원전 443년경에 도편추방되었다(Brenne, 2002: 70). 그 이후 페리클레스 반대파는 정치권에서 사라졌다. 역사가이자 오로로스의 아들 투퀴디데스와는 다른 사람이다.

3   페리클레스가 죽은 후, 온건 민주파를 이끌고 주전파인 크레온과 대립한 정치인. 은광 경영자로 부유한 시민이었다(*APF*, pp. 403~404). 기원전 421년 스파르타와 '니키아스의 조약'을 체결했다. 기원전 415년에 시켈리아 대원정의 계획에 반대하지만, 결국 원정 사령관으로 선발돼 시켈리아로 건너간다. 기원전 413년 원정군은 항복하고, 니키아스는 처형되었다(투퀴디데스, 『펠로폰네소스 전쟁』 제7권 제86장 참조).

4   페리클레스가 죽은 후, 정계를 이끌었던 전쟁을 주장하는 민주정파 지도자. 아버지 대부터 피혁업자로 재산을 모았다(*APF*, pp. 318~320). 민회 변론으로 지도권을 잡은 첫 번째 신흥 정치인. 기원전 425년경 재판관 수당을 3오볼로스로 증액했다. 기원전 422년에 장군으로 선출되었지만, 암피폴리스 전투에서 전사. 새로운 정치인으로서 그의 방식에 대해서는 Connor, 1971: 91~98, 151~163 참조.

5   아이스키네스, 「연설」 1번(Aeschin. 1.25~26)에 따르면, 과거 정치인이 외투 밖으로 손을 내밀어 연설하는 것은 예의에 어긋났다고 한다. 크레온이 절규 조의 연설을 한 것은 아리스토파네스의 드라마(『아카르나이 사람들』 377~382행, 『벌』 596행)가 보여 준다.

6   장군 하그논의 자식. 기원전 411년의 400인의 정권 수립 주동자의 한 사람으로(제32장 (2)), 온건 과두정을 주창했다. 후에 같은 정권의 타도에 가담한다(제33장 (2)). 기원전 404년의 패전할 때쯤에 스파르타 측과 화평 교섭을 실행하여, 같은 해의 30인 정권의

는 뤼라 제조업자인 클레오폰[7]이었다. 이 사람은 처음으로 2오볼로스의 일당(日當)[8]을 도입한 사람이기도 해서, 그는 한동안 그 지급을 계속했는데, 그 후에 파이어니아구의 칼리크라테스[9]가 처음에 그 2오볼로스에 1오볼로스를 더 주겠다고 약속해 놓고는 나중에 이 일당을 폐지했다.[10] 그런데 이 두 사람은 나중에 사형 판결을 받았다. 다중이란 비록 한때는 속아 넘어갈지언정 나중에는 무엇인가 부적절할 일을 저지르도록 자신들을 부추긴 자를 미워하게 되기 일쑤이기 때문이다. (4) 클레오폰 이후 이미 인민 지도자의 지위를 연속적으로 이어 온 자들이 특히 원했던 것은 눈앞의 일만 바라보고 오만하게 굴며 다중에게 은혜를 베푸는 것이었다.

(5) 아테나이의 정치가로서, 옛사람에 이어 가장 뛰어났던 것은 니키아스와 투퀴디데스와 테라메네스[11]였다고 생각된다. 이 중 니키아스와

수립에 가담했지만 내부 대립에 의해 처형되었다(제34장 (3), 제36~37장). 이 책은 테라메네스에 대해 일관되게 동정적인 입장을 취한다.

7 기원전 410년의 민주정 회복 후 지도권을 잡은 주전 민주파의 정치가. 뤼라 제조업자. 스파르타와의 평화 조약에 종종 반대했다(제34장 (1)). 기원전 404년의 30인 정권 수립에 즈음하여 과두정파에게 처형당한다(뤼시아스, 「연설」 13번(Lys. 13.12)).

8 diōbelia. 기원전 410년부터 기원전 406년까지 아테나 여신 회계관의 회계 보고 비문에 종종 나타나는 공공 수당(IG I³ p. 375, 377). 그 실체는 불분명한 점이 많지만, 아마도 펠로폰네소스 전쟁 후반, 다른 일당의 수급을 받지 못하는 하층 시민들의 생활비로 지급되었을 것으로 추정되고 있다. *Comm*, pp. 355~357 참조.

9 이 책 외에 그의 처형을 포함한 다른 행적은 알 수 없다.

10 아마도 현물(곡물) 지급으로 전환했을 것이라고 로즈(*Comm*, p. 356)는 추정한다.

11 니키아스는 온건파였지만 시켈리아 원정을 결과적으로 실패하게 만든 인물이다. 또 투퀴디데스는 페리클레스의 반대파로 도편추방된 것 이외의 정치 활동은 전혀 전해지지 않는다. 또 테라메네스에 대해서는 이 책에서도 찬반 양론을 인정한다. 그래서 이 책의 저자가 왜 그들을 가장 뛰어난 정치가로 꼽고 있는지는 이해할 수 없다. 덧붙여 이 책의 저자에 의하면, 페리클레스는 '옛사람' 안에 포함되는 것 같고, 그 때문에 그의 이름을 들을 수 없었을 것이다.

투퀴디데스는 인격이 뛰어난 훌륭한 사람이었을 뿐 아니라 국가의 공공선에 헌신하고 국가 전체에 아버지처럼 행동한 것을 거의 모든 사람이 일치해서 인정하고 있다. 한편 테라메네스에 대해서는, 우연히 그의 시대가 정치체제의 혼란기였기 때문에, 평가가 찬반으로 나뉘는 부분이기도 하다. 그럼에도 신뢰할 만한 의견에 의하면, 그는 세상이 비난하듯이 어떤 정치체제라도 전복한 것은 아니고, 어떤 정치체제라도 법에 어긋나지 않는 한 존중했다고 한다. 즉, 그는 바로 좋은 폴리스 시민이 맡은 바와 같이 어떤 정치체제하에서도 정치인으로 일할 능력이 있었지만, 일단 법을 어기면 그 정치체제에 양보하지 않아 남의 미움을 샀다는 것이다.[12]

---

12 이 책의 저자에 의한 테라메네스에 대한 평가는, 중용의 정치체제를 최상의 것으로 하는 아리스토텔레스학파의 사고방식과 일치한다. 『정치학』 제4권 제7~9장(1293a35~1294b41), 제11~12장(1295a25~1297a13) 참조. 또한 『정치학』 제4권 제11장(1296a38~40)에는 '중간'의 정치체제를 실현하고자 시도한 정치 지도자가 한 사람만 있다고 말하는데("이러한 조직을 폴리스에 도입하려고 한 사람은 오직 1명밖에 없다"), 이것이 테라메네스를 시사하는 것이 아니냐는 의견도 있다. *Comm*, p. 359; *Staat*, p. 273 참조.

제29장

(1) 그런데 전쟁이 되어 가는 형국이 균형을 유지하는 동안, 아테나이인은 민주정을 존속시키고 있었다.[1] 하지만 시켈리아에서 일어난 참사[2] 이후, 페르시아 왕과의 동맹[3]으로 라케다이몬인의 편이 우위에 서자, 그들은 민주정을 변혁하여 400명의 정치체제[4]를 수립할 수밖에 없게 되었

---

1 갑작스러운 전환이긴 하지만, 제27장 제2절에서 이미 펠로폰네소스 전쟁에 대한 언급이 있었다.
2 기원전 413년 여름 시켈리아 원정군이 전멸한 것을 가리킨다.
3 기원전 412년부터 다음 해에 걸쳐 스파르타는 페르시아와 하나의 동맹 조약을 맺어, 페르시아는 스파르타 측에 군자금을 원조하고 소아시아의 영유권을 얻었다.
4 400명에 의한 과두정 정권 수립 경위에 대해서는 투퀴디데스, 『펠로폰네소스 전쟁』 제8권 제67~71장에 자세하게 서술되고 있으며, 이 책의 제29~33장이 어느 정도 그것에 의거하고 있음은 명백하다. 그러나 다른 쪽 쌍방 사이에는 크고 작은 불일치도 보이고 있어서 사실(史實)의 복원을 어렵게 하고 있다. 투퀴디데스는 정치인 개개인의 언행과 그 동기에 주안점을 두고, 400인 정권의 강제적이고 비합법적인 방식을 강조하는 데 반해, 이 책의 서술은 정치체제 변혁의 제도적·형식적 측면에서 비교적 과두정파에 호의적으로 기울어 있다. 또 500명이나 400명 평의회의 편성 방법 등 세부 사항에 대해서도 쌍방 간에 차이가 있다. 투퀴디데스가 사건 당사자들의 증언을 바탕으로 하는 것에 비해, 이 책은 사건으로부터 약 90년 후에 쓰였고, 또 간접적인 사료에 근거하고 있는 것이 불일치의 이유일 것이다. 양쪽의 서술 차이와 동일함, 사건의 추이에 대

다. 그때 [민주정 변혁의] 민회 결의에 앞서(pro) 연설을 행한 것[5]은 멜로비오스[6]며, 결의의 동의 기초자는 〈아나플뤼스토스〉구의 퓌토도로스[7]였다. 이때 다수가 제안에 찬성한 것은 특히, 만일 정치체제를 과두정[소수의 지배정]으로 하면 페르시아 왕이 그들의 편을 들어 줄 가능성이 크다고 생각했기 때문이었다.

(2) 퓌토도로스의 결의안은 다음 같았다. '민회는 기존 예비 의원[8] 10명에 가세해, 새롭게 40세 이상의 시민으로부터 20명을 선출해야 한다.[9] 이들은 반드시 국가를 위해 최선이라고 생각하는 것을 기안(起案)

해서는 Hignett, 1952: 356~378; *Comm*, pp. 362~369; GAD(V), pp. 212~251; Heftner, 2001: 93~108; Hornblower III, 1991~2008: 944~946; Shear, 2011: 22~41 참조. 400인 정권 수립의 구체적인 경위를 둘러싸고 오늘날에도 이론(異論)이 많아 정설은 아직 확정되지 않았다. 400인 정권 수립 전후의 연대 순서는 대체로 다음과 같다. (1) 전권 기초 위원의 임명, (2) 콜로노스의 민회에서의 민주정 폐지 결의, (3) 400인 평의회의 성립, (4) 500인 평의회의 해산, (5) 400인 평의회에 의한 정권 장악, (6) 400인 정권 붕괴, '5000인 정치체제'로의 이행, (7) 민주정 회복.

5 'the speech introducing the resolution'(Moore)을 말하는데, pro 대신에 peri(…에 관한)로 바꾸는 것은 불필요하다(*Comm*, p. 370).

6 기원전 404/403년의 '30인 정권' 중 한 사람이다. 민회 결의의 동의 제안자(기안자)와는 다른 인물이 이와 같이 결의에 앞서 도입 연설을 하는 다른 예가 없다. 아마 동의 제안자인 퓌토도로스는 평의원이며, 이 민회 결의안을 평의원 제안으로 발의한 데 대해, 평의원이 아닌 멜로비오스는 민회의 플로어에 서서 지지연설을 했을 것이다(*Comm*, p. 370 참조).

7 투퀴디데스,『펠로폰네소스 전쟁』제8권 제67장 제1절에 따르면, 이 제안을 한 것은 페이산드로스(Peisandros) 일파이며, 퓌토도로스는 그중 한 사람이었을 것이다. 그가 기원전 404/403년의 '30인 정권' 때의 아르콘(제35장 (1))과 동일 인물일 가능성도 있다.

8 probouloi. 기원전 413년의 시켈리아 패전 후, 직면한 현실(parontōn)에 대한 대응책을 협의하고 제안하기 위해 임명된 장로들의 위원회.『펠로폰네소스 전쟁』제8권 제1장 제3절 참조.

9 『펠로폰네소스 전쟁』제8권 제67장 제1절에는 10명의 전권을 가진 기안 위원(suggtapheis)이 있다. 아마 기존의 예비의원 10명에 추가해서 20명을 선정하여, 총 30명을 전권 기안 위원으로 임명했을 것이다. 이 인원수에 대해서는 이 책이 맞는 것

한다는 뜻을 선서한 뒤 국가의 구제안을 기안한다. 또 [이들 30명의 전권 기초 위원이] 모든 제안에서 최선책을 선택할 수 있도록 다른 시민이라도 희망하는 자는 제안을 허용해야 한다.' (3) 클레이토폰[10]은 이 퓌토도로스 안에 추가 동의를 내놓았고, 선택된 자들은 나아가 클레이스테네스가 민주정을 수립하려 할 때 제정한 조상의 법[11]을 찾아내고, 그것들도 고려에 더해서 최선책을 심의를 통해 결정하라고 제안했다. 이것은 클레이스테네스의 정치체제가 인민 정치적이지 않고 솔론의 정치체제에 가깝다는 이유에서였다.

(4) 선출된 자들[전권을 가진 기안 위원]은 먼저 국가 구제에 관하여

같다. Ostwald, 1986: 359; Hornblower III, 1991~2008: 948~949 참조.

10 아리스토뉘모스의 아들이자 소크라테스의 제자. 플라톤, 『클레이토폰』 참조. 클레이토폰은 『국가』 328B와 340A8에도 나온다. 제34장 (3)에서는 '조상의 정치체제'(patrios politeia)를 추구하는 테라메네스 일파로서 이름을 올리고 있다.

11 클레이토폰은 과두정파가 꾀하는 것이 민주정의 전복이 아니라 클레이스테네스가 창시한 '조상의 정치체제'로의 회귀, 즉 민주정 정치체제로 돌아가라는 것이라고 주장한다. 민주정파가 '조상의 정치체제'로 복귀하라는 기원전 4세기 정치적 발언의 시초이다. '조상의 정치체제'에 대해서는 Fuks, 1953: 1~32; Hignett, 1952: 130; *Comm*, pp. 376~377; Shear, 2011: 41~51 참조. 또한 제34장 (3) 참조. 덧붙여 400인 평의회의 설립은 솔론의 400인 평의회의 부활이라고 하는 것이 과두정파의 주장이었던 것으로 보인다. Ostwald, 1986: 370 참조. 플루타르코스의 「솔론」 제19장 제1절에는 솔론이 창설한 평의회가 미리 의논해서 준비한 의제를 민회에 상정했으며, 어떤 안건도 이러한 사전 심의를 거치지 않고는 민회에 제출하지 못한다고 되어 있다. 그러나 그 밖에 400인 평의회의 활동을 전하는 사료는 없으며, 히그넷(Hignett, 1952: 92~96)은 솔론에 의한 평의회 창설을 후세의 조작이라고 주장하고 그 사실성을 부정한다. 한편, 로즈(Rhodes, 1972: 208~209; 2006: 254~255)는 이에 강하게 반론하고, 민회의 사전 심의 기관으로서 평의회를 창설하고, 민회를 규칙적으로 개최함으로써 인민에게 일정한 권한을 부여하는 것이 솔론의 의도였다고 주장한다. 로즈의 입장을 받아들이는 견해가 유력하다(Andrewes, 1982a: 387; Lambert, 1998: 257, n. 56; Wees, 2006: 367~368, 377~378). 그럼에도 체임버스(*Staat*)는 솔론이 평의회 창설에 회의적이었다고 한다. 또한 앤더슨(Anderson, 2003: 57~76, 178~179)은 나중에 과두정파에 의한 허구라며 부정한다.

제출된 모든 결의안을 의장(당번 평의원, prutaneis)[12]이 따로 의원들에게 채택 여부를 물어 결정하라는 뜻을 제안했다.[13] 다음으로 그들은 아테나이인의 희망자가 누구라도 현재의 문제에 대해 자유롭게 권고할 수 있도록, 위법 제안에 대한 공소[14]나 탄핵 재판[15]이나 소환[16]을 폐지했다. 그리고 만일 이러한 점들에 대해 벌금을 부과하거나 소환을 하거나, 혹은 인민법정에 소송을 제기하는 자가 있다면, 그자는 고발[17]을 당하고 약식 체포[18]된 후, 장군에게 끌려가고, 장군은 '11인'[19]에게 넘겨 사형에 처할 것이라고 했다.

(5) 그 후에 그들은 정치체제를 다음과 같이 정했다. 국가의 세입은 전쟁 이외의 목적에 쓰는 것을 허용하지 않는다. 모든 관리는 전쟁이 계

---

12 제43장 (1)~(4), 제44장 (1)~(4) 참조.
13 전권 기안 위원회가 제안해서 민주정을 폐지, 400인 평의회 설립 및 그에 대한 전권 위임을 결의한 것은 기원전 411년 6월 초의 민회에서였다. 400인의 정권이 정식으로 성립한 타르겔리온달 14일 며칠 전으로 생각된다(제32장 (1) 및 각주 2). 이 민회에서 일어난 일 전체는 『펠로폰네소스 전쟁』 제8권 제67장 제2절~제68장 제1절에 상세히 기술되고 있다. 아테나이 시외 북쪽의 콜로노스구에서 열렸기 때문에, '콜로노스의 민회'라고 불린다.
14 위법 제안에 대한 공소에 대해서는 제45장 (4)와 해당 각주 참조. 아래의 위법 제안에 대한 공소, 탄핵 재판 및 소환은 민주정 폐지 제안을 저지할 수 있는 절차로, 이것들을 미리 폐지함으로써 민주정을 방어하려는 기구를 해제하려는 과두정파의 의도가 노골적으로 드러난다.
15 이른바 국사범에 대한 탄핵 재판을 말하는 것으로, 체제 변혁 모의·기도(企圖) 등에 대해 제기되는 소송. 제43장 (4)와 해당 각주 참조.
16 prosklēsis. 소송을 제기하는 경우 담당 관리 앞에 출두하도록 원고가 스스로 피고에게 소환장을 건네는 절차를 말한다. Lipsius, 1905~1915: 804~815; Harrison II, 1968~1971: 85~88; Comm, p. 378 참조.
17 제52장 (1) 및 해당 각주 참조.
18 제52장 (1) 및 해당 각주 참조.
19 제52장 (1) 및 해당 각주 참조.

속되는 한 무보수로 근무하기로 한다. 단, 9명의 아르콘과 현재의 평의원 의장은 예외로 하며, 그들은 각자 하루에 3오볼로스를 받는다. 그 밖의 국정 전반은 전쟁이 계속되는 한, 아테나이인 가운데 신체와 재산이란 점에서 국가에 봉사할 능력이 매우 뛰어난 5000명 이상의 사람[20]에게 맡긴다. 이들은 나아가 어디서든 원하는 상대국과 조약을 체결할 전권을 갖는다. 또한 각 부족에서 40세 이상의 시민 10명을 선출하고,[21] 그들 [1000명의 등록 위원]은 완전히 성숙한 짐승의 희생을 바치고 선서한 후 이 5000명의 명부를 작성한다.

---

20 『펠로폰네소스 전쟁』 제8권 제65장 제3절에는 과두정파 정책에도 참정권을 5000명으로 한정한다고 되어 있다. 구체적으로는 중장보병급 이상의 중상층 및 최고 부유층 시민을 지칭한다.

21 뤼시아스, 「연설」 20번(Lys. 20.13~14)에서 이 100명이 katalogeis(등록 위원)라고 불렸다는 사실을 볼 수 있다.

제30장

(1) 그런데 선출된 자들은 다음과 같은 것들을 기안했다. 그러한 국가 구제안이 비준되자, 5000명[1]은 정치체제를 기안하기 위한 100명을 자신들 중에서 선출했다. 선출된 사람들은 다음과 같이 초안을 작성해서 제출했다.[2]

(2) 우선 30세 이상의 시민이 임기 1년 동안 보수 없이 평의회를 구성한다. 그들 중에서는 다음의 직책을 임명한다. 장군, 9명의 아르콘, 인

---

1 투퀴디데스(『펠로폰네소스 전쟁』 제8권 제92장 제11절, 제93장 제2절)가 전하고 있는 400인 정권하에서의 5000인 회의라는 것은 실제적으로 존재하지 않았다는 사실을 받아들여야 한다. 또 이 책 제32장 (3)도 단지 명목상으로만 있었다고 말한다. 따라서 5000명이 100명의 정치체제 기안 위원을 선거한다는 이 절의 기술은 사실과 어긋나는 것으로 해석하는 것이 일반적이다. *Comm*, p. 386; Ostwald, 1986: 375~376 참조.

2 400인의 정권에 의한 정치체제 안의 승인과 공포는 (사실이라면) 콜로노스의 민회 직후라고 봐야 할 것이다. *Comm*, pp. 386~387 참조.

보 동맹 평의원,[3] 부족의 보병 지휘관,[4] 기병 장관,[5] 부족 기병 지휘관,[6] (요새의) 수비대 장관,[7] 아테나 여신 및 그 밖의 신들의 성스러운 재물의 회계관 10명,[8] 그 밖의 모든 세속적인 재물을 관리하는 동맹 회계관(hellenotamiai) 20명[9] 및 희생제 위원(hieropoioi)[10]과 신적인 일의 감독관(epimeletai)[11] 각각 10명 등이다. 이들 모두는 재임의 평의원 중에서 정원 이상의 인원을 예비적으로 선출해서 그 후보자들로부터 선거로 선임한다. 그 밖의 관리는 전원 추첨에 의해 평의회 이외의 사람들로부터 선

---

3 hieromnemon. 델포이의 신역과 경기를 운영 관리하는 인보(隣保) 동맹(Amphictyonic league, Amphiktuonia)에 파견된 아테나이 대표(Pulagoras). 제62장 해당 각주 참조. 즉, 인보 동맹은 고대 헬라스에서 공통의 신전(델포이)을 방호하기 위해 생겨난 이웃 도시국가 간의 동맹을 말한다.

4 제61장 (3) 참조.

5 제61장 (4) 참조.

6 제61장 (5) 참조.

7 이 시기 아티카 전원 지역은 스파르타군의 점령하에 있었으므로, 이곳에서의 요새란 아테나이 시내와 페이라이에우스항구 및 양쪽을 연결하는 장성의 벽, 더 나아가 동맹국들에 놓인 요새(要塞)일 것으로 생각된다.

8 아테나이에서 전통적으로 가장 중요한 회계관은 아테나 여신 회계관(제47장 (1) 참조)이다. 이에 더하여 펠로폰네소스 전쟁에 대비하여 기원전 434/433년에 그 외 신들의 신전 재산을 통합·관리하는 다른 신의 회계관이 임명되었다(IG I³ 52A). 더욱이 전쟁 형국이 어려워짐에 따라 이들 두 회계관은 기원전 406년에 하나로 통합되어 이처럼 긴 명칭으로 불리게 되었다.

9 델로스 동맹 회계관을 말한다. 원래 10명으로 아테나이인으로부터 선출되어 델로스 동맹의 재정 운영을 담당하고 있었지만, 기원전 410년 혹은 그 직전에 20명으로 늘어나 델로스 동맹과 아테나이 국가 양쪽의 재정 운영을 맡게 되었다. 기원전 404년의 패전과 함께 소멸되었다.

10 제54장 (6) 참조.

11 제사에 관련된 감독관에는 여러 종류가 있는데, 여기서는 아마도 엘레우시스의 비의나 디오뉘시오스 제의 감독관을 가리키는 것 같다. 그 직책의 명칭은 세속적인 시장의 감독관(epimeletai)과 같다. *Comm*, p. 392; Parker, 1996: 249~250, 269, 294; 제56장 (4) 및 제57장 (1) 참조.

출한다. 자금을 관리하는 동맹 회계관은 평의회 의사(議事)에 참여할 수 없다.

(3) 앞으로는 앞에서 말한 연령의 시민으로부터 4개의 평의회를 만들어, 이들 4개 중 추첨으로 뽑힌 부분이 현임 평의회로서 직무를 수행한다. 그 연령에 도달하지 않은 사람도 추첨으로 각부에 배속한다. 100명[의 등록 위원]은 자신과 그 밖의 시민을 가능한 한 평등하게 사등분하여 추첨을 실시하고 [그 순서대로] 임기 1년 동안 평의원을 맡는다.[12] (4) 평의원은 재정에 관해 자금이 확보되고 또한 필요 불가결의 용도에 소비될 수 있도록 최선이라고 생각되는 방책에 따라서 〈심의하고〉, 또 다른 사안에 대해서도 최선을 다한다. 만일 더 많은 사람과 심의하기를 바라는 사안이 있다면, 그들은 같은 연령대로부터 누구든지 자신이 원하는 사람을 각자 1명씩 동료로 천거한다. 평의회 집회를 더 이상 열 필요가 없으면, 나흘에 한 번씩[13] 개최한다. (5) 평의회의 소집은 9명의 아르콘이 행하며, 거수로 하는 의안 채택을 판정하는 역할은 평의회로부터 추첨에 의해 뽑힌 5명이 담당하고, 또 이 5명으로부터 개회일마다 추첨된 1명이 의안을 채택할지를 표결에 부치는 역할에 맡는다. 추첨된 다섯 사람은 평의회에 참석하여 [의안을 제출]하고자 원하는 자[의 순서]를 추첨으로 정한다. 첫째는 성스러운 문제들, 둘째는 전령, 셋째는 외교 사절, 넷째는 그 밖의 다른 의안이다.[14] 전쟁에 관한 사항은 필요하면 언제든지 추첨을 이용하지 않고, [평의회가] 장군을 불러들여 처리한다. (6)

---

12   '100인'은 아마도 장치체제 기안 위원(1)이 아니라 등록 위원(제29장 (5))일 것이다. '그 밖의 시민'은 등록 위원 자신을 제외한 '5000명'을 말한다.

13   kata penthēmeron(5일마다)으로 되어 있으나, 로즈에 따라 'every fourth day'로 해석한다.

14   제43장 (6)에서도 기원전 4세기의 민회에서의 관례가 동일한 순서로 기술되어 있다.

정해진 시각에 평의회 회의장에 입장하지 않는 평의원에게는 평의회로부터 허가를 받아 결석하는 경우를 제외하고, 1일 1드라크마의 벌금을 부과한다.

제31장

(1) 그들[정치체제 기안 위원]은 장래의 정치체제를 이상과 같이 기안했으며, 한편 당면한 정치체제[1]는 다음과 같이 정했다. 즉, 조상의 전통에

---

1 로즈를 따라서 anagrapheis를 '정치체제 기초 위원'으로 옮긴다. 이 말은 '이미 결정된 것을 기록하는 것'을 의미한다. 이들은 '장래의 정치체제'(제30장)와 '당면의 정치체제'(제31장)를 기초했다고 하는데, 투퀴디데스도 이에 대한 언급이 없으며, 이 책의 저자가 독자적으로 입수한 다른 사료에 의한 것인 듯하지만, 이것을 어떻게 받아들여야 할지는 논란의 대상이 되고 있다. 사실상 이것을 정설로 받아들이지도 않는다. '정치체제 기초 위원'에 대해서는 로즈(Comm, pp. 386~387)와 오스트발트(Ostwald, 1986: 379)가 '콜로노스의 민회'(제29장 각주 13)에서의 임명을 생각하는 데 반해, 곰메와 앤드루스, 도버(GAD(V), pp. 240~242)는 애초에 그런 위원회는 임명되지 않았다고 주장한다. 또 '장래의 정치체제'와 '당면의 정치체제'라고 부르는 두 문서가 어디까지 현실성 있는 것인가를 둘러싸고도 논란이 벌어진다. 곰메와 앤드루스, 도버(GAD(V), pp. 242~246)와 같이 과두정 성립을 정당화하기 위해 기원전 411년 혹은 직후에 조작된 것으로, 이 책의 저자가 현실적으로 공포된 정치체제안(案)으로 오해했다고 하는 견해가 있다. 설령 공포되었다 하더라도 적어도 '장래의 정치체제'가 현실에 시행된 적은 결코 없으며, 또 '당면한 정치체제' 역시 과두정파의 현실적인 구상이 아니라 시민을 향한 선전에 불과하다는 견해가 주도적이다. 어쨌든 투퀴디데스(『펠로폰네소스 전쟁』 제8권 제67~69장)가 전해 주고 있듯이, 과두정파가 거의 독단적으로 선택한 400인 평의회가 폭력 장치로 위협하여 정권을 탈취했다고 보는 것이 옳다. 왜 정치체제 기초 위원회가 '장래의 정치체제'와 '당면의 정치체제'라고 하는 두 종류의 안을 냈는지도 어려운 문제이다. 로즈(Comm, pp. 388~389)는 전자가 위원회 안의 온건 이론파에 의

따라 각 부족에서 40명, 총 400명이 평의회를 구성한다.[2] 그들은 부족민이 30세 이상의 시민으로부터 예비 선출한 후보자 중에서 선임된다. 평의원은 관리들을 임명함과 동시에 그들이 서약해야 할 선서를 기안하고 법이나 집무 심사, 그 밖의 사안에 대해서는 적절하다고 판단한 방식으로 처리를 행한다. (2) 아테나이인은 어떤 것이든 정치체제에 관하여 제정된 법을 준수하고, 이것을 바꾸거나 다른 법을 제정하는 것은 허용되지 않는다. 당분간 장군은 5000명 전체로부터 선거하지만, 평의회가 성립하면, 평의회가 무장 시민의 사열을 실시한 후에 10명[의 장군]과 그 서기(書記) 1명을 [평의회에서] 선거한다. 선출된 자들은 다음 연도 1년간 전권을 위임받아 직무를 수행하며, 필요하면 평의회에 자문한다. (3) 또한 기병 장관 1명과 부족 기병 지휘관 10명도 선거로 뽑는다. 앞으로 그들의 선거는 앞서 기술된 규칙[3]에 따라 평의회가 실시한다. 평의원과 장군을 제외한 다른 관리에 대해서는, 그들이든 다른 누구든 동일한 직에 두 번 이상 취임할 수 없다. 장차, 그들[4][400명의 평의원]이 [5000명

한 구상안이었던 반면, 후자는 급진 과두정파에 의한 구상안으로서, 양쪽의 대립이 이 두 구상안을 둘 다 적는 것으로 가닥을 잡았을 것으로 것으로 추정한다. 이들 두 가지의 정치체제에 대해서는 *Comm*, pp. 387~389; Ostwald, 1986: 379~385; Heftner, 2001: 177~210; Shear, 2011: 41~49 참조. 이 책의 저자는 아마도 당시 유포된 정치적 팸플릿이나 연설 사료 등에서 이 두 가지 정치체제 안을 입수했을 것이다. Hignett, 1952: 357~359, 367~378; *Comm*, p. 365, pp. 385~389 참조.

2 제29장 해당 각주 참조.
3 제30장 (2)에 있는 장군 등의 선거 규정이다.
4 케니언은 tois astois('시내 사람들이')로 읽는데, 파피루스에서도 이렇게 읽을 수 있다. 그러나 이 시점에서(기원전 403년) 시내파와 페이라이에우스파의 대립과 같은 것은 존재하지 않았으며, 또 이 말을 단지 '시민'이라고 해석한다면 이해하기는 더욱 곤란해진다. 그래서 샌디스(Sandys, 1912)를 따라서, 블라스(Blass, 1903), 탈하임(Thalheim,1914), 오퍼만(Oppermann, 1961), 로즈(*Comm*, p. 404) 및 대본은 이 부분을 {tois} autois('그들이')로 수정한다. 즉 '그들'이란 제31장 (1)에 있는 각 부족 40명의 총

중] 다른 시민들과 심의할 수 있게 되었을 때, 400명이 4개 조로 나눌 수 있도록,[5] 100명[6][의 등록 위원]은 지금부터 그들을 배분해 둘 것이다.

합인 400명의 평의원을 말한다.
5   제30장에 나오는 '장래의 정치체제'로 이행하기 위해, 즉 4개의 평의회를 설치하기 위해 '현재의 정치체제'의 평의원 400명을 네 부분으로 나누는 것이 필요하다는 것이다.
6   여기에서도 등록 위원(제29장 (5))을 말한다.

제32장

(1) 그런데 5000명에 의해 선출된 100명[의 정치체제의 기안 위원]은 이상과 같은 정치체제를 기안했다. 이 초안은 아리스토마코스가 의장을 맡은 민회에서 다중에 의해 승인되었다.[1] 그리고 칼리아스가 아르콘인 해[기원전 412/411년]의 평의회는 임기 만료를 기다리지 않고 타르겔리

---

1   민주정 폐지를 결의한 콜로노스의 민회 이후, 400인의 정권하에서 민회가 열린 적은 한 번도 없고, 따라서 이들의 정치체제안이 민회에서 승인되었다는 것은 있을 수 없다. *Comm*, p. 387; GAD(V), p. 241, pp. 244~246, 247~251 참조. 아리스토마코스가 의장을 맡은 것은 실제로는 콜로노스의 민회나(*AOF*, p. 160), 혹은 400인 평의회이며(Ostwald, 1986: 385), 어쨌든 현실적으로 이들의 정치체제 안을 승인한 것은 400인 평의회 자신일 것이다. 실제로는 400인 평의회는 이미 과두정파의 독단으로 선임되어 있고(투퀴디데스, 『펠로폰네소스 전쟁』 제8권 제67장 제3절), 두 정치체제 안의 선임 방법은 모두 실행되지 않았다.

온달 14일에 해산하고,[2] 400명은 타르겔리온달 22일에[3] [평의회의] 임무

2   400인 평의회가 기존의 500인 평의회를 강제로 해산한 모습은 『펠로폰네소스 전쟁』 제8권 제69장에 상세하게 기술된다. 투퀴디데스에 따르면 '400명'은 각자 무장하고, 120명의 호위병을 데리고 폭력적인 위협을 가해 500명의 평의회를 해산하고 평의회 회의장을 점거했다고 하지만, 이 책은 그 비합법성에 대해서는 언급하지 않는다. 아래 본문이 언급하는 날짜는 이 책만이 전하는 확정적 연대로서 귀중한 정보다. 기원전 412/411년의 타르겔리온달 14일은 율리우스력 기원전 411년 6월 9일로 산정된다(Meritt, 196: 218). 앞서 기술한 콜로노스의 민회로부터 며칠 후라고 생각되며, 아마 그 사이에 400명의 평의원이 선임되었을 것이다. Comm, p. 406; Hornblower III, 1991~2008: 946 참조. 타르겔리온달은 제례력(태음태양력)상 제11월로, 율리우스력의 5월 후반에서 6월 전반에 해당한다. 아테나이의 역법에 따르면, 달을 이렇게 나눠 부른다. 아테나이에는 열두 달의 태음력이 있었다. 1. Hekatombaiōn(7/8월), 2. Metageitniōn(8/9월), 3. Boēdromiōn(9/10월), 4. Puanepsiōn(10/11월), 5. Maimaktēriōn(11/12월), 6. Poseideōn(12/1월), 7. Gamēliōn(1/2월), 8. Anthestēriōn(1/3월), 9. Elaphēboliōn(3/4월), 10. Mounichiōn, 11. Thargēliōn(5/6월), 12. Skirophoriōn(6/7월). 아테나이에서의 역법에 대해서는 Hannah, 2009 참조.
  아테나이는 한 해를 열두 달로 나누는 제례력(festival year)과 10개월로 나누는 평의회력(conciliar year), 이 두 가지 역법을 병용했다. 제례력은 전통적인 태음태양력(음력)으로 1달을 29일 혹은 30일로 하여 헤카톰바이온달(오늘날 7월 말~8월 초)에 시작하여 스키로포리온달(6월 말~7월 초)에 끝난다. 이른바 메톤 주기에 따르면, 19년에 7회의 윤년을 삽입하게 되는데, 아테나이의 경우 그 횟수는 다소 변칙적이었다. 윤년에는 포세이데온달(12월 말~1월 초)을 반복했다. 아르콘 등 일반 관리들은 헤카톰바이온달 1일부터 임기가 시작되었기 때문에, 아르콘의 해(archontic year)라고도 부른다(단, 회계관 등 일부를 제외한다.). 이에 반해 평의회력에서는 1년을 10등분한 각 기간을 프뤼타네이아라고 부르고, 프뤼타네이아마다 '당번 평의원'(대표 평의원)이 교대했다. 기원전 5세기의 평의회력은 1년을 365일로 하는 태양력에 따라 대개 하지 직후부터 시작되었다. 따라서 이 시대 제1프뤼타네이아의 길이는 37일 내지 36일이었다. 또 평의회력과 제례력은 다른 날에 개시되어, 예를 들면 기원전 432/431의 연초는 제례력에서 율리우스력으로 환산하면 7월 17일인 데 반해, 평의회력에서는 같은 달 7월 4일이다(Meritt(1961), p. 218). 그러나 기원전 407년부터, 평의회력도 제례력과 마찬가지로 태음태양력에 따라 1년의 날수를 정하게 되고, 이 이후 제1프뤼타네이아 제1일은 헤카톰바이온달 1일로 정해졌다. 여기서 제1프뤼타네이아는 36일 내지 35일이 되었다.
3 타르겔리온달(5/6월)22일은 율리우스력으로 기원전 411년 6월 17일(Meritt, 1961: 218)이다. 구평의회의 해산으로부터 400인 평의회 취임까지 1주일간의 지연이 있었던 것은, 그 사이에 정치체제의 기안 위원회에 의한 정치체제안의 완성을 기다리고 있었

를 맡았다. 추첨으로 선임된 [다음 연도의] 평의회는 [원래대로라면] 스키로포리온달 14일에 취임할 예정이었다.[4] (2) 과두정은 이렇게 해서 칼리아스가 아르콘인 해에 성립되었는데, 이는 참주가 추방된 지 약 100년 후의 일이었다. 과두정 수립의 핵심 인물은 페이산드로스[5]와 안티폰[6]과 테라메네스로, 이들은 명문 태생이면서, 지성과 식견에서도 뛰어나다는 평판을 받았다. (3) 이 정치체제가 성립되어, 5000명은 명목상 선택되었을 뿐,[7] 이 400명은 전권을 위임받은 10명[의 장군[8]]과 함께 평의회 회의

기 때문이라는 설(*Comm*, p. 406; Hignett, 1952: 360), 혹은 『펠로폰네소스 전쟁』 제8권 제70장 제1절이 말하는 '신들에 대한 기도와 희생물 바치는 제의'가 행해지고 있었기 때문이라는 설(*Staat*, p. 294)이 있다.

[4] 스키로포리온달은 제례력 제12월로, 율리우스력의 6월 후반부터 7월 전반에 해당한다. 기원전 5세기 후반의 평의회력은 1년을 365일로 하는 양력에 근거하고 있으며, 하지 직후를 신년 첫날로 정했다. 이에 평의회력으로, 1년을 354일로 하는 제례력 사이에는 해에 따라 약간의 차이가 생겼다(Meritt, 1961: 204~206). 제례력에 의한 기원전 411/410년 첫날은 헤카톰바이온달(제례력 제1월) 1일 즉, 율리우스력 7월 25일이지만, 한편 평의회력에 의한 그것은 그달, 즉 스키로포리온달 14일, 율리우스력으로는 7월 9일에 해당한다(Meritt, 1961: 218). 따라서 본문에서 말하는 것은 원래대로라면 신년도의 500인 평의회가 이날에 취임했을 것이라는 의미이다. 또한 기원전 407년에 태양력, 음력병행의 관례는 폐지되었고, 평의회력도 제례력에 따라 1년의 날수를 정했다. Rhodes, 1972: 224 참조.

[5] 400인 정권의 주모자 중 1명으로 가장 적극적으로 민주정 폐지를 주도했다. 민주정 폐지를 결의한 '콜로노스의 민회'에서의 사실상 발의자가 그이다(『펠로폰네소스 전쟁』 제8권 제68장 제1절). 기원전 민주정파였다가 후에 과두정파로 전향했다. 400인의 정권 붕괴 후, 스파르타 측에 투신했다. GAD(V), pp. 116~117 참조.

[6] 400인 정권 수립 계획 전체를 기획한 중심인물(투퀴디데스, 『펠로폰네소스 전쟁』 제8권 제68장 제1절). 아티카 10대 연설가의 한 사람으로, 연설술에 관련된 작품 6편이 전해진다. 400인 정권 붕괴 후, 매국죄로 고소되어 처형되었다(플루타르코스, *Moralia* 833D~834B).

[7] 이와 같은 취지는 『펠로폰네소스 전쟁』 제8권 제92장 제1절, 제93장 제2절에서도 나타난다. 제30장 각주 1 참조.

[8] 제31장 (2)의 '당면한 정치체제'에서 전권을 위임받은 '장군'에게 대응하는 것으로 보

장에 들어가 국가를 지배했다. 그리고 그들은 라케다이몬인에게 사절을 보내 양편의 현상 유지라는 조건으로 전쟁을 종결시키려고 했다. 그러나 상대방은 아테나이가 해상 지배권도 포기하지 않는 한 그것에 응할 수 없었기 때문에, 마침내 그들은 이 계획을 포기했다.

인다.

제33장

(1) 이렇게 해서 400인의 정치체제는 약 4개월 정도 계속되었고,[1] 그들 중에서 무네실로코스[2]가 2개월간 아르콘을 맡았다. 이것은 테오폼포스의 아르콘 해에 해당하여[기원전 411/410년], 테오폼포스가 아르콘직을 맡은 것은 남은 10개월이다. 하지만 에레트리아 앞바다의 해전[3]에 패해, 오레오스[4]를 제외한 에우보이아섬 전체가 이반(離反)하자, 아테나이인은 이전에 지나간 사건보다도 더욱 이 불행을 견디기 어렵게 생각했다.

---

1 아래의 이 장은 기본적으로 투퀴디데스, 『펠로폰네소스 전쟁』 제8권 제89~98장을 그 전거로 한다. 400명이 정권을 장악한 것은 기원전 412/411년 타르겔리온달의 중순이므로(제32장 (1)), 그 후 같은 해 말까지 같은 정권은 1개월 반 정도 계속되어, 다음 411/410년의 헤카톰바이온달 1일에 과두정파인 무네실로코스가 아르콘에 취임한 후, 2개월간 더 존속한 것이 된다.

2 케니언과 데블린(AOF, p. 160)은 Mnasilochos로 한다(크세노폰, 『헬라스의 역사』 제2권 제3장제2절 참조). 여기서도 대본을 따른다. 과두 정권 붕괴에 따라 아르콘에서 퇴임하고, 그 뒤를 테오폼포스가 이어서 남은 10개월을 지냈다는 것이다.

3 기원전 411년 여름, 아테나이 해군은 스파르타 함대와 에우보이아의 에레트리아 앞바다에서 전쟁을 벌여 패배했다.

4 에우보이아 북서단의 폴리스, 헤스티아이아의 다른 이름. 기원전 446년 아테나이는 그 주민을 추방하여 식민지로 삼았으며, 2000명의 시민을 정착시켰다.

(왜냐하면 이 당시 아티카 본토보다 에우보이아로부터 받는 원조가 더 컸기 때문이다.[5]) 그래서 그들은 400인 정권을 해체하고 중장보병 계층인 5000명에게 국정을 맡기고, 그때 어떤 직책도 무보수로 해야 한다는 것을 결의했다.[6] (2) 400인의 정권 해체에 가장 공이 많았던 것은 아리스토크라테스[7]와 테라메네스였는데, 그들에게는 400명의 방식이 불만이었던 것이다. 왜냐하면 400명은 모든 것을 자신들의 독단으로 행했고, 아무 일도 5000명에게 맡기는 일이 없었기 때문이다. 이때는 전시하에 있었고, 정치체제는 중장보병 계층에 의한 것이었기 때문에, 아테나이인은 좋은 통치[8]를 받은 것으로 보인다.

---

5   식량을 자급할 수 없는 아테나이에게 매우 중요한 곡창 지역이었던 에우보이아섬은, 기원전 5세기 중반 이후 아테나이의 식민지로서 아테나이의 식량 공급 기지가 되고 말았다. Moreno, 2007: 77~123 참조.

6   기원전 411년 9월경, 프닉스의 언덕에서 개최된 민회에서 400인의 정권 해체와 '5000인의 정치체제'로의 이행이 결의되었다(『펠로폰네소스 전쟁』 제8권 제97장 제1절). '5000인의 정치체제'가 어떤 정치체제였는지에 대해서는 오래전부터 논의가 있었고 여러 가지 불분명한 점이 많지만, 기본적으로는 중장보병 계층인 시민 5000인에 의한 민회가 국가의 최고기관이 되었으며, 노동자 계급은 민회나 인민재판소에서 배제되었다고 하는 로즈(Rhodes, 1972)의 설이 유력하다. 한편, 헵트너(Heftner, 2001: 279~312)는 이 정치체제가 타협의 산물이며, 국가의 일의 집행은 중장보병 계층에게 지속적으로 맡겨져 있었지만, 국정상의 중요한 결정권은 노동자 계급도 포함한 민회가 갖고 있었다고 말한다. 이에 대한 자세한 논의에 대해서는 Hornblower III, 1991~2008: 1034~1035 참조. 또 500인 평의회도 부활했지만, 아직 추첨이 아니라 선거에 의해 선택된 것 같다(Rhodes, 1972: 167).

7   아테나이의 명망가 집안 출신(APF, pp. 56~57)으로, 기원전 421년 니키아스의 조약을 비준하는 선서를 한 사람이다. 기원전 411년에는 테라메네스와 함께 온건 과두파를 이끌고 400인 정권에 참가하지만, 후에 정권에 불만을 가지고 타도 계획을 지휘한다. 기원전 410년에 민주정이 부활하자 장군으로 선정되었고, 기원전 407/406년, 406/405년에도 장군으로 선임되었다. 기원전 406년 가을의 아르기누사이 해전 후의 재판(제34장 (1))에서 처형된다.

8   '500인의 정치체제'에 대한 이 책의 칭찬은 언뜻 보면 '중용의 정치체제'를 이상으로

하는 아리스토텔레스의 정치사상(제28장 각주 12 참조)에서 유래한 것처럼 보이지만, 실은 이 저작의 독자적인 사상이 아니라, 『펠로폰네소스 전쟁』 제8권 제97장 제2절의 기술을 베낀 것에 지나지 않는다. 전시에는 자비로 무장할 수 있는 계층에게만 참정권을 부여하는 것이 당연하므로, 민간인의 직무수당 등에 자금을 할애해서는 안 된다는 것은 저자의 본래 의도이며, 그 이상으로 '5000명의 정치체제'를 특별히 칭찬하고 있는 것은 아니다. *Comm*, p. 414 참조.

제34장

(1) 그래서 인민은 그들[5000인]에게서 정권을 바로 빼앗았다.[1] 그리고 400인 정권 붕괴 후 7년째, 앙겔레구(區)의 칼리아스가 아르콘인 해[기원전 406/405]에, 아르기누사이 해전[2]이 일어났다. 그 후 우선 해전에서 승리한 10명의 장군이 한 번의 거수표결로 전원 유죄 판결을 받는 사건이 있었다.[3] 그중에는 그 해전에 참여하지 않은 자나 [자신의 배가 가라앉아] 다른 배에 구조된 자가 있었음에도 불구하고, 회합에 참여한 사람

---

1 '그들'은 400인이 아니라 500명으로 해석해야 한다. 기원전 401년 여름, '5000명의 정치체제'가 끝나고 완전히 민주정이 회복된 것을 가리킨다.

2 기원전 406년 가을, 레스보스섬과 소아시아 본토 사이에 있는 아르기누사이 군도 부근에서, 아테나이가 총력을 기울여 스파르타 함대와 결전을 벌인 해전. 아테나이 측은 승리했지만, 군선 다수가 대파되어 침몰하고 수많은 장병이 표류하다 폭풍우가 몰아치는 바람에 엄청난 익사자가 발생하는 참사가 벌어졌다. 크세노폰,『헬라스 역사』제1권 제6장 제24~38절 참조. 7년차는 6년차의 오류다.

3 이 책의 기술은 부정확하다. 우선 피고가 된 장군은 10명 전원이 아니라, 실제로 해전을 지휘한 8명으로 두 사람은 국외 도피했다(『헬라스 역사』제1권 제7장 제2절). 또 한 번의 거수표결로 유죄 판결을 내린 것이 아니라, 민회에서의 거수표결에 따른 결의에 따라 곧바로 같은 민회에서 무기명 비밀투표가 실시되어, 그 한 번의 투표로 피고 전원이 일괄적으로 유죄 판결을 받고 출정하던 6명이 처형되었다는 것이 옳다(『헬라스 역사』제1권 제7장 제9절, 제34절 참조).

들의 분노를 부추기는 자들에게 민회가 완전히 속아 넘어간 결과였다. 이어서 라케다이몬인이 데켈레이아에서 철수하려 하고, 양쪽이 현상 유지를 조건으로 화의를 맺기 원했을 때, 수락을 간절히 원하는 사람도 있었지만, 대다수의 사람들은 클레오폰에 속아서 들어주지 않았다.[4] 그는 술에 취해 가슴 보호대를 입은 채 민회 회의장에 나타나 라케다이몬인들이 [점령한] 모든 도시에서 철수하지 않는 한 수락하지 않겠다고 우겨 화평을 방해했다.

(2) 이때의 사태의 대처는 실패였으며, 아테나이인은 머지않아 그 잘못을 깨닫게 되었다. 왜냐하면 이듬해 알렉시아스가 아르콘인 해[기원전 405/404년]에 아이고스포타모이 해전[5]에서 패배하고, 그 결과 국가의 지배권을 장악한 뤼산드로스[6]가 다음과 같은 방식으로 30인 정권을

---

4 어느 시점에서 클레오폰이 스파르타로부터의 화의(和議) 신청을 거절했는지는 명확하지 않다. 기원전 410년 여름의 퀴지코스(kuzikos) 해전의 승리 직후라고 하는 사료(디오도로스, 제13권 제52~53장), 혹은 기원전 405년 가을의 아이고스포타모이 해전(다음의 각주 5 참조) 다음이라고 하는 사료(뤼시아스, 「연설」 13번(Lys. 13,5~12))가 있다. 아르기누사이 해전 직후라고 하는 것은 이 책뿐이다. 덧붙여 데켈레이아는 아테나이 시외 북방, 파르네스산의 산중 요새로, 기원전 413년 이후 스파르타군이 이곳을 점령하고 있었다.

5 아이고스포타모이는 흑해 방면에서 에게해로 나가는 출구인 헬레스폰토스 해협에 서안으로 흘러 들어가는 작은 강. 이 해협은 곡물 수송상의 최고 요충지이다. 기원전 405년 가을, 이 하구 부근에서 아테나이는 뤼산드로스가 이끄는 스파르타 함대와 최후의 결전에서 패배했다. 이로써 펠로폰네소스 전쟁에서 아테나이의 패배는 결정적인 것이 되었다.

6 스파르타 함대 사령관. 아이고스포타모이의 승리 이후, 아테나이 시역(市域)을 해상으로부터 봉쇄해서 항복을 받았다. 기원전 404년 봄, 무니키온달 16일(율리우스력 4월 25일 혹은 26일)에 아테나이 외항 페이라이에우스에 진주하게 되고, 바로 이날이 아테나이 패전의 날이 되었다. 그의 영향력 아래 아테나이에서는 30명의 과두 정권이 수립된다(이 장의 (3)).

수립하기에 이르렀기 때문이다.[7] (3) 아테나이인은 앞으로 조상의 정치체제에 따라 통치된다는 조건으로 화의가 이루어지자, 민주정파는 민주정의 존속을 도모했으나, 한편[에서는] 명망가들(귀족) 중에서 패거리(徒黨)를 이루고 있는 자나 화의한 후 귀국했던 자들이 과두정을 열망했다. 한편, 어떤 패거리에도 속하지 않지만, 그것을 별도로 하면 어느 시민에게도 뒤지지 않을 것으로 생각되었던 사람들은, 조상의 정치체제를 목표로 하고 있었다. 아르키노스[8]나 아뉘토스,[9] 클레이토폰[10]이나 포르미시오스,[11] 그 밖의 대부분이 이 파에 속해 있었지만, 그중에서도 수령

---

[7] 이후 제41장 (1)까지 30인 정권 수립과 내전, 그 붕괴, 민주정 회복과 화해의 성립에 이르는 경위가 서술된다. 기원전 404/403년부터 이듬해까지의 사건 경과는 이 책 외에 크세노폰, 『헬라스의 역사』 제2권 제3~4장, 디오도로스, 제14권 제3~6장, 제32~33장, 유스티아누스 초록인 『지중해 역사』 제5권 제8~10장 등에 기술되어 있으나 서로 모순되는 점이 많아 사실의 복원을 어렵게 하고 있다. 이들 사료의 비교 대조 일람표는 *Comm*, pp. 416~419 참조. 사건 경위에 대한 고증은 Hignett, 1952: 384~389; *Comm*, pp. 416~422 참조. 사료의 상호 관계에 대해서도 이론(異論)이 있지만, 로즈는 서로 독립된 전거에 의한 것으로 간주한다. 사실 경과에 대해서는 기본적으로 크세노폰의 편년을 따르고 있다. 이 책의 기술은 화해 조항의 세목(제39장)을 별도로 하여 테라메네스의 정치적 입장을 옹호하는 경향이 두드러지며, 사실관계에서는 정확성이 결여되어 있다.

[8] 출신은 알 수 없다. 기원전 404년 여름의 단계에서는 테라메네스파에 속했던 것 같지만, 30인 정권에는 가담하지 않고, 후에 민주정파와 함께 퓔레 점령(제37장 (1))에 가담해, 정권 타도에 관여했다(데모스테네스, 「연설」 24번(Dem. 24.135) 참조). 민주정 회복 후의 정치 행적은 그 중용을 제40장 (1)~(2)에서 칭찬받고 있지만, 그 후의 활동에 대해서는 알 수 없다.

[9] 제27장 (5) 및 해당 각주 참조.

[10] 제29장 (3) 및 해당 각주 참조.

[11] 알키노스와 마찬가지로 처음에는 테라메네스파에 속해 있었으나, 30인 정권에는 참가하지 않고, 후에 민주정파에 참가해 정권 타도에 관여했다. 기원전 403/402년의 민주정 회복 시에 토지 소유자에게만 시민권을 주는 제안을 민회에서 했지만 부결되었다(할리카르나소스의 디오뉘시오스, 『뤼시아스』 제32절 참조). 후에 기원전 394/393년에 페르시아에 외교 사절로 파견되었다(*AOF*, p. 209).

의 지위에 있던 것은 테라메네스였다. 그러나 뤼산드로스가 과두정파를 지지했기 때문에 위협을 느낀 민회는 과두정 수립을 거수표결로 결의할 태세에 몰렸다.[12] 결의의 동의 기안자는 아피드나구(區)의 드라콘티데스[13]였다.

---

12 뤼산드로스군의 점령하에서 30인 과두정 정권이 민회 결의에 의해 성립된 것은 기원전 404년 여름의 일로, 이때 국정을 위임받은 30명이 민회에서 선출되었다(크세노폰, 『헬라스 역사』 제2권 제3장 제2절). 사실상의 민주정 전복(해체)이다. 이 책은 테라메네스가 30인 정권 성립 시 과두정파와는 별도의 독자적인 입장을 취한 것처럼 서술한다. 그러나 뤼시아스, 「연설」 12번(Lys. 12.71~76)에 의하면, 뤼산드로스가 참석한 이 민회에서 과두정 정권 수립을 주도적으로 제창한 인물이 바로 테라메네스이며, 실제로 그는 30명의 일원이었다(『헬라스 역사』의 앞의 대목). 이 책의 서술은 이 사실을 은폐하고 있다. 또 이 책은 30인 정권의 주모자인 크리티아스에 대해 일절 언급하지 않고 있다. 이는 플라톤의 혈연이자 소크라테스의 제자였던 그를 옹호하려는 플라톤파의 영향일 것이다.

13 30인 정권 중의 한 사람(『헬라스 역사』 제2권 제3장 제2절 참조). 뤼시아스, 「연설」 12번(Lys. 12.73)에 의하면, 이 민회에서 테라메네스는 30인에게 국정을 위임하여 드라콘티데스가 제의한 정치체제를 따르도록 민회를 설득했다고 한다.

제35장

(1) 그리하여 30인 정권은 퓌토도로스의 아르콘 해[기원전 404/403년]에 수립되었다. 그들은 국가의 지배권을 장악하자, 정치체제에 관한 결의 사항을 모두 무시하고, 500명의 평의원과 그 밖의 관리들은 예비 경선된 1000명의 후보자 가운데서[1] 임명하고, 게다가 자신의 휘하에 페이라이에우스의 아르콘 10명[2]과 감옥 감독관 11명[3] 및 채찍을 휴대한 호위대 300명을 부하로 선택함으로써, 국가를 자신의 손아귀에 두었다.

---

1   사본에는 ek prokritōn ek tōn chiliōn('1000명으로부터 예비적으로 뽑힌 후보자로부터')이라고 되어 있으며, 케니언은 사본대로 읽는다. 그러나 거기에서 다시 500명을 선발하는 것은 숫자상으로 부자연스럽고, 헤어베어던-레우벤(Herwerden-Leeuwen, 1891)에 따라 대본은 ek tōn을 군더더기로 간주해 삭제한다. 나도 이것을 따른다.
2   민주정에는 존재하지 않는 직책으로, 30인 정권의 공모자이며, 페이라이에우스 지구(地區)의 지방 관리이다. 플라톤(『제7서한』 324C)은 같은 지구에서 아고라 및 시가지의 단속을 떠맡는 10명이 있다고 말한다. 30인 정권의 주모자 크리티아스의 사촌으로 플라톤의 삼촌에 해당하는 카르미데스는 그중 한 사람이었다(플라톤, 『카르미데스』 154B; 크세노폰, 『헬라스 역사』 제2권 제4장 제19절 참조).
3   30인 정권의 공모자이며, 그들의 폭력 장치로서 아테나이 시내에서 반대파의 체포와 처형 등에 관여했다. 『제7서한』 324C, 『헬라스 역사』 제2권 제3장 제54절 참조. 민주정 아래에서 감옥을 관리했던 '11인'(제52장 (1))과는 다르다.

(2) 그런데 그들은 처음에는 시민들에게 온건한 태도를 취했고, 조상의 정치체제를 추구하는 것처럼 행동했다. 그들은 정치체제를 부활시키고 논의의 여지가 없는 것으로 고치기 위해서라고 주장하고, 에피알테스와 아르케스트라토스의 아레오파고스 평의원에 관한 법[4]을 아레오파고스로부터 철회하고, 또 솔론의 규칙 중 이론의 여지가 있는 것, 재판관에게 주어져 있던 최종 판결권을 폐지했다. 예를 들어 재산을 누구든지 자신이 원하는 상대에게 유증(遺贈)하는 것과 관련하여 그들은 유증자에게 절대적인 권리를 인정하고 [솔론의 법에] 부대되는 '다만 정신 이상, 노년 치매 및 여성의 뜻에 조종되고 있는 경우를 제외한다'라는 방해되는 규정[5]을 삭제하고, 그로 인해 '소송을 남발하는 자'[6]가 파고들 틈을

---

[4] 구체적인 내용은 알 수 없지만, 아마도 에피알테스의 개혁(제25장) 시점에 아레오파고스 평의회로부터 정치적 실권을 박탈하려는 목적으로 제정된 여러 법일 것이다. 현재 민주정의 초석이 될 것으로 여겨졌기 때문에 여기서 폐기 대상이 된 것 같다. 아르케스트라토스는 다른 사료에 나타나지 않지만, 에피알테스의 협력자 중 한 사람으로 간주된다.

[5] 솔론의 상속재산에 관한 법은 제9장 (2) 및 해당 각주 참조. 플루타르코스,「솔론」제21장 제3절에 따르면, 솔론의 입법에 따라 남자 상속인이 없는 경우에 유언에 의한 유증의 자유를 인정했다고 한다. 그 법조문은 데모스테네스,「연설」46번(Dem. 46.14)에 인용되어 있지만, 이 절의 인용문과 미묘하게 좀 다르다. 법문의 텍스트 복원에 대한 논의는 Comm, pp. 443~444; Staat, p. 307 참조. 이 부대 조항이 '이론의 여지가 있다', '방해하지 마라'는 것으로 간주된 것은 유증자가 유언 작성 시점에 정말 정신 이상이나 노년 치매 등이 있었는지가 소송 다툼의 원인이 되었기 때문이다. 그래서 이것을 삭제함으로써 소송 다툼을 배제하고 유증의 권리를 절대적으로 만들었다는 것이다.

[6] sukophantai. 공소(公訴; graphai)의 인민 소추주의(제9장 각주 2)를 악용하여 소 취하와 맞바꾸어 상대방으로부터 금전을 협박하거나 제삼자에게 의뢰받아 사람을 고소하고 보상을 얻는 등의 목적으로 고소를 행하는 자를 말한다(『정치학』제2권 제8장 1268b25 참조). 아테나이 민주정은 진정으로 공공선을 위해 공소를 제기하는 선의를 가진 삼자와 '소송을 남발하는 자'를 구별하여, 후자를 처벌하기 위해 여러 제도적 조치를 만들었으나, 이들을 근절하기 어려웠다. 소송을 남발하는 자들은 민주정 구조에 뿌리를 둔 병리 현상이었다. 상속재산에 관한 소송은 '공소'였기 때문에, 솔론의 법의 부대 조항

없애려고 했다. 다른 사안에 대해서도 모든 일을 이와 마찬가지로 단행했다.

(3) 그래서 처음엔 30인은 이렇게 행동했다. 그리고 '소송을 남발하는 자'나 국가의 최선의 이익에 반해 인민에게 영합해 악행을 저지르는 사악한 자들을 제거했다. 그래서 시민들은 그들이 국가의 최선을 위해 행동하고 있다고 생각하고, 그에 따른 성과를 기뻐했던 것이다. (4) 그런데 30인이 일단 국가에 대한 지배를 더욱 공고히 하자, 시민들 누구도 용서하지 않고, 재산과 출신, 명성에서도 유달리 뛰어난 사람들을 처형하여 위협을 제거함과 동시에 그들의 재산을 빼앗으려 했다. 그리고 짧은 시간 안에 1500명 이상의 사람을 죽여 버린 것이다.[7]

을 이용해 타인의 상속 문제에 이들이 참견해서 소송을 제기하는 것이 가능했다. '소송을 남발하는 자'에 대한 연구는 Bonner and Smith II, 1930~1938: 39~74; Osborne, 1990; Harvey, 1990; Christ, 1998: 48~71 참조. 공소는 언뜻 보면 오늘날 형사소송과 유사한데, 예를 들어 살인 사건은 당사자 간의 사적 분쟁으로 간주돼 사소(私訴)로 재판받았다. 시민이라면 누구나 고소할 수 있는 권리가 있지만, 국가의 이해를 대표해서 고소하는 것은 아니다. 중도에 취하하거나 재판관 표의 5분의 1을 득표하지 못한 경우 고소인에게는 1000드라크마의 벌금과 공민권 정지의 형이 내려졌다. 소송을 남발하는 것을 방지하기 위한 것으로 보인다. 그 밖의 공소의 특징에 대해서는 Todd, 1993: 109~112 참조. 또한 사료상으로 확인할 수 있는 공소의 여러 유형을 망라해서 보여 주고 있는 Lipsius, 1905~1915: 339~459; Todd, 1993: 105~109 참조. 사소의 여러 유형에 대해서는 Lipsius, 1905~1915: 468~776; Todd, 1993: 102~105 참조.

7 이와 동일한 기술은 이소크라테스, 「연설」 7번, 20번(Isoc. 7.67, 20.11), 아이스키네스, 「연설」 3번(Aeschin. 3.235)에서도 찾아볼 수 있다. 1500명이란 30인 정권의 공포정치 아래에서 즉결재판에 의해 처형된 시민의 총수로 봐야 할 것이다.

제36장

(1) 이렇게 해서 국가가 점차 쇠퇴하기 시작했을 때, 일어나는 일에 점차 분노한 테라메네스는 그들의 잔혹한 행동을 멈추고, 가장 뛰어난 사람들의 국정 참여를 인정할 것을 30인에게 권고했다. 그들은 처음에는 반발했지만, 테라메네스의 의견이 다중들 사이에서 지지를 넓히고 민중이 그에게 친근감을 갖게 되자, 그가 인민의 옹호자가 되어 자신들의 전제 지배를 뒤집을까 두려워한 30인은 참정권을 부여할 작정으로 시민들 중 3000명을 등록하려고 했다.

(2) 테라메네스는 이에 대해서도 재차 반대했다.[1] 첫째로 그들은 유능한 사람들에게 참정권을 주려고 하면서도, 마치 덕이 있는 사람이 그 인원수에 한정되는 것처럼 3000명에게만 참정권을 인정하려 했으며, 둘째로 지배를 폭력 위에서 구축하면서, 또 [지배자를] 피지배자보다 약

---

1 테라메네스의 두 번의 항의와 크리티아스 등 30인 정권 주모자(主謀者)에 대한 응수는 크세노폰, 『헬라스 역사』 제2권 제3장 제15~19절에 자세히 기술되어 있지만, 이 책의 기술과 거의 일치하기 때문에, 양자는 동일한 전거에 근거하는 것이라고 생각된다. 로즈(*Comm*, p. 22, 421, 447)는 그것을 테라메네스 자신의 변명 연설(『헬라스 역사』 제2권 제3장 제35~49절 참조) 혹은 지지자가 쓴 테라메네스의 옹호 문서일 것으로 추정한다.

한 지위에² 두는 것은 완전히 모순된 두 가지 일을 하자는 것이라는 점이 그 이유였다. 그런데 30인은 이러한 반대를 무릅쓰고, 다른 한편으로 3000명의 등록은 미루고, 결정된 사람들의 이름을 자신들의 비밀로 하고 있었다. 그리고 공표하고자 결정할 때마다, 〈등록된〉 사람의 일부를 없애고는, 대신 제외되었던 사람을 써넣는 것이었다.

---

2 3000명 이외의 시민이 다수이며, 실력에서도 과두정 정권을 능가한다는 의미이다. 이것을 두려워했기 때문에, 그 후 30인 정권은 3000인 이외의 시민을 무장 해제토록 했다(제37장 (1)~(2))라는 문맥을 읽을 수 있다. 테라메네스의 항의는 거의 동일한 문구로 크세노폰의 『헬라스 역사』 제2권 제3장 제19절에도 나와 있다.

제37장

(1) 이미 겨울이 시작되자, 트라쉬불로스[1]는 망명자와 함께 퓔레[2]를 점령했다. 30인은 군대를 출격시켰으나 패하고 철수하자, [3000명 이외의] 일반인들로부터 무기를 빼앗고, 또 테라메네스를 다음과 같은 방식으로 말살하기로 결정했다. 그들은 두 법안을 평의회에 제출하여 거수표결로 통과시키도록 명령했다. 그중 하나는 3000명의 명부에 기재되지 않은 시민을 독단적으로 처형하는 전권을 30명에게 부여한다는 것이며, 다른 하나는 우연히 헤티오네이아[3]의 성벽 파괴에 가담한 자, 혹은 앞선 과두

---

1   뤼코스의 아들로 스테이리아구(區) 출신의 장군이자 정치가. 기원전 411년 본국에서 성립된 400인 정권에 대항하여 사모스섬에 민주파 정권을 수립했다(투퀴디데스, 『펠로폰네소스 전쟁』 제8권 제75~76장). 기원전 404년 가을, 30인 정권에 의해 추방되어 이웃 나라 테바이로 망명해, 그곳에서 70명의 동지를 이끌고 아티카로 돌아와 퓔레를 점령했다(크세노폰, 『헬라스 역사』 제2권 제4장 제2절). 30인 정권의 타도와 민주정 회복을 성공으로 이끈 제일의 공적자로서 민주파의 유력 정치가가 된다. 그 후, 아테나이의 대외 확장 부활 정책을 이끌지만, 코린토스 전쟁에서의 원정을 지휘하던 중 기원전 388년에 전사했다.
2   파르네소스산 남서부의 요충지로, 이곳에서 정남쪽으로 향하면 페이라이에우스항에 이른다. 트라쉬불로스의 퓔레 점령은 기원전 404년 늦가을부터 겨울에 걸친 것이다.
3   페이라이에우스의 본항인 칸타로스(Kantharos)의 만 입구 북쪽에서 돌출한 반도부. 기

정을 수립한 400명에 대해 반대 활동을 했던 자가 현재의 정치체제의 참정권을 맡는 것을 금지하는 법이었다. 테라메네스는 결과적으로 이 양쪽에 관여하고 있었기 때문에, 이들 법이 가결돼 성립되자, 자연히 그의 참정권을 박탈당함과 동시에 30인은 그를 사형에 처하는 전권을 얻기에 이른 것이다. (2) 테라메네스가 말살되자, 이들은 3000명을 제외한 전 시민으로부터 무기를 빼앗았을 뿐 아니라, 다른 점에서도 점점 잔인해지고 사악해지는 그 정도가 더 심해졌다. 이들은 라케다이몬에게 사절을 보내 테라메네스를 비방·중상해 줄 것과 함께 원군을 요청했다. 라케다이몬인은 이 말을 듣자, 주둔군사령관(harmostes)[4] 칼리비오스가 이끄는 약 700명의 병사를 파견했고, 그들은 도착하자마자 아크로폴리스의 수비에 임했다.[5]

원전 411년에 400인 정권은 사모스로부터 트라쉬불로스 등 민주정파가 귀국하는 것을 저지하기 위해 여기에 성벽을 쌓았는데, 테라메네스는 이 성벽 축조를 반대했고 그 파괴를 승인했다. 투퀴디데스, 『펠로폰네소스 전쟁』 제8권 제90~92장 참조.

[4] 스파르타가 지배하던 도시에 파견한 주둔군의 사령관.
[5] 이 장에서의 사건의 연대는 부정확하다. 사실은 크세노폰, 『헬라스 역사』의 기술대로 30인 정권의 성립 → 칼리비오스의 주둔군 진주 → 일반 시민의 무장 해제 → 테라메네스 처형 → 트라쉬불로스의 퓔레 점령이라는 순서가 옳다. 테라메네스 처형 이후, 무장 해제와 스파르타군 개입 요청을 두고, 이 책의 연대상으로는 테라메네스가 죽었기 때문에 30인 정권이 악정(惡政)으로 치닫는 듯한 인상을 줌으로써 그를 옹호하려는 저자의 의도가 보인다. 이에 대해서는 제34장 해당 각주 7 참조. Hignett, 1952: 388; Comm, p. 454 참조.

제38장

(1) 그 후 퓔레로부터 온 사람들이 무뉘키아[1]를 점령하여 30인과 함께 도와주러 온 군대와 싸워 이들을 무찔렀다.[2] 이 위험한 전투 후 시내로부터 온 사람들은 철군하고, 다음 날 아고라에 모였고, 30인 정권을 해체했다. 그리고 시민으로부터 10명[3]을 선택하여 내전 종식을 위한 전권을 부여했다. 그런데 이들이 전권을 맡게 되자, 맡은 바 소임을 다하기는커녕 오히려 라케다이몬에게 사절을 보내 원군을 요청하고, 또 군자금을 대여받기까지 했다. (2) 참정권이 있는 사람들은 이 일을 그냥 그대로 놔두

---

1 페이라이오스(피레우스) 항구 북동쪽 야트막한 구릉 지역으로 역사적 사건이 벌어진 전략적 요충지였다.
2 트라쉬불로스는 군대를 모으자 퓔레에서 출격하여 페이라이에우스로 향했고, 그 요충지인 무뉘키아 언덕 부근에서 30인파의 군대와 교전하여 이를 격파했다(크세노폰, 『헬라스 역사』 제2권 제4장 제10~11절). 30인 정권의 주모자였던 크리티아스와 카르미데스는 전사했다. 기원전 403년 봄의 일이다. 테라메네스 처형 후, 3000명 이외의 시민들은 아테나이 시내에서 추방되어 페이라이에우스로 도망쳐 있었다(크세노폰, 『헬라스 역사』 제2권 제4장 제1절). 그 수는 5000명으로 전해지는데(이소크라테스, 「연설」 7번 (Isoc. 7.67)), 트라쉬불로스는 그들과 합류한 것이다. 무뉘키아에 대해서는 제19장 해당 각주 참조.
3 『헬라스 역사』 제2권 제4장 제23절에 따르면 1부족당 1명씩.

고 볼 수가 없었다. 그래서 10인은 그들의 지배적 지위가 전복될 것을 두려워하고, 또 다른 시민들을 공포에 빠지게 하려고(이것은 사실 그대로 되었다), 시민들 중 누구에게도 뒤지지 않았던 데마레토스[4]를 체포해서 처형하고, 칼리비오스 휘하의 펠로폰네소스 동맹 주둔군, 나아가 일부 기병들의 지지를 얻어 정권 장악을 공고히 해나갔다. 왜냐하면 기병들 중에는 시민들 중에 가장 열심히 필레로부터 사람들의 귀환을 저지하려는 일파도 있었기 때문이다.[5]

(3) 하지만 전 인민이 [10인으로부터] 등을 돌리고, 페이라이에우스와 무뉘키아를 점령하고 있던 측에 기대어, 그들이 내전에서 우위를 점하게 되자, [시내파는] 애초에 선택한 10명을 해임하고, 가장 뛰어나다고 생각되는 10명을 새로 선임했다.[6] 이 10명의 재임 중에 그들의 조력과 열의에 의하여 [민주정과 과두정 양파의] 화해가 성립함과 동시에 민주정파는 귀환을 완수하기에 이른 것이다. 10명 중 가장 앞장선 사람은,

---

4 다른 어떤 사료에도 보이지 않는 사람으로, 누군지 알 수 없다.
5 기병은 이미 30인 정권 측에 맞서 싸우고 있었고(『헬라스 역사』 제2권 제4장 제2, 4, 8, 10절), 무뉘키아에서의 패전 후에는 아테나이 시내를 경비하고, 또 페이라이에우스파와 소규모 전투를 벌이고 있었다(『헬라스 역사』 제2권 제4장 제24, 26~27절). 과두정 정권하에서 기병으로 등록했던 시민들은 결국 민주정 회복 이후 반민주정적인 인물로 간주되어 오랫동안 불신과 반감을 사게 되었다. 기원전 4세기 초, 평의원이나 아르콘의 자격 심사(제45장 (3), 제55장 (2)~(5))에서 30인 정권 기병 근무로 인해 고소당한 시민의 사례가 있다(뤼시아스, 「연설」 16번, 26번(Lys. 16.3, 26.10)). 기병은 말을 사육할 수 있는 부유한 시민들에 의해 구성되었고, 또 실제로 두 번의 민주정 전복에 적극적으로 관여했기 때문에 과두정파의 이데올로기와 결부되어 기원전 4세기에는 군사적 역할이 축소되는 결과를 초래했다. Bugh, 1988: 120~153 참조.
6 이 책 이외에 이것을 지지하는 사료는 없다. 10명의 구성원은 새롭게 선택되는 일 없이 시종일관 동일했다는 의견이 오랫동안 유력했다. Comm, p. 459; Staat, pp. 313~314 참조. 이 책이 새롭게 선정된 10인 중 1명이라고 하는 리논(이어지는 각주 7 참조)은 이소크라테스, 「연설」 18번(Isoc. 18.5~8)에 의하면 30인의 뒤를 이었다. 10명의 일원이라고 하는데, 아마 이쪽이 옳은 것 같다.

파이아니아구의 리논[7]과 아케르두스구의 파울로스[8]였다. 이 두 사람은 파우사니아스가 도착하기 전에도, 페이라이에우스파에게 사자를 보냈고, 또 그가 도착한 후에는 민주정파 귀환을 지지하기 위해 열성적인 노력을 기울였던 것이다.

(4) 왜냐하면 화의와 화해를 완성하도록 이끈 것은, 이 라케다이몬인의 왕 파우사니아스[9]와 왕 자신의 열성적인 도움 요청에 의해 나중에 라케다이몬에서 온 10명의 중재 위원이었기 때문이다. 리논과 그 일파는 인민에 대한 호의 때문에 칭찬을 받았다. 그들은 과두정 정권 밑에서 직무를 맡으면서 [나중에] 민주 정권 밑에서 집무 심사를 받았지만, 시내[都城]에 남아 있던 사람들도, 페이라이에우스에서 귀환한 사람들 누구 하나 그들을 어떤 죄로도 고소하지 않고, 오히려 리논은 이 때문에 곧바로 장군으로 선발되기까지 했다.

---

[7] 조상은 알 수 없지만, 그의 후손들은 '공적 봉사자'를 여러 명 배출한 부유한 시민(*APF*, pp. 67~68 참조)이었을 것으로 추정된다. 기원전 417/416년에는 장군의 보좌역을 맡고 있었던 것 같다(*AOF*, p. 147).

[8] 앞의 리논과 마찬가지로 조상은 알 수 없지만, 그의 후손들은 '공적 봉사자'를 배출한 부유한 시민(*APF*, pp. 53~54 참조)이었을 것으로 추정된다. 그의 아들인 아리스톤은 기원전 359/358년의 타르겔리아 전투에 참여했으며, 330년대에는 삼단군선의 공적 봉사자였다. *Comm*, p. 460 참조.

[9] 페르시아 전쟁에서 활약한 장군 파우사니아스(제23장 (4))의 손자이자 스파르타의 왕. 30인 정권 붕괴 후, 뤼산드로스가 아테나이 시내의 3000명 측에 다시 군사 개입한 것을 알게 된 파우사니아스는 그의 권력을 경계하고 스파르타 감독관을 설득해 스스로 군대를 이끌고 아테나이로 향했다. 처음에 페이라이에우스파와 교전했으나, 그 후 두 파를 화해시키고 스파르타와의 동맹 체결을 실현하도록 이끌었다(크세논폰, 『헬라스 역사』 제2권 제4장 제29~39절 참조).

제39장

(1) 화해는 에우클레이데스가 아르콘인 해[기원전 403/402년], 아래와 같은 조건으로 성립했다.[1] [30인 정권하에서] 시내(astu)에 머물고 있던

---

[1] 시내파와 페이라이에우스파(민주정파)와의 화해 협정 성립은, 트라쉬불로스를 비롯한 페이라이에우스파가 시내에 귀환을 완수한 기원전 403년 9월경이다. 플루타르코스(*Moralia*, 349F)에 따르면 이것은 보에도로미온달(Boēdromiōn, 9/10월) 12일의 일이다. 화해 협정의 구체적인 내용에 대해, 이 책은 몇 가지 규정을 전하는데, 이에 더하여 30인 정권 밑에 몰수된 재산의 처리에 관한 규정이 있었다. 즉 부동산의 무상 반환이다. 기원전 410년의 400인 정권 붕괴 후에는 민주정파가 과두정파에게 엄격하게 보복한 것에 비해, 한층 더 가혹한 공포정치를 실시한 30인 정권의 사람들에게 민주정파가 화해로 응답한 것은, 이후 기원전 4세기를 통해 법의 지배하에서 아테나이 민주정이 안정된 질서를 형성해 가는 출발점이었다는 평가가 있다. Ostwald, 1986: 497~524 참조. 화해 협정 성립의 경위와 그 내용 및 화해가 얼마나 준수되었는지에 대해서는 러닝(Loening, 1987)의 실증적 연구 참조. 러닝에 따르면, 화해는 단순히 과두정파에 대한 민주정파의 승리로 특징지을 수 없다는 것이다. 30인 정권에 대한 시민의 복수심을 억제해 화해를 성공으로 이끈 것은 아르키노스와 트라쉬불로스 등 민주정파 지도자의 통찰력 덕분이었다고 해석한다. "화해 조약의 승리는 주로 회복된 민주정의 지도자들, 특히 아르키노스와 트라쉬불로스의 공으로 돌려져야 한다. 그들은 아테나이의 르네상스가 모든 시민의 평화와 화합에 달려 있다는 것을 인식할 만큼 선견지명이 있었다"(Loening, 1987: 149).

아테나이인들 중 [시외로] 이주를 희망하는 자에게는 엘레우시스[2]에서의 거주를 인정한다. 그들은 공민권을 보유하고, 자신의 의사 결정에 자발적 권리와 권한을 가지며, 또한 자신의 재산으로부터 수익을 얻는 것이 허용된다. (2) 엘레우시스의 신성한 지역은 [엘레우시스 공동체와 아테나이시] 양쪽의 공유 재산으로 하며, 케뤼케스[3]와 에우몰피다이[4] 가(家)의 조상 전래의 관습에 따라 이를 관리한다. 엘레우시스에 있는 자가 시내로, 혹은 시내에 있는 자가 엘레우시스로 가는 것은 모두 금지한다. 단, 어느 쪽도 비의에[5] 참가하는 경우는 제외한다. 엘레우시스 이주

---

2 엘레우시스(현재의 엘레우시나Eleusina)는 아테나이 시외 서쪽 20킬로미터쯤에 위치한 해안 마을. 아테나이 서쪽 방위상의 요충지. 데메테르와 코레(페르세포네)의 신성한 지역이 있으며, 이곳에서 비의(秘儀)를 비롯한 중요한 종교 제의가 거행되었다. 30인 정권의 잔당은 정권을 빼앗긴 후, 엘레우시스로 퇴거하고 있었다(크세노폰,『헬라스 역사』제2권 제4장 제24절).

3 엘레우시스의 비의를 감독하는 아티카 최고의 게노스(가문). '횃불 운반자'(dadouchos) 및 그 밖의 직책을 세습하며, 비의 이외의 국가 제의에서도 중요한 역할을 했다. Parker, 1996: 300~302 참조. 아테나이 시민단의 하부 조직 중 하나로, 기원전 4세기 후반의 게노스란 공통의 조상을 가진다고 믿고, 전형적으로는 특정 제사의 신관직을 세습하는 법률상의 부계 혈연 집단으로 아테나이에서는 60여 개 이상의 존재가 확인되고 있다. 모든 아테나이 시민이 게노스에 소속된 것은 아니다. 예전엔 게노스는 폴리스 성립 이전에 그 기원을 가진 특권 귀족의 씨족제적 혈연 집단으로 여겨져서, 오히려 '씨족'으로 번역되었다.

4 케뤼케스와 나란히 엘레우시스의 비의에서 중요한 역할을 맡은 게노스. 엘레우시스 제의의 최고 신관이자 비의의 마지막 단계 입회식을 집전하는 직책인 히에로판테스(hierophantēs)를 세습했다. Parker, 1996: 293~297 참조.

5 mustēria. 데메테르와 코레를 주제신(主祭神)으로 삼는 헬라스 세계에서 가장 높은 명성으로 자자한 엘레우시스의 비밀 제의. 봄의 '작은 비의'와 가을의 '큰 비의'가 있다. 비의의 입신자(入信者)는 사후의 생명과 영원한 행복을 약속받았다. 큰 비의는 보에도로미온달 15일부터 8일간, 전반의 4일은 아테나이 시내에서, 후반은 엘레우시스에서 행해졌다. 비의 제5일에는 아크로폴리스 북쪽 기슭의 신역 엘레우시니언에서 데메테르의 성물(聖物)을 운반하는 행렬이 출발하여 판아테나이아 거리와 성문을 지나 엘레우시스에 이른다. Parker, 1996: 55~72 참조. 그러므로 이 비의의 기간만은 시내와 엘레

자들은 펠로폰네소스 동맹에 대한 기금[6]을, 다른 아테나이인과 같은 조건으로 자신의 세입으로부터 부담한다.

(3) 이주자 중 엘레우시스에 가옥을 취득하고자 하는 자가 있으면, 원래 소유자의 동의를 얻어야 한다. 만일 서로 합의가 이루어지지 않을 경우, 양쪽이 각각 3인의 사정자(査正者)를 선임하고, 그들이 사정한 평가액을 [소유자는] 승인해야 한다. 엘레우시스의 옛 주민으로, [이주자] 스스로가[7] 그것을 희망하는 자라면 이주자와 함께 사는 것이 허용된다.
(4) 이주 희망자는 전출 등록을 한다. 그때 이미 아테나이 국내에 있는 경우 화해 선서[8]를 한 날부터 10일 이내에 등록하여 20일 이내에 이주하고, 또 국외에 있는 자에 대해서는 귀국 후 같은 절차를 거쳐 이주한다.
(5) 엘레우시스 이주자는 다시 시내로 이주해 산다고 등록하지 않는 한, 시내에서의 어떠한 직책에도 종사하는 것을 허용하지 않는다. 만일 그 자신의 손으로 사람을 죽이거나 상처를 입힐 경우,[9] 살인에 대한 개인 간

우시스와의 왕래가 인정되었다. 또한 러닝(Loening, 1987: 33)은 작은 비의에서의 왕래도 화해의 조건이었다고 한다.

6 기원전 404년 봄에 아테나이가 항복했을 때의 화의에 의해 아테나이는 펠로폰네소스 동맹에 가입하게 되어 스파르타와 적과 아군을 공유하게 되었다. 『헬라스의 역사』 제2권 제2장 제20절 참조.

7 대본의 houtoi(그들은)를 케니언과 로즈(*Comm*, p. 466)는 보존한다. 다른 사본은 autoi로 수정한다(Richards). 나도 이를 따른다. 이렇든 저렇든, '희망하다'의 주어는 '엘레우시스로의 이주자'로 해석되지만, 로즈나 러닝(Loening, 1987: 36~37)은 엘레우시스 공동체 내에서의 신구 주민의 공동 거주라는 넓은 의미로 보는 데 반해, 체임버스(*Staat*, p. 317)는 앞의 문장과의 연결선상에서 '가옥의 새로운 소유자가 스스로 그것을 희망하면 구의 주민을 임차인으로 해서 살게 할 수 있다'라고 좁은 의미로 해석한다.

8 기원전 403년 9월에 시내파와 페이라이에우스파 사이에 교환된 화해의 서약.

9 카이벨-빌라모비츠(Kaibel-Wilamowitz, 1898), 헤어베어던-레우벤(Herwerden-Leeuwen, 1891), 마티외-오슐리에(Mathieu-Haussoullier, 1992), 오퍼만(Oppermann, 1961), 케니언(Kenyon, 1891) 및 로즈(*Comm*, p. 468) 등은 이 부분(파피루스,

의 소송은 조상의 법에 따라서 이루어진다.¹⁰ (6) 과거의 원한에 대해서는 그 누구에 대한 것이든 모조리 사면¹¹을 해준다. 단 30인, 10인, 11인,

---

autoxiraektisiotrōsas)을 autocheiria ekteinen hē etrōsen이라고 읽는다. 한편, 우리의 대본은 autocheiria ekateinen trōsas('사람에게 상처를 입히고 죽음에 이르게 한 경우')라고 읽는다. 여러 사본에는 이 부분이 잘못 적음, 삭제와 삽입이 뒤섞여 있어 판독에 어려움을 겪지만, 디지털을 통해서도 autocheiria 끝의 a를 읽을 수 있고, 또한 제57장 (3)의 말과 일치하는 점으로부터, 우리의 대본이 아니라 카이벨-빌라모비츠 등의 읽기에 따른다(케니언 참조). 살인, 상해죄에 대해서는 제59장 (3), (4) 참조.

10 다음 문장의 대사면과 관련된 예외 규정으로 해석한다. 즉 30인 정권하에서 '자신의 손으로' 사람을 살해한 경우에는 대사면이 적용되지 않으며, 살인에 대한 사소(私訴; dikē phonou)의 대상이 된다는 것이다. 반대로 말하면, 직접적인 살해를 실행하지 않고, 간접적으로 살인의 기도에 관여한 사람에게는 대사면이 적용된다고 할 수 있다. 이는 30인 정권의 명령에 따라 자신의 의사에 반하여 시민의 체포 연행이나 밀고를 강요당하고, 결과적으로 다수의 시민 처형에 관여한 자들을 사후 복수로부터 보호하기 위한 규정으로 보인다. Carawan, 1998: 355 참조. 살인에 대한 고소에 대해서는 제57장 (2), (3) 참조.

11 이 문장을 문자 그대로 옮기면 '[과거의 일에 대해서] 누구든지 어떤 사람에 대해서 나쁜 일을 떠올리지 말라'(medeni pros mēdena mnēsikakein exeinai)이다. '과거의 상처(불행)를 기억하지 말라'(mē mnēsikakein)는 것이니, 다시 말하자면 30인 정권 밑에서 일어난 일의 기억을 없애는 것을 의미한다. 그래서 여기서는 '대사면'(full amnesty)으로 의역했다. 과두정파의 범죄 행위에 대한 고소를 금지함으로써 복수의 연쇄를 끊고 시민단의 분열을 피하려는 것이 대사면의 법적인 목적이다. 구체적으로는 우선 30인 정권 밑에서 혹은 그 이전에 실행된 국가에 대한 범죄 행위 일반을 원칙적으로 면소(免訴)한다. 시민 간의 사적인 법적 다툼에는 원칙적으로 사면은 적용되지 않는다. 대사면의 구체적인 적용 조건에 대해서는 Loening, 1987: 99~146 참조. 예외 규정도 여러 가지가 있으며, 대사면으로 시민의 복수 감정이 소멸된 것은 물론 아니다. 민주정 회복 후 당분간은 대사면의 원칙에 어긋나지 않는, 예를 들면 관리의 자격 심사에서 과거의 과두정파 시민이 과두 정권 밑에서의 행동을 공개적으로 비난하는 것은 가능했다. Loening, 1987: 103~116 참조. 기원전 403년 9월의 화해 협정에 따라 두 파 사이에 교환된 '과거의 불행을 기억하지 않는'(not to recall misfortunes of the past) 서약이 최종적으로 어떻게 성문화되었는지에 대한 논의는 Carawan, 2002과 Carawan, 2006 참조. 기원전 403년의 대사면의 서약에는 복수와 화해, 과거의 집합적 기억이라는 관점이 포함되어 있다. 로로(Loraux, 2006)는 당쟁과 정치적 분열이 숙명화되어 있는 폴리스 사회에서 굳이 아테나이 시민이 '과거의 불행을 기억하지 않는' 서약을 하는 것은, 과두정

페이라이에우스의 아르콘이었던 자에 대해서만은 제외한다.[12] 그러나 이들이 집무 심사를 받으면 그렇게 하지 않는다. 페이라이에우스의 아르콘은 페이라이에우스의 사람들 앞에서, 시내에서 직책을 맡고 있던 사람은 재산 자격[13]을 갖는 〈시내의〉 사람들 앞에서, 각각 집무 심사를 받는다. 이러한 조건을 충족한 후에 희망자는[14] 이주한다. 내전 때문에 양쪽이 차입한 자금[15]은 각각 따로 변제한다.

파의 행위를 과거로부터 없애고, 사람들의 기억을 이전의 민주정 시대에 직접 연결함으로써 시민 공동체의 재통합을 완수하는 것을 의미했다고 해석한다.

12 캐러언(Carawan, 2006: 65~69, 75~76)은 이 제외 규정이 당초의 화해 조항에 포함되지 않고, 나중에 기원전 401/400년의 엘레우시스의 재통합과 두 번째의 화해 성립 시에 정식으로 추가된 것으로 생각한다.

13 아마도 솔론의 소득 등급 중 상위 3등급. 옛 과두정파 시민에 대해 집무 심사를 실시하는 인민법정이 너무 편향된 판결을 내리지 않기 위해서라고 로즈(Comm, pp. 470~471)는 해석한다.

14 블라스(Blass, 1903)와 로즈(Comm, p. 471)는 이 부분을 tous 〈mē〉 ethelontas로 보충해, 바로 앞의 맥락으로부터 '(집무 심사를) 희망하지 않는 자는'이라고 해석한다. 여기에서는 '이러한 조건'을 화해 조건 전체의 의미로 취해서, 케니언과 대본을 비롯한 대다수의 교정자를 따라 읽는다.

15 30인 정권이나 10인 정권이 스파르타로부터 군자금을 차입하고 있었던 것에 대해서는 제38장 (1), 제40장 (3) 참조. 트라쉬불로스 등 페이라이에우스파도 내전을 위한 군자금을 외국으로부터 차입하고 있었던 것은 뤼시아스, 「연설」 30번(Lys. 30.22)과 데모스테네스, 「연설」 20번(Dem. 20.149)에도 나타난다.

제40장

(1) 화해는 이러한 방향으로 성립되었다. 하지만 30인 측에 서서 내전에 참가한 사람은 모두 공포에 사로잡혀, 많은 사람이 이주의 의사는 있지만, 누구나 그렇게 하기 일쑤라는 것처럼, 기한일 직전까지 전출 등록을 미루고 있었다. 이때 아르키노스[1]는 그런 사람이 많이 있는 것을 보고 그들을 시내에 머물게 하려고 나머지 등록일을 취소시켜 버렸다.[2] 그 결과 많은 사람은 뜻에 반하여 어쩔 수 없이 시내에 머물게 되었는데, 이윽고 그들도 자신감을 되찾았다.

(2) 이 점에 관해서 아르키노스의 정책은 훌륭했다고 생각되지만, 그 후 트라쉬불로스의 결의를 '위법 제안'의 죄로 고소했을[3] 때도 그랬다.

---

1   제34장 해당 각주 참조.
2   구체적으로 어떻게 등록일을 취소시켜 버렸는지는 분명치 않다. 캐러언(Carawan, 2006: 69, 75)은 기원전 403/402년 겨울로 추정한다. 엘레우시스파가 전쟁 준비를 하고 있다는 정보가 아테나이 시내에 전해졌기 때문이다(크세노폰, 『헬라스 역사』 제2권 제4장 제43절). 그는 같은 파의 세력이 증가하는 것을 두려워한 아르키노스가 서둘러 엘레우시스로의 이주를 중지시켰다고 생각한다.
3   위법 제안에 대한 공소에 대해서는 제45장 (4) 및 해당 각주 참조. 아르키노스에 의한 고소는 기원전 403/402년 혹은 다음 해의 일로, 사실의 경위에 대해서는 Hansen, 1974:

트라쉬불로스는 그 결의로, 페이라이에우스로부터의 귀환에 참가한 사람 전원에게 시민권을 나누어 주려 했지만, 그들 중에는 분명히 노예가 섞여 있었다. 그리고 세 번째로, 망명지에서 귀환한 사람들 중에 사면을 무시하기 시작한 사람이 나왔을 때, 아르키노스는 이 사람을 약식 체포[4] 하여 평의회로 연행하고 이를 설득하여 재판 없이 처형시켰다.[5] 이때 그는 이렇게 말했다. 민주정을 지키고 화해의 선서를 준수할 의사가 있는지 여부를 표시하는 것은 지금 이때를 제외하고는 달리 없다. 만일 이 남자를 방면하면, 다른 사람들에게도 마찬가지의 행동을 취하게 되겠지만, 처형하면 만인에게 모범을 보일 것이라고. 그리고 이런 일이 실제로 그대로 일어났다. (3) 왜냐하면 그자가 처형되면, 그 이후 누구 하나 사면을 어기는 자는 나타나지 않기 때문이고, 오히려 아테나이인은 개개의 시민으로서도 전체로서도 과거의 불행에 대해 다른 예를 찾아볼 수 없을 정도로 훌륭하게, 폴리스 시민에 걸맞은 공공의 정신으로 대처했다고 생각되기 때문이다. 왜냐하면 그들은 과거의 책임을 물에 흘려보냈을 뿐만 아니라, 30명이 내전 때문에 차입한 자금을 아테나이 국고에서 라케다이몬인에게 변제한 것이다. 화해 합의 조항에 따르면, 시내에 있던 시민들과 페이라이에우스에서 귀환한 시민들이 각각 따로 갚도록

28~29 참조. 30인 정권 타도에 협력한 민주정파 시민에 대한 사후 보상은 트라쉬불로스의 제안 이외에도 몇 가지가 전해지지만, 사료들 간에 모순이 있어서 사실 확정은 어렵다. *Comm*, pp. 474~477 참조.

4 제52장 (1) 및 해당 각주 참조.

5 일반적으로 민주정 아래에서는 평의회가 사형을 선고할 권한은 없다. 그러나 약식 체포된 실행범이 '11인'의 앞에서 죄를 자백하면 재판 없이 처형된다(제52장 (1)). 이 처형이 어느 시점에서의 일인지는 확실하지 않지만, 아마도 화해와 민주정 회복 직후의 혼란스러운 시기에 불법적으로 집행되었을 가능성은 있다(*Comm*, p. 477 참조). 제45장 해당 각주 참조.

규정돼 있었는데도, 이렇게 결정한 것은 이를 시민 화합의 첫걸음으로 삼아야 한다고 생각했기 때문이다. 하지만 다른 나라에서는 민주정파가 권력을 잡으면,[6] 더 이상 개인 재산으로부터 양여(讓與) 등은 하지 않을 뿐만 아니라, 토지의 재분배까지도 실시하는 것이다.[7]

(4) 이주 후 3년째, 크세나이네토스가 아르콘인 해[기원전 401/400년]에는 엘레우시스로 이주한 시민들에 대해서도 화해가 성립되었다.[8]

---

[6] 사본에는 hoi dēmokratēsantes('민주정파는')가 있는데, 헤어베어던-레우벤(Herwerden-Leeuwen, 1891), 후드(Hude, 1932), 로즈(*Comm*, p. 480) 및 대본은 hoi dēmoi kratēsantes로 수정한다.

[7] 이른바 민주정의 타락 단계에서 부유한 자의 부(富)의 몰수와 재분배가 이루어진다는 주장은 『정치학』 제5권 제5장(1305a3~7)에서도 찾아볼 수 있다. "인민에게 환심을 사기 위해서 인민 선도자들은 … 공공 부담금에 의해 귀족들의 재산이나 수입을 재분배함으로써, 때로는 부유한 자들의 재산을 몰수할 수 있도록…." 일반적으로 기원전 4세기 후반의 헬라스 여러 폴리스에서는 토지 재분배 요구가 빈번하게 일어나 정정(政情) 불안정의 요인이 되었지만, 동시대의 아테나이에서는 예외적으로 그런 일이 일어나지 않아 민주정의 지배는 안정되어 있었다.

[8] 『헬라스 역사』 제2권 제4장 제43절 및 캐러언(Carawan, 2006: 75~76)의 연대 고증에 의하면, 기원전 403~402년 겨울에 엘레우시스파가 용병을 모아 전쟁 준비를 개시했고, 그것에 대해 기원전 402년 봄부터 여름에 걸쳐 아테나이 측이 총력을 기울여 엘레우시스를 공격해서, 엘레우시스 측의 장군을 살해했다. 같은 해 가을부터 겨울에 걸쳐 엘레우시스 재통합의 기대가 높아지면서 양측 간에 비공식적인 절충이 이루어졌다. 그리고 기원전 401년 여름에 아르콘 취임과 함께 재통합이 실현되어 엘레우시스 측도 포괄하는 재차의 화해가 성립되었다. 이때 대사면에 30인과 그 공모자에 대한 제외 규정이 정식으로 추가되었다. 여기에 엘레우시스는 독립을 포기하고 결국 아테나이 국가로 복귀한 것이다.

제41장

(1) 그런데 이것이 일어난 것은 나중의 일로, 이 시점에는 인민이 국정의 주권자가 되어, 퓌토도로스가 아르콘인 해[기원전 404/403년][1]에 오늘날까지 계속되는 정치체제를 수립한 것이었다. 인민은 자신의 힘으로 귀국을 완수했으니, 정권을 장악한 것도 정당해 보인다.

(2) 숫자적으로 헤아려 보면, 이것[2]이 열한 번째 정치체제의 변혁이었다. 처음에서부터 보자면, 정치체제를 가장 먼저 변혁한 것은 이온[3]과 그가 이끄는 일파가 함께 정주(定住)했을 때였다. 이때 비로소 아테나이인

---

1 화해가 성립된 것은 퓌토도로스가 아니라 에우클레이데스가 아르콘인 해(기원전 403/402년)이며, 이는 제39장 (1), 제40장 (4)에서도 명백하기 때문에 본문의 기술은 부정확하다. 그래서 블라스(Blass, 1903), 카이벨-빌라모비츠(Kaibel-Wilamowitz, 1898), 탈하임(Thalheim, 1914)은 이 전후에 텍스트의 파손이나 탈문이 있다고 상정한다. 그러나 화해 성립은 기원전 403/402년의 전반으로, 퓌토도로스가 아르콘인 해의 연장선상에서 이해되고 있었던 점 등에서 로즈(*Comm*, pp. 481~482)나 대본은 사본대로 읽는다. 여기서도 그것에 따른다.
2 hautē는 기원전 403년의 민주정 회복을 가리킨다.
3 제3장 (2).

들은 4부족으로 나누고, 또 부족장(phulobasileis)⁴을 두었다. 둘째, 그리고 그 후 정치체제의 구조를 갖춘 것으로서 첫 번째 변혁은 테세우스 때에 일어난 것으로, 이로써 정치체제는 왕정에서 약간 벗어났다. 그다음으로 드라콘의 변혁이 있었고, 법을 아테나이인이 처음으로 성문화한 것도 이때였다.⁵ 제3의 변혁은 당쟁 후 솔론 때에 일어난 것으로, 민주정의 기원이 되었다. 넷째는 페이시스트라토스의 참주정이었다. 다섯째는 참주 타도 후 성립된 클레이스테네스의 정치체제로, 솔론의 것보다 한층 민주적이 되었다. 여섯 번째는 페르시아 전쟁 후의 정치체제로, 아레오파고스 평의회의 주도에 의한 것이었다.

다음으로 일곱 번째의 정치체제는 아리스테이데스가 방책을 제시하고 에피알테스가 아레오파고스 평의회를 전복하여 완성시킨 것이다. 이 정치체제하에서 국가는 인민 정치가(인민 선도자)와⁶ 해상 지배로 최대의 과오를 범하기에 이르렀다. 여덟 번째는 400인 정권의 수립이고, 이어서 아홉 번째는 다시 민주정. 열 번째는 30인과 10인의 참주정. 그리고 열한 번째는 퓔레와 페이라이에우스로부터의 귀환 후 성립된 체제로, 그 이후 다중의 권력을 끊임없이 신장시키면서 현 체제까지 존속하고 있다. 인민은 스스로를 국정 전반의 주권자로 삼아 왔고, 인민이 결정권을 쥔 민회 결의와 인민법원에 의해 모든 것을 자신의 뜻대로 처리해 왔기 때문이다. 실제로 평의회의 판결⁷조차도 [최종적인 재가를] 인민에게

---

4 제8장 (3), 제57장 (4) 참조.
5 이른바 드라콘의 정치체제는 여기서 하나의 변혁으로 꼽히고 있지 않으며, 이 한 문장은 나중의 삽입임이 분명하다. '드라콘의 정치체제'에 대해서는 제4장 각주 2 참조
6 헤어베어던-레우벤(Herwerden-Leeuwen, 1891)을 좇아 대본은 kai('와')를 보충한다. 한편 케니언은 사본대로 읽는다. 보다 자연스러운 맥락에서 전자를 받아들인다.
7 제45장 (1) 참조.

맡겨 왔지만, 이렇게 하는 것은 옳다고 생각된다. 왜냐하면 소수는 다수보다 이득이나 후한 대접에 의해 더 부패하기 마련이기 때문이다.

(3) 처음 아테나이인은 민회 참석에 대한 수당 도입을 부결시켰다. 그런데 민회에 사람이 모이지 않고, 거수표결이 유효해져서 다중을 민회에 참석시키기 위해, 평의원 당번(대표, putaneis)이 이것저것 방책을 생각해 낸 끝에, 우선 아귀르리오스[8]가 1오볼로스의 민회 수당을 도입하고, 그다음으로 '왕'이라는 별명을 가진 클라조메나이의 헤라클레이데스[9]가 그것을 2오볼로스로, 그리고 다시 아귀르리오스가 3오볼로스로 올렸다.

---

8   기원전 5세기 말에서 기원전 4세기 전반에 걸쳐 활동한 정치가. 1오볼로스의 민회 수당을 제안한 것은 기원전 403/402년의 민주정 회복 직후이며, 또 3오볼로스로의 인상을 다시 제안한 것은 기원전 392년 이전의 일로 보인다. *Comm*, pp. 492~493; 아리스토파네스, 『여인들의 민회』(*Ekklēsiazousai*) 289~311, 392행 참조.

9   클라조메나이는 이오니아 지방의 폴리스. 헤라클레이데스는 기원전 424/423년의 민회 결의(IG I^3 227)에서 페르시아 왕과의 조약 체결에 협력한 공적으로 시민권을 수여받은 인물로 여겨진다. '왕'이라는 별명은 거기서 유래한 것 같다.

제42장

(1) 정치체제의 현재 상태는 다음과 같다.

시민권을 가진 자는 모두 시민 신분[1]인 부모에게서 태어난 자이며, 18세가 되면[2] 구민으로 시민권 등록[3]이 된다. 등록될 때에는 구민들이

1   astoi. 성인 남자 시민뿐 아니라 시민의 집에서 태어난 여성이나 어린이를 포함한 아테나이인 일반을 가리키는 말. 외국인(xenoi)에 대립되는 개념이다. Patterson, 1981: 152~162 참조. 부모 모두 아테나이 시민 신분이 아니면 출생에 의한 시민권을 얻을 수 없다고 정한 페리클레스의 시민권법에 대해서는 제26장 (4) 및 제26장 각주 9 참조.
2   로즈(*Comm*, pp. 497~498)에 의하면, 시민권 등록 시점(9월경)으로 만 18세 생일이 지난 것을 가리킨다. 다만 체임버스(*Staat*, pp. 334~335)는 당시 사람들이 나이에 대해 생일까지 정확하게 계산하고 있었는지는 의문이며, 실제 나이 계산은 태어난 아르콘 해에만 근거한 대략적인 것이었다고 주장한다.
3   국가가 중앙에서 일원으로 관리하는 모든 시민의 등록 명부는 존재하지 않으며, 각 구에 보관된 구민의 시민권 등록부(lēxiarchikon grammateion)에 구민으로 등록되어 있는 자가 곧 아테나이 시민으로 여겨졌다. 다만 등록부에는 성년 남자 시민만 기재되며 여성이나 어린이는 등록되지 않는다. *Comm*, p. 497; *ADD*, pp. 96~97; Todd, 1993: 180 참조. 시민권 등록에는 구민회의 자격 심사에 합격하는 것이 필요했고, 이것이 구민회의 중요한 임무 중 하나였다. 그 절차에 대해서는 Whitehead, 1986: 97~104 참조. 시민권 등록 자격을 충족시키기 위해서는 제42장에서 서술하는 연령 조건 및 부모의 출신뿐만 아니라 부모가 합법적인 혼인 관계에 있을 것(기원전 451/450년의 페리클레스 법률에 의해서이다. 하지만 이 법은 펠로폰네소스 전쟁의 마지막 해에 무효화되었고 무시되

선서를 한 후, 그들에 대하여 우선 법정 연령에 도달했다고 판단되는지 여부를 투표로 판정하고, 만일 그렇지 않다고 판단되면 다시 미성년자로 돌려보낸다. 두 번째로, 자유인 신분[4]이며 합법적으로 태어난 자식[5]인지 여부에 대하여 투표한다. 만일 자유인 신분이 아니라는 판정이 내려질 경우, 당사자는 인민법정에 상소하고, 다른 한편 구민은 자신들 중에서 5명을 고소인으로 뽑는다. 만일 부정하게 시민권 등록된 것으로 판정되면, 국가는 그자를 [노예로] 매각한다. 그러나 만일 당사자가 승소한다면, 구민은 반드시 그를 등록시켜야 한다. (2) 그 이후에 평의회는 시민권 등록된 자를 자격 심사하여,[6] 만일 18세가 되지 않았다고 판단하면 등록한 구민에게 벌금을 부과한다. 견습병(ephēboi)[7]의 자격 심

었다), 즉 본인이 적자(gnēsios)일 것이 요구되었다. 이는 본인이 프라트리아 구성원임을 통해 증명되었다. 정규적인 합법적 혼인에 의하지 않은 남녀의 결합, 즉 내연관계에서 태어난 서자(nothos)는 프라트리아 구성원 자격이 없으며, 따라서 구의 자격 심사에서도 시민권을 인정받지 못했다. 드라콘의 정치체제에서 군사 관리(장군과 기병 장관)의 예에서 보여지듯이, 합법적 출생은 정치적 중요성을 가진다(제4장 (2)). *Comm*, pp. 496~497; Whitehead, 1986: 99 n. 62; Todd, 1993: 178~179. 참조.

4 eleutheros. 이 말을 '시민의 태생이다'라고 하는 해석도 있지만, 다음의 '노예로 팔리다'의 대비로 보아 노예 신분이 아닌, 즉 일반적인 의미에서 '자유인임'을 가리키는 것으로 보인다.

5 합법적 혼인에서 태어난 적자(嫡子)일 뿐 아니라 동시에 아테나이 시민 신분의 부모에게서 태어난 자식이라는 뜻으로 해석되고 있다. *Comm*, p. 500 참조. 정실 자식 요건인 혼인의 합법성에 대해서는 이 책에서 언급되고 있지 않다.

6 구에서의 자격 심사에 합격한 사람(및 인민법정에서의 상소에서 승소한 사람)을, 평의회가 재차 자격 심사하는 것을 말한다. 이는 구민 전원이 공모(共謀)해서 위법한 시민권 등록을 인정하는 사태를 막기 위한 것이다.

7 『정치학』 제6권 제8장 1322a28 참조. 견습병(생도, ephēboi)은 어린이와 성인의 중간 연령층으로 '청소년'(18세 기준)을 가리키는 말인데(*LSJ*), 이곳에서는 18세에 시민권 등록 후 2년간 군사 훈련으로 국경 수비의 의무를 지는 새롭게 성인이 된 자를 의미한다. 새롭게 성인이 된 성인에게 일정한 군사 훈련을 부과하는 제도는 이미 기원전 4세기 전반에는 존재하고 있었지만, 카이로네이아 전쟁의 패전(기원전 338년) 이후, 그 반

사가 끝나면, 그들의 아버지들이 부족마다 모여서 선서한 후, 40세 이상의 각 부족민으로부터 견습병의 감독에 가장 뛰어나고 적임이라고 판단한 3명씩을 선출한다. 민회는 이들 중 각 부족에서 훈육관[8](sōphronistēs) 1명을 거수로 뽑고, 또 다른 아테나이인들 중에서 [견습병] 전체를 담당하는 규율 감독관(kosmētēs)[9] 1명을 거수로 뽑는다. (3) 그들은 견습병을 모아, 먼저 각 신성한 지역을 순배한 후에 페이라이에우스로 행진하여, 일부는 무뉘키아[10]를, 나머지는 악테[11]를 수비한다. [민회는] 또 이들을 위해 2명의 체육 훈련관과 더 나아가 중장보병전술, 활쏘기, 투창술, 투

성으로부터 아마도 스파르타의 제도를 따라 기원전 335년경 에피크라테스의 입법에 의해 제42장에서 말하는 군사 훈련에 중점을 둔 완전 병역 봉사로 개혁된 것으로 생각된다. Reinmuth, 1971: 123~138; Comm, pp. 494~495; Burckhardt, 1996: 29~33. 견습병 봉사 제도(ephēbeia)에 참가를 의무화한 것이 새롭게 성인이 된 사람 전원인지, 노동자급을 제외한 상위 3등급에 해당하는 것인지에 대한 논쟁이 있다. 한젠(ADD, pp. 108~109)과 부르크하르트(Burckhardt, 1996: 33~43)는 전원에게 부과되었다고 생각하는 반면, 라인무트(Reinmuth, 1971: 106~115)와 로즈(Comm, p. 503)는 개인 병장기를 구비할 수 있었던 중장보병급 이상으로 한정되었다고 본다. 또한 이 제도는 기원전 305/304년까지는 다시 개혁되어 연한을 1년으로 단축하고, 의무화는 철폐되었으므로 군사적 의의는 크게 감소했다.

8   sōphronistēs는 문자적으로 '자제심(sōphrosunē)을 기르는 사람'이라는 의미이지만, 다음 절에 언급되는 것 이상의 그 직무가 무엇인지 알 수 없다. 또한, 어느 해에 견습병이 된 사람들의 부족마다의 명부를 훈육관의 이름과 함께 새긴 견습병 비문(ephebic inscriptions)이 많이 현존하고 있으며, 라인무스에 의해 교정되어 수록되고 있다.

9   kosmētēs는 '규율(kosmos)을 유지하는 자'라는 의미로 '견습병 전체의 감독자'이다. 또한 훈육관과 규율 감독관이 임기 1년에 걸쳐 교체되었는지, 아니면 특정 견습병 집단을 2년에 걸쳐 담당했는지에 대해서는 논란이 있다. 견습병 비문(앞의 각주)에서는 견습병 집단과 특정 훈육관 내지 규율 감독관의 강한 인적 유대가 엿보여 후자의 설이 옳다고 생각된다. 이에 대한 논쟁에 대해서는 Comm, p. 504 참조.

10 제19장 해당 각주 참조.

11 페이라이에우스의 칸타로스 항구 남쪽 구릉의 반도. 무뉘키아와 악테 모두 성벽에 의해 요새화된 군사적 거점이었다. 제61장 (1)에 따르면, 이 책과 동시대에는 각각 장군이 1명씩 배치되어 있었다.

사기[12] 발사법을 가르치는 교사 몇 명도 거수로 뽑는다. 또 식비로서 훈육관에게는 1인 1드라크마, 견습병에게는 1인 4오볼로스의 일당을 지급한다. 각 훈육관은 자기 부족의 [견습병의] 급여를 받고, 모든 사람을 위한 공동 식량을 산다(그들은 부족마다 공동 식사를 하기 때문에). 그리고 다른 전반적인 일에 대해서 보살핀다.

(4) 1년 차는 이렇게 보낸다. 2년 차가 되면 극장에서 민회가 열릴 때, 시민들에게 군의 부대 사열을 보여 준 뒤,[13] 국가로부터 방패와 창을 지급받아, 전원이 지역의 순시(巡視)에 임하고, 국경 요새에서 수비 임무에 전념한다. (5) 그들은 그 2년간 짧은 망토[14]를 걸치고, 국경 수비를 하고 모든 납세를 면제받는다. 또 소송을 제기하지도 제기받지도 않는다. 이는 자신의 임무를 떠나는 구실이 되지 않기 위해서이기 때문이다. 다만, 상속재산이나 데릴사위를 볼 딸(상속녀, epiklēroi)[15]에 대한 소송의 경우는 예외이며, 또 게노스에 소속되어 신관직에 오르는 경우도 마찬가지다.[16] 2년이 지나면 이제 다른 시민단의 구성원에 섞이게 된다.

---

12 katapaltē는 투척 무기의 일종. 기원전 4세기 초 이후, 로프의 비틀림에 의한 반동을 이용하여 큰 화살 등의 투사물을 발사하는 유형이 발달했다. Wees, 2004: 142 참조.
13 여기서 말하는 ta peri tas taxeis는 아크로폴리스 남쪽 기슭에 현존하는 디오뉘소스 극장에서 '군사적 기술' 혹은 '전쟁의 전략'이 아니라 관병식(觀兵式, 열병; their skill at manoeuvring in formation)을 보여 주는 것으로 믿어지지만(Comm, pp. 507~508), 딜러리(Dillery, 2002: 462~466)는 이 극장의 오케스트라가 관병식에는 너무 좁다고 생각해서 시외 동쪽의 판아테나이아 경기장(Stadion)에서 열렸다고 주장한다.
14 xlamus. 클라무스는 기병이 입는 짧은 망토. 아테나이에서는 견습병의 제복으로 채용되었다.
15 남자는 18세에 시민권 등록을 마치면 집안 재산의 소유자 자격을 인정받았다. 데릴사위(제9장 각주 4)가 될 자식도 마찬가지다. 따라서 견습병이 가산 상속을 둘러싼 소송의 당사자가 될 가능성은 늘 있었다.
16 게노스와 신관직의 관계에 대해서는 제39장 해당 각주 참조. '마찬가지'라는 것은 신관직의 업무라는 것이 부재(不在)에 대한 정당한 이유가 될 수 있다는 말이다.

제43장

(1) 시민의 등록과 견습병에 대해서는 이와 같았다. 일상적인 민정에 관련되는 관리는 모두 추첨으로 임명한다. 다만, 군사 회계관,[1] 연극 관객

---

1   tamias tōn stratiōtikōn. 기원전 5세기 아테나 여신의 회계관(제47장 (1) 및 해당 각주)이 대체로 국고를 일원화해서 관리하고 있었으나, 기원전 4세기에 이르러 이와는 별도로 군사 기금(stratiōtika)과 연극 관객 수당 기금(theōrika)이라는 2개의 국고 및 그것들을 관리하는 회계관이 등장했으며, 아테나 여신 회계관의 지위는 상대적으로 낮아졌다. 이 이후 국가 세입의 잉여금은 전시에는 전자로, 평시에는 후자로 모두 이월되었다. 군사 기금은 기원전 373년에는 존재하고 있었다. 데모스테네스, 「연설」 49번 (Dem. 49.12,16) 참조. 이를 관리하는 군사 회계관은 기원전 344/343년의 비문(IG II^2 1443.12~13)이 사료상으로는 처음으로 나타나며, 1명이 선거로 선임되었다. Rhodes, 1972: 105; *ADD*, p. 263; *AOF*, p. 9 참조.

수당 회계관,[2] 수원 감독관[3]은 예외로, 이러한 직책은 거수로 선거해, 선출된 이들 관리는 판아테나이아 제전으로부터 다음의 판아테나이아 제전까지 그 임기로 한다.[4] 군사를 담당하는 관리들도 모두 거수에 의해 선출한다.

(2) 평의회[5]는 각 부족에서 50명, 총 500명을 추첨으로 선출하여 구성

---

2   hoi epi to theōrikon. 연극 관객 수당 기금을 관리하는 회계관을 말한다. 연극 관객 수당(theōrikon)이란 원래 축제 때 가난한 시민에게 주로 분배되는 연극 입장료 보조금이다. 하지만 그 통상의 배분액에 더해, 평시 세입의 모든 잉여금이 이 기금에 편입되면서, 연극 관객 수당 회계관은 공공건축 사업, 도로 건설, 해군 행정 등 재정 일반에 강한 발언권을 갖는 중요한 직책이 되었다. 그 창설은 기원전 354/353으로 생각되며 같은 해 에우불로스가 이 직을 맡아 국가 재정을 이끌었다. 정원은 아마 복수였을 것이다. 선거로 선출되는 이 직책은 이후 장군직을 대신해 국가의 지도자 역할을 수행하게 되었다. 기원전 330년대에 뤼쿠르고스가 회계관(ho epi tē[i] dioikēsei)의 직을 맡아 지도력을 강화하자, 연극 관객 수당 회계관의 권한은 약화되었다. 이 책은 회계관에 대해서 전혀 언급하지 않고 있다. 연극 관객 수당 회계관에 대해서는 Rhodes, 1972: 105~107, 235~240; *ADD*, pp. 263~264; *AOF*, p. 7 참조.

3   ho tōn krēnōn epmeletēs. 이 관직은 기원전 347/346년에 임무를 맡은 '하그누스구의 칼리아스의 아들 케피소드로스'([KEPHISO]DOROS son of Kalli[as of Hagnous])라는 비문으로 처음으로 나타는데(IG II[2] 215.9~10), 이것은 비문에 대한 보충 독해에 의한 추정이다(cf. IG II[3] 301). *AOF*, p. 12, 318 참조.

4   가장 큰 축제인 판아테나이아는 4년마다 열린다. 퓌티아 제전은 3년마다 개최된다. 이를 4년에 한 번 있는 대(大) 판아테나이 축제로 해석하면 임기 4년이라는 뜻이 된다. 그러나 그 이외의 해의 판아테나이아 제전도 포함하여 해석하면, 일반 관리의 임기가 헤카톰바이온달 1일에 시작하는 1년간인 데 비해, 이들 3종 관리의 임기는, 아테나 여신 회계관과 마찬가지로, 판아테나이아 제전 개최일의 헤카톰바이온달 28일부터 1년간이었다는 의미로 해석할 수 있다. 로즈(Rhodes, 1972: 236~237; *Comm*, p. 517)는 임기 1년 설을 받아들이지만, 최근에는 데블린(Develin, 1984b)에 따라 임기 4년 설을 채택하는 견해도 있다(*ADD*, pp. 263~264; *Staat*, pp. 338~339).

5   500인의 평의회(boulē)를 말한다. 클레이스테네스의 개혁으로 창설되었으며(제21장 (3) 및 해당 각주), 추첨을 통해 30세 이상의 시민으로부터 선출된 임기 1년의 500명의 평의원으로 구성된다. 민회의 의안에 앞선 심의 및 의제 제출을 담당하고, 또 행정의 최고기관으로서 광범위한 권한을 가졌다. 재정업무 전반을 감독하고, 국가의 세입과

한다. 각 부족[에 속한 50명]은 추첨 순서에 따라 번갈아 가며 평의원 당번(대표, prutanis)⁶을 맡는다. 처음 4부족은 각각 36일간, 나머지 6부족은 35일간을 맡는다.⁷ 왜냐하면 그들은 음력에 따라⁸ 한 해를 보내기 때문이다. (3) 평의원 중 평의원 당번을 맡고 있는 자는 먼저 원형당(圓形堂, tholos)⁹에서 회식하며, 그 식사비는 국가에서 지급된다. 그다음에 평의회와 민회를 소집한다. 평의회는 축제일을 제외하고는 매일 열리고, 또 민회는 각 프뤼타네이아¹⁰마다 네 번 열린다. 평의회가 무엇을 심의

세출을 관리하며, 군선의 건조 및 관리, 공공건축의 감독·감사를 실시하고 관리를 감독하며 일정한 벌금을 부과하는 재판권을 보유했다. 1년에 250회 정도로 아고라 서부의 평의회 회의장 등에서 개최된다. 실질적인 아테나이 민주정의 정부 당국이라 할 수 있다. 500인 평의회에 대한 연구에 대해서는 Rhodes, 1972 참조.

6 prutaneis(복수형). 500명의 평의회는 부족마다 50명씩, 총 10개 그룹으로 나뉘어 각각 번갈아 가며 '상임집행위원회'의 역할을 수행했다. 이것을 '평의원 당번(대표)'이라고 한다. 그 직무는 제43~44장 참조.

7 총 354일이다. 음력의 통상적인 한 해의 날 수(29일과 30일이 번갈아 이루어진 달)는 한 해 354일을 구성한다. 즉, 36×4+35×6 = 354에 부합한다. 다만 본문의 원칙이 엄밀하게 준수된 것은 아니며, 비교적 유연하게 일수를 조정한 것 같다는 메릿(Meritt, 1961: 72~134)의 견해가 일반적으로 지지받고 있다.

8 여기서 '음력에 따라 한 해를 보낸다'라는 말은 평의회력이 더 이상 양력을 따르지 않는다는 뜻이다. 아테나이의 역법에 대한 설명으로는 메릿(Meritt, 1961)이 여전히 일반적으로 받아들여지지만, 프리쳇(Pritchett, 2001)과의 사이에는 많은 점에서 차이가 있다. 또한 아테나이의 역법 연구서인 Mikalson, 1975 참조.

9 tholos. 아고라 서쪽 가장자리, 옛 평의회 회의장(공공 문서를 정리·보관하는 기관) 남쪽에 인접한 원형 건물. 현재 남아 있는 건물은 기원전 465년경에 지어져 기원전 400년경까지 사용되었다. 바깥지름은 18.32미터. 원뿔 모양의 지붕에 비늘 모양의 기와가 올려져 있었다. 사실상의 국가 본부로, 다음 장에 제시된 대로 평의원 당번이 밤낮으로 상주하며, 민주정의 심장부로서 기능했다. 이들이 숙식을 하던 곳이기도 하고, 북쪽에서 부엌으로 생각되는 시설도 발견되었으며, 또한 도량형의 표준이 되는 기구 등도 이곳에서 출토되었다. Camp, 1992: 76~77, 94~97; Camp II, 2010: 48~50 참조.

10 prutaneia. 평의회력에서는 1년을 10등분한 각 기간을 프뤼타네이아라고 부르고, 프뤼타네이아마다 당번 평의원을 교대했다. 기원전 5세기의 평의회력은 1년을 365일로 하

할 것인지, 각 개회일에 어떠한 의안을 심의할 것인지, 또 회의장[11]은 어디인지 하는 것도 평의원 당번이 공고한다.

(4) 또 그들은 민회[12] 개최도 공고한다. 그중 하나는 주요 민회(ekklesia kuria)로, 여기서는 여러 관리가 직무를 잘하고 있다고 생각하는지 아닌지에 대해 거수에 의한 신임 투표[13]를 정하는 것이다. 곡물 공급 및 전원(田園) 지역의 방위에 대해서도 논의하고, 또 희망하는 사람은 이날 탄핵 재판[14]을 제기한다. 또 몰수 재단 목록을 읽고, 모르는 사이에 가산(家産) 상속인이 없어지지 않도록, 상속재산과 [데릴사위가 될 사람을 남편

는 양력에 따라 대체로 하지 직후부터 시작되었다. 따라서 이 시대 1프뤼타네이아의 길이는 37일 내지 36일이었다.

11 기원전 5세기 초 아고라 서쪽 가장자리에 세워진 구평의회의장(Old Bouleuterion)에 이어, 기원전 5세기 말 그 서쪽 옆에 신평의회의장(New Bouleuterion)이 건립되어 보통 이곳이 회의장으로 사용되었다. 구평의회의장은 그 후 '공공 문서를 정리·보관하는 기관'(Metroon)이 되었고, 그 건물은 오늘날에도 남아 있다. Camp, 1992: 52~53, 90~94; Camp II, 2010: 58~63 참조. 그 밖에도 평의회는 필요에 따라 펠라이에우스, 엘레우시스, 아크로폴리스, 테세이온, 판아테나이아 경기장, 디오니소스 극장, '왕'의 스토아 건물 등에서 개최되었고, 따라서 매번 회의장을 공고할 필요가 있었다. Rhodes, 1972: 35~36.

12 민회에 대해서는 제7장 각주 13 참조.

13 epicheirotonia. 모든 관리의 한 사람 한 사람에 대해 거수투표가 이루어졌다고 생각하기는 어렵고, 아마도 특정 관리에 대해 불신임 투표 동의가 개별적으로 나왔을 것이다. 불신임이 가결된 관리는 즉시 파면되지만, 이것 자체는 소송 절차가 아니고, 재차 어떤 고소를 기다려 인민재판소 심판 후, 무죄가 되면 다시 임무를 맡는다(제61장 (2)). Comm, p. 523; ADD, pp. 220~221 참조.

14 eisa[n]ggelia. 탄핵 재판에는 몇 가지 유형이 있지만, 여기서는 민주정 전복이나 매국죄 등 국사범에 대한 탄핵 재판을 말한다. 공적 소송의 일종이다. 그 절차는 복잡하고 이론도 많지만, 평의회, 민회, 인민재판소의 삼자가 관여하는 것이 특징이다. 대개 민회의 탄핵 제소와 결의를 거쳐 민회 혹은 인민재판소에서 최종심이 열렸으며, 유죄의 경우 사형이 대부분이었다. 탄핵 재판은 유력한 정치인이나 장군을 시민들이 고소하고, 종종 그들의 실각이나 처형으로 이어졌기 때문에 정치 재판의 성격이 짙었다. 그 절차와 사례에 대한 연구에 대해서는 Hansen, 1975 참조.

으로 맞이하게 될] 딸에 관한 상속 제기[15]도 [아르콘에게] 읽어 준다. (5) 여섯 번째 프뤼타네이아[주요 민회]에서는, 방금 말한 것에 덧붙여, 도편추방 투표[16]를 실시해야 할지 어떨지도 거수로써 표결한다. 또 고소를 남발하는 사람에 대한 민회 고소[17]를, 아테나이 시민 및 체류 외국인[18]을 상대로 하는 것은 각각 3건까지 접수하고, 또 누군가가 민회에 무언가 약속하면서 이행하지 않는 경우에도 민회 고소를 접수한다. (6) [각 프뤼타네이아에서의 주요 민회 이외의] 다른 민회는 탄원 절차[19]를 위해 열

15 lēxis. 유언의 있고 없음에 관계없이 직계 자손 혹은 양자 이외의 자가 자기 상속재산에 대한 권리를 주장하는 경우, 먼저 아르콘에 대해 상속 제기를 할 필요가 있었다. 아르콘은 본문에 나와 있는 바와 같이 민회에서 그 주장을 읽고, 만일 그 밖의 상속 후보자가 나설 경우 인민재판소에서 적임자 선정 소송(diadikasia)의 재판이 진행된다(제67장 (2)). 또 다른 후보가 나타나지 않더라도 상속인의 지위를 인정받기 위해서는 다시 아르콘에게 지위 인정 청구(epidikasia)의 소송을 제기해야 했다(제56장 (6)). Harrison I, 1968~1971: 10~11, 158~162 참조.

16 ostrakophoria. 도편추방에 대해서는 제22장 각주 2 참조. 도편추방은 기원전 415년경을 끝으로 실제로는 행해지지 않게 되었지만, 이와 같이 제도로서는 폐지되지 않고 이 책의 시대까지 존속하고 있었다.

17 probolē. 제전 중에 종교상의 죄를 범한 자, 민회에서의 공약을 이행하지 못한 자 및 고소를 남발하는 자(sukophantai; 제35장 해당 각주)에 대한 소송 절차를 말한다. 민회에서의 제기로 개시되어 인민재판소에서 판결이 내려진다. 민회도 예심 판결을 내리지만, 인민재판소에서의 판결을 구속하지는 못한다. Comm, pp. 526~527; ADD, p. 402; Todd, 1993: 121 참조.

18 metoikoi. 자유인 신분이면서 아테나이 시민권을 갖지 않고, 아테나이에서 일정 기간 이상 거주하고 있는 '시민이 아닌 자'를 말한다. 시민과 노예의 중간에 위치하는 신분이다. 클레이스테네스의 개혁으로 시민권이 구에 거주 등록으로 정해짐과 동시에, 그 개혁 이후 아테나이로 이주해 온 체류 외국인의 법적 신분도 확립되었다. 체류 외국인은 1개월 이상 거주 후, 아테나이 시민의 신원보증인(prostatēs)을 내세워 구에 거주 등록하고, 연 12드라크마(여자는 6드라크마)의 인두세(metoikion) 납부와 병역의 의무를 부과받았다. 기원전 4세기 말 당시 아테나이 시민의 절반에 해당하는 인구가 체류 외국인이었다고 한다(FGrH245 F1).

19 iketēria. 권리를 주장하기 위한 소송 절차가 아닌, 시민단의 호의에 기대어 바람의 실현

린다. 그곳에서는 희망하는 자가 탄원의 표시로 올리브 가지를 놓은 다음, 사적인 일이든 공적인 일이든 원하는 것에 대해 시민들에게 연설한다. 나머지 두 차례의 민회는 다른 의제를 논의하여 법의 규정에 따라 신성(神聖)한 일에 관련된 사항 3건, 전령과 외교 사절을 위한 3건, 세속적인 일 3건을 의사(議事)에서 다룬다.[20] 때로는 예비 표결(procheirotonia)[21] 없이 받아들여진 사항을 의사에서 거론하기도 한다. 전령도 외교 사절도 우선 평의원 당번에게 출두하고, 국서를 가지고 온 사람은 그들에게 그것을 전한다.

    을 도모하는 종교적·사회적 관행을 말한다. 올리브 가지는 탄원의 상징이다. 탄원자는 먼저 평의회에 탄원하고, 그것이 받아들여지면 그다음에는 민회에서의 탄원이 인정된다. 예를 들어 기원전 345년에 외국인의 형제(압데라의 Dioscuridēs)가 탄원에 의해 아테나이 거주권을 민회에서 승인받는다(IG II² 218 = II³ 302). 이에 관련된 탄원 절차에 대해서는 Naiden, 2004: 80~83 참조.

20 제30장 (5) 및 아이스키네스, 「연설」 1번(Aeschinēs, 1.23)에서도 같은 순서의 의사(議事)에 따르고 있음을 알 수 있다. 전령(mērukes)도 외교 사절(presbeis)도 아테나이에 파견되는 외국 사절이지만, 전령은 신의 보호 아래 종교 의례상의 사명을 수행하는 사절로 생각된다.

21 procheirotonia. 민회가 본격적 의사에 들어가기 전에 행해지는 어떤 표결이지만, 그 내용에 대해서는 의견이 갈린다. 로즈(*Comm*, pp. 529~531)는 법이 정한 것 이상의 숫자의 의안이 상정될 경우 어떤 것을 어떤 순서로 심의할지 정하는 표결이라고 해석한다. 한편 한젠(Hansen, 1983)은 평의회로부터 상정된 의안 각각에 대해 시간 절약을 위해 토론을 거치지 않고 원안대로 가결해야 하는지, 아니면 실질적인 토론을 실시할 것인지를 결정하는 표결로 생각한다.

제44장

(1) 당번 평의원에는 우두머리[1]가 1명 있어 추첨으로 뽑는다. 의장의 임기는 하루 밤낮으로 한정되며, 그것을 넘는 기간을 맡는 것도, 또 동일한 사람이 두 번 맡는 것도 허용되지 않는다. 그는 국가의 자금과 공문서를 수장하는 여러 신전[2]의 열쇠 및 국새(國璽)[3]를 보관한다. 그와 당번

---

[1] epistatēs. 기원전 5세기 말까지의 평의회와 민회는 당번 평의원이 의장단을, 또 그 우두머리가 의장을 맡고 있었다. 당번 평의원의 우두머리가 의장을 맡은 민회로서 확인할 수 있는 마지막 것은 기원전 403/402년이다(IG II² 1.42, 2.7). 기원전 4세기에 들어서는 의장과 의장단은 당번 평의원 이외의 부족 평의원 중에서 선출되는 proedroi가 맡게 된다(이 장의 (2)). 그 이후에도 우두머리의 직무는 외교 사절의 응대 등 여전히 중요한 책무를 맡고 있었다. Rhodes, 1972: 23~24 참조. 또한 proedroi의 의장도 epistatēs라고 불리지만, 혼동을 피하기 위해, 여기에서는 당번 평의원의 epistatēs를 '우두머리'로 옮긴다.

[2] 국고로 사용된 곳은 파르테논 신전 내의 방, 혹은 아테나 고신전 서쪽의 후실(opisthodomos) 등이다. 또한 아고라 서편의 옛 평의회 회의장은 '신들의 어머니'를 모시는 신전(Metroon)이 되어 공문서보관소로 사용되고 있었다. Camp II, 2010: 60~63 참조.

[3] dēmosia sphragis. 국장(國章)을 각인한 인장으로 봉니(封泥; 서신이나 기물 등을 봉할 때 사용되는 인장 찍힌 점토 덩어리)에 날인하여 무언가를 봉인하는 것에 사용된다. 구체적인 의장(意匠)은 알 수 없다. 국새가 사료상 처음 보이는 것은 기원전 4세기 초(IG II² 1408.13)인데, 기원전 420년대부터 이미 존재했을 가능성이 올슨(Olson, 1987b:

평의원 중 그가 명하는 트리튀스[4]는 원형당에 상주해야 한다. (2) 그리고 당번 평의원(대표, prutaneis)이 평의회나 민회를 소집한 때에는, 의장은 당번 평의원 이외의 각 부족[의 평의원]으로부터 1명씩, 9명의 의장단(proedroi)[5]을 추첨한다. 그리고 이 중 1명을 의장으로 추첨해, 그들에게 의사 목록을 전달한다. (3) 의장단은 그것을 받으면, 그들은 회의장의 질서 유지에 노력하고, 심의할 의사를 상정하고, 거수표결로 판정하며,[6] 그 밖에 모든 사항을 관장하며 또 회의를 해산할 권한을 가진다. 의장은 1년에 한 번밖에 취임할 수 없지만, 의장단은 각 프뤼타네이아마다 한 번씩 맡을 수 있다.

(4) 또 장군, 기병 장관, 그 밖에 군사 담당 관리의 선거[7]는 민회가 결정한 방식으로 민회에서 실시한다. 이것을 실시하는 것은 제6프뤼타네이아의 이후, 임기 중에 희생의 길조[8]가 나온 당번 평의원이다. 이에 대

42~44)에 의해 시사되고 있다.

4 이 '트리튀스'에 대해서는 제21장의 각주 8 참조. 문자적으로는 '3분의 1'이므로, 부족의 하부 집단인 각 트리튀스에 소속된 당번 평의원을 지칭하는 것인지, 소속 트리튀스와는 무관하게 우두머리가 지명하는 말 그대로 3분의 1 인원의 당번 평의원을 지칭하는 것인지에 대한 논란이 있다. 전자의 입장은 톰슨(Thompson, 1966)이, 후자의 입장은 다우(Dow, 1976)가 주장했지만, 오늘날에는 전자를 지지하는 의견이 일반적이다 (Comm, p. 533; Siewert, 1982: 16~24, 87~105, 122~130; Staat, p. 353). 하루 밤낮으로 원형당 상주 명령을 받은 트리튀스는 반드시 우두머리 자신의 소속에 국한되지는 않았을 것이다.

5 proedroi. 비문에서 처음 보이는 것은 기원전 379/378년으로(SEG 32.50.9~11; cf. IG II² 43 = GHE 22.6, IG II² 445~446), 그 창설은 기원전 380년대로 생각된다. 이 장의 각주 1 참조. 의장단 창설의 목적은 아마도 당번 평의원의 부담을 줄이려는 것이다. 그 직무에 대해서는 Rhodes, 1972: 25~28 참조.

6 의장(단)은 거수(擧手)의 수를 정확하게 세지 않고, 회의장을 둘러보며 어림잡아 다수를 판정했던 것 같다. Hansen, 1987: 42~44 참조.

7 제61장 참조.

8 구체적으로 어떤 것인지는 알 수 없다. 아리스토파네스, 『구름』 579~587행에는 천둥

해서도 평의회의 앞선 결의(probouleuma)가 있어야 한다.

과 번개, 일식 월식도 무두장이 클레온이 장군으로 선택되는 것을 좋아하지 않았다고 했지만, 클레온이 선택되는 것을 방해하지 않았다고 말하는 것으로 보아 날씨와는 관계없는 것 같다.

제45장

(1) 예전에는 평의회(boulē)가 벌금을 부과하고, 투옥하고, 또 사형에 처하는 최종 판결권을 보유하고 있었다.[1] 〈…〉.[2] 그리고 평의회가 뤼시마코스라는 남자를 처형 집행자에게 연행해서, 그가 이제 처형을 기다리기만 하고 앉아 있었을 때, 알로페케구의 에우멜리데스가 시민인 사람은 누구라도 인민법정의 판결 없이 사형에 처해져서는 안 된다고 주장해, 그를 그 자리에서 구해 냈다. 그리고 인민법정이 판결을 내린 결과 뤼시

---

1 이 문장과 이어지는 뤼시마코스 일화의 진실성과 관련해서는 그 의견이 갈린다. 로즈(Rhodes, 1972: 179~207)는 에피알테스 개혁 초기부터 500인 평의회는 재판권을 제한받고 있으며, 본문이 전하는 것과 같은 무제한 재판권을 장악한 적은 한 번도 없었다고 보고 이 문장을 거짓으로 보며, 뤼시마코스의 일화(및 그에 이은 평의회 재판권을 제한하는 것)도 허구로 본다. 이에 대해 한젠(Hansen, 1985a: 62)은 기원전 403년의 민주정 회복 직후, 대사면을 무시한 자를 알키노스의 제안에 따라 평의회가 처형했다는 제40장 (2)의 이야기와 연결시켜 제45장 (1)을 사실로 인정하고, 뤼시마코스의 사건을 기원전 400년경에 일어난 역사적 사실로 받아들인다. 한편, 오스트발트(Ostwald, 1986: 38~39)는 제45장 (1)의 말이 500인 평의회가 아니라 아레오파고스 평의회의 재판권이 클레이스테네스 개혁 후에 제한되었음을 전하는 것이며, 뤼시마코스의 일화도 기원전 5세기 초의 '어떤 역사적 사실'을 반영한 것으로 해석한다.
2 카이벨-빌라모비츠(Kaibel-Wilamowitz, 1898)에 따라 대본은 여기에 탈문이 있다고 한다. 케니언은 사본대로 읽는다.

마코스가 무죄가 되자, 그는 '사형 형구(刑具)³에서 생환한 남자'라는 별명을 얻었지만, 다른 한편 인민은 평의회로부터 사형, 투옥 및 벌금의 권한을 박탈했다. 그리고 평의회가 누군가에게 부정이 있다고 유죄 판결을 내리고 혹은 형을 선고했을 경우, 그 유죄 판결과 형량을 테스모테타이가 인민법정에 제출해, [거기서] 재판관이 투표한 결과로 최종 판결해야 한다는 취지의 법을 제정한 것이다.⁴

(2) 평의회는 대다수 관직자를 재판하지만, 특히 공금을 취급하는 관리는 남김없이 재판한다. 그러나 그 판결은 최종적인 것은 아니고, 인민법정에 심리를 회부할 수 있다. 일반 시민 또한 자신이 원하는 관리를 상대로 법에 따르지 않는 죄로 탄핵 재판(eisa[n]ggelia)을 [평의회에] 제기할 수 있다.⁵ 그러나 이 경우 설령 평의회가 관리들에게 유죄 판결을 내리더라도 역시 인민법정에서 심리 회부가 이뤄진다.

---

3 tupanos. 책형(磔刑, apotumpanismos)에 이용된 형구(刑具)를 말한다. 철의 조임구가 붙은 판으로, 이것에 사형수의 목과 손발을 조여 한데에 노출시켜 완만한 죽음을 기다리게 한다. 1915년에 이 방법으로 형을 집행당한 것으로 보이는 17구의 시신이 팔레론에서 발견되었다고 한다. 보통 아테나이 시민이 처형될 경우 사형수 자신이 독약을 먹는 일종의 강제 자살 형태를 취한다. 예를 들어 기원전 399년의 소크라테스 처형도 이 방법을 사용해서 이루어졌는데(플라톤, 『파이돈』 117A~118A 참조), 죄상과 범인 신분에 따라서는 책형이 부과되기도 했던 것 같다. 아테나이에서의 처형 방법과 형을 받는 자의 사회적 지위와의 관계에 대해서는 Todd, 2000 참조.

4 평의회는 500드라크마까지의 벌금을 부과하는 최종적 권한을 보유하고 있었으므로(데모스테네스, 「연설」 47번(Dem. 47.43)), 이 기술은 부정확하다. 그것을 초과하는 형벌이 필요하다고 판단되는 경우에는 인민재판소에 심리하도록 회부되었다. Rhodes, 1972: 147 참조.

5 이는 '관리의 위법 행위에 대한 탄핵 재판'으로, 제43장 (4)에 보이는 '국사범에 대한 탄핵 재판'과는 별개의 소송 유형이다. 평의회 고유의 행정권에 기초하여 진행되는 공적 소송 절차에서 평의회는 관리에게 500드라크마까지의 벌금을 부과하는 권한을 보유한다. Rhodes, 1979: 106~108, 112~114 참조.

(3) 평의회는 또, 다음 연도의 평의원과 9명의 아르콘 자격 심사[6]도 실시한다. 이전에는 심사를 통해 취임을 거부하는 최종 판결권이 있었지만, 오늘날은 이런 경우 인민법정에서 심리 회부가 이뤄진다.

(4) 그런데 이러한 문제에 대해 평의회는 최종 판결권을 갖지 않는다. 한편, 평의회는 민회에 예비 안건(probouleusis)을 제출한다. 민회는 평의회가 미리 심의하고, 혹은 당번 평의원이 의제로서 상정한 것이 아니면 결의를 내릴 수 없다. 왜냐하면 바로 이 점에 관하여, [평의회 예비 심사 원칙을 무시하고 민회에서] 동의를 제출하여 가결시킨 자는 위법 절차에 의한 제안(graphe paranomon)에 대한 공소[7]에 의해 소송을 당하기 때문이다.

---

6 제55장 (2)~(5) 및 해당 각주 참조.

7 graphē paranomōn. 민회에서 위법한 동의 제안을 행한 자에 대하여 제기되는 공소이다. 제안이 평의회의 예비 심의를 거치지 아니하거나 위법한 내용을 포함하고 있거나, 또는 제안자에게 발언 자격이 없는 경우에 적용된다. 심리는 인민법정에서 행하여지며(제59장 (2)), 유죄가 되면 제안자에게 형이 부과되고, 해당 제안은 폐기되며, 가결된 후라면 실효가 발생한다. 형은 벌금, 공민권 정지, 사형 등이다. 기원전 5세기 말에 법(nomos)이 민회 결의(psēphisma)보다 상위에 있다는 원칙(안도키데스, 「연설」 1번 (And. 1.87))이 확립된 이후, 법의 우위를 유지하기 위해 본격적으로 이용하게 되었으나, 정쟁을 위한 정치 재판의 성격도 강했다. 그 절차와 사례 연구에 대해서는 Hansen, 1974 참조.

제46장

(1) 평의회는 또한 이미 건조된 삼단노선,[1] 배의 장비 및 군선 격납고의 감독도 맡았으며, 또한 민회가 삼단노선 혹은 사단노선 중 하나를 거수로 결정한 것을 새롭게 건조시키고, 또한 이를 위한 장비와 격납고도 만들게 한다. 군선 설계자는 민회가 거수로 선거한다. [평의회는] 이 작업을 완성시켜 다음 연도 평의회에 인도하지 않으면, 포상[2]을 받을 수 없다. 포상은 다음 연도 평의회 임기 중에 받는 거니까. 평의회가 삼단노선을 건조하는 경우에 평의원 중에서 10명을 삼단노선 건조 위원(triēropoioi)으로 선출한다. (2) 또 모든 공공건축물을 심사하여 만일 부

---

1   삼단노선에 대해서는 제22장 해당 각주 참조. 사단노선(tetrērēs)은 삼단노선에 노 젓는 사람의 줄을 한 단을 더한 것으로, 비문에 처음 나타나는 것은 기원전 330/329년 (IG II² 1627.275)이다. 한편, 본문에는 언급되지 않은 오단노선(pentērēs)은 기원전 325/324에 처음 등장하므로(IG II² 1629.811), 이 책의 성립 시기를 기원전 328년부터 325년까지의 기간으로 하는 논의도 있다. 다만 본문의 이 부분이 나중에 삽입되었을 가능성은 농후하다. *Comm*, pp. 52~53 참조.
2   금관(金冠)을 말하는 것으로 추정된다. 평의회는 임기 중에 그 직무를 완수했다고 인정되면, 퇴임에 임해 다음번 평의회로부터 포상을 받을 권리를 얻었다. Rhodes, 1972: 15~16 참조.

정을 저지른 자가 있다고 판단할 경우, 민회에 이 자를 보고하고, [평의회가] 유죄로 판정하면³ 인민법정에 넘긴다.

---

3   대본을 비롯한 많은 교정자는 사본대로 katagnousa로 읽고, 평의회가 부정행위자를 민회에 보고하는 것과 동시에 스스로 유죄 판결을 내리고, 그런 다음 인민법정에 심리 회부하는 절차를 읽어 낸다. 그에 반해, 카이벨-빌라모비츠(Kaibel-Wilamowitz, 1898), 케니언은 사본을 katagnontos('[민회가] 유죄 판결을 내리면')로 수정하며, 평의회가 먼저 민회에 소송을 제기하여 이를 받은 민회가 유죄 판결을 내리고, 인민법정에 심리 회부한다고 하는 그런 절차를 생각한다. 그러나 일반적으로 평의회가 재판권을 스스로 행사하는 경우 유죄 판결(katagnōsis)을 내린 후, 인민법정에 심리 회부하는 절차가 통례임은 다른 사료에서도 확인된다(제45장 (2), 제59장 (4); 아이스키네스, 「연설」 1번 (Aeschin. 1.111); IG I³ 34.38 등). 그에 반해, 민회가 katagnōsis를 내리는 사례는 크세노폰, 『헬라스 역사』 제1권 제7장 제20절, IG I³ 96.6과 같이, 모두 민회가 최종심 판결을 내리는 경우이지 인민법정 심리 회부를 전제로 한 것은 아니다. 그러므로 대본에 따라서 읽는다.

제47장

(1) 평의회는 다른 여러 관리와 협력하여 대부분의 행정을 관장한다. 우선 10명의 아테나 여신 회계관[1]이 있다. 그들은 솔론의 법에 따라 500섬급으로부터(pentakosiomedimnoi) 부족마다 1명씩 추첨으로 뽑힌다.[2] (그 법은 오늘날에도 유효하기 때문이다.) 추첨에 의해 선출된 사람은 설사 아무리 가난하더라도 취임한다.[3] 그들은 평의회의 입회하에, 아테나 여신의 신상, 니케 여신상, 다른 [귀중한] 기념물 및 자금을 [전임자로부

---

1 tamiai tēs Athēnas. 아테나이에서 가장 오래된 가장 중요한 회계관으로, 아테나 여신의 신성한 물품을 관리한다. 솔론 시대부터 (혹은 그 이전부터) 존재했던 것 같다(제8장 (1)). 기원전 406년에 다른 신의 회계관과 통합되었는데(제30장 해당 각주), 기원전 385년경에 분리되었다가 기원전 342년까지 재통합되어 호칭도 '아테나 여신 회계관'으로 통일되었다. 기원전 5세기까지는 국가의 재원을 일원화해서 관리하고, 그 자금이 전비(戰費)의 최대 공급원이었으나, 기원전 4세기에 이르러 다른 재원이 생기면서 중앙 은행으로서의 역할을 수행하는 것은 드물어졌다(제43장 (1) 및 해당 각주 참조). *Comm*, p. 391, pp. 549~550; *AOF*, p. 8 참조.
2 제8장 (1) 참조. 부족당 1명씩 총 10명이 된 것은 클레이스테네스의 개혁 이후의 일일 것이다.
3 이 책의 시대에는 이미 솔론의 소득 등급 자체가 실질적인 의미를 상실했거나 혹은 소득 등급에 따라 직책 취임을 규정한 솔론의 법이 사문화되었을 것이다. 제7장 (4) 및 해당 각주 참조.

터] 인계받는다.[4]

(2) 다음으로, 10명의 계약관[pōlētai][5]이 있으며, 부족마다 1명씩 추첨된다. 그들은 모든 공적 도급 계약을 담당하며, 평의회 입회하에 군사 회계관 및 연극 관객 수당을 위해 선출된 회계관과 협력하여 광산[의 채굴권]과 징세에 대해 도급 계약을 맺는다. 그들은 청부 계약이 체결된 광산을 평의회가 거수로 선택한 인물에게 인가한다.[6] 이미 채굴 중인 광산은 3년, 폐광된 것은 7년[7]으로 각각 도급 계약을 맺는다.[8] 또한 아레오

---

4 아테나 여신의 신상이란 기원전 5세기 후반에 유명한 조각가 페이디아스가 제작한 황금 상아로 만든 거대한 여신상으로 파르테논 신전의 본상이다. 마찬가지로 황금으로 덮인 니케 여신상은 기원전 5세기 후반에 수 개가 봉납되었으나, 펠로폰네소스 전쟁의 악화와 더불어 전비 조달을 위해 하나를 제외하고는 다 녹였다고 한다. 기원전 330년대에 재무 회계관 뤼크르고스의 지휘하에 다시 새로운 무언가가 제작되어 봉납되었다고 한다(플루타르코스, *Moralia* 841D, 852B; 파우사니아스, 제1권 제29장 제16절). 각 연도의 아테나 여신 회계관이 전년도부터 이어받은 성스러운 물품의 목록이 비문에 새겨져 오늘에 남아 있다(IG I^3 292~382, II^2 1370~1497).

5 pōlētai. 솔론 시대에는 이미 존재하고 있으며(제7장 (3)), 비문에는 기원전 5세기 중반부터 등장한다(ML 44.7 = IG^3 35.8). 본문에 있는 업무 외에 공공사업의 도급 계약 등도 담당했다. 계약관이 맺은 매각, 도급 계약 등의 기록은 이른바 폴레타이 비문으로 남겨져 경제사 및 재정사에 매우 중요한 정보를 제공한다. 그 비문과 계약관의 직무나 성립에 대한 고찰은 Langdon, 1991 참조.

6 계약의 실무는 계약관이 담당하고, 최고액으로 낙찰한 사람이 지명되지만, 평의회는 그것을 형식상 추인한 것이다.

7 숫자 판독이 어렵다. 체임버스(Chambers, 1965: 36~37)에 의하면, 아마도 사본에는 'ɣ́'이라고 쓰여 있었던 것으로 보인다. 비문 사료 등의 근거로부터, 이것은 '7'을 잘못 베낀 것이라고 대본이나 로즈(*Comm*, p. 554)는 추정하고 있으며, 여기서도 그에 따라 수정한다. 케니언은 '10 ί'으로 읽는다.

8 은광산은 신규로 개발되는 것(kainotomiai), 채굴 중인 것(ergasima), 일단 폐광이 되었다가 다시 채굴을 개시하는 것(su[n]gkechōrēmena)의 3종으로 분류되지만, 본문이 언급하는 것은 채굴 중(3년 계약)과 채굴 재개(7년 계약)의 두 종류뿐이다. 이 용어들의 해석에 대해서는 논란이 분분하지만, 여기서는 호퍼(Hopper, 1953: 201~203)의 해석을 따른다. 라우레이온 은광산에 대해서는 제22장 해당 각주 참조.

파고스 평의회에 의하여 추방에 처해진 자[9] 및 그 밖에 죄가 있는 자의 [몰수] 재산을 평의회 입회하에 매각하고, 9명의 아르콘이 이를 인가한다. 1년 계약으로 도급된 세금 징수[10]는 하얗게 만든 서판에 도급인과 도급액을 기입한 후 [계약관이] 평의회에 넘긴다. (3) 그들은 각 프뤼타네이아에 납기일이 오는 자들의 이름을 10장의 서판에 기록하고, 또 이와는 별도로 1년에 세 번 납기일을 맞이하는 자들에 대해서는 납기마다 서판을 만들어 기록하고, 또 제9프뤼타네이아에 납기를 맞이하는[11] 자들의 이름도 따로 기록한다. 또 인민법정에서 몰수 재산으로서 목록화되어 매각이 결정된[12] 토지나 가옥의 기록도 붙인다. 이것들을 매각하는 것도 계약관의 일이니까. 가옥의 대가는 5년간, 토지는 10년간 지불해야 한다. 이것들이 해마다 내는 금액[年賦]의 납기는 [매년의] 제9프뤼타네이아이다. (4) 바실레우스[13]도 신전의 땅의 임대[14]를 하얗게 만든 서판에

---

9 아레오파고스 평의회의 재판에 의해 의도를 가진 살인죄로 사형에 처해진 자 및 국외 추방된 자의 재산은 몰수된다. MacDowell, 1963: 115~117 참조.

10 페이라이에우스항에서 수출입되는 모든 상품에 부과된 2퍼센트의 관세, 이 항에 정박하는 선주에게 항만세로 부과된 1드라크마인 세금, 체류 외국인에게 부과된 인두세(제43장 해당 각주) 등. ADD, pp. 260~261; Langdon, 1991: 65 참조.

11 즉 1년에 한 번 이 시기에 납기가 온다는 것. 곡물의 수확기에 해당한다

12 재산을 몰수당하는 자란 국가에 부채가 있는 자, 의도를 가진 살인으로 유죄가 된 자, 국사범의 사형 판결에 따른 부가형으로서 재산 몰수를 당한 자 등을 말한다. 재산 몰수는 국가 당국이 직접 개시하는 것이 아니라 일반 시민 혹은 관련된 구(區)의 구청장이 공적 소송의 일종인 재산 몰수의 절차(apographē)에 따라 몰수를 신청하고 인민법정이 판결을 내려 목록화함으로써 이루어진다. 그 절차에 대해서는 Harrison II, 1968~1971: 211~217; Todd, 1993: 118~119 참조.

13 바실레우스는 아티카에서 가장 오래된 관료 중 하나로, 그의 주요 임무는 폴리스 차원에서 종교 문제를 처리하는 것이었다. 그래서 그가 아테나이의 주요 신들의 토지 소유권을 임대하는 임무를 맡았을 것이다.

14 신전의 땅(temenos) 임대 계약을 체결하는 것은 바실레우스의 전통적인 직무였다. 기원전 418/417년 민회의 결의에 따라 바실레우스가 신전의 땅 임대를 계약하고, 계약

기록하여 [평의회에] 제출한다. 이것들에 대해서도 임대 계약은 10년으로, 제9프뤼타네이아가 납기이다. 따라서 금액의 대부분은 이 프뤼타네이아에 모이는 것이다.

(5) 이렇게 납기마다 기록된 서판이 평의회에 제출되는데, 이것들을 보관하는 것은 1명의 국유 노예(dēmosios)이다. 그는 금액이 지불될 때마다 당일 납기를 맞아 기록이 말소되어야 할 자들의 서판만을 선반에서 꺼내서 수입을 수령하는 관리(apodektai)[15]에게 넘긴다. 다른 서판은 납기 전에 〈말소될 수〉 없도록 따로 보관되어 있다.

기한은 20년으로 하고 해마다 내는 임대세의 납기는 매년 제9프뤼타네이아로 정하고 있다(IG I^3 84.6, 11~17). 파파자르카다스(Papazarkadas, 2011: 51~75)는 신전의 땅 임대의 법 절차에 대해 고찰하고, 본문의 서술((4)와 (5))은 현행법인 '신전의 땅에 관한 법'에 의거한 것이라고 추정하고 있다.

15 apodektai. 해마다 사원의 재정으로 정해진 수입을 포함해 모든 종류의 국가 세입을 수령하고, 그것을 예산 배정에 따라(제48장 각주 1 참조) 회계관을 포함한 각 관리 동료단에게 배분하는 관리. 평의회와 협력해 세입, 세출을 모두 관리하는 재정상의 요직이다. 콜라크레타이(제7장 (3) 및 해당 각주)의 권한을 일부 승계한 것으로 보이며, apodektai는 처음으로 신전의 땅의 임대 계약을 명령한 기원전 418/417년의 민회 결의 비문(IG I^2 94. 15~18)에도 나온다. 그 직무와 성립 과정에 대해서는 Rhodes, 1972: 98~101; Comm, pp. 557~558 참조.

제48장

(1) 또 10명의 수입을 받아들이는 관리가 있어서 부족마다 추첨으로 선택한다. 그들은 [납기를 기록한] 서판을 받아, 평의회 회의장에서 평의회 입회하에, 지불이 끝난 금액을 말소하고 나서, 다시 그 서판을 국유 노예에게 돌려준다. 그리고 미납자가 있었을 경우, 그자는 여기에 기록된 채로, 미납액의 2배를 내지 않으면 투옥될 것이다. 이러한 금액을 징수하고 [미납자를] 투옥하는 최종적 권한은 법의 규정에 의해 평의회가 가지고 있다.

(2) 그런데 수입을 받아들이는 관리는 첫째 날에 모든 납부금을 수령해 관리들에게 분배하고, 둘째 날에는 분배액(merismos)[1]을 목판에 기입

---

[1] 기원전 4세기에 들어 아테나이에서는 온전하지는 않지만, 국가 예산 관념이 발생하여 경상 지출에 대해서 법에 의해 연간 예산 배분액이 정해졌다. 그에 따라 수입 관리가 각 국가 기관이나 관리 동료단에 자금을 배분하는 시스템이 기원전 386년에 이르러 성립되었다(Rhodes, 1972: 99~101). 예를 들어 민회는 결의 비문의 건립 등에 10타란톤, 신전 개축관은 30므나(2/1타란톤, 제50장 (1)), 대 디오뉘시아 제전 감독관은 100므나(제56장 (4)), 아테나 여신 회계관은 15타란톤 이상, 테스모테타이는 민회 수당 지급에 45타란톤 전후의 배분액을 각각 수령하고 있었다. 한편, 국가 세입으로는 신전을 비롯한 국유재산의 임대료, 은광산의 채굴권, 관세, 항만세, 시장세, 체류 외국인의 인두세,

해서 제출하고, 평의회 회의장에서 읽어 준다. 그리고 관리이든 일반 시민이든, 이 배분에 대해 부정의를 행하는 인물을 아는 사람이 있는지 없는지를 평의회에 자문한다. 만일 뭔가 부정의를 행하는 자가 있다고 판단되면, 동의를 투표에 부친다. (3) 또한 평의원은 자신들 중에서 각 프뤼타네이아별로 관리들의 회계보고를 감사하기 위한 회계 심사 위원(logistai)[2] 10명을 추첨한다.

(4) 평의원은 또한 각 부족에 1명의 집무 심사관(euthunoi)[3]과 각 집무 심사관에게 두 사람의 보좌역(paredroi)을 추첨으로 뽑는다. 그들은 〈아고라가 붐비는 시각에〉[4] 각 부족의 조상(祖上)의 이름이 새겨진 조상(彫

벌금, 몰수 재산, 전시 재산세 등이 주요 재원으로, 그해 총액은 기원전 350년대에 대략 130타란톤, 기원전 340년대에 400타란톤, 기원전 330~320년대에는 1200타란톤까지 도달했다. ADD, pp. 260~264 참조. 다만 예산 배분이 어디서 어떻게 결정되었는지, 그 전체의 규모 등에 대해서 이 책은 전혀 언급하고 있지 않다. 아테나이의 재정사와 관련해서는 Rhodes, 2013 참조.

2 logistai. 평의원으로부터 선택되어 프뤼타네이아 기별로 관리의 회계보고를 검사하는 직책으로, 동일하게 logistai라고 부르지만, 연도 말에 관리의 연도 회계보고를 심사하는 회계 검사관(제54장 (2))과 혼동해서는 안 된다. 각 프뤼타네이아마다 관리들이 회계 수지(收支)를 기록하고 있었다는 것은 기원전 407년 완공된 일렉티온 건축에 관한 회계 보고 비문(IG I³ 475~476)에서도 분명하게 확인된다. 아마 프뤼타네이아별 회계 보고를 정리한 것이 연도 회계 보고서로서 회계 검사관에게 제출되었을 것이다.

3 euthunoi. euthunein의 사전적 의미는 '똑바로 이끈다'(guide straight, direct)이다. 집무 심사의 제2단계를 담당하는 관리로, 평의원으로부터 선택되어 관리의 금전 관계(logos) 이외의 부정행위를 추궁하는 일을 한다. logistai와 euthunoi는 늘 구별되는 것은 아니다. 창설 시기는 분명하지 않으나, 기원전 460년경 이전의 스캄보니다이(Skambōnidai)구의 결의에 euthunoi라는 단어가 비문에 첫 번째로 나타난다(IG I³ 244B.9~10, 20~21). 피에라르(Pierart, 1971)는 집무 심사관의 권한의 변천에 대해 고찰하고, 기원전 5세기 말까지는 고액의 벌금을 부과할 권한을 보유하고 있었다고 결론을 내렸다.

4 우리의 대본은 판독 불능으로 하고 있지만, 대다수의 편집자는 agorais로 읽고, 빌라모비츠-묄렌도르프(Wilamowitz-Möllendorff II, 1893: 235)에 따라서 '아고라가 붐비

像)⁵ 옆에 앉아 있어야 한다. 인민법정에서 집무 심사⁶를 마친 관리 중 누군가에 대하여 집무 심사 후 3일 이내에 [그 관리의 집무에 대해서] 집무 심사에 의한 공적 또는 사적인 소(訴)를 제기하고 싶은 자는 하얗게 만든 서판에 〈자신〉과 피고의 이름, 고소하려는 죄상을 기입하고, 게다가 적절하다고 생각되는 양형을 〈부기한〉 후에 집무 심사관에게 전달한다. (5) 집무 심사관은 이것을 받아 〈읽고〉, 만일 유죄라고 판단하면, 사적인 다툼이라면 해당 부족의 소송 제기를 담당하는 〈구의〉 재판관⁷에게 회부하고, 공적인 사건이라면 테스모테타이에 〈서면으로 보고한다〉. 테스모테타이가 이것을 받아들이면, 다시 인민법정에 〈이에 대한〉 집무 심사를 넘겨서, 거기서 재판관이 내리는 결정이 최종 판결이 된다.

　　는 시각에'('in market hours')라고 해석한다. 레움(Rehm, 1931: 121)은 anatolais('해돋이와 함께')라고 읽는다. 이와 달리 다른 학자(체임버스)는 'on the occasion of tribal assemblies'로 해석하기도 한다. *Comm*, p. 561 참조.

5　아고라 서쪽의 옛 평의회 회의장, 즉 공공 문서 저장고 맞은편에 있었다. 오늘날 볼 수 있는 그 건물의 흔적은 기원전 4세기 중반의 건조물로서, 조상의 상을 올리던 대좌(臺座)와 그를 둘러싼 울타리 일부가 남아 있다. 대좌는 국가의 공용 게시판으로 사용되었다. Shear, 1970; Camp II, 2010: 66~68 참조. 부족의 조상에 대해서는 제21장 (6) 및 해당 각주 참조.

6　euthunai. 관리의 공적 책임을 추궁하는 법적 수단으로서 가장 일반적으로 이용된 것으로, 모든 관리 및 500명 평의원이 임기 만료 시 재임 중의 부정행위 유무를 심사받는 제도이다. 이것은 2단계로 구성되며, 1단계에서는 회계 검사관(logistai)이 관리와 평의원의 공금 횡령(klopē)이나 뇌물수수(dōra), 금전 관계의 부정행위(adikion)를 추궁한다(제54장 (2) 및 해당 주 참조). 두 번째 단계에서는 본문에 나와 있는 바대로 집무 심사관(euthumai)이 그 이외의 부정행위에 대해 일반 시민으로부터 고소를 접수한다. 최종 판결은 인민재판소에서 내려진다. 또한 이 절에서 '인민법정에서 집무 심사를 마친 관리'는 이 제1단계에서의 심사를 마친 관리라는 의미이다. 집무 심사의 기원과 발전에 대해서는 불분명한 점이 많지만, 이 책에서 볼 수 있는 제도가 모든 관리에게 의무화된 것은 기원전 5세기 중반경으로 생각된다. 집무 심사 절차와 성립 과정에 대해서는 Pierart, 1971; Hashiba, 2006: 64~67 참조.

7　제53장 (1) 및 해당 각주 참조.

제49장

(1) 평의회는 또 기마(騎馬)의 자격 심사도 실시해, 만일 〈좋은 말을 소유하면서〉[1] 사육을 게을리하고 있다고 생각되는 사람이 있으면, 사육료를 정지함으로써 벌한다. 또 [행렬을] 〈따라가지〉 못하고, 혹은 〈다루기가 힘들어서〉[2] 행렬에 머무르려고 하지 않는 말에게는, 턱에 마차 바퀴 모양의 낙인을 찍고, 이것이 찍힌 말은 〈심사에서〉 실격이 된다. 또한 〈기마 척후병(prodromoi)[3]의〉 심사도 행하고, 어떤 자가 기마 척후의 임무에 적합하다고 생각되는지를 살펴본다. 그리고 거수표결에 의해 부적합

---

1 대본은 판독 불능으로 하고 있는데, 카이벨-빌라모비츠(Kaibel-Wilamowitz, 1898), 케니언을 비롯한 대다수의 교정자에 따라 kalon hippon echōn으로 읽는다.

2 케니언은 anagousi('뒤로 가다')라고 읽는데, 헤어베어던-레우벤(Herwerden-Leeuwen, 1891) 및 대본에 따라 'anag⟨ōgois⟩('ill-trained, ill-broken, unmanageable') ousi'로 읽는다.

3 prodromoi. '말을 탄 정찰병'을 가리킨다. 기원전 395년에서 360년대에 아테나이인들은 기마 궁수 부대를 폐지하고 이를 '프로드로모이'(문자적으로는 '앞서 달리는 자들')라고 불리는 보다 전통적인 장비를 갖춘 기병(hippeis)으로 대체하기로 결정했다. 이들은 전투병과 아마도 정찰병의 역할을 담당했다. 크세노폰, 『기병 장군술』(Xenophon, *Hipparchikos* 제1장 제25절)에 따르면, 투창 기술(akontion)도 요구되었다. Bugh, 1988: 221~224 참조.

으로 판정되면 그자는 그 역할에서 쫓겨나게 된다. 또 기마 종병(從兵)[4]의 심사도 벌여서 거수표결에서 부적합으로 판정되면 일당 지급이 정지된다. (2) 기병 등록관[5]이 기병[6] 명부를 작성하며, 민회가 거수에 의해 10명을 선출한다. 기병 등록관은 [새로] 기재한 사람들[의 명부]을 기병 장관[7] 및 부족 기병 지휘관[8]에게 전달하고, 그들은 그 명부를 받아 평의회에 제출한다. 그리고 [이미 등록된 현역] 기병의 이름을 기입해 봉인했

4　hamippoi. 기병과 행동을 같이하는 [경장] 보병(pezoi)을 말한다. 하미포이는 보이오티아의 혁신으로 보인다(『펠로폰네소스 전쟁』 제5권 제57장; 크세노폰, 『헬라스의 역사』 제7권 제5장 제23절). 크세노폰까지 하미포이는 아테나이 기병과 연관될 수 없다. 여기서도 "기병에 배속된 보병"(pezon sun tois hippois; 『기병 장군술』 제9장 제7절)에 대해 언급하지만, 하미포이라는 말을 사용하지 않는다. 이 책에서 '아리스토텔레스'는 현재의 관행에 대해서 설명하지만, 그것이 얼마나 '현재적'인지는 알려 주지 못한다. Bugh, 1988: 173 참조.

5　katalogeis. 기원전 4세기 후반, 아마도 기원전 338년의 카이로네이아 패전 후에, 기병의 정원을 충족하기 위해 부유한 시민의 기병 등록을 더 강제적으로 실시할 목적으로 창설된 직책.

6　hippeis. 기원전 5세기 중반 무렵에 300명의 정규 기병이 창설되었고, 그 후 펠로폰네소스 전쟁 개전까지 아마 페리클레스에 의해 1000명으로 증원되고, 이후 이것이 기원전 4세기 말까지 정원의 수가 되었다. 솔론의 소득 등급인 기사 계급(hippeis)과는 별개의 개념인데, 그 상위 두 등급에서 징병되었다. 또한 제24장 (3)에 있는 기병 1200명은 아마도 기마 궁병 200명을 더한 인원으로 보인다. 기원전 5세기 중반 무렵부터 기병 등록자에 대한 조성금 제도가 시작되어 신규 등록자에게는 군사용의 말의 구입금(katastasis)으로 1200드라크마가 대여되었고, 본문에 나와 있는 대로 사육료(sitos)도 지급되었다. 『기병 장군술』(제1장 제19절)에 따르면 사육료 지출 총계는 연간 40타란톤으로 지급 대상자가 1000명인 경우 금액은 하루에 4오볼로스라는 계산이 된다. 기병의 발전사에 대해서는 Bugh, 1988: 39~78 참조. 다만 육군의 주력은 항상 중장보병이며, 기병은 보조 병력이었다. 기마의 자격 심사에 대해서는 Rhodes, 1972: 174~175; Bugh, 1988: 53~54, 58~60 참조. 또 기병의 사회적 지위에 대해서는 제38장 해당 각주 참조.

7　제61장 (4) 참조.

8　제61장 (5) 참조.

던 서판을 개봉하고, 먼저 이전에 등록된 기병 중 신체상의 이유로 기병을 맡을 능력이 없다고 선서한 자의 이름을 없앤 후, 다음에 [새로] 명부에 기재된 자를 소환한다. 이들 중 신체상 또는 재산상의 이유로 기병의 임무를 감당하지 못하겠다고 선서하는 자가 있으면, 이 자를 면제하고, 선서하지 않는 자는 기병으로서 적합한지 여부를 평의원이 거수로 표결한다. 만일 적합한 것으로 판정하면, 그 자를 서판에 등록하고, 부적합하다고 판정하면 이들도 동일하게 면제한다.

(3) 평의회는, 이전에는 공공건축의 모형[9]이나 아테나 여신의 페플로스[10](peplos)의 적합도도 판정했지만, 현재는 추첨에 선출된 인민법정이 그것을 행한다. 왜냐하면 평의원이 정실(情實)에 의해서 판정을 내린다고 생각되었기 때문이다. 니케 여신상의 제작이나 판아테나이아 제전의 부상(副賞)[11]에 대해서도, 평의회는 군사 회계관과 협력해 감독한다.

(4) 평의회는 신체 장애자[12]의 자격 심사도 실시한다. 왜냐하면 법의 규정에 의해, 소유재산이 3므나가 되지 않고, 또한 신체에 장애를 입었

---

9   paradeigmata. 건물, 조각상 등의 모형과 설계도를 의미하는 말이기 때문에, 이렇게 해석하는 것이 일반적이지만, 뒷말과 연결시켜 '페플로스의 디자인'이라는 해석도 있다.

10 peplos. 대 판아테나이아 제전의 행렬에서 배 모형의 예인차에 실려 아크로폴리스로 운반되는 아테나 여신상이 입고 있는 옷(플라톤, 『에우티프론』 6C 2~3). 이에 대해서는 박종현의 설명(플라톤, 「에우티프론」, 『플라톤의 네 대화편』, 박종현 옮김, 서광사, 2003, 46쪽 각주 34) 참조. 제례 9개월 전부터 귀족 자녀들에 의해 직조된다. 제례 행렬 중 가장 중요한 구경거리였다. Parke, 1977: 38~41 참조.

11 제60장 (3) 및 해당 각주 참조.

12 adunatoi. 장애인을 위한 사회보장제도의 창설은 아마 페리클레스 이후의 일일 것이다. 지급액은 기원전 4세기 초에 1일 1오볼로스(뤼시아스, 「연설」 24번(Lys. 24.13,26))였고, 후에 본문에 있는 것과 같이 2오볼로스로 인상되었다. 각 프뤼타네이아마다 지급되었던 것 같다(아이스키네스, 「연설」 1번(Aeschin. 1.104)). 뤼시아스, 「연설」 24번은 평의회 자격 심사에서 수급 자격이 없다고 이의를 제기받은 장애인에 의한 반론이다.

기 때문에, 일절 일을 할 수 없는 사람을 평의회가 심사해, 1인당 하루에 2오볼로스를 생활비로서 국고에서 지급하기로 되어 있기 때문이다. 그리고 이들을 위한 회계관 1명이 추첨을 통해 선출된다.

(5) 말하자면, 평의회는 다른 여러 관리와 협력하여 대부분의 행정을 관장한다고 할 수 있다.

제50장

(1) 그런데 평의회가 관장하는 것은 이상의 것들이다. 또 신전 건축관(hierōn episkeuastai)[1] 10명도 추첨으로 선정한다. 그들은 수입을 받는 관리로부터 30므나를 수령하며, 신전 중 가장 복구가 필요한 것을 수리한다. (2) 또 시 지역 감독관(astunomoi)[2]도 10명이 있으며, 그중 5명은 페이라이에우스에서, 5명은 [아테나이] 시내에서 각각 임무를 맡는다. 그들은 피리(아울로스)를 부는 여자, 하프를 켜는 여자, 키타라를 치는 여자[3]가 2드라크마를 넘는 값에 임대되지 않도록 감독한다. 만일 여러 남

---

1   여기 이외에는 나오지 않는 말로 정확히 알 수 없다.
2   astunomoi. 이들은 이른바 Hetaira(헬라스 일상적 삶에서 중요한 '향연'에서의 엔터테이너[기생], 대화 상대자, 악기를 다루는 가수의 역할을 수행하던 여자로 성적 역할을 포함했다.) 임대를 둘러싼 분쟁의 처리를 담당했다. 아테나이의 매춘부에게는 세금이 부과되었다고 하며, 세금 징수원들은 이 일에 종사하는 여성들의 등록부를 보관하고 있었다. 또 시가지의 청소, 보안을 담당하는 직책이 범죄 수사권 없는 경찰 같은 역할을 수행했다. 특히 이들이 성역이나 제례 행렬이 지나는 도로의 청소 관리를 담당했다는 것은 기원전 320년의 비문에서도 알 수 있다(IG II² 380). 그 직무는 공공 영역뿐만 아니라 일반 시민의 집 건축 등 사적 영역에까지 이른다. 『정치학』 제6권 제8장 1322a13~14; Cox(2007) 참조.
3   aulētris, psltria, kitharistria. 이들 모두는 연회석에 부름을 받는다. 연주뿐만 아니라 성

자가 동일한 여자를 취하기를 원하게 되었을 때에는, 시역 감독관이 추첨을 실시해, 뽑힌 사람에게 여자를 빌려 주게 된다. 이들은 또 똥오줌 수집인⁴이 시의 장벽[市壁]에서 10스타디온 안의 범위에 똥오줌을 버리지 않도록 감독한다. 또 도로로 돌출된 건물이나 노상으로 돌출된 발코니, 도로를 향해 흘려보내는 덮개가 없는 배수관,⁵ 도로 쪽으로 향한 여닫이창을 금지한다. 또 길거리에서 쓰러져 죽은 사람의 시체를 국유 노예인 하급 관리를 이용해서 치운다.

    매매도 하는 직업이었다. 대부분 노예나 체류 외국인이었을 것이다. 휘페레이데스, 「연설」 4번(*Hupereidēs*, 4.3)은 법정 요금을 초과하는 가격으로 아울로스를 부는 여자를 임대한 업자가 국사범의 탄핵 재판에 회부된 사례를 전하고 있다. Graham, 1988: 22~40 참조.

4 koprologoi. 분뇨를 각 가정에서 모아 시외로 갖다 버리는 업자. 노예를 부려 작업에 종사하게 한 것으로 보인다. 아리스토파네스, 『벌』 1184행에서는 남들로부터 욕먹는 대상이 되고 있다. 도시들이 겪는 문제이긴 하지만, 아테나이도 오물 처리에 골치를 썩었다고 한다(Strabōn, 『지리지』 397[9.1.19] 참조). 그래서 국가도 그것의 처리를 법제화했던 것 같다. 이 직업에 대해서는 Owens, 1983 참조. 1스타디온은 길이 단위로 약 177미터다.

5 ochetoi meteōroi. 로즈(*Comm*, p. 575)는 '머리 위의 배수관'(overhead drain-pipes)으로 해석하지만, 배수관이 집에서 공중으로 튀어나오는 것은 이상하다. 배수관이 땅속 깊이 매설되어야 한다는 것은 *SEG* 19.181.10 등의 비문에서 분명하며, 또한 페르가몬의 시역 감독관에 관한 법(*SEG* 13.521.72~82)에서는 배수관을 meteōroi가 아닌 매설된 것(kruptoi)으로 하도록 명하고 있다. 마틴(Martin, 1957: 66~69)의 해석에 따라 '덮개 없는 배수관'으로 옮긴다.

제51장

또 시장 감독관[1]〈10명〉도 추첨으로 임명되어, 5명이 페이라이에우스를, 5명이 시내를 각각 담당한다. 이들은 법에 따라 모든 상품에 대해 청정하고 진품의 것이 팔리도록 감독할 책무를 진다.

(2) 또 도량형 감독관[2]〈10명〉도 추첨으로 임명되어 5명은 시내, 5명은 페이라이에우스를 각각 담당한다. 그들은 판매자가 적정한 규격을 사용하도록 모든 도량형을 감독한다.

---

[1] agoranomoi(『정치학』 1399b17, 1322a14 참조). 아리스토파네스, 『아카르나이의 사람들』 723행, 824행, 968행에서도 나타나며, 기원전 5세기에는 6명이었다고 하는데 기원전 375/374년부터 기원전 347년까지 10명으로 증원된 동시에, 그때까지 아고라 단속에 한정되었던 직무도 확대되었다. 시장의 질서 유지, 상품 위조 및 불량품 단속, 시장세 징수 등을 담당했다. 외국인 포함 비시민에게는 체형이나 투옥형(724행), 시민에게는 어느 정도의 벌금형을 부과할 수 있는 권한을 갖는다. 기원전 320년에는 페이라이에우스에서 부분적으로 시역 감독관의 직무를 맡았다(IG II^2 380) Stanley, 1979: 14; Comm, pp. 575~576; Garland, 2001: 77, 90~91 참조.

[2] metronomoi. 시장 감독관의 지휘 아래 모든 도량형의 감독을 담당한다. 기원전 4세기 중반에 시장 감독관이 증원되었을 때 창설된 것으로 보인다. Stanley, 1979: 18~19; Garland, 2001: 77 참조. 아고라에서는 도량형 감독관이 각인에 따라 정품으로 인증한 저울추가 발견되고 있다. Lang and Crosby, 1964: 21~22 참조.

(3) 또 추첨으로 임명되는 〈10명의〉 곡물 감독관[3](sitophulakes)이 있었으며, 5명은 페이라이에우스, 5명은 시내(astu)를 담당하고 있었다. 현재는[4] 20명이 시내를, 15명이 페이라이에우스를 담당한다. 그들은 먼저 시장에서 정제되지 않은 곡물이 정당한 가격에 팔리고 있는지 감독하고, 정제업자가 보리의 매입가에 걸맞은 가격에 갈아 넣은 보리를 팔고 있는지, 또 제과점이 밀 매입가에 걸맞은 가격에 빵을 팔고 있는지, 또 그 빵이 그들이 정하는 무게인지를 감독한다. 왜냐하면 법에 따라 그들이 이를 공정하게 하기 때문이다. (4) 또 거래소 감독관[5] 10명을 추첨으로 임명한다. 이들의 직무는 거래소[6]를 감독함과 동시에 곡물 거래소[7]에

---

3 sitophulakes. 기원전 386년경에 사료상으로 처음 나타난다(뤼시아스, 「연설」 22번(Lys. 22.16)). 곡물 거래소(제51장 각주 8 참조)를 감독하여 페이라이에우스항으로 수입되는 곡물의 양을 기록하고, 또한 이 항구 이외를 최종 목적지로 하는 곡물 거래나 곡물의 사재기, 법정 이상의 이윤을 올리는 곡물 판매를 금지한다. 이 항에 들어가는 모든 곡물에 대해 2퍼센트의 관세를 부과한다. 또한 곡물 거래소에서의 화폐 수수를 둘러싼 소송을 수리하고 일정한 재판권을 유지한다. 기원전 370년대에는 곡물의 소매뿐만 아니라 도매에 대해서도 감독권을 가지고 있었지만, 이 책의 시대에는 소매에 대해서만 감독했다. 그 직무에 대해서는 *Comm*, pp. 577~579; Garland, 2001: 77~78; Moreno, 2007: 334~335 참조.

4 인원이 증원된 것은 아마도 알렉산드로스 대왕의 치세로, 기원전 330년부터 기원전 325년에 걸쳐 헬라스 전역에서 곡물 부족이 일어났던 시대일 것으로 추정되고 있다. *Comm*, p. 577; *Staat*, p. 372 참조. 인원 증가에 대한 이 설명은 나중에 덧붙인 것으로 보인다.

5 emporiou epimeletai. 무역 상인이 모든 곡물을 페이라이에우스의 곡물 거래소에 내리고, 그 3분의 2를 시내에 공급하도록 감독하는 직책이다. 이 책의 시대에는 곡물 도매에 대한 감독권을 보유하고 있었다. *Comm*, p. 579; Garland, 2001: 78; Moreno, 2007: 335 참조.

6 emporion. 페이라이에우스의 주항 칸탈로스 북동부를 차지하는 교역 시설로서 5개의 열주(列柱)가 있었다고 한다. 배후부는 성벽으로 보호되었다. Garland, 2001: 152~153 참조.

7 sitikon emporion. 거래소의 일부로, 칸타로스 중간쯤 돌출된 반도부에 페리클레스가

[바다를 통해] 육지에 도착한 곡물 중 3분의 2를 곡물상이 시내로 수송하도록 강제하는 것이다.[8]

세웠다고 하는 알피토폴리스 스토아(Alphitopolis Stoa)라고 불리는 열주가 있는데, 이것이 곡물 거래소인 것으로 추정되고 있다. 기근 때 이곳에서 보리와 빵의 배급이 있었다. Garland, 2001: 152~153 참조.

[8] 나머지 3분의 1은 페이라이에우스로 팔려 소비된 것으로 여겨진다. Rosivach, 2000: 45 참조. 곡물을 자급할 수 없는 아테나이는 솔론 시대 이래 곡물의 대부분을 수입에 의존할 수밖에 없었고, 국가는 시민들이 기근에 빠지지 않도록 곡물 공급에 특별한 배려를 했다. 이 장에서 기술된 관리 집단은 특히 곡물의 안정적 공급을 위해 중요한 임무를 부여받았던 셈이다. 아티카의 곡물 자급률이나 해외 의존도, 또한 해외로부터의 곡물 공급 방식에 대해서는 다양한 논의가 있지만, 이러한 점들에 대해서는 Moreno, 2007 참조.

제52장

(1) 또 '11인'[1](hoi hendeka)도 추첨에 의해 임명한다. 이들은 감옥[2]에 수감된 사람들을 감독하고, 또 절도범, 유괴범, 노상강도가 약식 체포[3]에

1   hoi hendeka. 아마도 클레이스테네스의 개혁 이전부터 존재했으며, 이 책에서도 솔론 시대의 기술에서 볼 수 있다(제7장 (3)). 인원수의 유래는 알 수 없다. 민주정 이전에는 강대한 재판권을 행사하고 있던 것 같지만, 이 책의 시대에는 주로 감옥의 관리와 처형 및 일부의 소송 제기를 담당했다. 근대 경찰과 비슷하지만, 자발적으로 범인 수색이나 체포에 참여할 수는 없었다. Lipsius, 1905~1915: 74~81; *ADD*, p. 190; Todd, 1993: 79~81 참조.
2   desmōtērion. 아고라 서남쪽 구석 바깥쪽에 있는 감옥으로 추정되며 기원전 5세기 중반의 건물터가 남아 있다. 복도 양쪽에 여러 개의 방이 늘어선 배치로 이루어져 있다. 처형에 사용한 독약 용기로 보이는 유물이 출토되었다. Camp, 1992: 113~116; Camp II, 2010: 176~178 참조. 덧붙여 아테나이에 징역형은 존재하지 않았고, 감옥은 미결수나 국가에의 부채자 등을 구류하는 데 이용되었다.
3   apagōgē. 일반 시민이 범인을 스스로 체포해 11인에게 연행하는 사법 절차. 적용되는 범죄는 본문이 설명하는 절도, 유괴, 노상강도 외에 가택 침입 강도, 주머니털이, 모종의 살인 행위 등 폭넓게 적용되며, 이런 짓을 저지른 자는 일괄적으로 '악행범'(kakourgoi)으로 총칭된다. Hansen, 1976: 36~48 참조. 악행범이 현행범이거나 기타 범죄 양상이 명백한 경우에는 체포되어 죄를 자백하면 본문대로 처형되지만, 그 이외의 경우에는 재판 절차가 개시된다. 그 외 살인범으로 고소당하고도 아고라나 신성한 지역에 출입하는 것, 공민권 정지 처분을 받은 자(atimoi)가 시민으로서의 권리를 행사하는 것, 국외로 추방당했던 범죄인이 허가 없이 귀국하는 것에도 이런 절차가 적용되

의해 연행돼 왔을 경우, 만일 죄를 자백하면 사형에 처하고, 또 만일 죄상을 다투면 인민법정에 소송을 제기하는 것이 그 역할이다. 그리고 무죄 판결을 받으면 이들을 석방하고, 그렇지 않으면 사형에 처한다. 또 몰수 재산으로 등록된 토지, 가옥 소송을 인민법정에 제기해서 국고 몰수 판결이 나면서 재산을 계약관에게 넘긴다.[4] 또 고발(endeixeis)[5]도 법정에 제기한다. 왜냐하면 이것을 제기하는 것은 '11인'의 몫이니까. 고발의 일부는 테스모테타이(thesmothetai)에 의해서도 제기된다.

(2) 또 소송제기관[6](eisagōgeis)으로 5명을 추첨으로 뽑는다. 이들은 각 달에 소송[7]을 제기해[8] 1명당 2부족을 담당한다. 각 달의 소송이란, 먼

었다. 약식 체포에 대해서는 Hansen, 1976 참조.

4   재산 몰수 절차(apographē)에 대해서는 제47장 (3) 및 해당 각주 참조.

5   endeixeis. 공민권을 정지당하고도 시민으로서의 권리를 행사한 사람 등에게 적용되어 일반 시민이 범인을 체포하는 점에서는 약식 체포(apagōgē)와 같지만, 이 책의 시대에는 그 절차로서 우선 고발장을 가지고 범인을 '11인'에게 호소하고, 그것에 의해 범인 체포의 권한을 공적으로 부여받는 것이 특징이다. 또 범인은 반드시 체포 구류될 필요는 없고, 재판에서 판결이 나올 때까지 신병이 자유로울 수도 있다. Comm, p. 582; Hansen, 1976: 11~17; Todd, 1993: 117 참조.

6   eisagōgeis. 본문에 나타난 몇 가지 소송을 민중 법정에 제기하는 관리를 말한다. 아마도 기원전 340년대 중반에 창설되었을 것이다. 기원전 425/424년의 델로스 동맹 공조금의 재사정 결의(ML 69 = IG³ 71.7, 12, 13)에 같은 이름의 관리가 등장하는데, 여기서 말하는 소송제기관과 무슨 관계가 있는지는 알 수 없다. Comm, p. 583.

7   emmēnoi. '1개월 이내에 판결이 나오는 소송'이라고 해석되어 왔지만, 현재는 '한 달에 한 번씩 소송을 제기할 기회가 주어지는 소송'이라는 해석이 유력하다. '각 달 소송'은 사소(私訴)이면서 다음 장에 보이는 중재인의 재정을 거치지 않고 직접 인민법정에 제기되었기 때문에 신속하게 처리되는 이점이 있었다. Comm, p. 583; Todd, 1993: 334~335, 373 참조.

8   이 책에서 '소송을 제기하다'라고 옮긴 동사 eisagein은 법률 용어다. 관리가 받은 소송을 예심한 후 인민법정에 제출하고 동시에 그 법정에서의 심리를 주재하는 행위를 말한다. 일반적으로 어떤 소송 절차의 제기를 담당하는 관리를 소송 제기 관리(eisagousa archē)라고 부른다. 예를 들어, 이 절에 언급되는 여러 종류의 사소(私訴)의 소송 제기

저 지참금을 둘러싼 소송[민사적 다툼(私訴)[9]]이다. 이는 지참금 반환의 의무가 있으면서 반환하지 않은 경우.[10] 다음으로 월 1드라크마의 이자로[11] 빚을 지면서 갚지 않는 경우. 또 아고라에서 장사를 시작하려고 다른 사람에게 밑천을 빌린 [그러나 갚지 않는] 경우. 게다가 폭행, 에라노

관리는 소송제기관이며, 또한 소크라테스가 피소된 '불경죄'에 대한 공소의 소송 제기 관리는 바실레우스이다(제57장 (2)). 이 장 이후에는 여러 종류의 소송 수리와 제기를 담당하는 관리가 언급되고 있다.

9 아테나이의 소송은 일반적으로 당사자의 사적 이익과 손해를 대상으로 하는 사적 소송(idiai dikai)과 국가 공동의 이익과 손해를 대상으로 하는 공적 소송(dēmosiai dikai)으로 나뉘며, 각각의 대표적 카테고리를 사소(dikai)와 공소(grapsai)라고 한다. 사소에는 피해자 소추주의가 원칙이고, 이해 당사자만이 고소권을 갖지만, 공소에서는 인민 소추주의에 따라 시민이면 누구나 고소할 수 있었다. 양자의 차이에 대해서는 Lipsius, 1905~1915: 238~241; *ADD*, pp. 192~193 참조. 원래 아테나이의 소송은 모두 사소였기 때문에, 소송 일반을 dikai라고 부르는 관습이 있었지만, 솔론이 인민 소추주의를 정한 것에서 사소와 공소의 구별이 생겨났고(제9장 해당 주), 그 이후 협의의 dikai는 사소를 의미하게 되었다. Todd, 1993: 99~102 참조. 또한 제53장 (1)의 '그 밖의 사소'란 제52장에서 다룬 것 이외의 모든 사소를 의미하는데, 40명의 재판관 외에 사소를 수리하는 관리로서 아르콘(제56장 (6)), 바실레우스(제57장 (2)~(4)), 폴레마르코스(제58장 (3)) 및 테스모테타이(제59장 (5)~(6))가 있었다. 그렇다면 이 책의 서술은 부정확하다고 할 수 있다. 이 책의 저자는 40명의 재판관이 다루는 사소의 이름을 구체적으로 열거하지는 않지만, 아마도 금전 관계의 사소가 대부분을 담당했을 것이다.

10 아테나이 여성에게는 지참금(proix)이 딸린 결혼이 일반적인 관례이며, 지참금은 남편의 관리하에 놓이지만, 이혼 시에는 남편이 아내에게 반환할 의무를 진다. 아마 이 소송은 장인이 지참금을 돌려주지 않는 사위를 상대로 제기한 것으로 보인다. *Comm*, p. 584; Todd, 1993: 215~216 참조.

11 1드라크마를 빌린 경우 한 달에 1므나의 이자 = 연 12%.

스(우호적 대출), 조합, 노예, 가축,[12] 삼단노선 봉사,[13] 그리고 은행업[14]에 관련된 각각의 민사적 다툼[私訴]이다. (3) 소송제기관이 이것들을 인민법정에 제기하며, 재판을 담당하는 각 달의 소송은 이상과 같은 것이다. 마찬가지로 수입을 받아들이는 관리(apodektai)는 세금 징수 청부인[15]이 원고 혹은 피고가 되는 소송을 다룬다. 이 중 다툼의 액수가 10드라크마까지의 사건은 수입을 받아들이는 관리에게 최종 판결권이 있지만, 그 이외의 소송은 각 달의 소송으로서 인민법정에 제기한다.

---

12 '폭행죄 … 노예, 가축 …'. 구타(oikeia)는 상해죄(trauma, 제57장 (3))에까지 이르지 못하고, 또한 가해자가 먼저 손을 댄 경우의 폭행이다. 에라노스(eranos)는 친구들이 상조(相助)의 목적으로 돈을 내고 무이자로 동료에게 빌려 주는 것을 말한다. 조합(koinōnia)은 공유 재산을 관리하는 단체이다. 노예, 가축에 관한 사소(私訴)란 그것들에 가해진 피해이거나 그것들이 끼친 피해를 소송하는 것이다.

13 삼단노선 봉사에 관한 사소(dikē triērarchias). 삼단노선 봉사에 대해서는 제61장 (1) 및 해당 각주 참조. 삼단노선 봉사자에 대해 국가가 제기하는 소송이 아니라, 그들이 소송 당사자가 될 수 있는 일종의 사소(私訴)일 것이다.

14 은행업(에 관한 사소)([dikē] trapezitikē). 은행가가 소송 당사자가 되는 어떤 종류의 사소(私訴). 이소크라테스, 「연설」 17번은 은행가 파시온을 고소한 소송 변론이지만, '각 달 소송'에 의한 것은 아닌 것 같다. 또한 각 달 소송은 본문에도 나오듯이 이와 같이 대체로 재산의 귀속을 둘러싼 당사자 간의 법적인 다툼(계쟁係爭)을 다루는 소송이다.

15 징세가 계약관에 의해 청부(請負)로 나온 것은 제47장 (2) 및 해당 각주 참조.

제53장

(1) 또 40명의 재판관도¹ 추첨으로 각 부족에서 4명을 임명하고, 그들에게 그 밖의 사소(사적인 소송)²를 제기한다. 그들은 이전에는 30명으로 각 구를 순회하며 재판하고 있었지만, 30명의 과두 정권 이후 40명이 되어 현재에 이른다. (2) 그들은 10드라크마까지의 사건에 대하여 최종 판결권을 가지는데, 소송을 다투는 액수가 그것을 초과하는 사건은 중재원³(diaitētai)에게 맡긴다. 중재원은 이를 맡아서, 만일 화해가 불가능하

---

1 hoi tetarkonta. '구의 재판관'이라고도 불린다(제48장 (5)). 페이시스트라토스가 '마을의 재판관'으로 창설했고(제16장 (5) 및 해당 각주) 참주정 타도 후에 폐지되었지만, 기원전 453/452년에 구(區)를 순회하는 재판관으로 부활했다(제26장 (3)). 그 인원수는 각 트리튀스에서 1명씩 총 30명이었는데, 본문대로 30인 정권 붕괴 후 40명이 된다. 구의 순회는 펠로폰네소스 전쟁 말기에 끊어져, 전후에는 상시적으로 시내에서 집무하게 되었다고 로즈(Comm, p. 588)는 생각한다. 그들은 관리가 아니었으며, 따라서 집무 심사의 대상이 되지 않았다. 그 직무에 대해서는 Todd, 1993: 80, 128, 167~168 참조.

2 사소(私訴)에 대해서는 제52장의 각주 9 참조.

3 여기서는 국가에 의해 임명된 공적 중재원을 가리킨다. 시민 간의 사적인 법적 다툼(계쟁)은 재판에 호소하기 전에 우선 당사자 쌍방이 동의한 사적인 중재인에게 조정을 의뢰하는 것이 보통이었다. 거기서 해결되지 않은 경우에 처음으로 소송을 제기하는 것이지만, 그 경우도 곧바로 인민법원에 제소되는 것은 아니고, 많은 경우, 우선 40명

면 재정(裁定)을 내린다. 만일 양쪽이 그 재정에 만족하고 그에 따르면 소송은 종료된다. 그러나 소송 당사자 한쪽이 인민법정에 상소할 경우, 증언, 최고(催告)[4] 및 관련 법문을 원고와 피고 각각 별도의 항아리[5]에 넣어 그 항아리에 봉인하고, 나아가 중재원의 재정을 서판에 기록하여 첨부하고, 피고의 부족 재판을 담당하는 4명의 재판관[6]에게 넘긴다. (3) 그

의 재판관을 통해 공적 중재에 맡겨진다. 공적 중재 제도가 도입된 시기는 정확히 알 수 없으나, 사료상 최초로 공적 중재원의 활동이 확인된 것은 기원전 399/398년의 일이다. 아마 40명의 재판관의 직무를 보완하고 인민재판소의 부담을 줄이기 위하여 도입되었을 것이다. 중재원이 관리가 아닌 개인으로 임명되는 지위였음은 40인의 재판관과 마찬가지다. 공사(公私)의 중재제도에 관해서는 Lipsius, 1905~1915: 222~233; Harrison II, 1968~1971: 64~68; MacDowell, 1971; *Comm*, pp. 591~596; Todd, 1993: 123~129 참조.

4 proklēsis. 소송에서 당사자가 유력한 증거나 증언이 수중에 없을 경우, 소송 상대방이나 제삼자에게 계약서나 유언장 등, 사적 문서의 사본을 가져오게 하거나 노예를 고문해 증언을 하도록 하는 등 증인을 동반해 정식으로 청구할 수 있었다. 이러한 청구는 비록 상대방에게 거절당하더라도 청구한 사실을 (그리고 거절당했음도) 기록해 두면, 이 자체로 법정에서 유리한 논거가 된다. 이것을 최고(催告)라고 한다. Harrison II, 1968~1971: 153; Todd, 1993: 96 참조. 이러한 최고가 대부분 상대방에게 거절당한 것에 대해서는 Thür, 1977: 59~60 참조.

5 echinos. 법적인 문서를 보관하기 위한 뚜껑이 있는 용기. 본문에 있는 것과 같은 중재뿐만 아니라 통상 소송의 예심(제56장 해당 각주)에서의 증거를 제출하는 경우, 혹은 사적 계약 문서를 보관 봉인하여 제삼자에게 맡기는 경우 등에도 이용되었다. 이 용기의 역할에 대해서는 Boegehold, 1995: 79~81 참조. 이 항아리의 뚜껑으로 생각되는 기원전 4세기 후반의 도자기 조각이 아고라에서 발견되어 뵈게홀드(Boegehold, 1982)에 의해 공표되었다(*SEG* 36,296). '예심 증언 보고' 등의 문자가 기입되어 있으므로 중재 사안이 아니라, 통상적인 소송 예심 단계에서의 증거를 보관하고 있던 항아리인 것으로 추측된다. 그 명문(銘文) 텍스트의 복원 및 이 유물의 데이터는 Boegehold, 1995: 80~81 참조. 또한 기원전 370년대 이후, 법정에서의 증거는 모두 서면 제출이 의무화되었다. Bonner, 1905: 46~54; Calhoun, 1919: 177~193 참조.

6 이는 피고와 같은 부족 출신의 재판관이 아니라, 중재원과 마찬가지로(제53장 각주 13) 재판의 공평성을 유지하기 위해 피고와 다른 부족의 재판관이 담당했다고 봐야 할 것이다.

러면 그들은 이것을 받아들여 인민법정에 소송을 제기한다. 하지만 다투는 액수가 1000드라크마 이내의 사건은 201명의 법정에, 1000드라크마를 초과하는 사건은 401명의 법정에 제기한다. [그 법정에서는] 항아리에 넣어 중재원으로부터 제출된 것 이외의 법률이나 최고(催告), 증언을 이용하는 것은 허용되지 않는다.

(4) 중재원은 [해당 연도에] 60세에[7] 달하는 시민이 맡는다. 이것은 아르콘과 '조상의 이름'(epōnumos; given as a significant name)으로부터 분명하다.[8] 즉 부족 조상의 이름은 10명이 있는데,[9] [이 밖에도] 같은 나이대 조의[10] 조상의 이름이 42명이 있어야 한다. 이전에는 견습병(ephēboi)이 시민으로 등록이 될 때 흰색의 서판에 [이름이] 기록되었으며, 그들의 명부에는 등록된 해의 아르콘과 전년도에 중재원을 지낸 [같은 나이

---

7 아테나이의 병역 기간은 남자가 18세에 견습병이 된 후 42년간이다. 아테나이에는 42개의 연도 등급이 있고, 또 남성이 18세 생일 이후에 등록되어 19세 생일이 42년간의 복무 기간 중 첫 번째 생일에 해당한다는 사실로부터 60번째 생일이 42년간의 마지막 생일이 된다는 결론이 따라 나온다. 중재원으로 임명되는 시민은 병역의 마지막인, 즉 42년 차에 60세가 되는 사람으로 그다음 해에 전역하는 사람이다. 또한 한젠(ADD, p. 140) 및 크리스트(Christ, 2001: 404 n. 28)는 병역의 마지막 해에는 중재원을 맡는 대신 사실상 병역을 면제받았다고 생각한다.

8 어느 동년배의 조(아래의 각주 10 참조)의 아르콘과 조상의 이름(제21장 (6))을 보면 그들의 나이가 밝혀진다는 것이다.

9 제21장 (6)에는 "각 부족에는 예비적으로 뽑힌 100명의 조상으로부터, 퓌티아가 [신탁에 의해] 선택한 10명을 부족의 조상으로 정했다"로 되어 있다. 해당 각주 참조.

10 hēlikia('of the age-classes'). 같은 해에 견습병으로서 시민권 등록을 받은 '같은 연령 집단'(즉 동일 집단[cohort]이라고 해석할 수 있는데, 즉 '특정한 기간에 태어나거나 결혼을 한 사람들의 집단과 같이 통계상의 인자(因子)를 공유하는 집단'을 말한다)으로, 말하자면 시민으로서의 동기생이다. 같은 해의 조상 4명의 이름은 알 수 없으나 한 견습병의 봉납 비문(Reinmuth, No. 6,5)에 보이는 'Mounichos'가 기원전 333/332년의 동년배 조(the age-class)의 조상의 이름이 아닐까 하고 하비히트(Habicht, 1961: 127~148)는 추정한다.

대의] 조상의 이름이 함께 기록되어 있었다. 현재는 청동판에 기록되어 있고, 그 명판은 평의회 회의장 앞 부족 이름의 조상(彫像) 옆에 세워진다.[11] (5) 40인의 재판관은 [같은 나이대 조의] 조상의 이름 중 마지막 것을 선택하여[12] [그 조상의 이름의 같은 나이대 조인] 그들에게 중재 사안을 분배하고, 그 각자가 중재하여야 하는 사안을 추첨에 의해 할당한다.[13] 각 중재원은 추첨을 통해 배정받은 중재 임무를 반드시 완수해야

---

[11] 본문에 나와 있는 청동 명판의 견습병 명단은 현존하지 않는다. 다만 견습병 명단을 게재한 봉납 비문은 몇 개가 남아 있다. Reinmuth, 1971: Nos. 2, 9, 10, 12, 15, 17 참조. 그것들에 의하면, 각 동년배의 조는 그들이 시민권이 등록된 해의 아르콘 이름으로 불리고 있으며, '조상의 이름'으로는 부르지 않았다. 본문에서 '전년도에 중재원을 맡은 조상의 이름'은 중재원을 맡은 60세의 동년배의 조가 이듬해 퇴역하면 그 조상의 이름이 필요 없게 되므로, 그해 새로 시민권 등록된 18세의 같은 해의 조에 재이용된다는 것이다. '흰 서판'이 언제 청동판으로 바뀌었는지는 분명하지 않다. 로즈(Comm, p. 592)는 기원전 335년경에 견습병제도가 개혁된 데 따른 개편일 것으로 추정한다. 부족 조상의 이름의 조상(彫像)이 있던 장소와 그 유적물에 대해서는 제48장 해당 각주 참조. 그 부근에서 삼각기둥 모양의 청동 명판을 얹은 것으로 보이는 석회암으로 만든 대좌가 네 점 발견되었으며, 이 책에서 말하는 청동판 대좌였을 가능성도 있다.

[12] 즉 병역 마지막 해(42년 차)를 맞은 같은 나이의 사람을 중재원으로 임명한다는 것이다. 기원전 4세기 후반의 중재원 동료단의 명단은 몇 개의 비문 형태로 남아 있다 (IG II² 1924+2409, 1925, 1926 1927). 이들도 견습병과 마찬가지로 '누군가가 아르콘을 지낸 해의 중재원'으로 불러 같은 나이대 조상 이름의 조는 보이지 않는다. 중재원 명부 비문에서 그들의 사회적 출신이나 시민의 인구 동태를 파악한 것에 대해서는 Ruschenbusch, 1982 참조.

[13] 40명의 재판관이 중재원에게 중재 사안을 할당하는 절차의 세부 사항은 분명하지 않다. 현존하는 중재원 동료단 명부 비문에 의하면, 출신 부족에 따라 중재원의 인원수에는 차이가 있다. 예를 들어 거의 완전히 남아 있는 기원전 325/324년의 명부 비문(IG II 21926)은 모두 103명의 중재원을 기재하고 있는데, 각 부족의 인원은 3명에서 16명까지 제각각이다. 그 때문에 피고의 부족마다 중재원을 균등하게 배분한다면, 40명의 재판관은 어떠한 특별한 배려를 필요로 했을 것이다. Comm, p. 594; Staat, p. 380 참조. 우선 중재원들을 (그 출신 부족에 관계없이) 10개의 그룹으로 나누어 각각을 피고의 부족에게 추첨으로 할당하고, 그에 따라 개별 중재 사안을 개별 중재원에게 할당하는 두 단계의 절차를 여기서 말하고 있다. 아마 40명의 재판관과 마찬가지로 정실(情實)을 배제

한다. 왜냐하면 법의 규정에 따라 의무 연령에 도달하면서 중재원이 되는 것을 거부하는 자는 공민권이 정지되기 때문이다. 다만 해당 연도에 우연히 어떤 관리직을 맡거나, 국외에 체류하고 있는 자는 예외로 한다. 이런 사람들만은 [중재원을] 면제받는다. (6) 또한 만일 누군가가 중재원의 한 사람으로부터 부정의를 당한 경우, [그 중재원을 상대로] 중재원의 동료단에 탄핵 재판[14]을 제기할 수 있다. 만일 그들이 유죄 판결을 내리면, 그자는 공민권 정지가 되도록 법은 정하고 있다. 그러나 이 경우에도 [인민법정으로의] 상소[15]가 인정되고 있다.

(7) [같은 나이대 조의] 조상의 이름은 군사의 출정[16]에도 이용된다.

하기 위해 중재원도 자신과 다른 부족의 피고를 담당했을 것이다. 이러한 예에 대해서는 데모스테네스, 「연설」 21번(Dem. 21.83) 참조. 또한 그 절차는 피고가 시민인 경우로 한정한다. 피고가 체류 외국인인 경우 우선 폴레마르코스가 소송을 수리한 후 이를 40명의 재판관에게 회부하고, 그들이 중재원에게 사안을 맡긴다. 제58장 (2) 참조.

14 eisa[n]ggelia. 국사법에 대한 탄핵 재판(제43장 (4))이나 관리들의 위법 행위에 대한 탄핵 재판(제45장 (2))과는 별개의 공적 소송으로, 어떤 한 중재원의 비리에 대해 계쟁 당사자가 중재원 동료단에 제기하는 탄핵 재판을 말한다. 그 절차는 불분명한 점이 많다. MacDowell, 1990: 310~311, 314 참조. 이러한 종류의 탄핵 재판에서 공민권 정지의 판결을 받은 중재원이 데모스테네스, 「연설」 21번(Dem. 21.86~87)에 언급되고 있다.

15 ephesis. 맥도웰(MacDowell, 1990: 310~311, 314)은 이곳의 상소(上訴)를 '중재원 동료단이 내린 판결에 불복하는 피고 중재원이 인민법정에 상소하는 것'으로 해석한다. 한편 로즈(*Comm*, p. 595)는 원래 중재 사안의 재정에 불복한 소송 당사자가 탄핵 재판과 별도로 인민법정에 상소할 수 있다는 뜻으로 받아들인다. 문맥상 전자의 의미를 취하는 것이 자연스러울 것이다. ephesis에 대해서는 제9장 (1) 및 해당 각주 2 참조.

16 아테나이 민주정에서 어떻게 징병이 이루어졌는지에 대해서는 불분명한 점이 많다. 현재의 가장 유력한 설명에 따르면, 기원전 5세기에는 장군이 원정마다, 아마도 각 구의 시민권 등록부를 바탕으로 작성한 병사의 명부에서 소집병을 선발하고, 그 소집병 명부(katalogos)를 아고라에 게시했다. 그러나 이 징병 방법은 시간과 수고가 많이 드는 데다 병사 선발에 장군의 뜻이 작용할 우려가 있었기 때문에, 기원전 4세기 전반에 개혁을 실시하여, 본문에서 볼 수 있는 '같은 나이의 조'의 불변적 명부에 따라 일률적으로 연령만을 기준으로 징병하는 방법이 채용되었다고 한다. Hansen, 1985b: 83~89;

같은 나이대의 조를 출정시킬 경우에는, 어느 해 아르콘과 조상의 이름으로부터 어느 아르콘과 조상의 이름[의 같은 나이대의 조]까지가 소집에 응해야 하는지를 고시(告示)하는 것이다.

Christ, 2001; 제26장 해당 각주 참조.

제54장

(1) 다음 관리도 추첨으로 뽑는다. 먼저 5명의 도로 건설관(hodopoious)이 있으며, 그들의 임무는 국유 노예인 토목 인부들을 데리고 도로를 보수하는 것이다.

(2) 또한 회계 검사관[1] 10명과 그들을 위한 보조자 10명이 있으며, 관리의 임기를 마친 자는 모두 그들에게 회계 보고서를 제출하여야 한다. 왜냐하면 그들만이 집무 심사에 종사하는 자의 회계보고를 검사하고, 그 집무 심사를 인민법정에 제출하기 때문이다. 만일 회계 검사관이 누군가가 공금을 횡령했다고 입증하면, 재판관은 공금 횡령 혐의로 유죄 판결을 내리고 [그는] 인정된 횡령 금액의 10배에 이르는 벌금을 물게 된다. 또 누군가가 뇌물을 받았다고 증명해 재판관이 유죄 판결을 내리

---

1   logistai. 집무 심사(euthunai)의 제1단계를 담당하는 관리. 집무 심사에 대해서는 제48장 해당 각주 참조. 기원전 5세기 중반 이후의 델로스 동맹 공조의 비문에는 '30명의 logistai'가 나타나는데, 아마도 그들의 업무가 기원전 5세기 말에 걸쳐 점차 회계 검사관의 임무로 연속적으로 이행되었을 것이다. Hashiba, 2006: 65~67 참조. 회계 검사관은 본문에 서술된 금전상 3종의 죄를 발견했을 경우뿐만 아니라, 부정을 발견할 수 없는 경우도 포함하여, 관리 전원을 인민법원에 송치할 수 있다. 그 법정에서는 회계 검사관이 일을 도맡아 처리하는 관리를 맡고, 또 일반 시민의 고소도 받는다.

면 그들은 수뢰액을 사정하고,[2] 이 경우에도 인정액의 10배를 벌금으로 낸다. 또 공금 취급상의 경범죄[3]를 범했다는 유죄 판결이면, 그 결손액을 사정하고, 만일 제9프뤼타네이아 이전에 다 갚으면 벌금은 [결손액과] 같은 금액이면 되고, 그렇지 않으면 2배의 액수가 된다. 10배 벌금은 [제9프뤼타네이아 이후에도] 2배의 액수가 되지는 않는다.

(3) 또 이른바 프뤼타네이아의 서기[4] 1명도 추첨으로 임명한다. 그는 공문서를 관장하고, 성립된 결의문을 보관하며, 그 밖의 모든 문서 기록을 [틀림없이 그대로 필사되어 있는가] 대조[하고], 그리고 평의회에 출석한다. 이전에 이 서기는 거수에 의한 선거로 뽑혔으며, 가장 명성이 높고 신망이 두터운 인물로 뽑았다. 동맹 조약이나 프록세니아[5]나, 시민권

---

2 케니언 및 후드(Hude)를 따라 '수뢰죄를 묻고'라고 번역하기도 한다. 유죄 판결이 난 뒤 다시 죄를 묻는 것은 이상하다. 여기서는 래컴(Rackham, 1935)과 로즈(Rhodes, 1984)에 따라 이렇게 옮긴다. 공금 횡령이나 공금 결손이 되어 수뢰액을 회계 보고서로부터 산정할 수 없기에, 다른 증거나 증언으로부터 수뢰액을 사정하는 절차가 필요했다.

3 adikion. 고의가 아닌 과실로 공금에 결손을 주는 것과 같은 경범죄(misdemeanour). *Comm*, p. 599 참조.

4 나라의 우두머리 서기로, 기원전 5세기 이래의 정식 명칭은 '평의회의 서기'였다. 민회 결의나 법의 공포, 그것들을 새긴 비문의 건립이 주된 업무였다. 기원전 5세기 말부터 기원전 363/362년까지는 본문에 나와 있는 것처럼 프뤼타네이아마다 당번 평의원 이외의 평의원으로부터 선거로 선출되었다. 그 이후에는 임기 1년이 되어, 평의원 이외의 시민으로부터 추첨되었다. 기원전 356/355년 이후에는 부족의 공식 순서대로 추첨되었음이 비문 사료를 통해 확인된다. '프뤼타네이아의 서기'라는 호칭은 '각 프뤼타네이아를 기준으로 1년 재임하는 서기'라는 의미로 해석된다(Henry, 2002: 92). '평의회에 참석한다'는 말은, 이 책의 시대에는 평의원 '이외로부터' 선임되고 있었기 때문이라고 생각할 수 있다. 또한 실제로 공문서를 필사하는 것은 국유 노예의 일이었지만, 그것이 원본과 다른 것인지를 대조할 책무는 서기에게 있었다. 평의회 서기의 비문 건립 임무에 대해서는 Henry, 2002: 91~118 참조. 국가의 여러 서기직에 대해서는 Rhodes, 1972: 134~141; *Comm*, pp. 599~603 참조.

5 proxenia. 타국에서 아테나이의 이익과 손해를 대표하며, 체류 아테나이인을 보호하는

수여에 관련된 민회 결의 비문에는 이 서기의 이름을 새기기 때문이다.[6] 하지만 현재는 추첨에 의한 직책이 되었다. (4) 또 별도로 법을 [기록하기] 위한 서기[7] 1명도 추첨으로 뽑는다. 이자도 평의회에 참석하여, 또 모든 [법의] 기록을 대조해 확인하고 필사를 행한다. (5) 또, 민회도, 민회와 평의회에서 문서를 읽기 위한 서기[8] 1명을 거수에 의한 선거로 선출한다. 그는 읽는 것 이외에는 아무런 직권을 갖지 않는다.

(6) 또 민회는 이른바 속죄의 희생을 위한 희생 위원[9] 10명도 추첨으로 뽑는다. 그들은 신탁의 명령에 따라 희생제물을 바치고, 또 만일 희생제물로 길조를 얻을 필요가 있는 경우에는 점쟁이와 협력하여 길조

    역할을 맡고 있는 그 나라의 시민을 프록세노스(proxenos)라고 부르며, 그 임무를 대신하여 아테나이인으로부터 수여받은 지위와 특권을 프록세니아(proxenia)라고 한다.

6 민회 결의 비문 전문에 프뤼타네이아의 서기 이름을 새기는 관행은 이 책의 시대에도 존속하고 있었다. 또한 동맹 조약 등에 한정하지 않고 원칙적으로 어느 결의에나 새겨졌기 때문에 여기서의 기술은 다소 부정확하다.

7 (grammateus) epi tous nomous. 민회 결의가 아니라 법의 기록과 공시를 담당하는 서기로, 이 책이 쓰이기 직전 시기에 창설된 것으로 보인다. 이것도 평의원 '이외로부터' 선임되었기 때문에 '평의회에 참석해'라고 되어 있다. 또한 이와는 별도로 '민회 결의의 기록을 위한 서기'가 존재하고 있었지만, 이 책은 언급하고 있지 않다. 둘 다 '프뤼타네이아의 서기'(평의회의 서기)를 보좌한다. 또 민회 결의와 법과의 관계에 대해서는 제45장 해당 각주 참조.

8 '평의회와 민회의 서기'가 정식 명칭이다. 의장의 지시를 받아 관련 문서를 읽는다. 인쇄와 다른 장치가 발견되기 이전에, 문해 능력과 큰 목소리가 요구됨에 따라 이들을 선거로 선임했다. 또한 이 책에서 언급되지 않지만, 이 밖에 민회에서는 '평의회 전령'이 개회와 폐회의 선언, 의제 제시, 발언 허가 등을 큰 소리로 전달했다. *Comm*, p. 604; Hansen, 1987b: 90 참조.

9 hieropoioi. 아테나이에는 희생 위원이라는 직책이 다수 존재하며, 이 책은 그 두 가지를 언급할 뿐이다. 대개 평의원으로부터 10명이 선출되어, 신관직과 함께 제전 운영에 관여한다. Rhodes, 1972: 127~130 참조. 여기서 '속죄의 희생'이 무엇을 가리키는지 불분명하지만, 체임버스(*Staat*, p. 383)는 신탁이 요구한 속죄를 위한 희생으로 생각한다.

를 얻기 위해 노력한다. (7) 또한 이와는 별도로 이른바 매년 희생 위원[10] 10명도 추첨으로 임명한다. 이들은 모종의 희생을 바침과 동시에 판아테나이아 제전을 제외한[11] 4년에 한 번 있는 축제를 모두 관장한다. 4년에 한 번 있는 축제에서, 하나는 델로스의 제전[12] 파견이며(델로스에서는 6년에 한 번 있는 제전도 있다), 두 번째는 브라우로니아 축제,[13] 세 번째는 헤라클레이아 축제,[14] 네 번째는 엘레우시니아 축제,[15] 그리고 다섯 번째는 판아테나이아 축제이다. 그리고 [판아테나이아 축제를 제외하고] 이것들 중 어느 것도 동일한 해에 거행되지는 않는다. 다만 〈현재로서는〉 케피소폰이 아르콘인 해[기원전 329/328년[16]] 이래로, 이것에 헤파이스티아 축제[17]가 추가되었다.

---

[10] 아래의 '4년에 한 번 있는' 축제가 매년 하나씩 개최되기 때문에 이렇게 불린다.

[11] 기원전 410/409년의 대(大) 판아테나이아 축제에는 '매년의 희생 위원'이 운영에 관여하고 있다(ML 84 = IG I³ 375.6~7). 아마 기원전 330년대부터 이 책이 언급하지 않는 다른 희생 위원이 같은 축제의 개최를 담당한 것 같다. Comm, p. 606 참조. 판아테나이아 축제에 대해서는 제18장 해당 각주 및 제60장 (1) 참조.

[12] 기원전 426/425년, 아테나이가 이오니아 전통의 제사로 삼아 델로스섬에서 부활시킨 아폴론 신의 제전, 델리아 축제. 올림피아드 제2년에 거행된다.

[13] 아티카 동안(東岸)의 브라우론에서 행해지는 아르테미스 여신의 제전. 올림피아드 제4년에 행해진다.

[14] 올림피아드 제3년, 즉 대 판아테나이아 축제와 같은 해에 거행된다. 영웅 헤라클레스를 모시는 제전은 아티카 지역 각지에 있었는데, 이는 마라톤에서 행해진 것으로 생각된다.

[15] 올림피아드 제1년에 엘레우시스에서 행해진, 데메테르와 코레에게 바치는 제전. 봄·가을에 거행되는 비의(제39장 해당 각주)와는 다르다. 운동 경기나 문화 경기를 수반해, 아테나이에서는 판아테나이아 축제라고 해서 가장 유명한 경기 제전이었다.

[16] 이 책에서 명시된 가장 새로운 연대이지만, 로즈(Comm, pp. 55~56, p. 610)의 지적대로 이 한 문장은 나중에 삽입된 것 같다.

[17] 불과 대장장이의 신 헤파이스토스에게 바치는 제전. 햇불 경주로 유명하다. 기원전 420/419년의 비문에 희생 위원의 관여가 나타나고 있다(IG I³ 82.22~25).

(8) 또 살라미스의 아르콘[18]과 페이라이에우스의 구장(區長)[19] 각 1명도 추첨으로 임명한다. 이들은 각자의 땅에서 디오뉘시아 축제[20]를 거행하고, 합창대 봉사자(chorēgoi)[21]를 임명한다. 살라미스에서는 그 아르콘의 이름이 [아르콘 명부(名簿)에] 기록된다.

---

18 살라미스섬은 이웃 나라 메가라나 아이기나가 오랫동안 영유권을 놓고 경쟁했지만 (제14장 해당 각주), 클레이스테네스의 개혁 직후인 기원전 6세기 말에 아테나이의 식민지(klērouchia)가 된다. 모국(mētropolis)으로부터 독립하여 별도의 폴리스를 형성하는 전통적인 식민도시(apoikia)와 달리, 클레로우키아는 아테나이 시민권을 보유한 채 정착하는 것이 특징이었다. 살라미스는 해외의 클레로우키아와 같은 취급이어서 아티카의 구에 편입되지 못했고, 주민들은 각자 본토의 본적을 보유한 채 살라미스로 이주하거나 토지를 취득했다. 살라미스 통치를 위해 독자적인 아르콘이 국가에 의해 임명되었고, 이미 기원전 6세기 말에 어떠한 징세권(혹은 벌금을 부과하는 권한)과 주민의 무기를 사열하는 권한을 보유하고 있었음이 비문에서 나타나고 있다(IG I³ 1.7~12). 그가 살라미스 주민의 선택을 받았는지, 전 시민의 선택을 받았는지에 대해서는 논란이 있다. 그 직무에 대해서는 Taylor, 1977: 158~178 참조.
19 페이라이에우스는 인구가 많고 또한 외항으로 특별히 중요한 구(區)였기 때문에, 구장(區長)은 국가가 임명했다. 살라미스의 아르콘과 마찬가지로 여기서도 페이라이에우스 구민의 선택을 받았는지에 대해서는 논란이 있다. 그 직무에 대해서는 Whitehead, 1986: 394~396; Garland, 2001: 74~75 참조. 구장의 업무 일반에 대해서는 제21장 해당 각주 참조.
20 국가에 의해 봄에 시내(市內)에서 거행되는 '시의 디오뉘시아 축제'(제56장 (3))가 아닌 아티카 각지에서 포세이데온달(오늘날 12월 후반~1월 전반)에 진행되는 '전원에서의 디오뉘시아 축제'로 여러 구에서 연극제가 진행되었음을 확인할 수 있다. Pickard-Cambridge, 1968: 42~56 참조. 페이라이에우스의 디오뉘시아 축제는 특히 성대하여 비극과 희극이 모두 공연되었다. 기원전 5세기 후반에 건조된 디오뉘소스 극장의 유적이 무뉘키아 북서쪽에 지금도 남아 있다. Garland, 2001: 124~126, 161 참조. 또한 살라미스의 제전에 대해서는 기원전 4세기 초 합창 경연 우승 기념 비문이 이곳에서 출토되었다(IG II² 3093). 살라미스의 디오뉘시아 축제에 대해서는 Taylor, 1997: 165~170 참조.
21 제56장 (3) 및 해당 각주 참조.

제55장

(1) 그런데 앞서 언급한 관리들은 추첨으로 임명되어 앞서 말한 〈모든 사항에 관해〉[1] 권한을 갖는다. 한편, 이른바 9명의 아르콘이 애초부터 어떻게 임명되었는지는 앞서 기술한 바와 같다.[2] 〈현재로서는〉 테스모테타이 6명과 그 서기 1명, 또한 아르콘, 바실레우스, 폴레마르코스를 각 1명씩, 각 부족으로부터 차례차례[3] 추첨으로 임명한다. (2) 그들은 우선 500인 평의회에서 자격 심사[4]를 받는다. 다만 서기는 다른 관리들과 마

---

1   케니언의 보충.

2   제3장 (2)~(4), 제8장 (1), 제22장 (5), 제26장 (2) 참조.

3   서기를 포함한 10명의 동료단 가운데 특정 부족이 동일한 관리직을 연속해서 차지하는 일이 없도록 부족의 공식 순번이나 추첨에 의해 10년에 걸쳐 이뤄지는 한 번의 순환을 만들어 냈을 것이다. 다만 고전기의 '우두머리 아르콘'에 관한 부족의 공식 순서에 의한 선임에 대해서는 사료상으로 확인할 수 없다.

4   dokimasia. 자격 심사에는 여러 종류가 있지만, 여기서는 아르콘뿐만 아니라 전체 관료와 평의원이 취임 전에 받는 심사를 말한다. 제7프뤼타네이아에 관리의 추첨이나 선거가 행해진 직후에 실시된다. 자격 심사의 목적에 대해서는 논란이 있으나 법정 연령(30세), 시민권, 공민권 정지에 상당하는 행위의 유무 등 법률상의 요건이나, 시민으로서의 적격성을 조사하는 것으로 족하며, 글을 읽는 능력과 같은 관리로서의 능력을 시험하는 것은 아니다. 후보자의 자격에 누군가가 이의를 제기할 경우, 평의회나 인민법

찬가지로 인민법정에서만 자격 심사를 받는다. 왜냐하면 추첨이든 거수에 의한 선거든, 관리로 선임된 사람은 모두 자격 심사를 받아야만 제 역할을 수행할 수 있기 때문이다. 9명의 아르콘은 평의회에서, 그리고 인민법정에서도 다시 한번 자격 심사를 받는다. 그리고 이전에는 평의회가 자격 심사에서 실격으로 판정하면 역할을 맡지 못했지만, 현재는 인민법정에로의 심리 회부가 있으며,[5] 자격 심사에 대해서는 이 법정이 최종 판결권을 가진다.

(3) [9명의 아르콘이] 자격 심사를 할 때, 우선 '당신의 아버지는 누구이며, 본적 구는 어디인가, 또 아버지의 아버지는 누구인가, 또 어머니는 누구인가, 또 어머니의 아버지는 누구이며 그 본적 구는 어디인가?'라고

원은 재판 형식으로 심판을 개최한다. 최종적으로 인민법원에서 실격 판정을 받으면 취임이 거부된다. 뤼시아스, 「연설」 16, 25, 26, 31번은 모두 자격 심사 심판에서의 법정 연설이다. 자격 심사의 절차와 목적에 대해서는 *ADD*, pp. 218~220 참조.

[5] 평의회가 아르콘과 다음 연도의 평의원을 자격 심사한 것은 제45장 (3)에 나온다. 여기서 심리 회부(ephesis)란 전문에 '심지어 인민법정에서도 다시 한번'이라고 되어 있으므로, 평의회의 판정에 불복하는 당사자에 의한 상소가 아니라, 평의회의 판정과는 관계없이 후보자 전원의 자격 심사가 자동적으로 인민법정에 회부되어, 거기서 재차 심사가 행해지는 것이라는 의미로 해석되어야 한다. 자격 심사의 성립에 대해서는 불분명한 점이 많아, 이 책의 설명을 그대로 받아들이더라도 평의회에서 인민재판소로의 심리 회부가 언제 시작되었는지도 분명하지 않다. 로즈(*Comm*, pp. 616~617)는 처음 관리의 자격 심사는 462/461년까지 아레오파고스 평의회가 행했으며, 이어서 에피알테스의 개혁으로 법적 권력이 아레오파고스 평의회에서 500인 평의회로 이행되고, 동시에 인민재판소에로의 심리 회부도 정해졌다고 하는 순서로 해석하고 있지만, 이것도 추정적 해석일 뿐이다. 심리 회부에 대해서는 제9장 (1) 각주 2 참조.

질문한다.[6] 그다음으로 조상의 아폴론 신과 앞 정원의 제우스 신[7]을 모시고 있는지, 그들의 신역(神域)은 어디에 있는지, 또 가족의 무덤은 있는지, 그리고 그것은 어디에 있는지, 다음으로 부모님을 잘 모시고 있는지,[8] 세금을 내고 있는지, 병역을 지금까지 완수했는지를 묻는다. 이러한 질문을 한 뒤, '이런 일들에 대해 증인을 부르라'고 말한다. (4) 증인을 낸 후에, '누구 이 사람에게 이의를 제기하려는 사람이 없는가?'라고 묻는다. 그리고 이의를 제기하는 사람이 있으면, 논박과 변명의 기회를 준 뒤 평의회에서는 거수표결에, 또 인민법정에서는 투표에 부친다. 만일 아무도 이의를 제기하지 않으면, 즉시 투표에 부친다. 그리고 이전에는 [아무도 이의가 없는 경우] 한 사람만이 투표했지만,[9] 오늘날에는 후보자

---

[6] 아버지(및 아버지의 아버지)의 이름과 본적 구를 묻는 것은 본인이 본적 구에 시민권 등록되어 있는지 확인하기 위해서이다. 시민권을 수여받은 외국인 및 그 자식은 관리직책을 맡을 수 없었기 때문에 아버지의 아버지도 물었다. 어머니의 아버지를 묻는 것은, 여성은 시민권 등록부에 이름이 기재되어 있지 않기 때문에, 어머니의 아버지의 이름을 묻는 것으로 그녀가 시민 신분임을 확인하는 것이다. 요컨대 아테나이 시민 신분인 부모로부터의 합법적 출생과 시민권 보유 여부를 확인하기 위한 질문이다. 심문자의 자격 심사(dokimasia)는 알카익기의 제도이긴 하지만, 그 물음은 진정한 조사라기보다는 형식적 확인의 문제가 되었을 가능성이 높다. 시민권 등록에 대해서는 제42장 (1) 참조.

[7] Apollōn patrōos, Zeus Herkeios(front court). 아테나이인들의 '가정신들'을 말한다. 모두 시민의 가정을 지키는 신성으로 여겨지지만, 이들 신들에 대한 제사 참여가 무엇이기에 아테나이 시민권을 증명하는지는 잘 알 수 없다. 각 가정에 이들 신들의 제사 장소가 있었다고 보기는 어렵고, 각 시민들이 그 공동 제사에 참여하고 있는지를 물었을 것이다. 아테나이 시민들의 가정에서의 '미신'(迷信)에 대한 생각에 대해서는 테오프라스토스(2019), 제16장 참조.

[8] 제56장 (6) 및 해당 각주 참조.

[9] 아무도 후보자 자격에 이의를 제기하지 않았을 경우, 한 사람이 형식적으로 찬성표를 던졌다는 뜻이겠지만, 이 관행이 어느 시대인지 불분명하다. 로즈(*Comm*, p. 617)는 에피알테스의 개혁 이전의 일로 추정한다.

에 대해 반드시 전원이 채택 여부에 대한 투표를 하게 된다. 그것은 비록 어떤 후보자가 악의를 가지고 [뇌물이나 협박으로] 이의를 가진 사람을 배제했더라도, 그자를 재판관이 실격 처리할 수 있도록 하기 위해서이다. (5) 이런 식으로 자격 심사를 받은 후, [9명의 아르콘은] 잘려진 희생물이 올려져 있는 돌로[10] 다가간다. 이 돌 위에서는 중재원도 중재의 재정을 내리기 전에 선서를 하고, 증인도 [사전의] 증언을 부인하는 선서를 한다.[11] [9명의 아르콘은] 이 돌에 올라 정의롭고 법대로 직책을 다하고, 직무를 빌미로 뇌물을 받지 않고,[12] 만일 뇌물을 받으면 황금상 일체를 봉납하겠다고 맹세한다. 선서가 끝나면, 그들은 거기서 아크로폴리스로 나아가, 거기서도 다시 같은 선서를 한다. 그런 후 직무를 맡는다.

---

10   제7장 (1) 및 해당 각주 참조.
11   기원전 370년대 이후 재판에서의 증인은 사전에 증언을 문서로 제출했지만, 나중에 법정에서의 증언을 거부하기 위해서는 앞선 증언을 부인하는 선서가 필요했다. Harrison II, 1968~1971: 139~145; *Comm*, p. 620 참조.
12   아마 이 아르콘의 선서가 뇌물(dōra)에 대한 가장 오래된 공적인 제재를 언급하는 제도일 것이다. 다만 실효성이 있었다고는 생각되지 않는다. Hashiba, 2006: 74~75; MacDowell, 1983: 57~78. 참조.

제56장

(1) 또 아르콘, 바실레우스 및 폴레마르코스는 각각 2명씩 자신이 선택한 자를 보좌관[1]으로 둔다. 이들은 보좌관에 오르기 전에 인민법정에서 자격 심사를 받고, 관직에서 물러나면 집무 심사를 받아야 한다.

(2) 그리고 아르콘은 취임하자마자, 우선 그 시작에서 누구라도 그가 관직에 취임하기 이전에 소유하고 있던 재산을 그 임기 만료까지 소유하고 또 통제할 것이라는 포고(布告)를 낸다.[2]

---

1 paradroi. 그 밖에도 장군이나 집무 심사관(Euthunoi), 동맹 회계관(Hellenotamiai)에도 보좌관을 둘 수 있었지만, 관리 자신의 직권으로 임명할 수 있는 것은 아르콘의 보좌역뿐으로, 국가의 정식 직책이며, 그 직무도 실질적으로 중요했다. 구체적으로는 행정과 사법에서의 보좌, 조언 및 대리, 제전의 운영 업무 등에서 유능한 실무 경험자나 아르콘의 친족 친구로부터 선택되는 경우가 많아 사회적 위신(威信)을 수반하는 직책이었다. 그 기원은 아르콘이 실권을 쥐고 있던 귀족정 시대로 거슬러 올라갈 가능성도 있다. 이에 대해서는 Kapparis, 1998 참조.

2 아르콘은 가산과 상속에 관한 소송을 담당하는데, 이 포고는 시민의 재산 보호자로 여겨지던 귀족정 시대로 거슬러 올라가는 흔적일 것이다. 로즈(*Comm*, p. 622)는 솔론이 이 포고를 제정했을 것으로 본다. 다만 기원전 4세기의 아르콘에게 현실적으로 이 포고를 강제할 권한은 없고, 반대로 본문에 있는 대로 시민 사이에 재산교환을 행하게 하는 일까지는 있었을 것이다.

(3) 다음으로 비극 경연을 위해 전 아테나이 시민 중에서 가장 부유한 자 3명을 합창대 봉사자[3]로 임명한다. 예전에는 희극 경연을 위해서도 아르콘이 5명을 임명했지만, 오늘날에는 이것이 부족에게로 돌아갔다. 다음으로 아르콘은 부족에 의해 선출되어 온 합창대 봉사자[의 명부]를 받는데, 이들 합창대 봉사자는 디오뉘시아 축제[4]에서 성인과 소년의 합창 경연 및 희극, 그리고 타르겔리아[5] 축제에서 성인과 소년의 합창 경연을 담당한다(디오뉘시아 축제를 위한 합창대 봉사자는 부족마다 임명되는데, 타르겔리아 축제에는 2부족당 1명이 임명되어 양쪽 부족이 번갈아

---

3 chorēgoi. 공공 봉사(제27장 해당 각주)의 일종인 합창대 봉사(chorēgia)를 맡는 시민. 아테나이 시민의 최고 부유층에서 임명하며, 축제장에서 공연되는 비극, 희극과 합창 경연 합창대(choros)를 조직하는 스폰서 겸 지도자였다. 그 직무는 합창대원의 모집과 생활의 돌봄, 연습장 제공, 연출가 고용, 의상 준비 등 다방면에 걸쳐, 그것들에 필요한 고액의 경비를 자신의 돈으로 조달했다. 한편, 자신의 합창대가 우승하면 명망가로서의 사회적 명예를 손에 넣을 수 있었다. 합창대 봉사자의 사회적 지위와 제도적 역할에 대해서는 Wilson, 2000: 11~103 참조. 또한 본문에서 말하는 비극과 희극의 경연이란 대 디오뉘시아 축제에서의 그것을 가리킨다. 희극의 합창대 봉사자의 임명권이 아르콘으로부터 각 부족에게 옮겨진 것은 기원전 330년대의 일인 것 같다. Wilson, 2000: 51 참조. 대 디오뉘시아 축제에 이어 유명한 연극제는 레나이온 축제로(제57장 (1)), 이곳의 합창대 봉사자는 바실레우스가 임명했다. Wilson, 2000: 28 참조.
4 매년 엘라페볼리온달(오늘날 3월 후반/4월 초반) 9일부터 14일까지 디오뉘소스 신을 위해 시내에서 국가가 거행하는 '시(市)의 디오뉘시아 축제'를 말한다. '대 디오뉘시아' 제전이라고도 한다. 클레이스테네스의 개혁 직후 창시되었다는 설이 유력하다. 아테나이 최대 연극제에서 비극작가 3명이 각각 비극 3편과 사튀로스극 1편, 희극작가 5명이 희극을 1편씩 출품한다. 경연하는 것 외에 디오뉘소스 신에 대한 찬가인 디튀람보스의 합창 경연이 성인과 소년부로 나뉘어 부족 대항전으로 진행된다. 연극 경연에서는 아르콘이 극작가를 선정하고, 각 합창대 봉사자에게 작품 배정도 했다고 한다. 합창 경연에 각 부족은 성인부 및 소년부 각각에 1명씩, 총 2명의 합창대 봉사자를 냈다. Pickard-Cambridge, 1968: 58~125; Parke, 1977: 125~136; Wilson, 2000: 21~27 참조.
5 타르겔리온달(5월 후반/6월 초반) 7일 아폴론의 생일을 축하하는 축제다. 시(市)의 디오뉘시아 축제와 마찬가지로, 성인 및 소년 합창 경연이 열렸다. Parke, 1977: 146~149 참조.

가며 합창 봉사자를 내놓는다). 그리고 아르콘은 그들을 위해 재산교환[6]을 하게 하고, 또 만일 해당 공공 봉사를 이전에 맡은 적이 있다거나, 다른 공공 봉사를 맡은 지 얼마 되지 않아서 자신의 면제 기간[7]이 아직 종료되지 않아 의무를 면제받고 있다거나, 혹은 법정 연령에 미달하는 등의 신청을 하는 자가 있으면, 의무 면제 소송을 [인민법원에] 제기한다. 왜냐하면 소년 합창대의 봉사자가 되는 사람은 40세 이상이어야 하기 때문이다. 아르콘은 또 델로스 제전에 파견할 합창대 봉사자 및 미혼 청년들을 태울 삼단노선을 위한 제전 사절단장도 임명한다.[8]

(4) 또 아르콘은 제례 행렬들을 감독한다. 먼저 아스클레피오스 신에게 바치는 행렬[9]은 [엘레우시스의] 비의 입신자(入信者)들이 신전 안에

---

6 antidosis. 공공 봉사자로 임명된 시민이 자신보다 부유한 시민이 부당하게 공공 봉사를 면하고 있다고 생각될 경우, 그를 지명하여 공공 봉사를 맡게 하거나, 아니면 모든 재산을 자신의 것과 교환하도록 소송하는 것을 말한다. 상대방을 지명한 당사자는 우선 사적인 합의로 해결을 도모하되, 상대방이 어떤 요구도 거부할 경우 적임자 선정 소송(diadikasia, 제67장 (2))에 의해 소송을 제기하면, 인민법원의 심판에서 부유하다고 판정된 측이 공공 봉사를 명령받는다. 본문에서 아르콘이 재산교환을 하게 했다는 것은 이 소송을 수리하고 담당한다는 것을 말한다. 재산교환은 합창대 봉사뿐만 아니라 삼단노선 봉사에도 적용되었다(제61장 (1)). 재산교환에 대해서는 Lipsius, 1905~1915: 590~599; Harrison II, 1968~1971: 236~238; Gabrielsen, 1994: 91~95 참조.

7 어느 해에 공공 봉사를 하면 다음 해에는 면제된다는 원칙이 있다. 다만 삼단노선 봉사는 2년간 면제된다.

8 아테나이는 델로스 제전(제54장 (7) 및 해당 각주)에 제례 사절(theēroi)과 합창대를 보내야 했다. 미혼 청년은 합창대의 젊은이를 말한다.

9 기원전 420년에 에피다우로스로부터 의술의 신 아스클레피오스의 제사를 맞이한 것을 기념하여 이후 매년 보에드로미온달(9월 후반/10월 초반) 18일에 행해지는 에피다우리아 제례 행렬. Parke, 1977: 63~65 참조.

머무는 동안[10] 이를 감독하고, 또한 대 디오뉘시아 제전의 행렬[11]은 감독관[12]과 협력하여 감독을 맡는다. 이 감독관은 이전에는 10명을 민회가 거수로 선거하고, 행렬에 드는 비용을 자신이 부담했다. 지금은 각 부족에서 1명을 추첨하여 행렬 장비를 위해 [국고에서] 100므나를 지급한다. (5) 아르콘은 또 타르겔리아 제전의 행렬 및 구세주 제우스에게 바치는 행렬[13]도 감독한다. 디오뉘시아제나 타르겔리아제의 경연을 운영하는 것도 아르콘이다. 그가 이런 축제들을 감독하는 것이다.

(6) 아르콘이 수리하고 예비 심사[14]를 한 후, 인민법원에 제기하는 공

---

10 에피다우리아 제전은 엘레우시스 비의(제39장 해당 각주)의 제례 행렬 전날에 해당하며, 이날 비의 입신자들은 아스클레피오스 신전 내에서 지낸다.

11 제전의 첫날 열리는 중심적인 의례이다. 아크로폴리스 남쪽 기슭에 디오뉘소스의 신역에, 성기(聖器)에 담은 공물이나 남근을 본뜬 제사용 도구를 나르는 행렬. Pickard-Cambridge, 1968: 61~63; Parke, 1977: 127 참조.

12 epimelētai. 디오뉘시아 축제의 감독관. 본문에 나와 있는 대로 예전에는 일종의 공공 봉사자였다고 한다. 국가가 경비를 지출하게 된 것은, 이 책이 이루어지기 직전에, 아마도 회계 담당 뤼쿠르고스에 의한 제전의 여러 개혁에 수반하는 것이다. 이들이 아르콘과 협력해 행렬을 지휘한다는 관장의 관계는 기원전 2세기 전반까지 변하지 않았다. Pickard-Cambridge, 1968: 58, 70; Comm, pp. 627~628 참조. 테오프라스토스의 『성격 유형들』(2019) 제26장에는 '과두정적 인간'은 제전의 행렬을 돕기 위한 감독관들(epimelētai)을 뽑는 데 민주정 지지자가 뽑히는 것을 반대하고 있다. 그 절차와 제전의 관장에 대한 자세한 사항에 대해서는 245쪽, 각주 4 참조.

13 스키로포리온달(6월 말/7월 초반)의 말. 구세주 제우스와 아테나 여신을 위해 페이라이에우스에서 거행된 Dipolieia(di = Zeus, polieus = of the city) 축제의 행렬을 말한다. 페이라이에우스 최대의 축제. 이 제전의 일부로 아테나이에서 행해진 희생 제의의 일종인 '황소-살해'(Bouphonia)도 행해졌다.

14 annakrisis. 소송을 접수한 관리가 법정에 이를 제기하기 전에 당사자 쌍방에게 심문해 증거와 증언을 정리하고, 소송이 형식상의 요건을 충족하는지를 판정하는 절차. Todd, 1993: 126~127, 129 참조.

적 또는 사적 소송[15]은 다음과 같다. 우선 부모 학대[16]에 대한 [공적 소송]. 이 소송은 [재판관 표의 5분의 1을 얻지 못하더라도] 벌금을 부과받을 염려 없이 희망자가 소송을 제기할 수 있다. 또 고아 학대[17]에 대한 [공적 소송]. 이것은 고아 후견인[18]에게 일어난다. 상속녀(epiklēroi) 학대[19]에 대한 [공적 소송]. 이것은 후견인 및 남편에게 일어난다. 고아 가산에의 부정의에[20] 대한 [공적 소송]. 이것도 후견인에 대해서 일어난다. 정신착란[21]에 대한 [공적 소송]은, 누군가 정신 이상을 초래하여 〈조상의 가산을〉 탕진하고 있다는 소송이 있는 경우. 재산 청산인 선정[22][을

---

15 사소(私訴)에 대해서는 제52장 각주 9 참조. 공소에 대해서는 제35장 각주 6 참조.
16 goneōn kakōsis. 시민은 생존한 부모를 부양하고, 사후에는 적절하게 매장할 의무를 졌다. 이 의무를 포기한 사람은 부모 학대죄로 기소되어 공민권 정지 처벌을 받는다. Lipisus, 1905~1915: 343~344; Todd, 1993: 107~108 참조.
17 orphanōn kakōsis. 고아에 대한 학대는 고아 후견인뿐만 아니라 그 누구에 의한 것이라도 공소(公訴)의 대상이 되었다. Lipsius, 1905~1915: 344~345; Harrison I, 1968~1971: 117 참조.
18 epitropoi. 남자 고아는 18세에 성년이 될 때까지 아버지 유언이나 그 밖의 절차에 따라 임명된 고아 후견인의 부양을 받으며 재산도 그의 관리하에 놓였다. Harrison I, 1968~1971: 97~108 참조.
19 epiklēron kakōsis. 에피클로레이는 적법한 아들이 없는 사람의 적법한 딸을 말한다. 부모가 죽어 '데릴사위를 들여야 할 딸'에 대해서는 제9장 (2) 및 해당 각주 참조. 구체적으로는 친척 중 제일 가까운 남성이 그 딸과의 결혼을 거부하거나, 그녀를 모욕하거나, 혹은 남편이 된 사람이 성관계를 거부하는 등의 행위를 가리킨다. Comm, p. 630 참조.
20 oikon orphanikou kakōsis. 고아 후견인이 고아의 재산을 임대에 내놓는 등, 적정하게 운용하는 것을 게을리한 경우 등을 말한다. Lipsius, 1905~1915: 310~311 참조.
21 paranoia. 본인이 정신착란으로 인해 자신의 가산을 적정하게 관리할 수 없는 경우를 가리킨다. Lipsius, 1905~1915: 355~356; Harrison I, 1968~1971: 80; Todd, 1993: 108 참조.
22 datētōn hairesis. 재산 청산인은 상속재산 등 공유 재산에 대한 법적 다툼이 일어나 일부 공동소유자가 분할을 원할 경우, 그 분할과 정산을 위임받은 자를 말한다. Lipsius, 1905~1915: 576~577; Harrison I, 1968~1971: 243; Comm, p. 631 참조.

위한 사적 소송]은 누군가가 재산을 공유하고 있음에도 분할을 원하지 않는 경우. 후견인 임명[23]을 위한 [사적 소송]. 후견인의 적임자 선정 소송.[24] 〈재산 정시(물示)〉[25]의 [사적 소송]. 자신을 후견인으로 등록하기 위한 [사적 소송]. 상속재산과 상속녀의 〈지위 인정에 대한 청구〉.[26]

(7) 아르콘은 또 고아나 상속녀, 〈남편이 사망한 시점에서〉 임신하고 있다고 〈제기한〉 아내에 대한 〈돌봄도 행한다〉. 그리고 [그들에게] 부정의를 가하는 사람에게는 약식 벌금[27]을 부과하거나, 아니면 인민법정에 소송을 제기할 권한을 갖는다. 또 고아의 재산이나, 혹은 〈상속녀(epiklēroi)〉의 재산을 그녀가 1〈4살이 될 때까지〉,[28] 아르콘은 임대로 내

---

23 epitropēs katastasis. 고아를 위해 적당한 후견인을 임명하기 위한 절차. Lipsius, 1905~1915: 524~526 참조.

24 epitropēs diadikasia. 후견인의 지위를 두고 복수의 사람이 경쟁하는 경우, 누가 적임자인지를 판정하는 소송. Lipsius, 1905~1915: 524~525; Harrison I, 1968~1971: 103 참조. 적임자 선정 소송(diadokasia)에 대해서는 제67장 해당 각주 참조.

25 emphanōn katastasis. 재산의 본래 소유자가, 예를 들어 훔치는 등 그것을 부당하게 소지하고 있는 자에 대해, 그의 재산을 강제적으로 제출하게 하고, 어디로부터 입수했는지를 진술하게 하는 소송을 말한다. Lipsius, 1905~1915: 585~588; Harrison I, 1968~1971: 207~210 참조.

26 epidikasia. 직계 자손이나 양자 이외의 자가 재산 상속인 혹은 '데릴사위를 얻어야 할 딸'(상속녀)의 지위를 아르콘에 제기해, 그것을 인민법원에 의해서 공적으로 인정받기 위한 소송을 말한다. Lipsius, 1905~1915: 579~585; Harrison I, 1968~1971: 10~11, 158~162; Todd, 1993: 211~212, 228~229 참조. 또한 제43장 (4) 및 해당 각주 참조.

27 epibolē. 일반적으로 아테나이의 관리는 부정의를 저지른 사람에 대하여, 누군가가 정식으로 고소하지 않더라도, 재판 절차를 거치지 않고 자신의 의사에 따라 일정한 한도까지의 벌금을 부과할 수 있는 권한이 있으며, 이 직권에 의한 벌금을 '약식 벌금'이라고 한다. 그것을 넘는 형벌이 필요하다고 판정했을 경우에는 소송을 인민법원에 제기했다. Harrison II, 1968~1971: 4~7; Todd, 1993: 80 참조.

28 적법한 형제 없이 아버지를 잃은 여자는 14세까지 고아로 취급되었고, 그 이상의 나이, 즉 결혼 적령에 이르면 정식으로 남편을 맞이할 수 있는 상속녀(데릴사위가 필요한 딸, epiklēros)로 취급되었다. *Comm*, p. 635 참조.

놓고, [세입자로부터] 담보를 잡는다. 또 〈후견인이〉 아이들에게 양육비를 주지 않는 경우는 아르콘이 그로부터 징수한다.

제57장

(1) 〈아르콘이 담당하는〉 직무는 이상과 같은 것이다. 바실레우스는 먼저 비의(秘儀)를 감독한다. 이것은 민회가 거수로 선출한 〈비의 감독관[1]과 협력해〉 실시한다. 그들은 아테나이 전체 시민으로부터 2명, 〈에우몰피다이로부터〉 1명, 케뤼케스로부터[2] 〈1명이〉 선출된다. 다음으로 레나이온에서의 디오뉘시아 축제[3]를 감독한다. 이것은 〈제례 행렬과 [극의] 경연〉이다. 〈제례 행렬〉은 바실레우스와 비의 감독관이 합동으로 거행하는데, 경연은 바실레우스가 운영한다. 또한 횃불 경주[4]도 모두 그가 집

---

1 epimelētai mustēriōn. 기원전 4세기 중반 직전에 창설된 직책으로 엘레우시스의 비의나 제례 행렬에서 질서를 어지럽히는 자를 처벌할 권한을 가진다. Comm, p. 636; Parke, 1977: 55~72 참조.
2 에우몰피다이와 케뤼케스에 대해서는 제39장 해당 각주 참조.
3 레나이온에서의 디오뉘시아 축제란 가멜리온달(오늘날 1월 후반/2월 초순) 12일에 열리는 디오뉘소스 신의 제전, 레나이아 축제. 기원전 440년경부터 연극제가 열리게 되었다. Pickard-Cambridge, 1968: 25~42; Parke, 1977: 104~106; Wilson, 2000: 27~31 참조.
4 횃불을 든 주자가 단독 혹은 릴레이로 달리는 경기. 판아테나이아 축제, 헤파이스티아 축제, 프로메테이아 축제에서 진행되었다. 헤파이스토스와 프로메테우스의 영예를 위해 개최된 두 축제는 틀림없이 '불'과 관련이 있다. 프로메테우스는 아테나이와 특별히

행한다. 더욱이 바실레우스는, 말하자면 조상 전래의 희생제물도 모두 관장한다.

(2) 신에 대한 불경에 대한 공소[5]는 그에게 피소되었으며, 또 누군가가 누군가에 대하여 신관직을 둘러싸고 다툼을 벌이는 경우에도 마찬가지다. 또한 그는 게노스나 신관들이 제사를 놓고 다투는 경우에도 이런 종류의 모든 적임자 선정 소송을 담당한다.[6] 또한 살인에 대한 사소(私訴)[7]도 모두 그에게 피소되었고, [살인자가] 법이 정하는 모든 권리에서 배제된다고 공고하는[8] 것도 그의 몫이다.

(3) 살인과 상해[9]에 대한 사소(私訴)는 다음과 같다. 먼저 고의로 사람

깊은 연관이 있으며, 그 외 지역에서의 그에 대한 숭배에 대한 증거는 부족하다. Parke, 1977: 171~173 참조.

5 graphē asebeias. '신에 대한 불경죄'(asebeia)란 신들에 대한 불경 행위 전반을 가리키지만, 구체적으로는 성스러운 물품의 절도나 성스러운 올리브나무 제거 등이며, 폭넓게 정치적 배경이 얽힌 경우도 있다. 이 공소에서 유죄일 경우 사형, 국외 추방, 재산 몰수 등의 형이 부과된다. 기원전 399년의 소크라테스 재판이 가장 유명한 사례이다. Lipsius, 1905~1915: 358~359; Todd, 1993: 106, 307~315 참조.

6 제사권이나 신관직의 지위를 놓고 여러 당사자가 다툴 경우, 누가 적임자인지를 가리는 재판을 말한다. 적임자 선정 소송(diadikasia)에 대해서는 제67장 해당 각주 참조.

7 dikē phonou. 살인에 대해 가장 일반적으로 이용되는 소송의 유형이다. 고소권은 엄밀하게 피해자의 친족에 한정되며, 고소는 친족의 의무이기도 했다. 다만 살인은 당사자 간의 사적 분쟁으로 여겨졌기 때문에, 반대로 친족이 소송하지 않으면 재판은 진행되지 않았다. Todd, 1993: 104, 273~275 참조. 아테나이의 살인과 그에 대한 소송 절차에 대해서는 MacDowell, 1963 참조. 또 살인에 대한 사소, 특히 그 고소권에 대한 연구에 대해서는 Tulin, 1996 참조.

8 살인죄의 피고는 부정(不淨)을 띠고 있다고 간주되었기 때문에, 판결을 내리기까지 그 사이에는 신역이나 아고라 출입, 제의 참가, 소송할 권리 등 시민으로서의 권리가 정지되었다. Comm, p. 641 참조. 또 이 장의 (4) 참조.

9 trauma. 여기에서는 살인의 목적으로 사람에게 상처를 주는 행위, 즉 결과적으로 살인 미수가 되는 상해 행위를 가리킨다. 살의나 흉기 사용이 없는 구타의 죄(제52장 (2))와 비교. 방화와 마찬가지로, 이미 집행된 의사를 가진 살인과 같은 절차로 재판을 받는

을 죽이거나 [살인 의도를 가지고] 상처를 입혔을 경우, 그 재판은 아레오파고스에서 열리며, 또 독약을 넣어 사람을 죽였을 경우, 또 방화에 의한 경우도 마찬가지다. 아레오파고스 평의회가 재판하는 사건은 이것 이외에는 없다. 또 의도가 없는 살인이나 계획된 살인,[10] 노예, 체류 외국인, 외국인을 죽인 사건은, 팔라디온의 사람들이[11] 이것을 재판한다. 또 사람을 죽인 사실은 인정하지만, ⟨예를 들어⟩ 간부(姦夫)를 현장에서 체포하거나 전투 중에 [자기편인 줄] 모르고, 혹은 경기 중에 죽이는 등, 합법적 살인[12]이었다고 주장하는 사람이 있었을 경우, 이렇게 한 사람의

다. 의사를 가진 살인의 죄로 아레오파고스 평의회가 유죄 판결을 내린 경우, 형은 사형, 재산 몰수 및 아티카 영내에서의 사체 매장 금지였다. Comm, pp. 641~642; Todd, 1993: 105, 272 참조.

10 bouleusis. 살인을 계획하여 타인에게 실행시키거나, 또는 스스로 실행하려다가 미수에 그친 경우. Comm, pp. 643~644 참조.

11 팔라디온이라고 불리는 신역은 시 성벽의 동쪽과 팔레론 외항 양쪽에 있었는데, 뵈게홀드(Boegehold, 1995: 47~48)에 의하면 법정이 있었던 것은 팔레론의 팔라디온이라고 한다. 에페타이(ephetai)가 재판관을 맡는다. 여기서 의사(意思)가 없는 살인 등으로 유죄가 될 경우, 피고인은 피해자 친족이 화해에 동의할 때까지 국외 추방형을 받았다. Todd, 1993: 274 참조. 에페타이의 기원은 드라콘의 살인법으로까지 거슬러 올라간다고 하며, 귀족정 시대에는 아레오파고스 평의원으로부터 선임되었다. 민주정 하에서 에페타이가 어떤 사람들이었는지에 대해서는 논란이 있다. 립시우스(Lipsius, 1905~1915: 40~41)와 같이, 이 책의 시대에서는 에페타이가 일반 시민으로부터 추첨된 재판관(dikastai)이었다고 생각하는 의견이 많았지만, 맥도웰(MacDowell, 1963: 52~56)은 이 시대에도 역시 아레오파고스 평의원으로부터 선출되었다고 주장한다 (Comm, p. 647; Carawan, 1991). 한편, 월리스(Wallace, 1989)는 전통적인 입장을 지지하여 기원전 5세기 말 인민법원의 재판관으로부터 선출하게 되었다고 주장한다.

12 데모스테네스, 「연설」 23번(Dem. 23.53)에 합법적 살인에 관한 법이 인용되어 있으며, 이 책의 전거가 될 수 있다. 이와 동일한 법은 이 책에 나온 것 이외에도, 노상강도를 죽였을 경우에도 합법으로 한다. 규정된 상황에서 저질러진 특정 살인은 법에 따라 정의되었다. 즉, 아테나이인들은 아내, 어머니, 여동생, 딸 또는 자신의 자유로운 자녀를 낳은 자기 첩과 성관계를 갖는 남자를 발견하면, 처벌받지 않고 그를 죽일 수 있었다.

재판은 델피니온[13]에서 열린다. 만일 화해가 성립될 수 있는 죄로 추방되어 있는 동안에 [다시] 사람을 죽이거나 상처를 준 죄로 고소당한 경우,[14] 이자는 프레아토스의 신역[15]에서 재판을 받는다. 피고는 신역 근처에 정박한 배 안에서 변명을 할 수 있는 것이다.

(4) 아레오파고스에서 행해지는 재판을 제외하면, 이상의 재판을 실시하는 것은 추첨에 당첨된 〈51명의 사람들〉[16]이며, 바실레우스가 [그들의 법정에] 소송을 제기한다. 그들은 〈…〉 야외에서[17] 재판을 하고, 바실레우스는 재판을 주재할 때는 관을 벗는다.[18] 피고는 평상시에 신역 출

---

13 아크로폴리스 동남쪽의 (나중의) 올림피아 제우스 신전의 남쪽에 있던 Apollon Delphinios(Delpinion)의 신역이 아닐까 추정된다. 여기서도 심판관은 에페타이(ephetai)이다. Boegehold, 1995: 48~49, 135~136 참조. 합법 살인으로 인정되면 무죄가 되지만, 반대로 인정되지 않으면 자동적으로 의사를 가진 살인에 대한 유죄가 선고되었다. Todd, 1993: 274 참조.

14 화해가 성립할 수 있는 죄란 '의도(계획, bouleusis)가 없는 살인' 등의 경우를 말하며, 이 죄로 국외 추방된 자가 유족과의 화해가 성립되지 않는 동안에 다른 살인 사건(의사를 가진 살인)으로 피소된 경우, 화해 성립을 위한 국내 상륙이 허용되지 않고, 따라서 제2의 살인 사건에 관해서는 배 위에서 피고의 변명이 행해진다. 유죄면 사형이고, 무죄면 다시 국외로 추방된다. 그런 실제의 예는 드물었을 것으로 추정된다. Todd, 1993: 274; Boegehold, 1995: 49~50.

15 페이라이에우스 동쪽 제아(Zea)항 부근에 있었을 것으로 추정된다. Boegehold, 1995: 50, 146~148; 『정치학』 제4권 제16장 1300b28~31 참조. 아리스토텔레스는 『정치학』에서 이러한 사례가 역사적으로 좀처럼 일어나는 일이 아니라고 말한다.

16 이 파손 부분의 판독은 어렵지만, 대본은 카이벨-빌라모비츠에 의한 tau[t'] [andre]s('사람들')를 보충해 읽고 있다. 한편, 케니언은 하르포크라티온 s.v. epetai를 근거로 ephetai를 읽는다. 어쨌든 이 '추첨에 당첨된 사람들'이 에페타이라고 불리는 51명의 심판원을 가리키는 것만은 분명하다(IG I³ 104.13,17; 데모스테네스, 「연설」 43(Dem. 43.57)). *Comm*, pp. 646~747 참조.

17 살인자의 더러움이 법정에서 다른 사람에게 감염되는 것을 방지하기 위해서.

18 9명의 아르콘은 그 직위를 상징하는 금으로 된 금관을 착용하고 있었지만, 그것을 벗는 것은 살인자의 오염을 피하기 위해서다.

입을 금지당하고, 아고라에 발을 들이는 것도 법 규정에 의해서 허용되지 않는다. 하지만 재판 때에는 신역에 들어가 변명을 할 수 있다. 살인범이 누구인지 [원고가] 모르는 경우에는 [살인자의 이름을 알 수 없는] 실행범에 대하여 소송을 제기한다. 바실레우스와 부족장[19]들은 [이 밖에] 무생물과 다른 동물에 의한 살인 재판[20]도 심리한다.

---

19 제8장의 해당 각주 참조. 고전기의 부족장은 기원전 4세기 전반의 비문에서 그 존재가 확인되는데(IG II² 1357a,6~8), 어떻게 임명되고 있었는지는 알 수 없다.
20 프뤼타네이온에서 진행되었다. 살인범을 알 수 없는 경우도 포함된다. 이런 종류의 살인 사건에 종교적인 결론을 내는 것이 목적이다. 심리는 형식적이고 의례적인 것으로, 만약 피고가 어떠한 물체인 경우라면, 그것에 유죄 판결을 내린 다음 아티카 밖으로 버렸다. MacDowell, 1963: 85~89; Boegehold, 1995: 50, 148~150; Todd, 1993: 274~275.

제58장

(1) 폴레마르코스는[1] 먼저 사냥의 여신인 아르테미스[2]와 엔위알리오스

---

1   귀족정 시대의 폴레마르코스는 최고 군사령관이었으나(제3장 (2)), 기원전 5세기에 들어서면서 그 지위는 장군직으로 바뀌게 되었다(제22장 (6)). 기원전 460~450년대의 비문에는 동맹국 파셀리스(Phasēlis, 뤼키아의 주요 항구도시로 헬라스 본토, 아시아, 이집트, 페니키아 간의 상업이 이루어지던 곳)의 시민에 대한 당사자 간의 법적 다툼 사건을 폴레마르코스의 법정에서 재판하도록 규정하고 있으며(ML 31 = IG I³ 10.6~11), 이미 이 시대 민정관으로서 외국인 관련 소송을 담당하고 있었음이 드러난다. 그러므로 폴레마르코스가 이런 종류의 직무를 왜 담당하게 되었는지는 분명하지 않지만, 외국인은 공동체에 잠재적인 적으로 간주되었기 때문에, 본래 국가 방위의 책임자였던 폴레마르코스가 외국인 문제를 다루게 된 것이 아닐까라고 추정하고 있다. Staat, p. 398 참조.

2   신전은 아테나이의 시외, 일리소스 강변의 아그라이온에 있었다. 제사일은 보에드로미온달(9/10월) 6일로 마라톤의 전승(戰勝)을 기념하여 희생제물을 바치고, 견습병이 무장하여 신전까지 행진한다. 마라톤 전승 후, 매년 산양 500마리를 여신에게 제물로 바치겠다고 아테나이인이 서약한 것에서 유래한 제의이다. 아르테미스가 아테나이에서는 전쟁의 여신이 아니었지만, 원정(遠征)과 아르테미스의 전통적 축제 사이의 날짜에서 어떤 연관성 때문에, 이 서약이 이루어진 것으로 보인다. Parke, 1977: 54~55 참조.

신³에게 희생제의를 지내고, 전사자를 공양하는 장례 경기⁴를 주관하며, 하르모디오스와 아리스토게이톤⁵에게 공물을 바친다. (2) 그에게 소송을 제기하는 소송은 사적 소송뿐이며,⁶ 또한 체류 외국인, 시민 대우 체류 외국인⁷ 및 프록세노스⁸와 관련된 사소(私訴)가 있다. 그는 [이것을] 받아들여, 10부로 나누어 각 부족에게 추첨으로 각 부를 할당해야 한다.⁹

---

3 '군신', '전쟁의 신'이라는 뜻으로 군신 아레스에게 덧붙여진 이름이라고도 하고, 다른 군신이라고도 한다.

4 매년 케라메이코스 지구에서 전사자를 추모하는 국장(國葬) 의례에 따른 경기. 전사자의 국장은 기원전 431/430년 겨울, 펠로폰네소스 전쟁 1년 차 전사자를 애도한 사례가 유명하다(투퀴디데스, 『펠로폰네소스 전쟁』 제2권 제34장). 유명한 페리클레스의 장송(葬送) 연설도 이때 이뤄졌다. 국장의 제의가 언제부터 시작되었는지에 대해서는 클레이스테네스 개혁 시, 페르시아 전쟁 시, 기원전 460년대 등 여러 가지 설이 있다. *Comm*, p. 651 참조.

5 제18장 참조. 하르모디오스와 아리스토게이톤에게 공물(供物)을 올리는 제사가 구체적으로 어떤 것인지에 대해서는 논란이 있다. 본문에서는 전사자 국장 의례의 일부분인 것처럼 읽히지만, 셰어(Shear, 2012)는 두 사람이 참주의 동생을 암살한 판아테나이아 제전이야말로 그들의 제사 장소로 적합하다고 해석하며, 이는 아고라에 세워져 있던 두 조각상의 도안이 판아테나이아의 암포레우스에 그려져 있는 것을 보아도 분명하다고 주장한다.

6 폴레마르코스가 공적 소송을 처리했다는 이야기는 이 책에서 발견되지 않는다. 그러므로 카이벨-빌라모비츠(Kaibel-Wilamowitz, 1898)와 케니언에 따라 사본의 idion men을 idiai monon으로 수정한다.

7 일반 체류 외국인(metoikoi)과 시민의 중간에 위치한 신분으로 납세와 병역에 있어 시민과 동등한 자격(isoteleia)을 부여받은 체류 외국인이다. 인두세를 면제받는 대신 시민과 동격으로 병역 의무 및 전시 재산세 등의 납세 의무가 부과된다.

8 proxenos. 제54장 해당 각주 참조. 시민 대우 체류 외국인과 마찬가지로, isoteleia(동등한 납세 의무)를 부여받고 있는 것이 보통이다. 또한 사적 소송의 경우, 통상적으로 체류 외국인, 시민 대우 체류 외국인, 프록세노스는 피고로서도 또 원고로서도 아테나이의 법정에 당사자로서 설 수 있으며, 어느 경우에나 폴레마르코스가 소송을 담당했다. 다만 살인 재판은 예외로 바실레우스가 담당했다(제57장 (2)~(4)).

9 시민 간의 사적인 소송이라면, 피고의 부족을 담당하는 40명의 재판관에게 우선 소송이 제기되지만(제53장 (1)~(2) 및 각주 13), 외국인은 부족에 소속되지 않기 때문에,

그러면 해당 부족의 재판을 담당하는 [40명의] 재판관은 중재자에게 사안을 맡긴다. (3) 폴레마르코스 자신이 법정에 제기하는 소송은 해방노예가 신원보증인을 돌보지 않고 버리거나,[10] 체류 외국인이 신원보증인을 세우지 않은 경우[11] 또는 체류 외국인의 상속재산이나 상속녀를 둘러싼 각각의 소송이다. 그 밖에, 아르콘은 시민에 대하여 업무 전반을 담당하나, 폴레마르코스는 체류 외국인에 대하여 담당하는 것이다.[12]

추첨에 의해 40명의 재판관의 담당자를 결정할 수 있다.

10 해방노예가 신원보증인을 내다 버리는 죄(에 대한 사소), 즉 (dikē) apostasiou를 말한다. 노예는 해방되면 체류 외국인 신분이 되지만, 자유인으로서의 지위는 절대적이지 않으며 옛 주인인 신원보증인(제43장 해당 각주)에 대하여 다양한 의무를 졌다. 그 의무를 이행하지 않을 경우, 신원보증인이 '유기', 즉 도망죄로 고소해 유죄가 되면 피고는 다시 노예 신분으로 돌아가지만, 무죄가 되면 옛 노예 주인에 대한 의무는 정식으로 해소되었다. Todd, 1993: 102, 190~192 참조.

11 체류 외국인이 신원보증인을 세우지 않은 죄(에 대한 공소), 즉 (graphē) aprostasiou이다. 이 책은 사적 소송의 하나로 꼽히지만, 죄상만으로는 특정한 피해 당사자를 상정할 수 없고, 따라서 공소로 생각된다. 체류 외국인이 신원보증인을 세우지 않는 것은 시민단 전체를 모욕하는 행위로 간주되어 유죄의 경우에는 노예로 팔렸다. Todd, 1993: 105, 198 참조.

12 폴레마르코스의 직무에 대해서는 이 장의 각주 1 참조.

제59장

(1) 테스모테타이는 우선 각 법정이 재판을 실시하는 날짜를 공고하고, 그다음 그 법정을 [주재하는] 관리에게 할당하는 권한을 가진다. 왜냐하면 각 관리는 테스모테타이의 할당에 따르기로 정해져 있기 때문이다.[1]

---

1 테스모테타이는 스스로가 몇 가지 소송을 수리·제기할 뿐만 아니라 인민법원 전체의 운영을 총괄하는 중요한 역할을 맡았다. 이들에게는 각 소송 제기 관리들로부터 법적 다툼 중인 공적 및 사적인 소송 안건이 모두 모아졌고, 이를 바탕으로 이들은 각 법정에 배분해야 할 재판관의 인적 자원을 감안하여 일정을 조정한 후, 각 관리들이 어느 날 어디에서 재판을 주재할 것인지를 지정하고, 공고할 권한을 가지고 있었다. 기원전 5세기 말까지는 각 관리들이 주재하는 인민법정(재판관 모임)이 고정되어 있었기 때문에 개정일을 지정할 권한은 관리들에게 있었다. 그러나 기원전 410년경 이후, 관리가 담당하는 법정은 재판 당일에 추첨으로 할당하게 되어, 여기로부터 테스모테타이가 소송 안건의 모음과 법정 할당 및 개정일 결정을 담당하게 되었다. 그들이 법정을 추첨으로 관리에게 할당하는 것은 제59장 (5)에도 나오고 있으며, 또한 제66장 (1)에서 더 자세히 설명되고 있다. 그들에게는 개정일 뿐만 아니라 각 법정의 규모도 지정할 권한이 있었던 것 같다. 기원전 325/324년의 해군 관계 비문은 삼단노선의 봉사 의무 면제의 소송(okēpseis; 제56장 (3) 및 제61장 해당 각주 참조)을 심판하는 법정의 규모를 201명으로 하고, 그 개정일을 무니키온달 2일 및 5일에 지정하는 권한을 테스모테타이에게 부여하고 있다(GHE 100 = IG II² 1629 = IG II³ 370.204~213). 테스모테타이가 개정일과 법정 규모를 결정함에 있어, 특히 소송 건수가 집중되는 시기에는 미리 고려해야 하며, 연간 150~200일이 열리는 인민재판소 개정일에 적절하게 소송 안건

(2) 게다가 그들은 [고소인이] 민회에 일으킨 탄핵 재판,[2] 거수표결에 의한 유죄 판결[3] 및 민회 고소[4]를 모조리 [인민법정에] 제기하고, 또 위법 제안에 대한 공소,[5] 부적당한 법의 제의에 대한 공소,[6] 의장단이나 의장

을 배분하는 것은 사법행정의 지체를 회피하기 위한 중요한 책무였다. 테스모테타이의 인민재판소의 운영에 대해서는 Harrison II, 1968~1971: 12~13, 154~155; *Comm*, p. 657 참조.

[2] 사본에는 eisaggelias eisaggellousin('[테스모테타이가] 민회에 탄핵 재판을 일으켜')이라고 되어 있지만, 로즈(*Comm*, p. 658)의 지적에 따르면, 테스모테타이가 '민회에 탄핵 재판을 일으킨다'는 절차는 있을 수 없다는 것이다. 여기서는 블라스(Blass, 1903) 및 우리가 채택한 대본에 따라 tas eisaggelias ⟨has⟩ eisaggellousin('(고소인이) 민회에 일으킨 탄핵 재판을')이라고 보충해 읽는다. eisaggellousin eis ton dēmon을 아예 삭제하기도 한다(Kaibel & Wilamowitz, 1898).

[3] katacheirotonia. 여러 가지로 해석되고 있지만, 아마도 인민재판소에서의 본심에 앞서 민회가 내리는 유죄의 결의를 말한다. 여기에서는 특히 기원전 4세기 중반 이후 창설되어 탄핵 재판과 나란히 국사범에게 사용된 '아레오파고스 평의회에 의한 수사 보고'(apophasis) 절차의 일부로 여겨지고 있다. *Comm*, p. 659 참조.

[4] 제43장 (5) 및 해당 각주 참조

[5] 제45장 (4) 및 해당 각주 참조.

[6] graphē nomon mē epitēdeion theinai. '위법 제안에 대한 공소'가 위법한 민회 결의 성립을 저지하기 위한 소송인 데 반해, 법이 새롭게 제정되는 절차에서 기존 법에 어긋나는 법안이 제출되었을 경우에 적용된 공소를 말한다. 기원전 4세기에 이르러 법의 제정권은 최종적으로 민회가 아닌 입법위원(nomothetai)에게 맡겨지게 되었고, 민회의 의사로는 쉽게 법이 고쳐지지 않게 되었다. 이것은 그 입법 절차(nomothesia)에서 위법행위를 적발하기 위한 소송이다. Hansen, 1974: 44~48 참조. 입법위원은 기원전 4세기에는 중요한 입법 기관이었지만, 그것이 왜 정해졌는지는 이 책에서 언급하지 않는다.

에 대한 공소,⁷ 장군의 집무 심사⁸도 제기한다. (3) 또한 공탁금⁹이 예치되는 공소도 이들에게 소송된다. 즉, 시민 사칭에 대한 공소, 누군가가 뇌물을 사용하여 시민 사칭의 죄를 면한 경우에는 외국인의 뇌물 공여에 대한 공소,¹⁰ 그리고 남소죄(濫訴罪),¹¹ 뇌물수수죄,¹² 거짓으로 타인의

---

7   graphē proedrikē, epistatikē. 평의회나 민회의 의장(epistatēs) 및 의장단(proedroi)과 관련된 부정행위 및 결의안을 표결에 부치는 것을 게을리하는 죄 등에 대해서 일어난다. Lipsius, 1905~1915: 71, 397; *Comm*, p. 660 참조.

8   여기서 집무 심사는 금전 관계 이외의 관리의 부정행위를 추궁하는 두 번째 단계를 가리킨다(제48장 (4)~(5) 및 해당 각주). 집무 심사관(euthunoi)이 공적 범죄에 대해 유죄라고 판단한 관리의 집무 심사를 테스모테타이에 보내는 것은 제48장 (5)에 나와 있다. 이것은 전체 관료에게 해당되는 것으로, 이 책이 무엇 때문에 여기서 장군만을 다루고 있는지는 알 수 없다.

9   parastasis. 대부분의 경우, 고소인은 공소에서 공탁금을 국가에 맡겼다. 소송의 남발을 방지하기 위해서이다. 승소했을 경우에는 환불된 것으로 보인다. Harrison II, 1968~1971: 94; *Comm*, p. 661 참조.

10 외국인의 뇌물 공여에 대한 공소, 즉 (graphē) dōroxenias. 시민 사칭에 대한 공소(graphē xenias, 이 장의 (3))에서 외국인이 뇌물 공여에 대해 무죄 판결을 받았을 경우에 적용된다. 비시민인 사람이 시민을 사칭하는 것, 또 외국인으로부터 시민 공동체에 뇌물이 발생하는 것에 대해 아테나이 시민이 강한 경계심을 가지고 있었음을 알 수 있다. Todd, 1993: 106~107 참조.

11 남소죄(濫訴罪)에 대한 공소, 즉 (graphē) sukophantias. 소송을 남발하는 자(sukophantai)에 대해서는 제35장 해당 각주 참조. 다른 탄핵 재판이나 민회 고소(제43장 (5))에 의해서도 소송할 수 있었다. Lipsius, 1905~1915: 448~451; Todd, 1993: 109 참조.

12 뇌물 수수죄(에 대한 공소), 즉 (graphē) dōrōn. 구체적으로 어떠한 뇌물 수수에 사용되었는지는 알 수 없다. 유죄인 경우, 뇌물 수수액의 10배의 벌금, 또는 공민권 영구 정지, 재산 몰수형에 처해진 것 같다. 다만 뇌물 공여 측에 대해서도 사용되었다는 확증은 없다. 토드(Todd, 1993: 302)는 뤼시아스, 「연설」 21번이 이 공소의 피고 측 변명일 것이라고 추정한다. 뇌물은 이 밖에도 집무 심사나 탄핵 재판 등에 의해서도 피소되며, 그 형은 각각의 절차에 따라서 달랐다. 뇌물에 대한 소송제도와 법률 전반에 대한 자세한 내용은 MacDowell, 1983: 58~75 참조.

이름을 국가 부채자 명부에 올리는 죄, 소환 증인 위증죄,[13] [관리가] 부채자 명부에서 부채를 갚은 자의 이름을 삭제하지 않는 죄,[14] 부채자를 부채자 명부에 기재하지 않는 죄 및 간통죄[15] 각각에 대한 공소가 그것이다.

(4) 또한 그들은 모든 관리의 자격 심사,[16] 구민 투표에 의해 시민권 등록이 거절된 자의 소송[17] 및 평의회가 내린 유죄 판결[18]도 제기한다.

---

13 소환 증인 위증죄(에 대한 공소), 즉 (graphē) pseudo-klēteias. 소환(prosklēsis)과 관련해서는 제29장 해당 각주 참조. 소환은 원고가 데려온 소환 증인(klētēr)의 입회하에 행해져야 했다. 이 경우 현실에서는 소환이 이뤄지지 않았음에도, 마치 소환 장소에 입회한 것처럼 위증하는 죄를 가리킨다. 소환에 응하지 않는 피고는 공민권 정지가 되므로, 이러한 위증의 결과로 발생하는 피고의 불이익을 구제하기 위한 공소이다. Lipsius, 1905~1915: 446~447; Todd, 1993: 111~112, 125 참조.

14 부채자 명부에서 부채를 완납한 자의 이름을 삭제하지 않는 죄(에 대한 공소), 즉 (graphē) Bouleuseōs. 이 범죄 행위에 대해서는 기원전 323/322년의 해군 관계 비문에도 언급이 나온다(IG I II² 1631.385~398). 기원전 데모스테네스, 「연설」 25번(Dem. 25.71)에는 나쁜 마음을 먹고 부채자 명부에 이름을 기재한 죄로 이 공소에 소송한 사례가 기술되어 있다. Lipsius, 1905~1915: 443~446; Comm, p. 663; Todd, 1993: 106, 301 참조.

15 간통죄(에 대한 공소), 즉 (graphē) moicheias. 간통죄(moicheia)란 가장의 잘못뿐만 아니라 그 가정에 속한 다른 자유인 여성(딸이나 자매 등)의 혼인 이외의 성관계도 포함하는 넓은 개념이다. 간통에 관련된 재판 사례로 가장 유명한 것은 간통한 자를 현장에서 살해하여 살인죄로 피소된 남편 에라토스테네스의 예이며, 그 변명은 뤼시아스, 「연설」 1번에서 자세히 서술되어 있다. 간통죄에 대해서는 현장에서 체포한 간통한 자를 남편(가부장)이 직접 실력 행사에 의해 살해하는 것도 합법으로 간주되었다. Todd, 1993: 276~279 참조.

16 제55장 (2)~(5) 및 해당 각주 참조.

17 이것은 일종의 상소(ephesis)이다. 제42장 (1) 참조. 데모스테네스, 「연설」 57번은 이 소송에서의 연설이다.

18 평의회가, 그 고유의 처벌권(500드라크마까지의 벌금)의 범위를 넘는, 따라서 인민재판소에의 심리 회부가 필요하다고 판단한 사건에 대해 내리는 유죄 결의이다. 국사범의 탄핵 재판, 관리들의 위법 행위에 대한 탄핵 재판 등의 경우가 해당된다.

(5) 그들은 또 사적 소송도 제기한다. 즉, 해상무역[19]이나 광산[20]에 관한 사소(私訴), 혹은 자유인을 비방 중상한 노예에 대한 사소[21]이다. 또 그들은 공사(公私)의 소송을 재판할 법정을 각각의 [주재하는] 관리에게 추첨으로 배정한다. (6) 그들은 또한 여러 나라에 대한 양국 협정[22]의 비준을 담당한다. 그리고 양국 협정에 따라 제기된 소송[23]을 법정에 제기하고, 또한 아레오파고스 평의회에 대한 위증의 죄[24][에 대한 사소(私訴)]

19 해상무역(에 관한 사소), 즉 (dikē) emporikē. 매달 소송(제52장 (2))의 하나. 기원전 350년경에 도입되어 해상무역 상인, 특히 곡물 수입상인이 관련된 분쟁 사안의 소송. 아테나이 시민뿐만 아니라 외국인 등 비시민에게도 소송할 권리가 있는 것이 특징이다. 일반적으로는 서면에 의한 계약의 존재가 소송의 필요조건이 된다. 데모스테네스, 「연설」 32~35번 및 56번은 이 소송과 관련된 법정 연설이다. Todd, 1993: 334~337; Lanni, 2006: 149~174 참조.

20 광산(에 관련된 사소), 즉 (dikē) metallikē. 이것도 매달 소송 중의 하나. 광산 채굴권자 상호 간의 분쟁 사안에 이용된 것 같다. 데모스테네스, 「연설」 37번(Dem. 37.35~36)에는 이 소송이 적용되는 경우로서 타인의 광산에서 사람을 쫓아내거나, 갱도에 연기를 넣거나 혹은 무장 공격을 가하거나, 다른 광산의 광맥을 침해해서 채굴을 실시하는 행위를 들 수 있다.

21 자유인을 비방·중상한 노예에 대한 사소, 즉 (dikē) doulōn. '비방·중상에 대한 사소'(dikē kakēgorias)의 한 종류. 여기서 특히 노예의 자유인에 대한 중상 행위가 거론되고 있는지는 불분명하다. *Comm*, pp. 665~666; Todd, 1993: 103, 259 참조.

22 sumbola. 여기서는 아테나이 시민과 타국 시민 간에 일어난 다툼의 해결 방법에 관한 양자 간의 외교 협정을 말한다. 이러한 국제적인 협정은 민회가 아닌 인민재판소에서 비준되어, 그 비준안을 법정에 제기하는 것이 테스모테타이의 역할이었다. sumbola에 대해서는 Gauthier, 1972 참조.

23 dikai apo sumbolōn. 아마도 사적 소송뿐만 아니라 공적 소송도 포함한다고 생각되며, 아테나이인이 상대국의 법정에서, 혹은 상대국 시민이 아테나이의 법정에서 각각 당사자가 되는 경우가 있다. 여기서는 당사자가 아테나이에서 소송을 제기하고, 따라서 아테나이에서 재판이 열리는 경우를 가리킨다. 투퀴디데스, 『펠레폰네소스 전쟁』 제1권 제77장 제1절 및 ML 31 = IG I³ 10.6~14에도 이 소송을 가리키는 것으로 보이는 표현이 있으며, 이미 기원전 5세기 말에는 이러한 종류의 협정 및 소송이 있었을 가능성이 있다.*Comm*, p. 667; Todd, 1993: 333~334 참조.

24 ta pseudomarturia. 위증죄에 대한 사소(dikē pseudomarturiōn)에 대해서는 Lipsius,

도 제기한다.

(7) 재판관을 추첨하는 사람은 9명의 아르콘 전원 및 10명째인 테스모테타이의 서기이며, 그들은 각자 자신의 부족의 재판관을 추첨한다.[25]

1905~1915: 778~783; Harrison II, 1968~1971: 127~131, 192~197; Todd, 1993: 105 참조. 보통 위증죄는 그것이 이루어진 법정을 주재한 관리에게 소송을 하지만, 아레오파고스 평의회 법정(즉 살인 재판)에서의 위증은 그 주재 관리인 바실레우스가 아니라, 테스모테타이에게 소송되었다. 이유는 불분명하다. 위증죄로 유죄가 되면 공민권 정지의 형에 처해졌다. Todd, 1993: 262 참조.

25 재판관을 추첨하는 제63장 (1) 아래 참조.

제59장 255

제60장

(1) 그런데 9명의 아르콘에 대해서는 이상과 같다. 또 경기 위원[1]을 각 부족당 1명씩, 총 10명을 추첨으로 맡게 한다. 이들은 자격 심사를 받은 후 4년의 임기를 맡아 판아테나이아 축제의 제례 행렬, 음악 경연, 운동 경기 및 경마를 운영하고,[2] 아테나 여신인 페플로스[3]를 제작하고, 평의

---

1 athlothetai. 대 판아테나이 축제의 준비와 실행을 담당하는 관리이다. 4년 임기 말에 대축제가 거행된다. 아테나 여신 회계관의 회계보고 비문에서는 기원전 415/414년 제2프뤼타네이아에 9타란톤을(ML77 = IG I³ 370.66~68), 또한 기원전 410/409년 제2 프뤼타네이아에는 5타란톤 1000드라크마를(ML84 = IG I³ 375.5~6) 대축제의 준비 비용으로서 국가로부터 수령하고 있음을 알 수 있다.
2 판아테나이아 제전의 제례 행렬에 대해서는 제18장 해당 각주 및 제49장 해당 각주 참조. 여러 경기를 창설한 것은 기원전 566/565년의 아르콘 히포클레이데스라고 전해진다. 음악 경연은 호메로스의 영창과 키타라 반주에 의한 가창 등으로, 페리클레스가 세운 아크로폴리스 남동쪽 기슭의 음악당(Odeion)에서 개최되었다. 운동 경기는 스타디온 경주, 즉 5종 경기, 레슬링, 권투, 판크라티온 등으로, 이 책의 시대에는 시외 동쪽의 판아테나이아 경기장에서 열렸다. 경마는 케피소스 입구의 쿠쉬페테구(區)에 있는 경마장에서 각종의 전차 경기가 열렸다. 대 판아테나이아 축제의 각 경기에 대해서는 Parke, 1977: 34~37 참조. 기원전 4세기 전반 경기의 각 종목과 상품을 기록한 비문(IG II² 2311)이 남아 있다.
3 제49장 해당 각주 참조.

회와 협동으로 암포레우스[4]를 만들어 선수들에게 올리브유를 상품으로 수여한다.

(2) 그 올리브유는 성스러운 올리브나무[5]에서 수집된다. 아르콘[6]은 성스러운 올리브나무가 있는 땅의 소유자로부터, 1주당 1.5코튀레[7]의 몫으로 올리브유를 거둔다. 과거에는 그 수확을 국가가 도급으로 냈고,[8] 그리고 만일 성스러운 올리브나무를 파헤치거나 베었을 경우, 아레오파

---

4   이른바 '판아테나이아의 암포레우스'로, 상품인 올리브유를 넣은 흑회색의 양손식 항아리이다. 기원전 530년경까지는 양식이 규격화되었고 용량은 시대에 따라 변동하는데, 35~39리터 정도이다. 정면에 무장한 아테나 여신, 후면에는 각종 경기 장면의 그림이 그려져 '아테나이가 준 상품'으로 기록된다. 올리브유의 양은 종목과 순위에 따라 결정되었는데, 성숙한 말에 의한 전차 경기의 우승자에게는 암포레우스 140짐이 주어졌다(IG II² 2311.55~56). 기원전 4세기 전반의 1회 대축제에서 수여된 올리브유의 총량은 1200~2100짐에 이른 것으로 추정된다. Tiverios, 2007: 16; Papazarkadas, 2011: 266~271 참조.

5   moriai. 아테나 여신이 아크로폴리스에 심은 올리브에서 그루를 나눈 것으로 알려진 성스러운 나무. 아크로폴리스의 성스러운 나무 12그루에서 우선 포기를 나누어 아테나이 시외 북서쪽의 신역인 아카데메이아에 심어져 거기에서 다시 아티카 전역으로 재배되어 나갔다. 성스러운 나무가 재배되는 땅은 개별 시민의 사유지이지만, 성스러운 나무 자체는 명목상의 소유자를 아테나 여신으로 하는 성스러운 나무였다. 성스러운 나무의 재배와 올리브유 징수제도, 그 판아테나이아 축제와의 관련에 대해서는 Papazarkadas, 2011: 260~284 참조.

6   우두머리 아르콘.

7   아티카의 액량 단위로는 0.2735리터. 12분의 1쿠스. 1.5코튀레의 올리브유는 한 그루 생산량의 약 10분의 1. 파파자르카다스(Papazarkadas, 2011: 270~275)의 계산에 의하면, 기원전 4세기 중반 무렵, 한 번의 대축제에서 상품으로서 공출되는 올리브유의 총량은 8만 514리터로 추산되므로, 올리브유의 공출량이 한 나무당 1.5코튀레라고 하면, 이 정도의 총량을 산출하는 올리브나무의 수는 19만 8800주로, 전체 경지 면적의 2.35퍼센트를 차지한다고 한다. 또 그는 이렇게 많은 양의 올리브유가 제공된 것은, 곡물 수입을 대가로 국가 통제하에서 이뤄진 국제시장 수출로서 그 의의가 있었다고 주장한다.

8   과거에는 징세 도급과 같이 올리브유의 징수를 국가가 개인에게 도급(都給)하게 했다는 것.

고스 평의회가 재판을 실시해서 유죄 판결을 내리면, 그자는 사형에 처해졌다.[9] 하지만 오늘날에는 토지의 소유자가 올리브유를 납부하기 때문에, 비록 법은 현존하고 있지만, 재판은 폐지되고 있다. 올리브유는 나무의 숫자가 아닌 토지재산에 부과되어, 그것으로부터 국가에 납부되는 것이다.[10] (3) 이렇게 해서 아르콘은 자신의 임기 중에 산출된 올리브유를 모아 아크로폴리스에서 [아테나 여신] 회계관에게 인도한다. 그리고 아르콘이 회계관에게 올리브유를 모두 인도하지 않으면 아레오파고스 평의원이 되는 것을 허용하지 않는다. 회계관은 평소에는 이 올리브유를 아크로폴리스에 보관하다가 판아테나이아 축제가 되면, 경기 위원에

---

[9] 뤼시아스,「연설」7번은 기원전 397/396년에 올리브의 성스러운 나무 그루터기(sēkos)를 철거한 죄로 피소된 시민이 아레오파고스 평의회에서 변명한 연설이다. 이 연설 당시에 아레오파고스 평의회에 의한 재판은 아직 행해지고 있었지만, 더 이상 사형은 부과되지 않았고, 형은 추방과 재산 몰수였다(Lys. 7.32,41). 기원전 4세기 초에는 아레오파고스 평의회가 성스러운 나무와 그 주변의 토지를 순회 감독하는 권한을 보유하고 있으며, 매년 아티카 전역에 산재하는 성스러운 올리브나무를 조사하여, 성스러운 나무에 해를 끼친 사람에게 벌금을 부과하고 있었다. 이 무렵 아르콘은 아직 성스러운 나무 관리에 관여하지 않았다. Wallace, 1989: 110; Papazarkadas, 2011: 265~266 참조.

[10] 예전에는 성수(聖樹)로 지정된 올리브나무의 그루터기마다 올리브유가 징수되었지만, 이 책의 시대에는 실제 성수의 존재 여부와 관계없이 나무가 자라고 있던 토지재산의 소유자에게 올리브유 공출 의무가 강제적으로 부과되고, 그 양은 일찍이 나 있던 그루터기 수에 따라 정해진 것으로 해석해야 한다. 올리브유의 징수가 청부제에서 아르콘에 의한 직접 징수제로 바뀐 것은 기원전 396/395~393/392년 사이로 생각되며, 이 무렵부터 판아테나이아의 암포레우스에는 아르콘 이름이 기재되게 된다. 기록된 이름이 확인되는 최초의 아르콘은 기원전 392/391년의 필로클레스(Philoklēs)이다. 이러한 성스러운 나무를 둘러싼 일련의 제도 개혁의 이유는 다양하게 생각할 수 있다. 가령, 펠로폰네소스 전쟁으로 인한 국토 황폐화로 인해 성스러운 나무가 시들어 가는 등, 징수가 불가능해지는 사례가 발생했기 때문으로 추측할 수 있다. 이에 대하여 파파자르카다스(Papazarkadas, 2011: 267~275)는 기원전 4세기 초 아테나이가 대외 확장 정책을 재개한 것을 계기로 판아테나이 축제의 상품을 배가시킨 결과 올리브유 수요가 높아진 데 원인이 있다고 본다.

게 나누어 주고, 경기 위원은 우승한 선수에게 나누어 준다. 왜냐하면 음악 경연 우승자에게는 상품으로 은화와 금제품이, 무용(武勇) 경기[11]에는 방패가 증정되고, 운동 경기와 경마의 우승자에게는 올리브유가 주어지니까. ⟨…⟩.[12]

---

11 euandria. 문자 그대로는 '남자다움을 겨루는 경기'이지만 구체적인 경기 내용은 알 수 없다. 부족 대항으로 이루어졌으며, 기원전 4세기 전반에는 우승 부족에게 100드라크마 상당의 소 한 마리가 주어졌다(IG II² 2311.75).

12 다음 장 첫머리와의 연결 상태를 고려해 볼 때, 대본은 여기에 탈문이 있는 것으로 상정한다. 제43장 (1)에 있는 군사 회계관 등 선거에서 선출된 관리들에 대해서 기록되어 있었을 것으로 추정된다.

제61장

(1) 군사를 위한 직책도 모두 거수에 의한 선거로 뽑는다. 장군[1] 10명은, 이전에는 〈각〉 부족으로부터 1명씩 선거되고 있었지만, 현재는 전 시민 중에서 선택한다.[2] 장군들은 거수표결로 각각 다음과 같은 분담을 배정

---

1 장군(stratēgoi)의 창설에 관해서는 제2장 해당 각주 참조. 군사의 최고 관직으로 임기에 제한이 없었고, 원정에 즈음하여 때때로 민회로부터 전권을 위임받았으며, 또한 전장(戰場)에서는 일정한 처벌권을 갖고 있었다. 한편 국내에서도 평의회나 민회에서 항상 동의 제안권을 부여받고, 또 1년 이상 재직할 경우, 해마다 연말의 집무 심사는 관직을 떠나는 때를 제외하고 사실상 면제되는 등, 아테나이 민주정에서 예외적으로 막강한 권한을 위임받고 있었다. 테미스토클레스, 키몬, 페리클레스 등 기원전 5세기의 유력한 정치인들은 대개 장군직을 맡고 있었던 것을 볼 때, 정치적 지배권과 떼려야 뗄 수 없는 관계를 맺고 있었다. 그러나 페리클레스가 죽은 이후, 특히 기원전 4세기에 들어서자 정치의 주도권은 장군에서 연설가나 재정 전문가로 넘어갔고, 기원전 4세기 후반의 장군은 군사에 전념하거나 문민 정치인과 제휴하면서 정계에서 일정한 지분을 마련했다. 장군의 직무와 직권에 관한 연구에 대해서는 Hamel, 1988 참조. 아고라에는 원형당 남쪽에 장군 막사(Strategeion)로 추정되는 건물이 있었다. Camp, 1992: 116~118; Camp II, 2010: 51~52 참조.

2 장군직이 상설된 기원전 501/500년부터 기원전 441/440년까지는 각 부족에서 장군 1명이 민회에서 선거되었으나, 그 후 이 원칙은 허물어져 기원전 357/356년에서 기원전 323/322년 사이에 폐지되었고(이 책이 쓰인 시점과 가까울 것이다), 장군은 출신 부족에 관계없이 모든 시민으로부터 선거하게 되었다. Comm, p. 265, pp. 677~678 참조.

받는다. 먼저 중장비 보병군 담당 1명, 그는 원정길에 중장비 보병을 지휘한다. 또 전원 지역 담당 1명, 그는 전원 지역의 수비를 맡으며, 전투가 일어나면 이 사람이 싸움의 지휘를 맡는다. 또 페이라이에우스를 책임지는 2명, 그중 1명은 무뉘키아에, 다른 1명은 악테에 배치되며,[3] 그들은 페이라이에우스에 있는 시설의 방비를 맡는다. 또 쉼모리아[4] 담당 1명을 두어서, 그는 삼단노선 봉사자[5]의 명부를 작성해 그들이 요구하는 재산교환[6]을 하게 하고, 또 그들의 적임자 선정 소송[7]을 법정에 제기한다.

---

3   무뉘키아는 제19장, 악테는 제4장 해당 각주 참조. 모두 요새화된 군사적 요충지.

4   summoria. 기원전 357/356년의 페리안드로스법에 의해 삼단노선 봉사(다음의 각주 참조)의 부담을 나누기 위해 도입된 조직. 부유한 시민 1200명이 각 60명씩, 총 20개의 쉼모리아이(summoriai; 복수 표현)로 조직되었으며, 각 쉼모리아는 각 15명, 총 4개의 쉰테레이아(sunteleia)로 불리는 하부 조직으로 나뉘며, 원칙적으로 각 쉰테레이아가 삼단노선 1척의 의장(艤裝), 배를 만들어 진수한 다음, 배의 운용과 항해에 필요한 설비와 장비를 갖추는 일)을 부담했다. 더욱이 기원전 340년에는 데모스테네스의 제안에 의해 삼단노선 봉사는 300명의 최고로 부유한 시민에 한정되어, 그들은 자산액에 따라 부담액을 공출했지만, 20개의 쉼모리아 조직은 유지되었다. *Comm*, pp. 679~681; Gabrielsen, 1994: 182~213 참조.

5   triērarchoi. 삼단노선 봉사(triērarchia)란 공공 봉사(제27장 해당 각주)의 일종으로, 아테나이의 주력 군선인 삼단노선의 의장(艤裝), 수리와 승조원의 통솔을 사비로 부담하는 역할을 맡는 것을 말한다. 기원전 483/482년 테미스토클레스의 해군 재편에 따라서 종전의 나우클라리아(제8장 해당 각주 및 제21장 해당 각주)에 의해 도입된 것으로 보인다. 애당초 한 사람의 삼단노선 봉사자가 1척의 군선을 담당했으나, 부담이 지나치게 크게 되자 기원전 410년 이후에는 두 사람이 1척을 담당하게 되었고, 또한 기원전 357/356년의 삼단노선 봉사에 대한 쉼모리아 제도의 도입 이후 부담 경감과 분산화를 위해 새로운 개혁이 시도되었다(앞의 각주 참조). 삼단노선의 공공 봉사에 대한 연구에 대해서는 Gabrielsen, 1994/2010 참조.

6   제56장 (3) 및 해당 각주 참조.

7   diadikasia('공공 봉사[leitourgia]로부터의 면제'). 여기서는 제56장 (3)의 '의무 면제의 소송'(skēpseis)으로부터 개시되는 적임자의 선정 소송(제67장 해당 각주)을 말한다. 아르콘이 합창대 봉사자를 임명하는 것과 마찬가지로, 쉼모리아 담당 장군은 삼단노선 봉사자를 등록한 후 군선에 할당하고, 또 재산교환이나 의무 면제 소송을 받아들여 인

나머지 사람들은 당면하는 일에 대응하기 위해 파견한다. (2) 장군들에 대해서는 각 프뤼타네이아마다 직책을 잘 수행하고 있다고 생각되는지에 대해 거수에 의한 신임 표결[8]을 실시한다. 이 표결로 해임되어 인민법정에서 재판이 진행돼 유죄가 되면 어떤 형 또는 벌금에 처할지를 평가하고, 무죄가 되면 다시 직에 복귀한다. 장군은 지휘권을 행사하는 동안 규율에 어긋나는 자를 체포 구금하고, 또한 군대에서 〈추방한다는〉 취지의 포고 또는 약식 벌금을 부과하는 전권을 가진다.[9] 그러나 실제로 벌금을 부과하는 것은 관례적인 것이 아니다.

(3) 또한 부족 보병 지휘관[10]을 각 부족에서 1명씩, 총 10명을 거수로 선거한다. 그는 각 부족민의 군을 지휘하고 또 중대장[11]을 임명한다.

민법원에 제기하는 것이다.

8 epicheirotonia. 제43장 (4)에서 볼 수 있듯이 각 프뤼타네이아의 주요 민회에서는 전체 관리의 신임 표결이 있는데, 이것도 그 하나이다. 불신임된 관리는 파면되지만, 이 자체는 소송 절차가 아니며, 그 후 어떠한 공적 소송(예를 들어 탄핵 재판)이 제기되어야만 재판이 성립된다. Hansen, 1975: 41~45; Hamel, 1998: 122~123 참조.

9 기원전 5세기에서 기원전 4세기 초에 걸친 장군의 권한은 이보다 막강했고, 명령에 복종하지 않는 병사를 즉각 처형할 수 있었다. 얼마 되지 않아 제한되어 전장의 이탈 등 군사 범죄의 처벌은 인민법원에 맡겨지고 그 법정을 장군이 주재하게 되었다. Hamel, 1998: 59~64 참조.

10 taxiarchoi. 부족별 중장비 보병군(taxis)을 지휘하고, 장군과 협력하여 담당 부족의 병력 명부를 관리했다. 또 장군과 함께 군회의에도 참여했다. ADD, p. 106; Hamel, 1998: 73~75 참조. 아테나이 중장비 보병군의 편성에 대해서는 스파르타군에 비해 불명확한 점이 많다. 위즈(Wees, 2004: 100)에 의하면, 1개의 taxis의 병력은 700명 정도로, 근대의 연대급 규모다.

11 lochagoi. taxis의 하부 단위인 lochos의 지휘관. 1개의 lochos(백부장)는 100명 정도로 근대의 중대급이다. 스파르타군의 조직이 복잡한 계층구조를 취하는 데 반해, 아테나이군은 taxis와 lochos의 두 계층으로 구성된 단순한 편성이며, 그것이 성립된 것은 기원전 5세기 중반경이라고 한다. Wees, 2004: 100 참조.

(4) 또한 기병장관[12]을 전 시민으로부터 2명, 거수에 의해 선거한다. 이들은 기병을 지휘해 각각 5부족씩 분담한다. 그들은 장군이 중장비 보병에 대해 갖는 것과 같은 권한을 [기병에 대해] 갖는다.[13] 그들에 대해서 〈도(kai)〉 거수에 의한 신임 표결이 행해진다.

(5) 또한 부족 기병 지휘관[14]을 각 부족에서 1명, 〈총 10명〉 거수로 선거한다. 그들의 역할은 마치 부족 보병 지휘관이 중장비 보병을 지휘하는 것과 마찬가지로 〈기병을〉 지휘하는 것이다.

(6) 또한 렘노스[15]섬에 파견하는 기병 장관 1명도 거수로 선거한다. 그는 렘노스섬의 기병을 감독한다.

(7) 또한 파라로스[16]호를 위한 회계관 1명, 또 암몬 신의 사절선(使節

---

12 hipparchoi. 페리클레스에 의해 기병이 1000명으로 증원됨에 따라, 종래 3명이었던 기병 장관이 기병 장관 2명과 부족 기병 지휘관 10명으로 증원되어 동시에 선거제가 되었다고 한다(Bugh, 1988: 76~77). 제49장 해당 각주 참조. 기병 장관의 관청(Hipparkheion)은 아고라의 북서쪽 구석에 있었던 것으로 추정되고 있다. Camp, 1992: 118~122 참조.

13 장군이 중장비 보병뿐만 아니라 기병과 해군을 포함한 전군의 지휘권을 갖는 반면, 기병장관은 기병만을 지휘하는 것이니 이 비유 표현은 부정확하다.

14 phularchoi. 부족별 기병을 지휘한다. 이 장 각주 12 참조.

15 에게해 북부에 자리한 섬으로, 기원전 449년경에 아테나이의 식민지(klērouchia)가 된다. 펠로폰네소스 전쟁 패배로 상실되었지만 기원전 4세기 초에 재탈환되었고, 기원전 386년의 대왕의 평화 조약(Antalkideios Eirēnē; 스파르타와 페르시아 제국 아케메네스 왕조 사이에 맺어진 강화 조약)으로 국제적으로 영유권을 인정받았다. 경제·군사상의 요충지이며, 기원전 350년대 마케도니아의 군사적 위협이 높아짐과 동시에 렘노스섬에 기병 장관을 파견하는 제도가 시작되었다. 그가 지휘하는 기병대가 현지에서 징병된 것인지, 아테나이 본국에서 파견된 것에 대해서는 논란이 있다. Bugh, 1988: 209~218 참조.

16 파라로스호는 암몬 신의 사절선(theōriai)으로, 제례 사절이나 외교 사절을 파견하는 데 사용되는 국가 소유의 쾌속 삼단노선이다. 후자는 본래 살라미니아(Salaminia)호로 불리다가, 기원전 332/331에 알렉산드로스 대왕이 북아프리카에서 암몬 신의 신탁을 청한 것을 계기로 암모니아스(Ammōnias)호로 개명되었다. 따라서 이 개명에

船)을 위해서 또 1명을, 거수에 의해 선거한다.

대한 언급은 이 책의 성립 시기를 추정해 볼 수 있는 하나의 단서가 된다. *Comm*, pp. 687~688 참조.

제62장

(1) 이전에 추첨으로 뽑힌 관리의 일부는, 9명의 아르콘도 포함해 각 부족 전체로부터 추첨되었고, 그 이외는 테세이온에서의 추첨에 따라 각 구(區)에 할당되어 있었다.[1] 그렇지만 구가 [직책의 할당 범위를] 팔기 시

---

1 이전에는 관리의 추첨 방법에 두 가지가 있었는데, 첫째는 각 부족에서 전체 후보자로부터 추첨하는 방식이었고, 둘째는 각 부족에서 각각의 직책의 범위를 구에 추첨으로 할당해, 당선된 구가 자기 구민으로부터 해당 직책을 맡는 자를 내는 방식이었다. 아마 첫 번째 방법은 상위 소득 등급에서 뽑히는 중요한 직책에 적용되고, 두 번째는 그 이외에 적용되었을 것이다. 이 책은 두 번째 방법에 의한 추첨이 테세이온(제15장 해당 각주)에서 행해졌다고 말하고, 첫 번째 방법에서 추첨이 이루어지는 회의장을 밝히고 있지 않지만, 역시 테세이온에서 행해졌다는 의견이 강하다(*Comm*, p. 690; Jones, 1999: 164~166). 두 번째 방법으로는 출토된 유물 등에서 비추어 볼 때, 진흙으로 된 토큰 (token)의 퍼즐 조합(jigsaw)을 통해 구와 직책에 대한 조 추첨이 이루어졌을 것으로 추정되고 있다(*Comm*, p. 690; Whitehead, 1986: 280~282). 로즈에 따르면 그 절차는 이렇다. 진흙 토큰을 지그소에 의해 둘로 나누는데, 한 면에는 부족의 약어가 양 반쪽에 걸쳐 있고, 다른 면에는 반쪽 하나에 구의 이름이 있고 다른 반쪽에는 POL 혹은 아무것도 없다. 요약하자면, 먼저 토큰에 부족을 표시한 다음, 그것을 자르고, 그런 다음 각 토큰의 절반에 구를 표시했다는 것이다. 직책의 할당량에 따라 50개의 토큰이 분배되었다. 메꿔야 할 직책의 수만큼 관직을 표시한 두 번째 반쪽이 있게 될 것이고, 반쪽을 다시 합쳐서 어느 직책이 어느 구에 속하는지를 보여 준다. 만일 'pōlēt …'가 되고자 하는 사람은 그 직책이 속했던 구에서 직책을 사려는 유혹을 받을 수 있을 것이다. 이 시스

작했기 때문에,² 이 관리들도 현재는 각 부족 전체에서 추첨으로 뽑는다. 다만 평의원³과 수비병⁴은 예외로, 그들은 각 구의 추첨에 맡겨져 있다.

(2) 각종 일당⁵은, 우선 민회 출석자가 통상의 민회에서 1드라크마, 주

템은 기원전 388년 직후에 klērōtērion이 사용되면서 폐지되었다(제63장 (2) 및 제64장 (2)~(3) 참조). 어쨌든 관리의 추첨 방법의 변화에 대해서는 불분명한 점이 많다. 화이트헤드(Whitehead, 1986: 270~290)에 의하면, 우선 기원전 487/486년에 첫 번째 방법에 의한 추첨 제도가 성립되었다. 이후 관리의 수가 증가함에 따라, 기원전 5세기 중반 이후 추첨의 두 가지 방식을 병용하는 제도가 시작되었다. 그러나 두 번째 방법은 본문에서 기술하는 매관매직의 폐해를 낳았기 때문에, 기원전 370년부터 기원전 362년경에 걸쳐 폐지되어 평의원 등을 제외하고 다시 첫 번째 방법으로 통합되었다고 한다.

2 앞의 각주에서 언급한 두 번째 추첨 방법에서 희망 직책을 얻을 수 없었던 구(區)가 해당 직책의 범위를 준 구와 합의하에서 직책 범위를 매수했다는 의미로 해석할 수 있다. 예를 들어 계약관리의 직책을 원했지만 낙선한 구가, 당선된 구로부터 계약관리의 할당 범위를 샀다는 것이다. 할당 방식에 따라 추첨하면, 이 매관매직은 비교적 쉬웠던 것 같다. 이에 대해 어느 구 안에서 개인이 원하는 직책을 구나 구청장으로부터 매수했다거나, 개인과 개인 간에 직책이 매매되었다는 의미로 보는 이론도 있다. 이 해석에 대한 다양한 논의의 정리에 대해서는 Whitehead, 1986: 285~286 참조.

3 500명의 평의회 정수는 각 부족 50명으로, 부족 내 의석수는 구의 인구에 비례하여 각 구에 배분되어 있었다. 그 정수의 배분에 대해서는 제21장 해당 각주 참조. 아마 현직에 있는 자의 사망 등의 사태에 대비해, 정수의 반 정도의 보궐자도 선택되고 있었던 것 같다. 평의원의 추첨이 어디서 이루어졌는지에 대해서, 로즈(AB, pp. 6~12)와 같이 각 구에서 추첨을 실시했다고 생각하는 것이 전통적 견해이지만, 이와 달리 화이트헤드(Whitehead, 1986: 266~270)는 매년 1명의 평의원을 낼 수 없는 구도 많았으므로, 어떠한 인원 조정을 부족 수준에서 실시했을 것이며, 각 구에서 나온 후보자 리스트를 바탕으로 최종적으로는 시내의 테세이온에서 열리는 각 부족의 구성원 총회에서 50명씩 평의원이 추첨되었다고 주장한다.

4 제24장 (3)에 있는 '선박 도크(船渠)의 수비병 500명'이라고 생각된다. 평의회의 숫자와 같으므로, 평의원의 숫자 배분을 적용한다면 그렇게 되었을 것이다.

5 아래에서는 기원전 4세기 말의 각종 일당(수당, misthos)을 설명한다. 일당의 경제적 가치에 대한 연구는 Markle, 1985 참조. 마클(Markle, 1985)에 의하면, 당시 일가족 4명의 식비는 1일 2.5오볼로스로 계산되므로, 예를 들어 통상적인 민회 수당 1드라크마는 가족의 식비 2일분 이상이 된다. 일당은 가난한 시민들의 정치 참여에 대한 경제적 보상 역할을 어느 정도 수행했다고 할 수 있다. 본문이 서술하는 것 이외에도 연극 관객

요 민회에서 9〈오볼로스〉를 받는다. 다음으로 인민재판소의 재판관[6]은 3오볼로스. 다음으로 [500인] 평의회의 평의원은 5오볼로스.[7] 다만 당번 평의원(prutaneis)[8]에게는 식비로서 1오볼로스가 추가된다.[9] 다음으로 9명의 아르콘은 식비로서 각각 4오볼로스를 받고, 게다가 포고사와 아울로스 연주자[10] 각 1명의 식비를 충당한다. 그다음에 살라미스 아르콘[11]은 하루에 1드라크마. 경기 위원은 판아테나이아 축제가 열리는 헤카톰바이온달 동안에 그달의 넷째 날부터 프뤼타네이온에서 식사를 제공받는다. 델로스에 파견되는 인보(隣保)동맹의 대표단[12]은, 하루에 1드라크

수당(제43장 해당 각주)이나 열병 참가 수당(이소크라테스, 「연설」 7번(Isoc. 7.82)) 등 각종 공공수당이 있었다. *ADD*, p. 98 참조. 원래 관리는 일당을 받는 것이 원칙이었으나, 기원전 411년의 400인 정권이 수립될 때, 이 원칙은 폐지되고(제29장 (5)), 민주정이 회복된 후에도 아르콘, 해외 주재 관리 및 견습병 훈련의 직책(제42장 (3))을 예외로 하고, 관리는 무보수였다. 다만 뇌물 등의 직책을 통한 편법적 수입을 손에 넣을 수는 있었다. *ADD*, pp. 240~242 참조.

6   재판관 수당을 최초로 도입한 것은 페리클레스로 당초에는 2오볼로스. 제27장 (3) 및 해당 각주 참조.

7   평의원 수당의 도입은 펠로폰네소스 전쟁 이전에 페리클레스가 주도권을 갖고 있던 시대인 것으로 추정된다. 당초의 금액은 아마 5오볼로스보다 낮았을 것으로 생각된다. Rhodes, 1972: 13 참조.

8   제43장 (2)~(3), 제44장 (1)~(3) 참조.

9   사본에는 deka prostithentai('10오볼로스가 추가된다')라는 어구가 더해지지만, 블라스(Blass, 1903)를 좇아서 케니언도 우리의 대본도 잘못 들어간 것으로 보고 삭제한다.

10   로마 제정기의 아르콘 명부의 비문에는 아르콘을 위한 포고사와 아울로스 부는 사람의 이름이 전해진다(IG II^2 1717.17~20 등). 아르콘이 자신의 급여로부터 포고사들의 식비를 나누어 주었는지, 혹은 별도의 급여를 받고 있었는지는 알 수 없다.

11   제5장 (8) 및 해당 각주 참조.

12   인보 동맹이란 특정한 신역과 그 제전을 운영 관리하는 주변 여러 도시 국가와의 동맹으로 델포이의 그것이 가장 유명하다(제30장 (2) 및 해당 각주). 델로스의 제전에 대해서는 제54장 (7) 및 해당 각주 참조. 여기서는 그 축제에 파견되는 재무 담당자를 가리킨다. 델로스섬은 펠로폰네소스 전쟁 패전으로 한때 아테나이의 지배를 벗어나지만,

마를 델로스로부터 〈받는다〉. 또 사모스나 스퀴로스나 렘노스나 임브로스[13]에 파견되는 모든 관리도 식비로 돈을 받는다.

(3) 군대에 관한 직책에는 몇 번이라도 취임할 수 있지만,[14] 그 외의 관리는 어느 것도 연임을 허락하지 않는다. 다만 평의원만은 두 번 취임할 수 있다.[15]

기원전 4세기 초 이후 기원전 314년까지 다시 지배하에 놓였고, 그동안 축제에는 매회마다 대략 5명의 대표단을 보냈다. *Comm*, pp. 693~694 참조.

13 이 섬들은 모두 아테나이의 식민지(klērouchia)로 에게해에 있다. 사모스섬은 기원전 365년 아테나이에 공략된 이후 기원전 322년까지 식민지였다. 따라서 이 해는 이 책이 쓰인 연대의 하한선 중의 하나가 된다. 스퀴로스는 기원전 476년에, 렘노스와 임브로스는 기원전 490년대에 각각 식민지가 되었지만, 이 도시들은 기원전 314년에 아테나이의 지배에서 벗어났다. 아테나이의 식민지였던 동안에는 본국에서 주재 관리가 파견되었다.

14 키몬(기원전 510~450년)은 장군직에 10회, 페리클레스는 22회(기원전 443년부터 연속 15회), 기원전 4세기 말의 포키온은 45회 취임했다.

15 아테나이의 성인 남자 시민 인구는 펠로폰네소스 전쟁이 일어나기 직전에 약 6만 명을 헤아렸지만, 전쟁과 역병에 의해 격감하고 전쟁 이후 다소 회복되었으나, 기원전 4세기 내내 대체로 2~3만 명이었다. 이러한 조건에서 매년 500명의 평의원을 선출하기 위해서는 재임을 용인하지 않을 수 없었다. 한젠(Hansen, 1985b: 51~64)의 인구통계학적 추산에 의하면, 어느 해의 500명 평의회 의원 중 400명이 신임이고 나머지가 재임이었다고 하는데, 그 평균 연령을 40세로 해서 당시의 아테나이의 인구 모델을 적용하면, 재임을 인정한 경우에도 평의회 체제를 유지하기 위해서는 최소한 2만 5000~3만 명의 성인 남자의 시민 수가 필요했다고 한다.

제63장[1]

(1) 9명의 아르콘은 부족마다 인민법정[2]의 재판관을 〈추첨하고〉,[3] 테스모테타이의 서기는 열 번째 부족의 법정을 〈추첨한다〉.[4] (2) 인민재판소

---

1 아래의 제69장에 이르기까지 인민재판소의 제도를 상세하게 해설한다. 인민재판소(hēliaia dikastēria)란 살인 재판이나 40인의 재판관 등의 법정과 구별되며, 일반 시민이 다수인 재판관(dikastai)으로 구성되며 아테나이에서 중심적인 역할을 한 사법 기관이다. 여기서 그 제도 전체를 나타낼 경우에 '인민재판소'로 하며, 그것을 구성하는 개개의 법정을 '인민법정'이라고 부른다. 아마도 이 책의 저자는 재판관 내지 방청객으로서 직접 경험을 바탕으로 서술하고 있을 것이다.

2 인민재판소의 정밀한 제도가 어떻게 성립했는가에 대한 대략적인 연혁은 파악할 수 있지만, 여전히 그 논의는 가설의 영역을 벗어나지 못한다. 인민재판소에 대한 동시대 사료가 등장하는 것은 기원전 420년대의 희극에서 비롯되었으며, 그 밖에는 재판관의 명패 등의 유물, 재판소의 유적 및 법정 연설 등의 단편적인 사료를 통해서 접근할 수 있다. 이들 사료를 집대성하고 있는 Boegehold, 1995: 117~241; *Testimonia*, pp. 1~355 참조. 인민재판소의 제도적 변천에 대해서는 Boegehold, 1995: 17~42 참조.

3 대본은 plērousin('충만한')으로 읽는데, 여기서는 케니언을 따라 klērousin으로 읽는다.

4 아래의 제64장에서 이 책의 저자는 재판관을 추첨하는 관리로서 9명의 아르콘에 테스모테타이의 서기를 더한 10명 중 임의의 1명을, 자주 '아르콘'이라고도 하고 '테스모테타이(중의 1명)'이라고도 부르고 있으며, 그 용어법은 상당히 부정확하고 거칠다. *Comm*, p. 705, 706, 715 참조.

에는 10개의 입구가 부족마다 하나씩 있다.[5] 또 〈추첨기가〉[6] 각 부족에 두 대씩 총 스무 대, 또 작은 상자[7]가 각 부족마다 10개씩 총 100개, 그리고 당선된 재판관의 〈명패가 투입되는〉 다른 작은 상자[8]가 몇 개, 그리고 항아리가 [각 부족에] 2개가 있다.[9] 그리고 각각의 〈입구〉 옆에는 [그 부족으로부터 당선된] 재판관과 같은 수의 [관직을 표시하는] 지팡이가 놓인다. 항아리에는 지팡이와 같은 수의 참나무 열매가 던져진다. '참나무 열매'[10]에는 알파벳의 열한 번째 '람다'에서 시작해서, [재판관으로] 충

---

5 인민법원의 장소와 그 유적물에 대해서는 Boegehold, Lawcourts, pp. 10~16 참조.
6 제64장 (2) 참조. 1930년대에는 이 말의 실체가 무엇인지에 대한 논의가 단순한 억측에 불과했다. 예를 들어 호멜(Hommel, 1927: 50~70, 140~141)은 '추첨하는 방'으로 해석하고, 각 부족의 입구 안쪽에 2개의 방이 설치되어 있었다고 생각했다. 그러나 다우(Dow, 1939)가 아고라에서 출토된 유물의 검증과 이 책의 기술을 대조해서, 이를 '추첨기'로 해석하고 그 구체적인 모습과 기능을 상세하게 밝혀 냈다. 그렇게 됨으로써, 이 단어의 해석뿐만 아니라 재판관 추첨 절차 전체의 이해도 비약적으로 진전되었다. 추첨기의 모양은 기본적으로 평평한 모양의 대리석이나 목재 기둥으로 그 높이는 사람의 크기와 비슷하고, 폭은 60센티미터 정도. 정면에는 세로로 다섯 줄의 구멍이 뚫려 각각의 구멍에 재판관의 명찰을 꽂는다. 게다가 열의 좌측에는, 추첨기 위쪽에 깔때기 모양의 개구부를 가지는 관이 설치되어 그 안에 흑백의 주사위를 넣어, 하단으로부터 하나씩 꺼내는 구조로 되어 있다.
7 각 부족의 재판관을 A에서 K까지 10등분한 각각의 소집단 명패를 넣는 상자. 재판관은 부족마다 입구에서 먼저 자신이 속한 소집단의 상자에 이름표를 넣었다. 아래에서는 편의상 이를 '작은 상자 A군'이라고 부른다.
8 당선된 재판관이 각 법정에 따로 나뉘어 소속될 때 사용되는 상자. 각 부족의 입구에 당일 개정되는 법정의 수만큼 준비되어, 법정을 표시하는 A, M, N…이라는 글자가 적힌 이 작은 상자에, 각각의 법정에 추첨으로 당첨된 재판관의 명패를 넣어 간다. 보통은 각 부족당 2~3개일 것이라고 한다(Boegehold, 1995: 37). 아래에서는 이를 '작은 상자 B군'이라고 부른다.
9 '각 부족당 2개'라고 해석하지 않으면 의미가 통하지 않는다. 아마도 각 추첨기당 하나씩 놓였을 것이다. 제64장 (4)에 나와 있는 대로, 법정을 나누기 위한 '참나무 열매'가 들어 있다.
10 balanos(ballot-ball). 뵈게홀드(Boegehold, 1995: GLOSSARY xxiii)는 점토나 청동으로

당될 예정인 법정과 같은 수의 문자가 기입되어 있다. (3) 재판관[11]을 할 자격이 있는 자는 30세 이상이며, 국가에 부채가 있거나 [다른 이유로] 공민권 정지의 처분을 받지 않은 자이다. 만일 자격 없이 재판관을 맡으면 고발[12]로 인해 피소되고, 인민법정에 소송이 제기된다. 만일 유죄가 된다면, 재판관들은 마땅히 받아야만 한다고 생각되는 형 또는 벌금을 헤아려 형량을 정한다. 피고의 벌금이 정해진 경우, 그는 그 고발의 원인이 된 원래의 부채에 더하여, 나아가 인민법정이 정한 벌금도 완제할 때까지, 투옥되는 것이 규정이다. (4) 각 재판관은 회양목으로 된 명패[13]를

만든 볼(ball)로서 재판관에게 특정한 법정을 배정하는 데 사용된다고 설명한다. 여기에는 당일에 개정되는 각 법정을 나타내는 람다(Λ) 아래의 글자가 새겨져 있으며, 그것은 '작은 상자 B군'의 식별 문자에 대응한다. 문자적으로 '참나무 열매'를 빼는 것에 의해 각 재판관에게 법정의 나눔이 배정된다. 진짜 참나무 열매(도토리)이거나 그와 비슷하게 만든 표식일 테지만 실물은 발견되지 않았다.

11 dikastai. 기원전 5세기에는 30세 이상의 시민 중, 아마도 추첨으로 선택된 임기 1년의 6000명이 재판관을 맡아, 매년 아르데토스(Ardettos) 언덕에서 법에 따라 투표할 것을 선서했다. 그 선서문은 데모스테네스 '연설' 24번(Dem. 24.149~151)에 인용되어 있다. 이 책의 시대, 즉 기원전 4세기 후반의 재판관은 시민 수의 감소에 따라 30세 이상의 시민이라면 누구나 종신직을 수행할 수 있으며, 인원수에 제한은 없었다고 이전에는 생각되었다(Hommel, 1927: 36~37, 49~50). 그러나 이후 재판관 명패(이 장의 각주 14)에 대한 연구가 진전됨에 따라 종신제는 존재하지 않으며, 시민들은 매년 다시 재판관으로 등록 선서를 해야 하고, 그때마다 명패를 재사용하여 각인했으며, 또한 기원전 5세기와 마찬가지로 인원수에도 제한이 있었다는 설이 유력하다(Kroll, 1972: 69~86; Comm, pp. 702~703 참조).

12 제52장 (1) 및 해당 각주 참조. 약식 체포와 마찬가지로 고발은 공민권이 정지된 채로 시민으로서의 권리를 행사한 자에게 적용할 수 있었다. 공민권이 없는 채로 재판관을 지낸 죄로 이 소송을 적용받아 처형된 퓌로스(Purros)란 사람의 사례는 데모스테네스, 「연설」 21번(Dem. 21.182)에서 전해진다.

13 pinakion. 재판관의 신분증으로서 추첨에 이용된 패로, 기원전 388년 직후에 도입되었다. 처음엔 청동제였으나, 기원전 348년부터 이 책의 성립까지의 사이에 목제로 바뀌었다. 길이 약 11센티미터, 폭 약 2센티미터, 두께 1.5~2.5밀리미터로, 본인과 아버지의 이름, 본적 구, A부터 K까지의 문자, 일당 3오볼로스를 나타내는 기호 및 공식 인증 도

가지고 있고, 거기에는 본인과 아버지의 이름, 본적 구 및 [알파에서] 카파(K)까지의 알파벳 중 한 글자[14]가 기입되어 있다. 재판관은 각 부족이 10개의 소집단으로 나뉘어 있고, 각 문자당 대체로 같은 인원수가 되도록 배분되어 있다.

(5) 테스모테타이 중 한 사람[15]이 각각의 법정에 해당하는 [알파벳의] 문자[16]를 추첨하면, 시종[17]이 추첨으로 뽑힌 문자를 각 법정에 가지고 가서 붙이는 것이 정해져 있다.[18]

장 등이 새겨져 있었다. 구멍을 뚫어 끈을 통과시킨 후 목에 걸어 휴대한 것 같다. 동일한 이름표를 등록할 때 재사용해 재발급하는 사례가 인정돼 각인이 거듭 찍히고 있다. 조각을 포함하여 24개의 청동 실물이 발견되었다. 재판관의 출신 지역, 출신 계층을 알 수 있는 귀중한 사료이며, 그 연구에 대해서는 Kroll, 1972) 참조. Boegehold, 1995: 61~64에는 현존하는 실물 카탈로그의 내용이 정리되어 상세하게 나와 있다. 피나키아는 다음과 같이 배열된다. (1) 마지막으로 사용된 이름에 따라 알파벳순으로 정렬(첫번째 부분은 보존됨) (2) 이름의 끝 (3) 이름의 중간 순이다.

14 각 부족의 재판관을 A부터 K까지 10등분하는 것(A, B, Γ, Δ, E, Z, H, θ, I, K)은 추첨기에 효율적으로 이름표를 꽂아 추첨하기 위해서이다. 명패 위의 문자는 '작은 상자 A군'의 식별 문자에 대응한다

15 로즈(Comm, p. 705)는 9명의 아르콘에 테스모테타이의 서기 1명을 더한 10명 중 임의의 1명으로 해석한다. 제61장 각주 13 참조. 그러나 제59장(1), (5) 및 제66장 (1)에서는 법정의 주재 관료('소송 제기 관리')와 각 법정과의 조 편성을 추첨으로 결정하는 것이 테스모테타이의 역할이라는 설명이다. 각 법정에 해당하는 알파벳의 문자를 추첨한다고 하는 일도, 이 조합 결정에 관련하는 것으로부터, 여기에서의 '테스모테타이의 한 사람'은 문자 그대로의 의미로 해석해야 할 것이다. 제66장 각주 4 참조.

16 '작은 상자 B군'의 식별 문자에 대응하는 Λ 이하의 문자.

17 hupēretēs. 각 부족당 1명씩 배치되어, 각 입구에서 아르콘 등의 일을 보좌한 국유 노예이다. 제64장 (1), 제65장 (1), (4) 참조.

18 어떤 글자가 어느 법정을 나타낼지는 당일의 추첨으로 결정했다는 것이다. 로즈 (Comm, pp. 704~705)는 소송의 주재 관리와 법정과의 조합도 추첨으로 결정되는 이상, 재판관이 소송 사건을 선택하는 것은 불가능하기 때문에, 이 추첨은 불필요하다고 생각한다. 그러나 문자와 법정과의 조합을 추첨해 두면, 만일 어떠한 수단으로 자신의 소송 사건이 어느 법정에서 재판이 열릴 것인지를 사전에 재판관이 알게 될 경

우, 의심받지 않고 희망하는 법정에 입정하려면, 글자를 새긴 '가시나무 열매'와 색을 칠한 지팡이를 모두 희망하는 것으로 바꿔치기할 필요가 있을 것이기 때문에(제65장 (1)~(2)), 그러한 부정 공작이 한층 곤란한 것이 되었을 것이다. 이처럼 법정 편성 방식이 언뜻 보면 불필요할 정도로 복잡하고 꼼꼼한 추첨을 거치고 있는데, 그 목적은 일차적으로는 재판의 공평성의 확보라고 생각되지만, 한편에서는 버즈(Bers, 2000)와 같이 이 같은 번잡한 추첨 방식에는 의례적인 의미도 강했다는 의견을 내놓기도 한다.

제64장

(1) 10개의 〈작은 상자〉¹는 각 부족의 입구 앞에 놓인다. 그 작은 상자들에는, 카파(K)까지의 [알파벳의] 글자가 새겨져 있다. 재판관이 〈자신의 명패에 있는 것과 동일한 알파벳의〉 글자가 〈새겨져 있는〉 작은 상자에 명패를 투입하면, 시종이 이것을 〈잘〉² 흔든 후, 테스모테타이 중의 한 사람³이 작은 상자의 그것으로부터 1개의 〈명패〉를 끄집어낸다. (2) 이자는 '부착하는 자'(꽂는 자)라고 불리며, 작은 상자에서 꺼낸 명패를, 〈그 작은 상자와〉 동일한 글자가 쓰여 있는 [추첨기 상의] 꽂이 구멍의 열(列)에 [위에서부터 차례로] 꽂아 간다. 이 꽂는 자가 〈추첨에 의해 맡게 되는 역할은〉, 언제나 동일한 사람이 〈꽂는 역할을 맡아서〉 부정행

---

1   작은 상자 A군. 제63장 각주 14 참조. 아래에서의 이 책과 동시대 재판관의 추첨과 심리 절차에 대해서는 Boegehold, 1995: 36~41 참조.
2   케니언은 tote seisantos('그런 다음 … 흔든 후')라고 읽는데, 여기서는 대본을 따른다.
3   여기서는 9명의 아르콘에 테스모테타이의 서기를 더한 10명 중 임의의 1명을 가리킨다. 이 장 (3)의 '아르콘'도 마찬가지다. 이 장은 각 부족의 입구에서 이루어지는 업무를 설명하고 있으며, 이에 모두 10명의 관리를 필요로 하는 것이 분명하기 때문이다. 제63장 해당 각주 참조.

위를 하는 것을 막기 위해서이다. 추첨기 1대에는 〈5〉[4]열의 꽂는 구멍이 [세로로] 늘어서 있다.[5]

(3) 아르콘은 주사위를 [추첨기에] 던져 넣은 후, 추첨기〈마다〉각 부족의 재판관을 추첨한다. 주사위[6]는 〈청동제로〉 검은 것과 흰 것이 있다. 흰 주사위는 〈당선〉되어야 할 재판관의 인원수만큼을,[7] 명패 5장당 1개의 비율로 던져 넣으며, 검은 주사위도 동일한 방식으로 던져 넣는다. 아르콘이 주사위를 〈끄집어낼〉 때마다,[8] 〈포고사〉가 당선자의 이름을 부

---

4   블라스(Blass, 1903)의 추정.

5   각 부족의 재판관은 A부터 K까지 10개의 소집단으로 나누어져 있는데(제63장 (4) 및 해당 각주), 각 부족에 2대씩 설치되어 있는 추첨기에는 각각 A부터 E까지, Z부터 K까지 5열의 구멍이 뚫려 있고, 재판관의 명패는 각 사람이 소속된 소집단의 글자와 동일한 열에 꽂힌다.

6   kuboi. 다우(Dow, 1939)의 추첨기의 복원에 따르면 관(管)에 투입하는 것이므로 주사위보다 구형의 물체가 용도에 적합한 것처럼 생각된다(Boegehold, 1995: Plate 6[Kleroteria](책의 뒷부분에 실려 있는 그림) 참조). 재판소로 보이는 남아 있는 유적 부근에서는 직경 약 1.5센티미터의 청동제의 공이 복수로 발견되고 있지만, 그것이 여기서 말하는 '주사위'인지는 알 수 없다. Boegehold, 1995: 32 n. 42, 65~66 참조.

7   실제로는 추첨기 1대당 당첨되어야 할 인원의 5분의 1. 만일 그날 전부 4개의 법정이 열리며, 각 법정 500명(끝수 생략), 합계 2000명의 재판관이 필요하다고 하면, 각 부족당 200명, 추첨기 1대당 100명이 당첨되어야 될 인원이며, 또한 흰색 주사위 1개당 5명이 당첨되므로, 추첨기의 관에 투입되어야 할 흰색 주사위의 수는 각 20개가 된다. 재판관은 총 100개의 소집단으로 나뉘어 있어, 각 집단이 균등하게 일정 이상의 인원을 당선시키기 위해서는 항상 필요한 인원을 상당 정도 웃도는 재판관이 당일 아침에 모여야 했다. 미르하트 & 슈바르츠(Mirhady & Schwarz, 2011)의 시뮬레이션 계산에 따르면, 재판관 총수를 6000명 또 당일 필요한 재판관을 1500명으로 했을 경우, 이 책에서 기술된 추첨 시스템이 잘 기능하기 위해서는 대략 2650명이 모여야 했다. 그 경우 1100명 이상이 낙선한다는 계산이 나오는데, 이들 중 일부는 재판의 방청객으로 들어갔을 가능성이 있다. 또한 이러한 재판 구경꾼들의 반응이 법정에서의 연설(변론)이나 재판관의 판정에 무시할 수 없는 영향을 주었다고 래니(Lanni, 1997)는 주장한다. 또한 한젠(Hansen, 1997)에 의하면, 당시 재판이 열린 것은 1년에 150~200일 정도였다.

8   당일 필요한 재판관의 수에 따른 흰색 주사위(앞의 각주 참조)와 나머지 인원수에 따

른다. 꽂는 역할을 맡는 자도 그 〈인원수〉에 포함된다.[9] (4) 호명을 받고 대답한 자는 항아리에서 〈참나무 열매(도토리)〉를 뽑아, 글자가 〈위가 되도록〉 내밀어, 먼저 한쪽에 서 있는 아르콘에게 보인다. 아르콘은 그것을 보고 나서, 그자의 명패를 〈그 참나무 열매〉와 같은 알파벳이 쓰여 있는 작은 상자[10]에 던져 넣는다. 이는 재판관이 자신이 원하는 법정이 아닌 추첨으로 당첨된 법정에 들어갈 수 있도록, 또 누군가가 자신이 선택한 재판관을 하나의 법정으로 모으지 못하도록 하기 위해서다. (5) 아르콘 한쪽에는, [재판관으로] 채워질 예정인 법정과 같은 수의 작은 상자가 〈놓여 있어〉, 각각에는 각 법정에 추첨으로 할당된 것과 같은 알파벳의 글자[11]가 붙어 있는 것이다.

른 검은색 주사위를 용기에 넣고 잘 섞어 추첨기의 관 개구부(開口部)에 투입하고, '아르콘 중 1명'이 주사위를 하나씩 꺼낸다. 만일 처음에 나온 주사위가 흰색이면, 추첨기에 꽂힌 명패의 최상단 5명이 한꺼번에 당첨되고 검은색이면 낙선한다. 마찬가지로 두 번째로 나온 주사위의 흑백은 위에서 두 번째의 5명의 당락에 대응한다. 아래의 순서대로 명패의 당락이 위에서부터 가로 한 줄에 5명씩, 나온 주사위 의 흑백에 의해 결정되어 가는 것이다. Boegehold, 1995: 37 참조.

9 각 부족 10명의 '꽂는 자'는 그 역할에 선출됨으로써 자동적으로 그날의 재판관으로 당선되는 것이다. Boegehold, 1995: 37 참조.
10 작은 상자 B군. 제63장 각주 8 참조.
11 A. M. N…의 글자. 제63장 (5) 및 해당 각주 참조.

제65장

(1) 재판관은 시종에게 자신이 한 번 더 ['참나무 열매'(도토리)를] ⟨보여 주고⟩, 다음에 출입구[1] ⟨안쪽으로 들어간다⟩. 그리고 시종은 ⟨그에게⟩, '참나무 열매'와 같은 글자가 부착되어 있는 법정과 같은 색의 지팡이를 ⟨전달한다⟩. 이는 재판관이 ⟨반드시 추천에 의해⟩ 자신이 맡게 된 ⟨법정에⟩ 들어가기 위해서이다. 왜냐하면 만일 다른 법정에 ⟨들어가더라도⟩, 지팡이의 색에 의해서 ⟨드러나기 때문이다⟩.[2] (2) 각 법정의 입구의 가로대는 각각 [다른] 색이 칠해져 있기 때문이다.[3] 재판관이 지팡이를 ⟨받으면⟩ 지팡이와 같은 색으로, 또 '참나무 열매'와 같은 글자가 있는 법정에

---

1 kigklis(격자 모양의 문). 각 부족 입구에 마련돼서 당선된 재판관 이외는 법정의 복합시설에 들어갈 수 없도록 하는 설비. 추첨기, 작은 상자, 지팡이 이외의 용구는 입구 밖에 놓여지고, 거기서 행해진 추첨으로 당선된 재판관이, 이 울타리를 통과해 시설의 내부로 들어간다. 각 법정의 입구는 더욱 그 안쪽에 있었다고 생각하면 된다.

2 대본은 판독 불능으로 하는데, 카이벨-빌라모비츠(Kaibel-Wilamowitz, 1898) 및 케니언에 따라 exelegchetai로 읽는다.

3 파우사니아스, 『헬라스 여행기』 제1권 제28장 제8절은 아테나이 시내 법정에 '녹색 법정'(Batrakhioun) 및 '주홍색 법정'(Phoinikioun)이라 불리는 것이 있었음을 전한다.

들어선다. 입정한 후에는, 그 〈역할에〉 당선된 자[4]로부터 〈공식의〉 좌석표[5]를 받는다. (3) 이상의 절차를 거쳐 입정하면, 그다음에 재판관들은 '참나무 열매'의 지팡이를 〈내려놓는다〉.[6] 추첨에서 빠진 자들에게는 꽃

---

4 제68장 해당 각주. '그 역할에 당선된 자'란 제65장 (2)에 언급되어 있는 것과 관련을 가질 것이지만, 어떻게 임명할 것인지는 설명되어 있지 않다. 여기서 담당자가 재판관으로부터 무엇을 받았는지는 제65장 (3)의 독해와 맞물리는 관계에 놓여 있다. 케니언 및 로즈(Comm, p. 731)는 tas baktērias('지팡이를')로 보충했으며, 여기서 거론된 지팡이는 제69장 (2)에서 "다시 받는 것이다"라고 설명한다. 한편, 탈하임(Thalheim, 1914)을 따라서 호멜(Hommel, 1927), 오퍼만(Oppermann, 1961)과 여기서 우리가 이용하는 대본은 ta sumbola('좌석표를')로 보충하고 있다. 즉, 재판관은 투표를 마친 뒤 좌석표 대신 일당의 교환증을 받는다고 해석한다. 뵈게홀드(Boegehold, 1995: 39)도 이 해석에 따른다. 대본에 따라 읽는다.

5 sumbolon으로 표현되는 법정 용구에는 두 종류가 있는데, 제65장 (2) 및 제68장 (2)에서 언급되는 것과 마찬가지로 제68장(2) 및 제69장(2)에 나타나는 것(일당의 '교환증')과는 다른 것이다. 본문은 여기서 sumbolon의 용도에 대해 자세히 말하고 있지 않지만, 재판관이 착석하는 긴 의자나 구역을 나타내는 좌석표로 해석하는 뵈게홀드(Boegehold, 1960)의 의견이 일반적으로 지지받고 있다(Comm, p. 712; Staat, pp. 423~424; Boegehold, 1995: 67~76). 아고라에서 출토된 기원전 4세기의 좌석표는 청동잉어 모양으로 지름 1.7~2센티미터 정도. 앞면에 아테나 여신 혹은 사자 머리, 뒷면에는 알파벳 24글자에 sampi라고 불리는 특수문자를 더한 25글자 중 하나가 새겨져 있고, 각각의 문자가 특정의 의자 혹은 착석하는 좌석 구역을 나타낸다. 이에 대해서는 Boegehold, 1995: 109~112 참조. 재판관이 자기 좌석표의 글자와 같은 장소의 지정석에 앉게 하는(Boegehold, 1995: 112), 이러한 좌석 지정은 이미 기원전 5세기 말부터 도입된 것으로 보이며, 이는 같은 의견의 재판관들이 한곳에 뭉쳐 야유를 보내는 등의 혼란을 피하기 위해 무작위로 그들을 앉게 하는 조치였던 것으로 보인다(Boegehold, 1995: 34, 71). 좌석표의 실물 30개의 카탈로그와 사진에 대해서는 Boegehold, 1995: 72~75 참조.

6 여기서 본동사가 탈락한 것은 분명하며, 탈하임(Thalheim, 1914)을 좇아서 호멜(Hommel, 1927), 오퍼만(Oppermann, 1961) 및 우리의 대본은 apotitheasin('내려놓는다')을 보충한다. 이 독해에 따르면, 재판관은 좌석표를 받은 후 '참나무 열매'와 지팡이를 반납하고, 나중에 좌석표와 맞바꾸어 일당(수당)의 교환증을 받게 된다(제68장 (2)). 한편 케니언 및 로즈(Comm, pp. 712~713)는 exontes kathizousin('든 채로 앉는다')으로 보충하고 지팡이는 교환증을 받는 대신 반납하는 것으로 해석한다. 그러나 제68장 (2)에서는 무엇과 맞바꾸어 교환증을 받을 것인가를 나타내는 말이 누락되어 있

이 역할을 맡은 자가 명패를 돌려준다. (4) 국유 노예〈인 시종〉는 각 부족[의 입구]에서, 각각의 법정에 들어 있는 해당 부족[의 재판관]의 명패가 든 작은 상자를, 각 법정에 하나씩 〈건네준다〉.[7] 건네주는 상대방은 추첨으로 선택된 〈5명의〉 자[8]들로, 그들은 각 법정에서 명패를 다시 재판관에게 반납하는 것이 그 임무이다. 그들은 명패로 재판관을 불러 일당을 지불한다.

어서, 이 두 가지 설명은 모두 거기에 무엇을 보충할 것인가에 의존하고 있다. 탈하임(Thalheim, 1914)의 설명에 따르면, 재판관이 지팡이를 손에 쥐고 있는 시간은 극히 적기 때문에 엄청난 수의 지팡이를 일부러 준비하는 것도 부자연스럽다. 한편, 케니언설에 따르면 '참나무 열매'의 반환은 어디에도 언급되지 않게 되며, 또한 재판관은 한 번에 많은 물품('참나무 열매', 지팡이, 좌석표)을 가지고 입정하게 되어서 번거롭다. 여기서 우리의 대본에 따르지만, 어느 쪽의 설명이 옳은지에 대한 결정적 논거는 찾을 수 없다. 이 문제에 관해서는 *Comm*, pp. 712~713; *Staat*, p. 424 참조.

7 부족마다 입구에 있는 작은 상자 B군에서 하나씩 옮겨져, 각 법정에는 모두 10개가 모인다. 제64장 (4), (5) 참조.

8 다음 제66장의 (3)에 나타나는 '추첨에 빠진 5명'일 것이다. 법정에서 재판관에게 일당을 지급할 때 명찰을 읽고 돌려주는 역할이다.

제66장

(1) 모든 법정이 재판관으로 채워지면 첫 번째 법정[1]에 두 대의 추첨기[2]와 각 법정의 색이 칠해진 청동 주사위 및 [법정을 주재하는] 관리[3]의 이름이 적힌 다른 주사위가 놓인다. 테스모테타이 중 추첨된 2명[4]이, 1명

---

1 특정의 법정인지, 그때그때 정해지는 법정인지는 잘 모른다. 호멜(Hommel, 1927: 71)은 그날의 추첨에서 Λ자가 당첨된 법정일 가능성이 있음을 시사한다(제63장 (5)). 한편, 기원전 342/341년의 비문에는 '새로운 법정 중의 제1법정'(Agora I 1749.12~13 = Boegehold, 1995; *Testimonia*, p. 147)이라는 표현이 보이며, 뵈게홀드(Boegehold, 1995: 15)는 이를 A, B, C, D 건물 중에서 D로 추정한다(뵈게홀드 책 뒤에 실린 기원전 4세기 아고라 Figure2 및 실물 배치 Figure7 참조). 따라서 본문의 '첫 번째 법정'이 건물 D를 가리킬 가능성도 있다.
2 재판관의 선임에 이용되는 앞서 언급한 추첨기와 같은 형태일 필요 없이 '주사위'를 투입해 하나씩 빼내는 기능이 있으면 된다. 비숍(Bishop, 1970: 5~9)은 선임(選任)하기 위한 추첨기에서 관 부분만 떼어 낸 것으로 추정한다.
3 '법정을 주재하는 관리'란, 소송의 처리로부터 그 예심 법정에의 소송 제기 및 심리의 사회역할을 맡는 이른바 '소송 제기 관리'를 말한다. 소송의 유형에 따라 수리하는 관리는 정해져 있었다. 법정에서 이들의 직권은 매우 제한적이어서 판결에 영향을 미칠 권한은 일절 없었다. Todd, 1993: 79 및 제52장과 제56장의 해당 각주 참조. 주사위에 쓰인 것이 관리의 개인명인지 직책명인지는 분명치 않다.
4 로즈(*Comm*, p. 715)는 9명의 아르콘에 테스모테타이의 서기 1명을 더한 10명 중 임의의 2명으로 해석한다. 그렇지만, 제59장 (1) 및 (5)에는 테스모테타이의 직무 중 하나

은 색칠한 주사위를 한쪽의 추첨기에, 다른 1명은 관리의 이름이 적힌 것을 다른 쪽에 각각 투입한다. 그리고 최초로 추첨된 관리는 최초로 추첨된 〈색상의〉 〈법정을〉 담당하도록, 또 〈두 번째 관리는〉 두 번째 법정을 담당하도록이라고 포고사가 선언하며, 〈그 나머지도 이와 같은 식이다〉. 이것은 어떤 관리도 〈어느 법정을 담당할지〉 미리 알 수가 없으며, 각자가 자신이 맡은 법정을 담당하기 때문이다.[5]

(2) 재판관이 입정하여 각 법정에 나누어 속하게 하는 것이 끝나면, 각 법정을 〈주재하는〉 관리는, 〈각각의〉 작은 상자[6]에서 〈1장의〉 명패

가 각 법정을 주재 관리에게 할당하는 것이라고 명기되어 있어, 이것을 고려하면 여기서의 주재 관리와 각 법정과의 조 추첨을 실시한 것은, 문자 그대로 본래의 테스모테타이 중 2명이었다고 생각해야 할 것이다. 제63장 해당 각주 참조.

[5] '첫 번째 법정'에서 열리는 이 추첨은 각 관리가 담당하는 개별 소송 사건과 각 법정(및 재판관단)을 무작위로 조합하는 절차이다. 소송 당사자가 사전에 자신의 사건을 재판하는 법정을 예측할 수 없도록 하는 것이 그 목적이다. 이러한 절차가 도입된 것이 언제인지는 불명확하다. 뵈게홀드(Boegehold, 1995: 31~33)는 기원전 410년 이후의 도입으로 보지만, 이와 달리 데모스테네스(「연설」 59번(Dem. 59.52))를 보면, 며느리로부터 생활비를 청구하는 사소(dikē sitou)를 음악당(Odeion)에서 심리하도록 지정한 법이 기원전 4세기 중반에도 여전히 유효했다는 것을 알 수 있으며, 소송 사건과 법정과의 조 추첨이 이 책의 성립 직전에 시작되었을 가능성도 배제할 수 없다. 또한 본문에 서술되는 조 추첨은 동일한 인원수로 구성된 각 법정에 관리를 할당하는 경우에는 유효하지만, 현실적으로 인민법정의 규모는 공적, 사적 소송의 성질에 따라 다양하므로 인원수가 다른 여러 법정에 할당하는 데는 반드시 적용할 수 없다. 예를 들어 계쟁액 1000드라크마 이하의 사적 소송, 1000드라크마를 초과하는 사적 소송 및 공적 소송 각 1건, 총 3건을 심판하는 1일을 상정한다. 이것들을 제기하는 3명의 관리는 각각 201명, 401명, 501명의 법정을 주재해야 하기 때문에, 이 경우 공무원과 법정과의 조합은 단 한 가지밖에 존재하지 않으며, 따라서 애초에 추첨은 필요하지 않을 것이다. 이와 같이 관리의 법정 할당에는 그날에 따라 여러 가지 조정이 필요했을 것이지만, 이 책은 이 점에 대해 침묵하고 있다. 아마도 이 책의 저자는 여기서 상당히 단순화해서 설명하고 있을 것이다.

[6] 작은 상자 B군에서 해당 법정을 나타내는 문자가 있는 것이 각 부족마다 1개, 합계 10개가 모여 있다.

를 각 〈부족에서 1장씩 합계 10장이 되도록 끄집어낸다〉. 〈그리고 이 명패를〉 다른 빈 〈작은 상자에 투입한다〉. 관리는 그중에서 처음에 〈끄집어낸 5명을 뽑힌 것으로 하고〉, 그중 〈1명은〉 물시계[7]를, 〈나머지〉 4명은 투표구[8]를 담당한다. 이는 누군가가 물시계나 투표구의 담당자를 조정하지 못하도록, 또 그 밖에 이러한 업무와 관련해서 어떠한 술책도 행해지지 않도록 하기 위한 것이다. (3) 추첨에 빠진 나머지 5명은 그들로부터,[9] 재판 종료 후 어떠한 방법으로 일당을 받을 것인지, 또 각 부족의 재판관은 해당 법정의 어디에서 일당을 받을 것인지에 대한 〈…〉 3 〈…〉[10]을 받는다. 이것은 재판관이 각각 적은 인원수로 나누어 일당을 〈받도록〉 해, 많은 사람이 같은 장소에 북적대서 서로 방해가 되지 않도록 하기 위해서다.

---

7 제67장 (2) 참조.

8 제68장 (2) 참조.

9 '그들'은 표면적으로는 직전의 '당선된 5인' 혹은 '투표구의 감독역을 맡은 4인'을 지칭하는 것으로 보이며, 체임버스(Staat, p. 427)는 후자로 해석하지만, 투표구 감독역의 일당 지급 방법에 대해 다른 5인에게 지시하는 입장에 있었다고 보기는 어렵다. 마티외-오쉴리에(Mathieu-Haussoullier, 1992) 및 호멜(Hommel, 1927: 84, n. 197)과 같이 '법정을 주재하는 관리'(이 장의 각주3)로 해석하는 것이 문맥상 자연스럽다.

10 케니언은 블라스를 따라서 여기에 to programma(지시서)로 보충하지만, 대본은 숫자(g, 즉 3) 이외에는 판독이 불가능하기 때문에, 이 숫자가 일당의 3오볼로스를 가리킬 가능성을 시사하는 것으로 본다. Staat, p. 427 참조.

제67장

(1) 이상의 일을 다 끝낸 후, 소송을 불러들인다. 그리고 사적인 문제로 다툼을 재판하는 경우에는 법에 따라 정해진 소송[의 종류¹]의 〈각각보다 1건씩〉, 총 4건의 사적 소송을 [각 법정은] 불러들여 소송 양 당사자는 쟁점에 대해서만 변론할 것이라고 〈선서한다〉.² 공적인 사건의 재판에는 공적 소송을 불러들여, 이 경우는 [각 법정에서] 1건〈만〉을 끝까지 재판한다.

---

1   이 장의 (2)에서 언급하는 계쟁액에 따라 나누어지는 사적 소송의 네 종류를 가리킨다. 본문은 각 법정이 사적인 소송을 각각 1건씩 재판했다고 말하지만, 종류별로 소송 건수가 항상 같아진다고는 할 수 없고, 여기서 말하는 것은 각 법정이 할 수 있는 건수의 상한선일 것이다. 또한 계쟁액이 1000드라크마까지인 사적 소송은 재판관 201명의 법정에서, 그것을 초과하는 경우에는 401명의 법정에서 심판한다는 제한이 있기 때문에 (제53장 (3)), 201명의 법정이 이들 4건을 전부 심리할 수는 없게 된다. 어쨌든 본문의 기술은 포괄적으로 되어 있다.
2   대본은 판독 불능으로 보고 있는데, 케니언을 따라 dimnuousin으로 읽는다. 현존하는 법정 변론의 대부분은 언뜻 보면 이 선서를 어기는 인격 공격이나 비난이나 중상을 포함하는 것처럼 보이지만, 로즈(Rhodes, 2004)의 상세한 검증에 따르면 대다수의 법정 변론은 소송에 이르는 배경 설명을 포함하여 법적으로 다투는 점에 대해서만 진술하고 있어서, 무관한 진술은 오히려 적으며, 또한 아레오파고스 평의회가 재판하는 살인 재판에서는 특히 이 점이 엄정하게 준수되었다고 한다.

(2) 배수용〈의 관〉이 붙은³ 물시계⁴가 있어서, 거기에 물을 부어 넣는다. 소송 변론은 그 수량에 따라 진술하도록 되어 있다. 법적 다툼액이 5000〈드라크마〉를 넘는 소송에는 [제1변론에] 물 10쿠스(choes)⁵ 분이, 그〈제2변론〉⁶에는〈3쿠스〉분의 시간이 [양 쪽에] 허용된다. 5000드라크

---

3   케니언은 echousai mikrous('작은 관이 달린')라고 읽는데, 여기서는 대본을 따른다.
4   klepsudra. 엠페도클레스, 「단편」 31B100; 아리스토텔레스, 『젊음, 늙음, 삶과 죽음 그리고 호흡에 대하여』 473b~474a 참조. 이것은 바닥부에 청동제 관을 단 사발형 손잡이가 달린 도자기로, 관(aulos)에서 일정한 속도로 물을 흘려보내 줄어든 수량으로 시간의 경과를 측정한다. 윗마루(가장자리)에 작은 구멍이 뚫려 일정량 이상의 물을 저장하지 않도록 고안되었다. 아고라 원형당 부근에서 기원전 4세기 초의 실물 한 점이 출토되어 영(Young, 1939)에 의해 상세한 내용이 공표되었다. 출토품을 바탕으로 복원된 물시계는 높이 23센티미터, 윗쪽 주둥이 직경 28센티미터, 청동관의 내경 6~8밀리미터, 용량 6.4리터로 2쿠스를 나타내는 글자(XX)가 기록되어 있다. 그 계측 시간에 대해서는 아래 각주 5 참조. 2개를 한 쌍으로 사용하고 상단에 둔 용기에서 흐르는 물을 하단의 용기로 받아서, 전자가 비게 되면 쌍방의 위치를 바꾸어 계측을 계속했다. Boegehold, 1995: 77~78, 226~230, 32의 그림 및 책 뒷부분의 Plate 13 참조.
5   1쿠스(chous; 단수)는 3.28리터(3.462 quarts). 물시계 1쿠스분의 시간이 얼마나 되는지에 관해서는 논쟁이 있다. 제67장 물시계의 복원품에 의한 실험에서 1쿠스당 3분(1암포레우스[amphoreus]당 36분)을 계측했다. 한편, 제67장 (4)에서 제68장 (1)까지의 텍스트 파손 부분을 복원한 호멜(Hommel, 1927: 23~24, 86~97)에 의하면, 공적 소송이 행해지는 하루의 재판 시간은 물시계 11암포레우스, 즉 132쿠스분으로 되어 있었다고 한다(1암포레우스 = 12쿠스). 이는 제67장 (4)에 나와 있는 것처럼 포세이데온달의 낮 시간을 기준으로 한 길이이다. 아테나이의 같은 달의 낮 시간 평균은 약 9시간 반 즉, 570분이므로, 1암포레우스분은 약 52분, 따라서 1쿠스분(= 1/12 암포레우스)은 약 4분 20초로 산출되어 앞서 말한 실험 결과와 어긋난다. 어느 쪽이 맞는지 모르겠지만, 만일 1쿠스당 3분이라고 하면 공적 소송은 1건에 6시간 36분, 한편 사적 소송은 제67장 (1)에 보이는 네 종류의 각 1건의 합계 4건을 심판하는 경우, 1일 변론 시간은 원고와 피고 합하여 70쿠스, 즉 3시간 반이 된다(다만 양형 변론은 제외한다). 한편, 1쿠스 4분 20초면 공적 소송은 9시간 반, 사적 소송은 약 5시간이다. 물시계의 계측 시간을 둘러싼 논의에 대해서는 *Comm*, pp. 720~721; Boegehold, 1995: 77~78 참조.
6   원고가 먼저 제1변론을 하고, 그에 대한 피고의 제1변론이 계속된 후, 다시 각각이 제2변론을 한다. 여기에서는 사적 소송의 경우가 기술되어 있지만, 다른 한편 공적 소송의 경우, 제2변론은 인정되지 않았던 것 같다. Harrison II, 1968~1971: 160~161 참조.

마 이내의 소송에는 각각 7쿠스와 2쿠스, 1000드라크마[7] 이내의 소송에는 5쿠스와 2쿠스가 허용된다. 적임자 선정 소송(diadikasiai)[8]에는 6쿠스로, 이 경우 ⟨제2⟩ 변론은 없다. (3) 서기[9]가 ⟨민회 결의나⟩ 법률이나 ⟨증언이나 계약을⟩ 읽어 내려 할 때에는, 물시계의 감독역에 ⟨당선된⟩ 자가 ⟨배수관을⟩ 막는다. 그러나 ⟨재판이⟩ ⟨하루에⟩ 몇 개로 구분해 행해지는 경우에는, ⟨배수관을⟩ 막는 일은 없고, ⟨원고와 피고 쌍방에⟩ ⟨같은 만큼

다만 양형 판정을 위한 변론은 이것들과 별개다.

[7] dikai emmēnoi(매달 소송)로 해석하기도 한다. 사본의 숫자는 판독이 어렵지만, 케니언과 함께 1000으로 읽는다. 이는 1000드라크마 이하의 소송은 201명의 법정에서 재판받는다고 하는 제53장 (3)과의 정합성에 따른다. 체임버스(*Staat*, p. 429)에 의하면, α의 상부에 숫자를 나타내는 가로선을 판독할 수 있다고 한다. 뵈게홀드(Boegehold, 1995: 228)와 *Testimonia*(p. 315)도 1000을 지지한다. 한편, 호멜(Hommel, 1927: 22, 81~82)은 여기에서의 기술이 모두 401명의 법정에 관한 것이라고 생각해서 숫자를 B(2000)로 보충한다. 이것을 지지하는 *Comm*, p. 721 참조.

[8] 상속인의 지위 등 법률상 권리를 복수의 인물이 다툴 경우, 누가 그 지위에 적합한지를 결정하는 재판 절차이다. 어느 당사자나 동등한 입장에서 법적 다툼을 하기 때문에 원고와 피고의 구별이 없는 것이 특징이다. 상속인의 지위(제43장 해당 각주) 외에 공공봉사자의 지위(제56장 해당 각주), 후견인의 지위(제56장 (6) 및 해당 각주), 신관직의 지위(제57장 (2) 및 해당 각주) 등을 다투는 경우에도 발생한다. Todd, 1993: 119~120, 228~229 참조.

[9] 평의회나 민회에서 문서를 읽는 서기와 같다. 제54장 (5) 참조.

의〉 수량이 〈할당된다〉.¹⁰ (4)¹¹ 이 하루는 포시데온달의 〈낮 길이¹²를 기준으로〉 측정되고 〈…〉. 〈… 항아리를〉 이용해 〈…〉 재판관은 〈…〉. 〈…〉 각각 동일한 〈분량을 받는다〉. 왜냐하면 〈예전에는 피고를 … 물의 분량을 …〉 무리하게 밀어 넣으려고 했기 때문에, 〈… 남은〉 물을 받는다 〈…〉.¹³ 〈현재는 2개의 항아리가〉 있어, 하나는 〈원고를 위해〉, 〈다른 하나는 피고를 위해〉. (5) 〈…〉에 있어서는 〈… 두 번째〉 투표를 위해 〈…〉. 〈하루가〉 측정되는 것은 투옥, 〈사형, 추방. 공민권 정지〉 재산 몰수의 형이 부가(附加)되어 있거나, 혹은 어떠한 형이나 벌금이 부과되어야 하는지 〈헤아려 정〉¹⁴해야 할 소송 사건의 〈…〉에서다.

---

10 공적 소송의 경우 1건당 1일이 재판에 해당되며, 그 시간은 포세이데온달의 낮 시간을 기준으로 하는데(제67장(1), (4)), 아이스키네스의 「연설」 2번(Aeschin. 2.126)에 의하면, 이는 물시계 11암폴레우스분에 상당했다고 한다. 그것을 세 부분으로 나누어 두 부분을 원고와 피고 쌍방의 변론에, 나머지 한 부분을 그 이외의 업무에 충당했다. 호멜(Hommel, 1927: 91)에 의하면, 각 부분의 분량은 4×2 = 8암포리아 및 3암포리아였다고 한다. 제3부의 시간이 무엇에 사용되었는지에 대해서는 호멜(Hommel, 1927: 88)이 법정 편성이나 투표를 위해서라고 생각한 반면, 로즈(*Comm*, pp. 722~723)는 양형 판정을 위해서인 것으로 생각한다. 또한 이 경우 본문과 같이 물시계를 멈추지 않는다고 말하고 있는 것은, 특히 동절기에 서류 낭독에 시간을 빼앗겨 심리 중에 해가 저무는 사태를 피하기 위해서일 것이다.

11 아래 제67장 (4)에서 제68장 (1)에 걸쳐서 사본의 훼손이 매우 뚜렷하게 드러난다. 이곳에서 우리가 이용한 대본의 복원에 따라 읽지만, 누락이 워낙 많아 의미가 통하지 않는 곳도 많다. 본문의 완전한 복원은 콜린(Colin, 1917)과 호멜(Hommel, 1927)이 시도하고 있으며, 그 텍스트는 교정 주(註)와 더불어 *Comm*, pp. 724~725에도 인용되어 있다.

12 포세이데온달은 오늘날 12월 후반에서 1월 전반에 걸쳐 낮이 가장 짧은 동지 전후의 시간을 기준으로 한 것이다. 그 길이는 아테나이 기준 평균 9시간 반이다.

13 피고인에게 아주 적은 시간을 강요하려고 했기 때문에.

14 케니언은 이 전후 문장을 판독 불능으로 한다. 여기서는 우리 대본의 보충된 독해를 따른다. 아테나이의 소송에는 유죄(피고의 패소)로 결정되면, 법률의 규정에 따라 자동적으로 형량이 정해지는 agōn atimētos와, 유죄 판결이 나온 후, 재차 원고와 피고 쌍방

이 변론하여 적당하다고 생각되는 양형(사적 소송의 경우는 배상액 등)을 신청하고, 만일 다시 투표해서 어느 쪽이든 agōn timētos라는 두 종류가 있었다. '투옥, 사형, 추방, 공민권 정지, 재산 몰수의 형이 부가되어' 있는 소송이라는 것은 전자를 말하고, 또 '(형을) 양정해야 한다'라는 소송이란 후자를 각각 가리킨다. 공적 소송에는 양측의 경우가 있었지만, 살인사건을 제외한 사소는 후자로 분류되었다. Todd, 1993: 133~135 참조.

제68장

(1) 인민법정의 〈대개는〉[1] 501명[2]으로, 〈… 공소를〉 1000명의 재판관에게 제기해야 하는 때에는 〈2개의 법정이 합쳐져〉 합동법정(Heliaia)을 구성하고, 〈가장 중대한〉 [사건의 공소를] 〈…〉 1500명에게 제기하는 때에는 3개의 〈법정이 합동하게 된다〉.[3]

---

[1] 케니언도 우리의 대본도 이렇게 보충해서 읽고 있는데, 홈멜, 콜린 등은 ta de dēmosia('공적 소송의 인민법정은')라고 읽는다. 어쨌든 문맥상 여기서 공적 소송의 법정이 기술의 대상이 되고 있다는 것은 확실하다.

[2] 통상의 공적 소송의 인민법정의 정원을 말한다. 사적 소송의 법정은 201명 또는 401명(제53장 (3)). 기원전 4세기 초까지는 500명(200명, 400명)이었으나, 기원전 380년대까지 끝수의 1인을 추가하게 되었다. Boegehold, 1995: 34 참조. 표가 동수로 쪼개지는 것을 피하기 위해서라고 생각되지만, 기권이나 결석으로 표 동수가 될 가능성은 여전히 남아 있으며, 이 경우 피고 승소가 되었다(제69장 (1)). 끝수의 1명을 어떻게 선택했는지는 알 수 없다.

[3] hēliaia란 말은 이와 같이 몇몇 인민법정이 합해져서 이루어지는 '합동법정'을 의미하는 경우도 있었고, 또 제도 전체로서의 인민법원이나 특정 법정 시설을 가리키는 경우도 있었다. Boegehold, 1995: 3~6 참조. 공적 소송의 합동법정의 경우, 1500명 이상의 예도 알려져 있으며, 예를 들어 기원전 415년의 비의 모독 사건에서는 6000명(안도키데스, 「연설」 1번(And. 1.17)), 기원전 404년의 민주정 해체에 즈음한 정치 재판에서는 2000명(뤼시아스, 「연설」 13번(Lys. 13.35)), 또 기원전 330~320년대에 아레오파고스 평의원 퓌스티아스가 피소된 재판에서는 2500명(데이나르코스, 「연설」 1번(Din. 1.52))

(2) 〈투표구[4]는〉 청동제로 〈중앙에〉 축이 지나가고 있어 절반은 축이 비어 있고 〈나머지 절반은 안까지 막혀 있다〉. 〈투표구의〉 감독역에 당선된 자들은, 〈변론이〉 있게 되면 재판관 한 사람 한 사람에게 〈투표구를 2개〉, 즉 축이 〈비어 있는〉 것과 막혀 있는 것을 1개씩, 〈원고와 피고에게 잘 보이도록 해서 건넨다〉. 이는 재판관이 양쪽 모두 막혀 있는 것 혹은 〈속이 빈 것을〉 받지 못하도록 하기 위해서이다. 그러나 〈그 역에〉 당선된 사람은 [재판관으로부터] 〈좌석표를〉 받아 들고,[5] 그 대신에 재판관

의 재판관이, 각각 합동법정을 편성했다. 합동법정의 인원수가 어떻게 정해졌는지는 분명하지 않지만, 이들 대규모 법정의 사례는 대개 국사범의 탄핵 재판에 의한 것이어서 아마도 인민법원의 본심에 앞서 민회에서 내려지는 탄핵 제소 결의로 재판관의 인원수가 결의되었을 것이다. 예를 들어 기원전 430년대에 정치가 페리클레스가 재판을 받은 사례에서는, 재판관 1500명에 의한 심리를 민회가 명령하고 있다(플루타르코스, 「페리클레스」 제32장 제4절). 이와 같이 공적인 소송은 시민 수 한도까지 합동법정의 규모를 크게 할 수 있었지만, 다른 한편 사적 소송의 법정은 최대가 401명이다.

4 아고라에서 기원전 4세기 내지 그 이후의 실물이 54점 출토되었다. 원반에 축이 통과된 팽이와 같은 형상으로 청동제로 되어 있다. 원반의 지름은 초기의 것으로 5, 5.6, 5센티미터, 축의 길이는 2.4~3.8센티미터. 본문에 있는 것처럼 축에는 관 모양과 막대기 모양의 두 종류가 있어, 각각 유죄(피고 패소)와 무죄(피고 승소)를 나타내고, 재판관은 두 손가락으로 축의 양 끝을 잡고, 어느 손에 어느 투표구가 쥐어져 있는지 알 수 없도록 하여 항아리에 투표하는 것이다. 출토품은 원형당 부근 및 아고라 북동부 건물 A(제66장 각주 1 참조)에 집중되어 있는데, 전자는 평의회용 후자는 법정용인 것 같다. 법정용의 것에는, 공식의 투표구인 것을 인증하는 psēphos dēmosia라고 새겨진 이름이나, 각 부족의 소유물인 것을 나타내는 것 같은 알파벳 한 글자를 새긴 것이 발견되고 있다. 실물의 카탈로그와 사진은 Boegehold, 1995: 87~90, plate 15~22 참조. 이와 같이 2개의 투표구를 사용하게 된 것은 기원전 5세기 말부터이며, 그 이전에는 1개의 조약돌을 표로 사용했다. 유죄, 무죄를 나타내는 두 항아리를 나란히 놓고 양쪽 윗부분을 덮듯이 깔때기 모양의 바구니(xēmos)를 씌우고, 바구니의 개구부에 손을 깊숙이 넣어 어느 한쪽 항아리에 조약돌을 던져 투표의 비밀을 유지하려 했을 것으로 추정된다. Boegehold, 1995: 28~29 참조.

5 '그 역(役)에 당선된 자'란 제65장 (2)에 언급되어 있는 관계일 것이나, 어떻게 임명할 것인지는 설명되고 있지 않다. 여기서 담당자가 재판관으로부터 무엇을 거론하는지는 제65장 (3)의 독해와는 정합적 관계에 있다. 해당 각주 참조. 케니언 및 Comm.,

각자는 투표하게 되면, 숫자 3이 새겨진 청동제의 〈교환증[6]을 받는다〉. 왜냐하면 이것과 맞바꾸어 3오볼로스를 받기 때문이다. 이런 방식으로 하는 것은 모두 빠짐없이 투표해야 하기 때문에 투표하지 않으면 아무도 교환증을 받을 수 없게 하는 것이다.

(3) 법정에는 〈2개의〉 항아리가 놓여 있는데, 하나는 청동제, 다른 하나는 나무로 된 것이다. 이것들은 [사전에] 〈몰래〉 투표구에 투입하는 사람이 없도록 하기 위해, 탈착(脫着)이 가능하게 되어 있다.[7] 재판관은 이것들 속에 투표하게 되는데, 그중 〈청동제〉가 유효표 항아리고, 나무로 된 것이 무효표 항아리다. 청동 항아리에는 마치 표 하나만 지나가는 크기의 구멍을 뚫은 뚜껑이 달려 있다. 이것은 동일 인물이 2개 〈투표하는〉 것을 막기 위해서이다.

(4) 재판관이 드디어 [유죄와 무죄] 투표를 할 때가 되면, 포고사가 먼저 원고와 피고는 증언에 대하여 위증죄로 고소할 의사[8]가 있는지 묻는다. 일단 투표가 시작되면 고소 의사를 밝힐 수 없기 때문이다. 그런 다음 거듭 이렇게 선언한다. '축 속이 빈 표는 먼저 변론한 쪽의 것이고, 막힌 표는 나중에 변론한 쪽의 것이다.'[9] 재판관은 램프 받침대에서 2개

---

    p. 731은 tas baktērias('지팡이를')로 보충하고, 여기서 거론된 지팡이는 제69장 (2)에서 '다시 받는 것이다'라고 설명한다. 한편, 탈하임(Thalheim, 1914)에 따라서 호멜(Hommel, 1927), 오퍼만(Oppermann, 1961), 우리의 대본은 ta sumbola('좌석표를')로 보충한다. 즉 재판관은 투표를 마친 뒤 좌석표 대신 일당 교환증을 받는다고 해석한다. Boegehold, 1995: 39 참조. 여기에서도 대본의 독해를 따른다.

6 sumbolon. 3오볼로스 일당을 나타내는 숫자(III)가 새겨져 있었을 것이지만, 실물로 확인할 수 있는 것은 발견되지 않았다.

7 투표 전에 누군가 몰래 표를 넣는 것을 막기 위해서.

8 이 의사 표명을 episkēpsis라고 부르고, 그 후 정식으로 '위증죄에 대한 사소(私訴)'(dikē pseudomartueiōn)가 일어난다. 위증죄에 대해서는 제59장 (6) 및 해당 각주 참조.

9 앞서 변론한 측과 후에 변론한 측은 각각 원고와 피고를 가리킨다.

〈동시에〉 투표구를 떼어 내,[10] 투표구의 〈축〉을 손가락으로 눌러 잡고 계쟁의 양측[11]에게는 축이 빈 것도 막혀 있는 것도 볼 수 없도록 유효표는 청동의 항아리에, 무효표는 나무의 항아리에 각각 던져 넣는 것이다.

---

10 '…대에서 … 떼어 내'라고 되어 있지만, 앞서 (2)에는 투표구의 감독역으로부터 투표구를 받는다고 되어 있으므로, 내용상 모순되는 것처럼 보인다. 어느 쪽이 옳은지는 알 수 없다.

11 즉 원고와 피고.

제69장

(1) 전원이 [유죄와 무죄의] 〈투표를〉 마치면, 시종들은 유효표의 항아리를 들어, 투표구와 같은 수의 구멍이 뚫린 계수판[1] 위에 [표를] 쏟아 놓는다. 이것은 유효표를 눈앞에 펼쳐, 축 속이 빈 것과 막혀 있는 것 양자를[2] 계산하기 쉽게 하기 위해서이다. 투표구의 감독역에 〈당선된〉 자들은, 계수판 위에서 축이 막힌 것과 속이 빈 것을 따로따로 표를 〈하나하나씩 들어서 센다〉. 그리고 포고사는 축이 빈 것인 원고 표와 막혀 있는 피고 표〈의 수〉를 각각 발표한다. 어느 쪽이든 득표수가 많은 쪽이 승소한다. 표가 동수라면[3] 피고가 승소한다. (2) 〈다음에〉 형량을 정할 필

---

1 abax. 일정한 수의 구멍이 뚫린 판으로, 투표구의 축을 그 구멍에 꽂아, 유죄 표와 무죄 표를 세기 쉽게 하기 위한 용구이다. 투표 단지와 마찬가지로, 법정의 앞쪽에 놓여 있던 것 같다. 또한 아직 조약돌을 투표에 이용하고 있던 기원전 420년대에는 계수용으로 석판이 이용되고 있었다. Boegehold, 1995: 39, 211 참조.

2 사본에는 이것 다음에 dēlonoti tois antidikois('원고와 피고에게 분명하게 보이도록')라는 구절이 포함되어 있지만, 이를 후세의 삽입으로 보고 케니언 및 우리가 사용하는 대본은 삭제한다.

3 표가 동수로 갈라지는 것을 피하기 위해, 법정의 재판관 수에는 끝수의 1인이 추가되어 있었지만(제66장 각주 6 참조), 그래도 기권이나 결석에 의해서 동수가 되는 경우도 있을 수 있었다. Boegehold, 1995: 39 n. 60 참조. 표가 동수의 경우 피고인의 승소라는

요가 있는 경우에는,[4] 교환증을 돌려주고 다시 지팡이를 받아,[5] 한 번 더 동일한 방식에 따라 투표를 실시해서 형을 정한다. 양형에는 물시계 반 쿠스만큼의 변론[6]이 원고와 피고 각각에게 허용된다. 재판관이 법으로 정해진 수만큼 소송[7]을 다 재판하게 되면, 각자 제비뽑기로 지정된 장소에서[8] 일당을 받는다.[9]

원칙이 이미 인민재판소 성립 당초부터 있었던 일은, 기원전 458년 상연의 아이스퀼로스, 『자비로운 여신들』 741행, 752~753행으로부터 추정된다. 이 원칙은 다른 사료(안티폰, 「연설」 5번(Antiph. 5.51), 아리스토파네스, 『개구리』 684~685행, 아이스키네스, 「연설」 3번(Aeschin. 3.252))에서도 찾아볼 수 있으며, 이 책의 시대에 이르기까지 일관되게 준수되었음을 알 수 있다.

4   이른바 agōn timētos의 소송의 경우.

5   제65장 (3)에서 '내려 놓는다'라고 보충해 읽는 것이 맞다면, 재판관의 지팡이는 그때부터 법정 입구 부근에 한데 모아 놓였던 셈이다. 1차 투표 후, 재판관은 일단 법정 밖으로 나가야 하고, 양형 변론을 듣기 위해 다시 들어오기 위해서는 이 지팡이가 입정하는 증거로서 다시 필요하게 되었다고 뵈게홀드(Boegehold, 1995: 40)는 설명한다. 양형을 위한 2차 투표를 마치면 다시 교환증을 받았겠지만, 지팡이를 어느 단계에서 최종적으로 반납했는지는 불분명하다.

6   1분 30초 내지 2분 10초. 제67장 각주 5 참조. 또한 양형 변론에 물 반 쿠스분이 할당되는 것은 사적 소송의 경우이며, 하루 1건을 재판한 공적 소송에서는 더 오랜 시간이 걸린 것 같다. Comm, pp. 723~724, p. 734 참조.

7   제67장 (1) 및 해당 각주 참조.

8   뵈게홀드(Boegehold, 1995: 40)는 '제비뽑기로 당첨된 순서대로'라고 해석하는데, 여기서는 체임버스(Staat, p. 69)에 따라, 각 부족의 재판관이 일당 지급 장소를 추첨으로 배정받은 것으로 해석해서 이렇게 옮긴다. 재판관에게 일당을 지급하는 역할은 제66장 (3)에 있는 '추첨에서 빠진 5명'이 맡는다. 이들은 사전에 일당 지급 방법, 지급 장소에 대해 지시를 받았으며, 지급 장소는 각 법정의 5개소, 즉 2부족당 1곳으로 각각 1명의 일당 지급 담당자가 맡았다. 이들은 각 부족 재판관의 명패가 들어 있는 작은 함(B군)을 2개씩 받고(제65장 (4)), 지급할 때는 지정된 장소에서 명패를 작은 상자에서 꺼내 이름을 읽고, 재판관으로부터 일당의 교환증을 받는 대신 3오볼로스라는 명패를 건네주는 것이다(제68장 (2)).

9   런던 사본의 텍스트는 사본 36란(欄) 중간에서 그리고 행의 중간에서 끝나고 있지만, 여기가 원본의 끝이라고 생각해도 좋다. 적어도 마지막 문장을 dikastēria 설명의 끝으

로 받아들일 만하다. 런던 사본의 필사자 자신들이 알고 있는 것처럼, 이 책의 본래의 텍스트도 여기서 끝났다는 것은 거의 확실하다. *Comm*, p. 735 참조.

상실된 첫머리의 '단편'[1]

(381 Rose = 1 Kenyon[2])

[하르포크라티온[3] '델포이의 신인 조상의 아폴론'에 대한 항]

　수많은 아폴론 신의 호칭 중 하나. 아테나이인은 이온[4]의 시대 이래

1　런던 사본의 텍스트는 첫머리 부분을 빠뜨리고 있다(제1장 해당 각주 참조), 그 분량은 케니언의 옥스포드 고전 총서판으로 4~6쪽가량일 것으로 추계되고 있다(*Comm*, p. 65). 그 내용은 후대의 책에 인용된 단편과 나중에 나오는 「헤라클레이데스에 의한 발췌」를 단서로 추정할 수밖에 없다. 이 중 인용 단편은, 런던 사본이 발견되기 이전에 로제(Rose, 1886: 260~303, frr. 381~471)에 집성되어 있다. 그중 케니언 등 주요 간행본은 fr. 381, frr. 384~385를, 로제는 '상실된 첫머리의 단편'으로서 각각 frr. 1~3의 순서로 배열하고, 여기에 새로운 단편을 더해 fr. 4로 했다. 그렇지만 이 배열은 웨이드-게리(Wade-Gery, 1958: 89)의 지적대로, 이 책의 본래의 구성을 생각하면 fr. 2와 fr. 3의 순서가 반대인 것은 분명하고, 체임버스는 그것들을 바꾸어 새로운 단편 번호를 붙였다. 여기서도 번호는 체임버스의 대본을 따르고 참조를 위해 로제와 케니언의 번호도 병기했다.

2　케니언은 이 단편 중에, 「헤라클레이데스에 의한 발췌」(1)의 첫머리도 포함하지만, 우리의 대본은 중복을 피해 생략한다.

3　Valerius Harpocration. 2세기에 활약한 사전 편찬자. 이 단편은 그의 저서 『아티카 10대 연설가 사전』(*Lexicon in decem oratores Atticos*)의 항목 중 하나.

4　제3장 (2) 및 해당 각주 참조.

아폴론을 조상의 신으로서 나라 공동으로 숭배한다. 왜냐하면 아리스토텔레스가 말하는 바에 따르면, 이온이 아티카의 땅에 〈함께〉 살았을[5] 때부터 아테나이인은 이오니아인이라고 불리며, 아폴론은 그들에 의해 조상의 신이라고 불렀기 때문이다.

[아리스토파네스 『새』 1527행의 고주]
아테나이인의 군사령관(폴레마르코스)이었던 이온은 아폴론과 쿠토스(Xouthos)의 〈아내〉 크레우사 사이에서 태어났기 때문에, 아테나이인은 아폴론을 조상의 신으로서 숭배한다.[6]

2. (385 Rose = 3 Kenyon)

[파토모스 판본 데모스테네스 주해 사전 p. 152, '게노스 구성원'의 항]
일찍이 클레이스테네스가 부족 제도를 조직하기 이전, 아테나이인 주민은 농민[게오르고이]과 수공업자[데미우르고이][7]로 나뉘어 있었다. 그리고 부족[8]은 4개가 있었고, 각 부족은 세 부분으로 나뉘어, 이들을 프

---

5 케니언도 대본도, 제41장 (2) 및 「헤라클레이데스에 의한 발췌」(1)을 기초로 해서 〈sun〉oikēsantos로 읽는다.

6 이온의 어머니를 아테나이 왕 에렉테우스의 딸 크레우사라고 하는 전승은 이온이 아테나이에서 태어난 것을 말한다. 또 진정한 아버지가 쿠우토스가 아니라 아폴론이라는 설은 에우리피데스, 「이온」 이후에 널리 퍼졌다. 이온 제사는 기원전 5세기 중반 이후, 아테나이의 제국주의적 확장에 수반해서, 이오니아계 여러 도시에 대한 우월성을 정당화하는 정치적 선전 구호로서 강화되어 갔다. Parker, 1996: 145 참조.

7 제13장 (2). 덧붙여 이 단편은 2신분제와 4부족제를 이온의 정주에 관련지어 언급하고 있는 것 같다. Wade-Gery, 1958: 88~92; Comm, p. 67 참조.

8 옛 4부족을 말한다. 4부족(phulē)이란 이온으로부터 유래한 이오니아 계열의 여러 폴리스에 공통된 예로부터 내려온, 즉 Geleontes(농부), Hopletes(전사), Argadeis(기술자, ergon은 '일'을 의미), Aigikoreis(목자, aix는 '염소'라는 뜻) 부족을 가리킨다. 제8장 (3)

라트리아[9]라든가 트리튀스[10]라고 불렀다. 이들은 각각 30개의 게노스로 이루어졌으며, 각 게노스에는 30명이 속했고, 이들은 게노스로 편제되어 게노스의 구성원[겐네타이]이라고 불렸다. 그리고 그들 가운데 각 게노스에 세습 신관직이 추첨으로 임명되어 있었다. 예를 들어 에우몰피다이, 케뤼케스, 에테오부타다이[11] 등이다. 이상의 것은 아리스토텔레스가 『아테나이인의 정치체제』에서 보고하는 것인데, 다음과 같이 말한

및 해당 각주 참조.

9 phatria. 프라트리아에 대해선 제21장 (6) 해당 각주 참조. 아테나이 시민단의 하부 조직 중 하나로 시민 각자의 합법적 출신과 가족관계를 인정하는 역할을 했다. 총 30개 정도 존재했을 것으로 추정되며, 적어도 9개의 명칭이 판명되었다. 게노스와 달리 고전기에는 어느 시민이나 어느 프라트리아에 소속되어 있었으며, 그 구성원의 권한이 아테나이 시민권의 필요조건으로 간주되었다. 매년 가을 열리는 아파투리아 축제에서 프라트리아는 구성원의 자녀를 아테나이 여성과의 합법적 혼인에서 태어난 자녀로 인정해 프라트리아 입적을 허용했다. 프라트리아와 게노스의 관계에 대해서는 논의가 있지만, 아마 전자가 후자를 포섭하는 관계인 것으로 보인다. 게노스와 마찬가지로 프라트리아도 과거에는 폴리스 성립 이전으로 거슬러 올라가는 씨족제의 혈연 집단으로 간주되었지만, 오늘날에는 기원전 8세기 이후에 형성된 지연 조직이 그 기원으로 생각되고 있다. 드라콘의 입법 이후 비자발적 살인의 화해에서 프라트리아가 일정한 역할을 하고 있음이 알려져 있는데(IG I³ 104.16~19) 옛 부족, 옛 트리튀스, 나우크라리아(제8장 (3))와 달리 그 정치적·재정적·군사적 기능은 그다지 크지 않았고, 따라서 클레이스테네스는 프라트리아를 존속시켰다. 프라트리아(파트리아)를 옛 트리튀스와 동일시하는 단편 2의 기술은 잘못되었다. 아테나이의 프라트리아에 대해서는 Lambert, 1998 참조.

10 옛 4부족제 아래에서의 트리튀스. 제8장 (3) 및 해당 각주 참조.

11 모두 신관직을 세습하는 게노스. 에우몰피다이와 케뤼케스에 대해서는 제39장 해당 각주 참조. 에테오부타다이는 아테나이시 바깥 서쪽에 있는 나중에 부타다이구를 본 거지로 하는 귀족의 가계로, 알카익기로부터 존재가 확인되는 가장 오래된 게노스의 하나. 에렉테우스 왕의 형제 부테스를 시조로 하며, 아테나 폴리아스 신과 포세이돈 에렉테우스(또는 에릭토니오스) 신의 신관직을 세습했다. 기원전 4세기 말의 정치가 뤼쿠르고스는 그 일원이었다. 또한 기원전 6세기에 '평야의 사람들'을 이끌었던 귀족 뤼쿠르고스도 마찬가지일 것으로 추측된다. Parker, 1996: 290~293 참조. 제13장 (4) 및 해당 각주 참조.

다. "아테나이인의 부족은 1년의 사계절을 모방해서 4개로 편제되고, 각 부족은 세 부분으로 나뉘어, 정확히 1년의 월수와 동일하게 전체가 열두 부분이 된다. 그것들은 트리튀스나 파트리아라고 불린다. 파트리아는 한 달의 일수와 마찬가지로 30개의 게노스가 모여 이루어졌으며, 게노스는 30명으로 이루어져 있다."

[위-플라톤, 『악시오코스』 371D의 고주]

아리스토텔레스는 다음과 같이 말한다. 아테나이의 모든 주민은 농민과 수공업자로 나뉘었고, 그들의 부족은 4개였다. 각 부족은 세 부분으로 나뉘어 그것들을 트리튀스라든가 프라트리아라고 부른다. 각각 30개의 게노스가 있으며, 각 게노스는 30명으로 구성되어 있다. 이들 게노스를 구성하는 사람들을 게노스의 구성원이라고 부른다.

[하르포크라티온 '트리튀스'의 항]

트리튀스는 부족의 3분의 1을 말한다. 왜냐하면 부족은 트리튀스, 에트노스, 파트리아 등의 세 부분으로 나뉘어져 있기 때문이다. 이것은 아리스토텔레스가 『아테나이인의 정치체제』에서 말하고 있다.

3. (384 Rose = 2 Kenyon)

[플루타르코스, 「테세우스」 제25장 제1~3절]

그[테세우스[12]]는 폴리스를 더 크게 만들기를 원했고, 권리의 평등을 조

---

12 신화상의 아테나이 왕. 아이게우스의 자식이다. 크레타의 미궁에서 괴물 미노타우로스를 퇴치한 이야기로 유명하다. 아티카의 집(sunoikismos)을 이루었으며, 이를 통해 도시 국가 아테나이가 성립되었다고 한다. 이 단편이 전하는 전체 주민의 통합도 이것을 의미한다.

건으로 사람들을 남김없이 불러 모았다. 그리고 '모든 백성이여, 여기로 오라'는 것이 테세우스의 포고였다고 하며, 그에 따라 전 주민의 통합을 확립하고자 했다. 그러나 그는 무차별적으로 다중이 몰려들면서 민주정이 무질서하고 혼란스러워지는 것을 좌시하지 않았고, 비로소 출생 귀족[에우파트리다이], 농민[게오모로이], 수공업자[데미우르고이]의 구별을 마련하여,[13] 출생 귀족이 신적인 일을 관장하고, 관리를 내고, 법률 교사가 되고, 세속적인 것과 성스러운 것의 해석자가 되는 것을 허용하면서도, 그들의 지위는 다른 시민들과 동등하도록 정했다. 왜냐하면 평판이란 점에서는 출생 귀족이, 유용성이라는 점에서는 농민이, 인원수라는 점에서는 수공업자가 각각 우월하다고 생각했기 때문이다. 아리스토텔레스가 말하는 대로, 그가 처음으로 군중에게 호의를 베풀어 왕정을 폐지했다는 것은, 호메로스가 '군선의 목록'에서 아테나이인만을 '민중'(dēmos)이라고 부르는[14] 데서도 증명되는 것 같다. 또한 그는 화폐를 만들어 황소를 새겼다.[15]

---

13 이온이 주민을 농민과 수공업자의 두 신분으로 나눈 반면, 테세우스는 출생 귀족까지 세 신분으로 나누어, 그들에게 특권을 나누어 주어서는 왕권을 약화시켰다고 말하는 것으로 이해된다. '왕정을 폐지했다'라고 이 단편은 말하지만, 전승에 의하면 세습 왕정이 끝난 것은 메돈 혹은 아카스토스 때이다. 이것은 테세우스가 아테나이 민주정의 기초를 창시했다고 하는 기원전 4세기의 전승의 영향일 것이다.

14 '군선의 목록'으로 불리는 호메로스, 『일리아스』 제2가 484~759행으로 헬라스군 장군을 총괄하고 있는 부분이다. 547행에 '마음의 위대한 에렉테우스 왕의 dēmos'라고 하여, 이 단편의 저자는 이 dēmos를 민주정의 주권자인 '인민'이라고 해석한 것이다. 하지만 본래의 맥락에서는 '국토, 주민'이라는 의미이다. 이 역시 테세우스를 아테나이 민주정의 시조로 믿었던 후세의 전승에서 비롯된 오해다. 일반적으로 기원전 4세기의 아테나이인은 민주정의 창시자를 클레이스테네스나 에피알테스가 아니라, 테세우스나 솔론에게로 돌렸다. ADD, pp. 297~299; 제8장 해당 각주 참조.

15 플루타르코스, 「테세우스」 제25장 중 어디부터 어디까지가 인용인지 분명하지 않다. 체임버스(Staat, p. 138)는 이 단편 첫머리가 나중에 나온 '헤라클레이데스에 의한 발췌'(1)의 내용과 겹치는 것, 또 끝머리에는 아리스토텔레스의 이름이 거론되고 있는 것, 또 테세우스가 화폐를 제조했다고 하는 기술도 이 책이 의존하는 아티카지(誌)에

4. (4 Kenyon)

[에우리피데스,『히폴뤼토스』11의 바티칸 본의 고주]

아리스토텔레스가 말하기를 테세우스는 스퀴로스섬으로 정찰하러 나갔다.[16] 이것은 아이게오스의 혈연관계에서 당연한 것이었지만,[17] 뤼코메데스[18] 왕이 〈섬을 빼앗기는 것을〉[19] 두려워했기 때문에, 암벽에서 떨어져 죽었다. 〈…〉 페르시아 전쟁 후, 아테나이인은 신탁에 따라 그의 유골을 파내어 [고국에] 매장했다.[20]

보이는 것 등에서 본문의 여기까지를 이 책으로부터의 인용으로 본다.

16 「테세우스」 제35장에 그 사정이 이야기되고 있다.
17 「테세우스」 제35장 제5절에 의하면, 스퀴로스섬에는 테세우스의 아버지 아이게오스의 소유물이 있었다고 한다. 이곳에서의 혈연관계가 어떤 것인지는 알 수 없다.
18 스퀴로스섬의 왕.
19 「헤라클레이데스에 의한 발췌」(1)에 근거한 보충 독해.
20 기원전 476/475년, 키몬이 델포이의 신탁에 따라 스퀴로스섬을 공략하여 아테나이의 식민지로 삼았을 때, 그곳에 테세우스의 무덤을 발견했다며 유골을 아테나이로 가져갔고 시내에 매장했다. 테세우스 살해를 둘러싼 전승은, 물론 같은 섬의 영유권을 정당화하기 위해서 만들어진 아테나이 측의 선전일 것이다.

헤라클레이데스에 의한 발췌[1]

1. 처음에 아테나이인들은 왕정을 따랐고, 이온이 그들과 함께 살기에 이르러서야 비로소 이오니아인으로 불렸다[단편1]. 에렉테우스[2]의 뒤

---

[1] 기원전 2세기에 알렉산드리아에서 활약하여 프톨레마이오스 6세를 섬긴 정치가이자 학자인 헤라클레이데스 렘보스(Herakleides Lembos)가 아리스토텔레스의 『정치체제』 중 40편을 요약한 것으로 알려진 책 『헤라클레이데스의 정치체제의 발췌』(*ek tōn Herakleidou peri politeiōn*)에서 『아테나이인의 정치체제』 발췌 부분만을 실었다. 이 책은 모두 22개의 사본이 전해지는데, 그중 중요한 것은 파리 국립도서관이 소장하고 있는 13세기 말의 V사본(Codex Parisinus Graecus 352)이다. 텍스트 교정과 영어 번역 및 해제로 Dilts (*Excerpta politiarum Heraclidis Lembi*, Duke University, 1971)가 있다.

[2] 아테나이 왕가와 아르콘의 계보 전승은 히그넷(Hignett, 1952: 38~46) 및 로즈(*Comm*, pp. 65~79, 특히 p. 66)에 자세히 기술되어 있다. 그 전승에 따르면, 아테나이 초대 왕 케크롭스 이후 에렉테우스 왕가 14대가 이어지고, 이를 멜란토스에서 시작해서 코드로스, 메돈, 아카스토스로 이어지는 두 번째 왕가가 계승한다. 이 코드로스 왕가의 메돈 혹은 그의 아들 아카스토스 때 세습 왕정이 끝나고, 같은 가계에서 임기 종신의 아르콘이 13명 나온 후 임기는 10년이 된다(기원전 753/752년). 그러나 같은 가문 출신 힙포메네스가 아르콘을 맡은 후 아르콘직은 다른 출생 귀족(에우파트리다이)에게도 개방된다. 마침내 기원전 683/682년부터 아르콘의 임기는 1년이 되는데, 아르콘 크레온으로부터 시작되었다. 이 계보는 기원전 5세기 후반 헬라니코스에서 시작된 연대학의 성과라고 생각할 수 있는데(*Atthis*, pp. 125~127; FGrH323a F23), 물론 이것은 후세의 전승으로부터 재구성한 것이다. 하지만 이 계보상의 왕들은 헤로도토스에게는 거의 알려져 있지 않다. 전승 가운데 크레온의 아르콘 취임 외에는 역사적 사실로 확인되는 것

에 왕위에 오른 판디온³은 통치권을 아들들에게 나누어 주었지만, 그들은 내분을 멈추지 않았다. 테세우스는 포고를 하고, 그들을 동등하고 평등한 조건으로 화해시켰다. 그가 스퀴로스섬을 방문했을 때, 섬을 빼앗기는 것을 두려워한 뤼코메데스에 의해 암벽에서 밀쳐져 죽고 말았다. 나중에 아테나이인은 페르시아 전쟁 이후, 그의 유골을 이장했다[단편 3~4]. 코드로스⁴의 자손은 사치에 빠져 연약해졌다고 판단되었기 때문에 코드로스 왕가의 이후, 아테나이인이 왕을 선택하는 일은 더 이상 없었다. 그런데 코드로스 가문의 한 사람인 힙포메네스⁵는 이러한 비판을 제거하려고 그의 딸 레이모네와 간통한 남자를 현장에서 붙잡았고, 남자는 전차에 연결해 죽이고,⁶ 딸은 말과 함께 감금한 채 죽게 했다.

2. 여신의 제단으로 도망간 퀼론의 지지자들⁷을 메가클레스 일파가 죽였다. 그리고 [아테나이인들은] 살해자를 독신(瀆神)에 의해 더럽혀진 자로 추

은 거의 없다. 다만 확실한 것은, 아테나이가 알카익기의 이른 단계에서, 왕정으로부터 귀족정으로 단계적으로 이행했다는 것뿐이다.

3 에렉테우스 가문에 속한 신화상의 왕. 판디오니스 부족의 조상. 전승에 따르면, 메가라를 병합하고 왕국을 아들들에게 나누어 주었다. 아테나이와 그 주변 영토를 이어받은 것이 아이게우스, 그의 아들이 테세우스이다.

4 전하는 바에 따르면, 아테나이의 마지막 왕. 아들 메돈은 왕위를 물려나는 대신 종신 아르콘이 되었다고 한다. 또 다른 전승에서는 마지막 왕이 메돈이고, 종신 아르콘이 된 것은 그의 자식 아카스토스라고 한다. 제3장(3) 참조.

5 코드로스의 후손으로 임기 10년이 된 아르콘의 4대째. 동일한 전승이 다마스커스의 니콜라오스 FGrH90F49에도 나온다.

6 사본에는 meta tēs thugatros('딸과 함께')라는 구절이 있는데, 케니언과 우리의 대본은 이를 삭제한다. 미혼 딸의 혼인 외 성교도 간통으로 간주되어 가부장은 현장에서 붙잡은 남자를 실력행사를 통해 살해하는 것이 허용되었다. 제59장 해당 각주 참조.

7 사본에는 dia tēn turannida('참주정을 위하여')라는 구절이 있는데, 우리가 채택한 대본은 이를 삭제한다.

방했다[『아테나이인의 정치체제』제1장].

3. 솔론은 아테나이인들을 위해 입법을 하면서 부채 탕감도 단행했다. 이것은 '무거운 짐 내려놓음'(seisachtheia)이라고 불린다[제6장 (1)]. 그러나 그의 법에 관련해 그를 고민하게 하는 자들이 있었으므로 고국을 떠나 이집트로 떠나갔다[제11장 (1)].

4. 페이시스트라토스는 33년간 참주의 자리에 있다가 고령으로 죽었다[제17장 (1)]. 페이시스트라토스의 아들 히파르코스는 놀기 좋아하고 여색을 밝히는 예술 애호가였다. 테살로스는 이보다 어리고 무분별했다[제18장 (1~2)]. 그들[암살자]은 참주였던 그[히피아스]를 죽이지 못하고 그의 동생 히파르코스를 죽였다[제18장 (3)]. 히피아스의 참주 정치는 이전보다 더 가혹해졌다[제19장 (1)]. 클레이스테네스는 도편추방에 관한 법을 도입했는데, 이는 참주에 가담하려고 도모하는 자들에 대해 제정되었다. 그 밖에도 크산티포스와 아리스테데스도 도편추방되었다[제2장 (4~7)].

5. 테미스토클레스와 아리스테이데스는 〈…〉[제23장 (3)]. 그리고 아레오파고스 평의회가 큰 권한을 휘두르고 있었다[제23장 (2)].

6. 에피알테스는 〈…〉[제25장]. 〈키몬은〉[8] 원하는 자가 과일 수집을 할 수 있도록 소유한 농지를 제공하고, 그 농지의 수입으로 많은 자에게 식사를 대접

---

8   케니언과 우리가 사용한 대본은 '에피알테스는' 바로 다음에 탈문이 있음을 인정하고, 대신 다음의 문장 주어로 '키몬'을 보충한다. 딜츠(Dilts, 1971: 8, 17)는 사본대로 읽고, 이 한 문장의 주어를 에피알테스로 하며, 이를 발췌자 자신이 키몬과 에피알테스를 혼동한 결과로 이해한다.

했다[제27장 (3)].

7. 크레온은 정권을 계승하자 이를 타락시켰는데[제28장 (3)], 그의 후계자들은 더 심했다. 그들은 모든 것을 무법으로 충당하고, 1500명 이상을 살해했다[제28장 (4), 제35장 (3)~(4)]. 그들이 타도된 후, 트라쉬불로스와 훌륭하고 좋은 인물인 리논이 국가의 지도자가 되었다[제37장(1), 제38장(3)]. 〈…〉.

8. 또 그들은 도로 위에 돌출한 건물을 짓거나 발코니를 노상에 내밀거나 하는 사람이 없도록 도로 감독을 실행한다[제50장 (2)]. 마찬가지로, 감옥에 수감된 사람들의 감독에 해당하는 '11인'도 임명했다[제52장 (1)]. 또 9명의 아르콘이 있는데, 그중 6명은 테스모테타이이며, 그들은 자격 심사를 받은 후에 올바르게 직책을 완수하여 뇌물을 받지 않고, 만일 취한다면 황금상 일체를 봉납하겠다고 맹세한다[제55장 (1~5)]. 바실레우스는 희생에 관한 일을 관장하고[제57장 (1)], 그리고 〈폴레마르코스는〉 군사를 관장한다[9][제58장 (1)].

---

9   기원전 4세기 말의 폴레마르코스는 이미 민정관(民政官)이 되었기 때문에, 이것은 발췌자의 오해로 보인다.

참고문헌

이 책의 교정된 텍스트, 사본 복사판, 사본 디지털 이미지 및 번역

http://www.bl.uk/manuscripts/FullDisplay.aspx?ref = Papyrus_131 (the British Library website, Digitised Manuscripts, Papyrus 131).

Blass, F.(1903), *Aristotelis Politeia Athēnaiōn*, 4th ed. Leipzig(Bibliotheca Teubneriana).

Chambers, M. H.(1986/1994), *Aristoteles, Athenaion politeia*, Leipzig(Bibliotheca Teubneriana).

_____ (1991), *Aristoteles, Werke*, 10.1: *Staat der Athener, übersetzt und erläutet*, Berlin.

Day, J. and Chambers, M. H.(1962), *Aristotle's history of Athenian democracy*, Berkeley.

Fritz, K. von, Kapp, E.(1950), *Aristotle's constitution of Athens and related texts*, N.Y.

Herwerden, H. van, Leeuwen, J. van.(1891), *De republica Atheniensium: Aristotelis qui fertur liber Athēnaiōn Politeia*, Leiden.

Hude, K. K. T.(1932), *Aristoteles, der Staat der Athener*, 3rd ed. Leipzig/Berlin.

Kaibel, G., Wilamowitz-Möllendorff, U. von.(1898), *Aristotelis Politeia Athēnaiōn*, 3rd ed. Berlin.

Keaney, J. J.(1992), *The composition of Aristotle's Athenaion politeia: observation and explanation*, New York.

Kenyon, F. G.(1891), *Athenaion Politeia: Aristotle on the constitution of Athens*, London.

_____ (1891), 2nd ed. 1891, 3rd ed. 1892, *Aristotle on the constitution of Athens*, London.

_____ (1920), *Aristotelis Atheniensium respublica*, Oxford(Oxford Classical Texts).

Marr, J. L. & Rhodes, P. J.(2008), *The Old Oligarch: The Constitution of the Athenians Attributed to Xenophon*, Oxbow Books.

Mathieu, G., Haussoullier, B.(1922), *Aristote, constitution d'Athènes*, Paris.

Oppermann, H.(1961), *Aristotelis Athēnaiōn Politeia*, Stuttgart(Bibliotheca Teubneriana).

Rackham, H.(1935), *Aristotle, The Athenian constitution, The Eudemian ethics, On virtues and vices*, London/Cambridge, Mass(Loeb Classical Library).

Rhodes, P. J.(1981), *A commentary on the Aristotelian Athenaion politeia*, Oxford.

_____ (1984), *Aristotle, the Athenian constitution, translated with introduction and notes*, Harmondsworth.

_____ (1984), rev. ed. 2002, *Aristotle, the Athenian constitution*, London(Penguin Classics, 2017).

_____ (2017), *The Athenian Constitution Written in the School of Aristotle*, Liverpool University Press.

Sandys, J. E.(1912), *Aristotle's constitution of Athens*, 2nd ed. London.

Scott, E. J. L.(1891), *Aristotle on the constitution of Athens, Facsimile of papyrus CXXXI in the British Museum*, 2nd ed. London.

Thalheim, T.(1914), *Aristotelis Politeia Athēnaiōn*, 2nd ed. Leipzig(Bibliotheca Teubneriana).

상실된 첫머리의 「단편」과 헤라클레이데스에 의한 발췌

Dilts, M. R.(1971), *Heraclidis Lembi excerpta politiarum*(GRBS Monogr. 5), Durham N. C.

Rose, V.(1886), *Aristotelis qui ferebantur librorum fragmenta*, Leipzig.

그 밖의 참고 문헌

Anderson, G.(2003), *The Athenian experiment: building an imagined political community in ancient Attica, 508~490 B.C.*, Ann Arbor.

Andrewes, A.(1956), *The Greek tyrants*, London.

_____ (1982a), "The growth of the Athenian state", *The Cambridge Ancient History*, 2nd ed. III3.

_____ (1982b), "The tyranny of Pisistratus", *The Cambridge Ancient History*, 2nd ed. III3.

Bergk, T.(1881), "Zur aristotelischen Politie der Athener", *RhM* 36.

Bers, V.(2000), "Just rituals. Why the rigmarole of fourth-century Athenian lawcourts?", P. Flensted-Jensen et al., eds. *Polis & politics: studies in ancient Greek history presented to Mogens Herman Hansen on his sixtieth birthday, August 20*. Copenhagen.

Bishop, J. D.(1970), "The cleroterium", *JHS* 90.

Blok, J. H.(2000), "Phye's procession: culture, politics and Peisistratid rule", H. Sancisi-Weerdenburg, ed. *Peisistratos and the tyranny: a reappraisal of the evidence*, Amsterdam.

_____ (2009), "Perikles' citizenship law: a new perspective", *Historia* 58.

Blok, J. H. and Lardinois, A. P. M. H., eds.(2006), *Solon of Athens: new historical and philological approaches*, Leiden/Boston.

Boegehold, A. L.(1960), "Aristotle's Athenaion Politeia 65, 2: the 'official token'", *Hesperia* 29.

_____ (1982), "A lid with dipinto", *Studies in Attic epigraphy, history and topography, presented to E. Vanderpool*(Hesperia Suppl. 19).

_____ (1995), *The lawcourts at Athens: sites, buildings, equipment, procedure, and testimonia*(the Athenian Agora 28), Princeton.

Bonner, R. J.(1905), *Evidence in Athenian courts*, Chicago.

Bonner, R. J. and Smith, G.(1930~1938), *The administration of justice from Homer to Aristotle* I~II, Chicago.

Bourriot, F.(1976), *Recherches sur la nature du génos: étude d'histoire sociale athénienne: périodes archaïque et classique* I~II. Paris/Lille.

Brenne, S.(1994), "Ostraka and the process of ostrakophoria", *The Archaeology of Athens and Attica under the Democracy*, Oxford.

_____ (2002), "Die Ostraka(487-ca. 416 v. Chr.) als Testimonien(T1)", ed. P. Siewert, *Ostrakismos-Testimonien I: die Zeugnisse antiker Autoren, der Inschriften und Ostraka über das athenische Scherbengericht aus vorhellenistischer Zeit (487~322 v. Chr.)*, Stuttgart.

Bugh, G. R.(1988), *The horsemen of Athens*, Princeton.

Burckhardt, L. A.(1996), *Bürger und Soldaten: Aspekte der politischen und militärischen Rolle athenischer Bürger im Kriegswesen des 4. Jahrhunderts v. Chr*, Stuttgart.

Busolt, G. S. H.(1920~1926), *Grieshische Staatkunde* I-II, München.

Cadoux, T. J.(1948), "The Athenian Archons from Kreon to Hypsichides", *JHS*, Vol. 68.

Calhoun, G. M.(1919), "Oral and written pleading in Athenian courts", *TAPhA* 1.

Camp, J. M.(1992), *The Athenian Agora: excavations in the heart of classical Athens*, 2nd ed. London.

Camp II, J. M.(1984), "Water and the Pelargikon", *Studies presented to Sterling Dow (GRBS* Monogr. 10).

_____ (2010), *The Athenian Agora: site guide*, 5th ed. Princeton.

Carawan, E. M.(1998), *Rhetoric and the law of Draco*, Oxford.

_____ (2002), "The Athenian amnesty and the 'scrutiny of the laws'", *JHS* 122.

_____ (2006), "Amnesty and accountings for the Thirty", *CQ*. n.s.56.

_____ (1991), "EPHETAI and Athenian courts for homicide in the age of the orators", *CPh* 86.

_____ (1993), "Tyranny and outlawry: *Athenaion Politeia* 16.10", Rosen and Farrell.

Cartledge, P. et al., eds.(1990), *Nomos: essays in Athenian law, politics and society*, Cambridge.

Chambers, M. H.(1965), "Notes on the text of the *Ath.Pol.*", *TAPhA* 96.

_____ (1967), "The Berlin fragments of the *Ath.Pol.*", *TAPhA* 98.

_____ (1973), "Aristotle on Solon's reform of coinage and weights", *California Studies in Classical Antiquity* 6.

_____ (1993), "Aristotle and his use of sources", Piérart 1993.

_____ (1996), "The *Athenaion Politeia* after a century", eds. R.W. Wallace, E. M. Harris, *Transitions to empire: essays in Greco-Roman history, 360~146 B.C. in honor of E. Badian*, Norman/London.

Christ, M. R.(1998), *The litigious Athenian*, Baltimore/London.

_____ (2001), "Conscription of hoplites in classical Athens", *CQ* n.s.51.

Colin, G.(1917), "Les sept derniers chapitres de l' '*Athēnaion Politeia*", *REG* 30.

Connor, W. R.(1971), *The new politicians of fifth-century Athens*, Princeton.

Coulson, W. D. E. et al., eds.(1994), *The archaeology of Athens and Attica under the democracy*, Oxford.

Cox, C. A.(2007), "The astynomoi, private wills and street activity", *CQ* n.s. 57.

Crawford, M. H.(1972), "Solon's alleged reform of weights and measures", *Eirene* 10.

Davis, G.(2011), "Axones and kurbeis: a new answer to an old problem", *Historia* 60.

Develin, R.(1984a), "The constitution of Drakon", *Athenaeum* 62.

_____ (1984b), "From Panathenaia to Panathenaia", *ZPE* 57.

Dillery, J.(2002), "Ephebes in the stadium (not the theatre): *Ath.Pol.* 42. 4 and *IG* II² 351", *CQ* n.s. 52.

Dillon, M. P. J.(1996), The Importance of the Water Supply at Athens: The Role of the ἐπιμελητὴς τῶν κρηνῶν, *Hermes*, 124. Bd., H. 2(1996).

Dontas, G.(1983), "The true Aglaurion", *Hesperia* 52.

Dow, S.(1937), *Prytaneis: A Study of the Inscriptions Honoring the Athenian Councillors*, Hesperia Supplement vol 1.

_____ (1939), "Aristotle, the kleroteria and the courts", *HSPh* 50.

_____ (1976), "Companionable associates in the Athenian government", in L. Bonfante, H. von Heintze, eds., *In memoriam Otto J. Brendel: essays in archaeology and humanitues*, Mainz.

Düring, I.(1968), "Aristoteles", *RE Suppl*. XI: col.

Forrest, W. G.(1966), *The emergence of Greek democracy*, London.

Forsdyke, S.(2005), *Exile, ostracism, and democracy: the politics of expulsion in ancient Greece*, Princeton.

_____ (2006), "Land, labor and economy in Solonian Athens: breaking the impasse between archaeology and history", in Blok and Lardinois.

Foxhall, L.(1997), "A view from the top: evaluating the Solonian property classes", eds. Lynett G. Mitchell and P. J. Rhodes, *The development of the polis in archaic Greece*, New york.

Fuks, A.(1953), *The ancestral constitution*, London.

Gabrielsen, V.(1994/2010), *Financing the Athenian fleet: public taxation and social relations*, Baltimore.

Gagarin, M.(1981), *Drakon and early Athenian homicide law*, New Heaven.

Gallant, T. W.(1982), "Agricultural systems, land tenure and the reforms of Solon", *ABSA* 77.

Garland, R.(2001), *The Piraeus*, 2nd ed. London.

Gauthier, P.(1972), *Symbola: les étrangers et la justice dans les cités grecques*, Nancy.

Gehrke, H-J.(1985), *Stasis: Untersuchungen zu den inneren Kriegen in den griechischen Staaten des 5. und 4. Jahrhunderts v.Chr*, München.

Gomme, A. W.(1940), "The old oligarch", *HSCP* Suppl. 1, 1940.

Graham, A. J.(1998), "The Woman at the Window: Observations on the 'Stele from the Harbour' of Thasos," *JHS*, Vol. 118.

Habicht, C.(1961), "Neue Inschriften aus dem Kerameikos", *MDAI*(A) 76.

Hamel, D.(1998), *Athenian generals: military authority in the classical period*, Leiden.

Hansen, M. H.(1974), *The sovereignty of the people's court in Athens in the fourth century B.C. and the public action against unconstitutional proposals*, Odense.

_____ (1975), *Eisangelia: the sovereignty of the people's court in Athens in the fourth century B.C. and the impeachment of generals and politicians*, Odense.

_____ (1976), "Androtion's political career", *Historia* 25.

_____ (1976), *Apagoge, endeixis and ephegesis against kakourgoi, atimoi and pheugontes*, Odense.

_____ (1977), "Atthis and politeia", *Historia* 26.

_____ (1979), "How often did the Athenian dicasteria meet?" *GRBS* 20.

_____ (1980), "Seven hundred archai in classical Athens", *GRBS* 21.

_____ (1981~1982), "The Athenian Heliaia from Solon to Aristotle", *C&M* 33.

_____ (1983), "The procheirotonia in the Athenian ecclesia", *The Athenian ecclesia: a collection of articles 1976~1983*, Copenhagen.

_____ (1985a), "The history of the Athenian constitution", *CPh* 80.

_____ (1985b), *Demography and democracy: the number of Athenian citizens in the fourth century B.C.*, Herning.

_____ (1987a), "Did Kleisthenes use the lot when trittyes were allocated to tribes?" *AncW* 15.

_____ (1987b), *The Athenian assembly in the age of Demosthenes*, Oxford.

Hansen, M. H. (1990), "When was selection by lot of magistrates introduced in Athens?" *C&M* 41.

_____ (1994), *Androtion and the Atthis*, Oxford.

Harding, P. (1974), "Androtion's view of Solon's seisachtheia", *Phoenix* 28.

Harris, E. M. (1997), "A new solution to the riddle of the seisachtheia", eds. Lynett G. Mitchell and P. J. Rhodes, *The development of the polis in archaic Greece*, New york.

Harris, E. M. and Rubinstein, L., eds. (2004), *The law and the courts in ancient Greece*, London.

Harrison, A. R. W. (1968~1971), *The law of Athens* I~II. Oxford.

Harvey, D. (1990), "The sykophant and sykophancy: vexatious redefinition?", eds. Cartledge et al., *Nomos: Essays in Athenian Law, Politics and Society*, New York.

Hashiba, Y. (2006), "Athenian bribery reconsidered: some legal aspects", *PCPhS* 52.

Heftner, H. (2001), *Der oligarchische Umsturz des Jahres 411 v.Chr. und die Herrschaft der Vierhundert in Athen: Quellenkunde und historische Untersuchungen*, Frankfurt a. M.

Henry, A. S (2002), "The Athenian state secretariat and provisions for publishing and erecting decrees", *Hesperia* 71.

Herman, G. (1987), *Ritualised friendship and the Greek city*, Cambridge.

Hignett, C. (1952), *A history of the Athenian constitution to the end of the fifth century B.C.*, Oxford.

Hommel, H. (1927), *Heliaia* (Philologus Suppl. 19, 2), Leipzig.

Hopper, R. J. (1953), "The Attic silver mines in the fourth century B.C.", *ABSA* 48.

Hornblower, S. (1991~2008), *A commentary on Thucydides* I~III. Oxford.

Hurwit, J. M. (1999), *The Athenian Acropolis: history, mythology, and archaeology from the neolithic era to the present*, Cambridge.

Jeffery, L. H. (1973~1974), "Demiourgoi in the archaic period", *Arch Class* 25/26.

Jones, N. F. (1999), *The associations of classical Athens: the response to democracy*, Oxford.

Kapparis, K. A. (1998), "Assessors of magistrates (paredroi) in classical Athens", *Historia* 47.

Keaney, J. J. (1963), "The Structure of Aristotle's *Athenaion Politeia*", *Harvard Studies in Classical Philology* Vol. 67.

_____ (1970), "The date of Aristotle's Athenaion Politeia", *Historia* 19.

_____ (1980), "Hignett's *HAC* and the authorship of the Athenaion politeia", *LCM* 5.

_____ (1992), *The composition of Aristotle's Athenaion Politeia: observation and explanation*, N.Y./Oxford.

Kearns, E. (1989), *The heroes of Attica*, London.

Kraay, C. M. (1976), *Archaic and classical Greek coins*, London.

_____ (1988), "Coinage", *The Cambridge ancient History*, 2nd ed. IV.

Krentz, P. (1982), *The Thirty at Athens*, N.Y.

Kroll, J. H. (1972), *Athenian bronze allotment plates*, Cambridge, Mass.

Lambert, S. D. (1998), *The phratries of Attica*, 2nd ed. Ann Arbor.

Lang, M. (1987), *The Athenian citizen* (Excavations of the Athenian Agora: picture book No. 4), Princeton.

_____ (1990), *Ostraka* (the Athenian Agora 25), Princeton.

Lang, M. and Crosby, M. (1964), *Weights, measures and tokens* (the Athenian Agora 10), Princeton.

Langdon, M. K. (1991), "Poletai records", G. V. Lalonde et al., *Inscriptions: horoi, poletai records, leases of public lands* (the Athenian Agora 19), Princeton.

Lanni, A. (1997), "Spectator sports or serious politics? *hoi pepiestēkotes* and the Athenian lawcourts", *JHS* 117.

_____ (2006), *Law and justice in the courts of classical Athens*, Cambridge.

Lavelle, B. M. (2005), *Fame, money, and power: the rise of Peisistratos and 'democratic' tyranny at Athens*, Ann Arbor.

Lewis, D. M. (1963), "Cleisthenes and Attica", *Historia* 12.

Lipsius, J. H. (1905~1915), *Das attische Recht und Rechtsverfahren I~III*, Leipzig.

Loening, T. C. (1987), *The reconciliation agreement of 403/402 B.C. in Athens: its content and application*, Stuttgart.

Loftus, A. (2000), "A new fragment of the Theramenes papyrus" (P. Mich. 5796B), *ZPE* 133.

Loraux, N. (2006), *The divided city: on memory and forgetting in ancient Athens*, trans. C. Pache with J. Fort, N.Y.

MacDowell, D. M. (1963), *Athenian homicide law in the age of the orators*, Manchester.

_____ (1971), "The chronology of Athenian speeches and legal innovations in 401~398 B.C.", *RIDA* 3e sér. 18.

_____ (1983), "Athenian laws about bribery", *RIDA* 3e sér. 30.

_____ (1990), *Demosthenes, Against Meidias*, Oxford.

Maddoli, G., ed. (1994), *L'Athenaion Politeia di Aristotele 1891~1991: per un bilancio di cento anni di studi*, Perugia.

Manville, P. B. (1990), *The origins of citizenship in ancient Athens*, Princeton.

Markle, M. M. (1985) "Jury pay and assembly pay at Athens", eds. P. A. Cartledge and F. D. Harvey, *Crux. Essays presented to G.E.M. de Ste. Croix on his 75th birthday*, Exeter/London.

Martin, R. (1957), "Sur deux expressions techniques de l'architecture grecque", *RPh* 3e sér. 31.

Mattingly, H. B. (1996), *The Athenian empire restored: epigraphic and historical Studies*, Ann Arbor.

Meier, M.(2012), "Die athenischen Hektemoroi: eine Erfindung?", *HZ* 294-1.

Meiggs, R.(1972), *The Athenian empire*, Oxford.

Meritt, B. D.(1961), *The Athenian year*, Berkeley/L.A.

Merkelbach, R., Youtie, H. C.(1968), "Ein Michigan-Papyrus über Theramenes", *ZPE* 2.

Mikalson, J. D.(1975), *The Sacred and Civil Calendar of the Athenian Year*, Princeton University Press.

Miller, S. G.(1978), *The Prytaneion: its function and architectural form*, Berkeley/L.A./London.

Mirhady, D. C., Schwarz, C.(2011), "Dicastic participation", *CQ* n.s. 61.

Mitchell, L. G., Rhodes, P. J., eds.(1997), *The development of the polis in archaic Greece*, London/N.Y.

Montana, F.(1996), *L'Athenaion Politeia di Aristotele negli scholia vetera ad Aristofane*, Pisa/Roma.

Moreno, A.(2007), *Feeding the democracy: the Athenian grain supply in the fifth and fourth centuries B.C.*, Oxford.

Morrison, J. S., Coates, J. F., Rankov, N. B.(2000), *The Athenian trireme: the history and reconstruction of an ancient Greek warship*, 2nd ed. Cambridge.

Mossé, C.(1979), "Comment s'élabore un mythe politique: Solon, 'père fondateur' de la démocratie athénienne", *Annales (Économies, Sociétés, Civilisations)* 34-3.

Mülke, C.(2002), *Solons politische Elegien und Iamben* (Fr. 1~13; 32~37 West): Einleitung, Text, Übersetzung, Kommentar\, München/Leipzig.

Naiden, F. S.(2004), "Supplication and the law", eds. E. Harris and L. Rubinstein, *The Law and Courts in Ancient Greece*, Brisrol classical Press.

Neils, J.(2007), "Replicating tradition: the first celebrations of the Greater Panathenaia", eds. O. Palagia and A. Choremi-Spetsieri, *The Panathenaic Games*, Oxford.

Newman, W. L.(1891), "Aristotle on the constitution of Athens", *CR* 5.

Ober, J.(1989), *Mass and elite in democratic Athens: rhetoric, ideology, and the power of the people*, Princeton.

_____ (1996), *The Athenian revolution: essays on ancient Greek democracy and political theory*, Princeton.

_____ (2006), "Solon and the horoi: facts on the ground in archaic Athens", Blok and Lardinois.

Olson, S. D.(1996), "Aristophanes, Equites 947~959 and the Athenian public seal", *ZPE* 113.

Osborne, R.(1990), "Vexatious litigation in classical Athens: sykophancy and the sykophant", eds. Cartledge et al., *Nomos: Essays in Athenian Law, Politics and Society*, New York.

Ostwald, M.(1969), *Nomos and the beginnings of the Athenian democracy*, Oxford.

_____ (1986), *From popular sovereignty to the sovereignty of law: law, society, and politics in fifth-century Athens*, Berkeley/L.A./London.

_____ (1988), "The reform of the Athenian state by Cleisthenes", *The Cambridge ancient history*, 2nd ed. IV.

Owens, E. J.(1983), "The koprologoi at Athens in the fifth and fourth centuries B.C.", *CQ* n.s. 33.

Palagia, O., Choremi-Spetsieri, A., eds.(2007), *The Panathenaic games: proceedings of an international conference held at the University of Athens*, May 11~12, 2004. Oxford.

Papazarkadas, N.(2011), *Sacred and public land in ancient Athens*, Oxford.

Parke, H. W.(1977), *Festivals of the Athenians*, Ithaca, N.Y.

Parker, R.(1983), *Miasma: pollution and purification in Greek religion*, Oxford.

_____ (1996), *Athenian religion: a history*, Oxford.

Patterson, C. B.(1981), *Pericles' citizenship law of 451~450 B.C.*, N.Y.

Pickard-Cambridge, A. W.(1968), *The dramatic festivals of Athens*, 2nd ed. Oxford.

_____ (1971), "Les EYΘYNOI athéniens", *AC* 40.

Piérart, M. ed.(1993), *Aristote et Athènes: Fribourg (Suisse) 23~25 mai 1991*, Paris.

Potter, D.(1987), "A note on *Ath.Pol.* 24. 3", *AJPh* 108.

Pritchett, W. K.(2001), *Athenian calendars and ekklesias*, Amsterdam.

Raaflaub, K.(1989), Die Anfänge des politischen Denkens bei den Griechen, *Historische Zeitschrift*, Bd. 248, H. 1 (Feb).

Rausch, M.(1998), "Kleisthenes, Isagoras, der Rat und das Volk: die athenische Innenpolitik zwischen dem Sturz der Tyrannis und dem Jahr 507 v. Chr", *Chiron* 28.

Rehm, A.(1931), "Zu Aristot. 'Athp. c. 47. 48", *Philologus* 86.

Reinmuth, O. W.(1971), *The ephebic inscriptions of the fourth century B.C.*, Leiden.

Rhodes, P. J.(1972), "The Five Thousand in the Athenian revolutions of 411 B.C.", *JHS* 92.

_____ (1972), *The Athenian Boule (=AB)*, Oxford.

_____ (1979), "ΕΙΣΑΙΓΓΕΛΙΑ in Athens", *JHS* 99.

_____ (1992), "The Delian League to 449 B.C.", *The Cambridge ancient history*, 2nd ed. V.

_____ (1994), "The ostracism of Hyperbolus", R. Osborne, S. Hornblower, eds. *Ritual, finance, politics: Athenian democratic accounts presented to David Lewis*, Oxford.

_____ (2004), "Keeping to the point", eds. E. Harris and L. Rubinstein, *The Law and Courts in Ancient Greece*, Brisrol classical Press.

_____ (2006), "The reforms and laws of Solon: an optimistic view", Blok and Lardinois.

_____ (2013), "The organization of Athenian public finance", *G&R* 60.

Rhodes, P. J., Osborne, R.(2003), *Greek Historical Inscriptions 404~323 B.C.*, Oxford.

Rihll, T. E.(1991), "HEKTEMOROI: partners in crime?" *JHS* 111.

Robertson, N.(1998), "The city center of archaic Athens", *Hesperia* 67.

Rosen, R. M., Farrell, J., eds.(1993), *Nomodeiktes: Greek studies in honor of Martin Ostwald*, Ann Arbor.

Rosivach, V. J.(2000), "Some economic aspects of the fourth-century Athenian market grain", *Chiron* 30.

_____ (2002), "The requirements of the Solonic classes in Aristotle, *AP* 7. 4", *Hermes* 130.

Roussel, D.(1976), *Tribu et cité: études sur les groupes sociaux dans les cités grecques aux époques archaïque et classique*, Paris.

Ruschenbusch, E.(1961), "Ephesis. Ein Beitrag zur griechischen Rechtsterminologie", *ZRG* 78.

_____ (1965), "Hēliaia. Die Tradition über das solonische Volksgericht", *Historia* 14.

_____ (1966), *ΣΟΛΩΝΟΣ ΝΟΜΟΙ: die Fragmente des solonischen Gesetzeswerkes mit einer Text und Überlieferungsgeschichte*, Wiesbaden.

_____ (1982), "Die Diaitetenliste IG II/III2 1927. Zugleich ein Beitrag zur sozialen Herkunft der Schiedsrichter und zur Demokratie Athens", *ZPE* 49.

_____ (2010), *Solon: das Gesetzeswerk-Fragmente: Übersetzung und Kommentar*, ed. K. Bringmann, Stuttgart.

Schils, G.(1991), "Solon and the hektemoroi", *AncSoc* 22.

Schmalz, G. C. R.(2006), "The Athenian prytaneion discovered?", *Hesperia* 75.

Shear, J. L.(2011), *Polis and revolution: responding to oligarchy in classical Athens*, Cambridge.

_____ (2012), "The Tyrannicides, their cult and the Panathenaia: a note", *JHS* 132.

Shear, Jr., T. L.(1970), "The monument of the eponymous heroes in the Athenian Agora", *Hesperia* 39.

_____ (1994), "Isonomous t' Athēnas epoiēsatēn: the Agora and the democracy", eds. Coulson et al., *The Archaeology of Athens and Attica under the Democracy*, Oxford.

Sickinger, J. P.(1999), *Public records and archives in classical Athens*, Chapel Hill.

Siewert, P.(1982), *Die Trittyen Attikas und die Heeresreform des Kleisthenes* (Vestigia 33), München.

Simon, E.(1983), *Festivals of Attica: an archaeological commentary*, Madison.

Stadter, P. A.(1989), *A commentary on Plutarch's Pericles*, Chapel Hill/London.

Stanley, P. V.(1979), "Agoranomoi and metronomoi: Athenian market officials and regulations", *AncW* 2.

Stroud, R. S.(1963), "A fragment of an inscribed bronze stele from Athens", *Hesperia* 32.

_____ (1968), *Drakon's law on homicide*, Berkeley/L.A.

_____ (1979), *The axones and kyrbeis of Drakon and Solon*, Berkeley/L.A./London.

Taylor, M. C.(1997), *Salamis and the Salaminioi: the history of an unofficial Athenian demos*, Amsterdam.

Thompson, H. A., Wycherley, R. E.(1972), *The Agora of Athens: the history, shape, and uses of an ancient city center* (the Athenian Agora 14), Princeton.

Thompson, W. E.(1966), "Trittus tōn prutaneōn", *Historia* 15.

Thomsen, R.(1972), *The origin of ostracism*, Copenhagen.

Thür, G.(1977), *Beweisführung vor den Schwurgerichtshöfen Athens: die Proklesis zur Basanos*, Wien.

Tiverios, M.(2007), "Panathenaic amphoras", eds. O. Palagia and A. Choremi-Spetsieri, *The Panathenaic Games*, Oxford.

Todd, S. C.(1993), *The shape of Athenian law*, Oxford.

_____ (2000), "How to execute people in fourth-century Athens", eds. V. Hunter, and J. Edmondson, *Law and social status in classical Athens*, Oxford.

Traill, J. S.(1975), *The political organization of Attica* (Hesperia Suppl. 14), Princeton.

_____ (1986), *Demos and trittys*, Toronto.

Travlos, J.(1971/1980), *Pictorial dictionary of ancient Athens*, London/N.Y.

Tulin, A.(1996), *DIKE PHONOU: the right of prosecution and Attic homicide procedure*, Stuttgart/Leipzig.

Wade-Gery, H. T.(1958), *Essays in Greek history*, Oxford.

Wallace, R. W.(1989), *The Areopagos council, to 307 B.C.*, Baltimore/London.

_____ (1993), "Aristotelian politeiai and *Athenaion Politeia* 4", eds. R. M. Rosen and J. Farrell, *Nomodeiktes: Greek Studies in Honor of Martin Ostwal*, Ann Andor.

Wees, H. van.(2004), *Greek warfare: myths and realities*, London.

_____ (2006), "Mass and elite in Solon's Athens: the property classes revisited", eds. J. Blok and A. P. M. H. Lardinois, *Solon of Athens*, Brill.

West, M. L.(1971), *Iambi et elegi Graeci ante Alexandrum cantati* I. Oxford.

Whitehead, D.(1981), "The archaic Athenian Zeugitai", CQ n.s. 31.

_____ (1986/2014), *The demes of Attica, 508/507-ca.250 B.C.: a political and social study*, Princeton.

_____ (1993), "1~41, 42~69: a tale of two politeiai", ed. M. Piérart, *Aristote et Athenes*, Paris.

Wilamowitz-Möllendorff, U. von.(1893), *Aristoteles und Athen* I~II, Berlin.

Wilson, P.(2000), *The Athenian institution of the khoregia: the chorus, the city and the stage*, Cambridge.

Woodhouse, W. J.(1938), *Solon the liberator: a study of the agrarian problem in Attika in the seventh century*, Oxford.

Young, S.(1939), "An Athenian clepsydra", *Hesperia* 8.

아리스토텔레스, 『니코마코스 윤리학』(김재홍 옮김), 미간행.

_____, 『정치학』(김재홍 옮김), 그린비, 2023.

_____, 『가정경제학』(김재홍 옮김), 그린비, 2024.

테오프라스토스, 『성격의 유형들』(김재홍 옮김), 쌤앤파커스, 2019.

'플라톤의 대화편'은 원칙적으로 '정암학당의 번역본'을 따른다.

찾아보기

숫자는 본문의 장과 절을 표시한다. 예) 7.1; 12.1~2 = 제7장 (1); 제12장 (1)~(2). 발췌 = 「헤라클레이데스에 의한 발췌」. '단편'은 그대로 표기.

10분의 1세(dekatē) 16.4
10인(hoi deka) 38.1~3; 39.6; 41.2
'11인'(hoi hendeka) 7.3; 29.4; 52.1; 35.1; 39.6; 발췌 8
30인(기원전 404/403년 과두 정권)(hoi triakonta) 34.2; 35.1, 3; 36.1~2; 37.1; 38.1; 39.6; 40.1, 3; 41.2; 53.1
3000인(hoi trischlioi) 36.1~2; 37.1~2
40명의 재판관(hoi tettarkonta) 53.1, 5 ☞ 구의 재판관 ☞ 마을의 재판관
400인(기원전 411년의 과두정 정권)(hoi tetrakosioi) 29.1; 31.1, 3; 32.1, 3; 33.1~2; 34.1; 37.1; 41.2
500석급의 (사람)(pentakosiomedimnos) 4.3; 7.3~4; 8.1; 26.2; 47.1
5000인(hoi pentakischilioi) 29.5; 30.1; 31.2; 32.1, 3; 5000인의 정치체제 33.1~2; 34.1
간통죄에 대한 공소(graphē moicheias) 59.3
간통한 남자(moichos) 57.3; 발췌 1
감독관(epimelētai); 디오뉘시오스 제의

감독관 56.4; 비의 감독관; 57.1
감옥(desmōtērion) 35.1 52.1 ☞ '11인'
감옥 감독관(desmōtēriou phulakes) 35.1
거래소(emporion) 51.4
거래소 감독관(emporiou epimelētai) 51.4
거수 선거로 뽑힌(cheirotonōtos) 54.3; 55.2
거수에 의한 선거(cheirotonein) 42.2~3; 43.1; 46.1; 47.2; 49.2; 54.3, 5; 55.2; 56.4; 57.1; 61.1, 3~7
거수표결(epicheirotonia, cheitrotonia) 30.5; 34.1, 3; 37.1; 41.3; 43.5; 44.3; 49.1~2; 55.4
거수표결에 의한 유죄 판결(katachirotonia) 59.2
게노스(genos) 21.6; 42.5; 57.2; 단편 2
게라이스토스곶(Geraistos) 22.8
견습병(ephēboi) 42.2~3; 53.4; 견습병 명부; 53.4
결혼 지참금(proix) 52.2

찾아보기 315

경기 위원(athlothetai) 60.1, 3; 62.2
계수판(abax) 69.1
계약관(pōlētai) 7.3; 47.2; 52.1
고르길로스(Gorgilos) 17.4
고발(하다)(endeixis, endeiknunai) 29.4; 52.1; 63.3
고아(orphanoi) 24.3; 56.6~7
고아 재산의 부정에 관한 공소(graphē oikou orphanikou kakōseōs) 56.6
고아 학대에 대한 공소(graphē orphanōn kakōseōs) 56.6
곡물(sitos) 43.4; 51.3
곡물 감독관(sitophulakes) 51.3
곡물 거래소 감독관(sitikon emporion) 51.4
곡물상(emporoi) 51.4
공공건축의 모형(paradeigmata) 49.3
공공 봉사(lē[i]tourgia, lē[i]tourgein) 27.3; 56.3
공금 취급상의 경범죄(adikion) 54.2
공문서(ta grammata) 44.1; 54.3
공민권을 보유하고(epitimoi ontes) 39.1
공소(graphai) 56.6; 59.3; 68.1 ☞ 공적 소송 ☞ 사소(사적 소송)
공적 소송 67.1 ☞ 공소
공탁금(parastasis) 59.3
과두정(oligarkia) 13.4; 32.2; 34.3; 37.1; 38.4; 53.1
과두정파(oligarchikoi) 34.3
관리(archē) 3.1~2, 4; 4.2; 8.13; 9.1; 24.3; 29.5; 31.1, 3; 35.1; 43.1, 4; 44.4; 45.2; 47.1; 48.2~3; 49.5; 53.5; 54.1~2; 55.1; 59.1, 4~5; 62.1~3; 66.1~2; 옛적의 정치체제의 관리 3.1~2; 국내외의 관리 24.3; 추첨으로 선임된 관리 43.1; 54.1~8; 55.1; 62.1; 선거에서 선임된 관리 43.1; 61.1~7; 관리의 재임 규정 62.3
광산(metalla) 22.7; 47.2
광산에 관련된 소송(dikē metallikē) 59.5

교사(견습병의)(didaskaloi) 42.3
교환증(sumbolon) 68.2; 69.2
구(dēmos) 14.4; 21.4~5; 55.3; 62.1; 63.4
구민(dēmotēs) 21.4; 22.5; 42.1~2; 59.4
구의 재판관(dikastai hoi kata dēmous) 26.3; 48.5
구장(dēmarchos) 21.5; 54.8
구타죄에 대한 고소(dikē aikeias) 52.2
국경 요쇄(phulaktēria) 42.4
국쇄(dēmosia sphragis) 44.1
국유 노예(ho dēmosios) 47.5; 48.1; 50.2; 54.1; 65.4
군사 담당 관리의 선거(archairesia) 44.4
군사령관(polemarchos) 단편 1 ☞ 폴레마르코스
군사를 위한 직책(hai πpos ton polemon atchai) 44.4; 61.1~6
군사 회계관(tamias tōn stratiōtikōn) 43.1; 47.2; 49.3
군선 격납고(neōsoikos) 46.1
궁병(toxotai) 34.3
귀족(hoi gnōrimoi) 2.1; 5.1; 6.2; 11.2; 16.9
규율 감독관(kosmētēs) 42.2
기마 종병(amippoi) 49.1
기병(hippeis) 19.5; 24.3; 38.2; 49.2; 61.4, 6
기병 등록관(katalogeis) 49.2
기병 장관(hipparchos) 4.2; 30.2; 44.4; 49.2; 61; 4.6
기병 척후병(prodromoi) 49.1
기사(에레트리아의)(hippeis) 15.2
기사급(hippas; hippeis) 4.3; 7.3~4; 26.2 ☞ 기병
나우크라리아, 나우쿠라로스(naukraria, naukraros) 8.3; 21.5
낙소스(의 사람)(Naxos, Naxios) 15.2~3
남소자(sukophantēs) 35.2~3; 43.5
남소죄(濫訴罪, sukophantia) 59.3

네오클레스(Neoklēs) 23.3

네우보이아(Euboia) 33.1

노동자(thēs) 7.3

노동자급(thētikon telos) 7.3~4

노예(douloi andrapoda) 2.3; 40.2; 52.2; 59.5

농민(agroikoi, geôrgoi, geômoroi) 13.2; 단편 2.3

뇌물(dōra) 54.2; 55.5; 59.3

뇌물죄에 대한 공소(graphē dōrōn) 59.3 ☞ 뇌물

니케 여신상(hai Nikai) 47.1; 49.3

니코데모스(Nikodēmos) 22.7

니키아스(Nikias) 28.3.5

다나시아스(Danasias) 25.4

다모니데스(Damōnidēs) 27.4

다중(plēthos) 2.1; 9.1; 12.2; 16.7; 20.1, 3; 21.1; 22.1; 25.1; 28.3; 36.1; 41.2

당번 평의원(대표)(prutaneis) 4.2; 29.4~5; 41.3; 43.2~3,6; 44.1~2, 4; 45.4; 62.2

당쟁(하다)(stasis, stasiazein) 2.1; 5.2~3; 8.5; 13.1~2; 14.4; 20.1, 4; 41.2

당파(stasis) 11.2; 13.4; 15.1

대사면(mēdeni pros mēdena mnēsikakein; '[과거의 일에 대해서] 누구든지 어떤 사람에 대해서 나쁜 일을 떠올리지 말라') 39.6; 40.2

데릴사위를 볼 딸(상속녀)(epiklēros) 9.2; 42.5; 43.4; 56.6~7; 58.3

데릴사위를 볼 딸 학대에 대한 공소(graphē epikērou kakōseōs) 56.6

데마레토스(Dēmaretos) 38.2

데켈레이아(Dekeleia) 34.1

델로스(의 제전)(Dēlos) 54.7; 56.3; 62.2

델포이(Delphoi) 19.4

델피니온(Delphinion) 57.3

도량형 감독관(metronomoi) 51.2

도로 건설관(hodopoioi) 54.1

도편 투표(ostrakophoria) 43.5

도편추방(하다)(ostrakismos, ostrakizein) 22.1, 3~8; 27.4; 발췌 4 ☞ 도편 투표; 도편추방에 관한 법(ho nomos ho peri ton ostrakismon) 22.1, 3~4, 6; 발췌 4

독신(瀆神)의 더럽힘(agos) 1; 20.2

돈을 빌림(daneismoi) 2.2

동년 조(hēlikia) 53.4, 7

동맹 공조금(phoros) 23.5; 24.3

동맹 회계관(hellēnotamiai) 30.2

드라콘(Drakōn) 3.1; 4.1; 드라콘의 법 4.1; 7.1; 41.2; 드라콘의 정치체제 4.2~4; 41.2

드라콘티데스(Drakontidēs) 34.3

드라크마(drachmē) 4.3; 10.1; 23.1; 30.6; 52.3; 53.2~3; 62.2; 67.2

디오뉘소스(Dionusos) 3.5

디오뉘시아 제전(Dionusia) 54.8; 56.3, 5; 대 디오뉘시아 제전(Dionusia ta megala) 56.4; 레나이온의 디오뉘시아 제전(Dionusia ta Epilēnaia) 57.1

디피로스(Diphilos) 7.4

라이케로스(Rhaikēros) 15.2

라케다이몬(Lakedaimōn) 37.2; 38.1, 4

라케다이몬 사람(Lakedaimonioi) 19.2, 4; 23.2, 4; 29.1; 32.3; 34.1; 37.2; 38.4; 40.3

라코니아인(Lakōnes) 19.2, 4; 23.4

라키아다이구(Lakiadai) 27.3

레스보스인(Lesbioi) 24.2

레오코레이온(Leōkoreion) 18.3

레이모네(Leimōnē) 발췌 1

레이프쉬드리온(Leipsudrion) 19.3

렘노스(Lēmnos) 61.6; 62.2

뤼그다미스(Lugdamis) 15.2~3

뤼산드로스(Lusandros) 34.2~3

뤼시마코스(Lusimachos) [아리스테이데스의 아버지] 22.7; 23.3; 처형 도구에서 생환한 사람] 45.1

뤼시크라테스(Lusikratēs) 26.3

뤼코르고스(Lukourgos) 13.4; 14.3
뤼코메데스(Lukomēdēs) 단편 4; 발췌 1
리논(Rhinōn) 38.3~4; 발췌 7
마라톤 전투(hē en Marathōni machē) 22.3
마로네이아(Maroneia) 22.7
마을의 재판관(hoi kata dēmous dikastai) 16.5
   ☞ 구의 재판관 ☞ 40인의 재판관
매년의 희생 위원(hoi kat' eniauton) 54.7
매달 소송(dikai emmēnoi) 52.2~3
매수하다(인민법정을)(dekazein) 27.5 ☞
   뇌물죄에 대한 공소 ☞ 뇌물
메가라인(Megareis) 14.1; 17.2
메가클레스(Megaklēs); [메가클레스 I 퀼론
   사건 때의 아르콘] 발췌 2; [메가클레스
   II 페이시스트라토스의 정적] 13.4; 14.4;
   15.1; [메가클레스 IV 도편추방된 인물]
   22.5
메돈(Medōn) 3.3
멜로비오스(Mēlobios) 29.1
명망가(hoi gnōrimoi) 28.2; 34.3
명패(재판관의)(pinakion) 63.2, 4; 64.1~4;
   65.3~4; 66.2
몰수 재산(ta dēmeuomena) 43.4
무거운 짐 내려놓기(seisachtheia) 6.1.2; 12.4;
   발췌 4
무기(hopla) 4.2; 14.2; 15.4~5; 18.4; 37.1~2
무네시테이데스(Mnēsitheidēs) 26.2
무네실로코스(Mnēsilochos) 33.1
무뉘키아(Monuchia) 19.2; 38.1, 3; 42.3; 61.1
무용 경기(euandria) 60.3
무장 시민의 사열(exetasis en hoplois) 31.2
물시계(to hudōr, hē klepsudra) 66.2; 67.2~3;
   69.2
뮈론(Murōn) 1.1
민주정(dēmos, dēmokratia) 8.4; 23.1; 29.1, 3;
   38.4; 40.2; 41.2
민주파(hoi dēmotikoi) 6.2~3; 18.5; 34.3

민회(ekklēsia, dēmos) [드라콘의 정치체제의]
   4.3; [솔론의 정치체제의] 7.3;
   [에피알테스 개혁 때의] 25.2, 4; [기원전
   406년의] 34.1; [기원전 4세기의] 42.2,
   4; 43.3~6; 44.2, 4; 45.4; 46.1~2; 54.5;
   57.1; 59.2; [주요민회](kuria ekklēsia)
   43.4; 62.2; [민회 수당] 41.3; 62.2;
   [민회에서의 선거] 44.4; 49.2; 56.4
민회 결의(psēphisma) 41.2; 54.3; 67.3
민회 고소(probolē) 43.5; 59.2
밀티아데스(Miltiadēs) 26.1; 28.2
바실레우스(Basileus) 3.2; 3.5; 47.4; 55.1; 56.1;
   발췌 8; 바실레우스의 직무 57.1~4
배분액(merismos) 48.2
벌금을 부과하다(zēmioun chrēmasin)
   8.4; 29.4; 42.2; 45.1; 벌금을 치르다
   (apotinein) 4.3; 54.2; 61.2; 63.3; 67.5
법(nomos) 3.6; 4.4; 16.10; 26.2; 31.1; 37.1;
   41.2; 45.1~2; 49.4; 53.2~3; 60.2 ☞ 규정
법령(thesmia thedmoi) 3.4; 4.1; 7.1; 12.4; 16.10
   ☞ 법
법의 보호 박탈(atimos) 8.5; 22.8; 16.10 ☞
   공민권 정지
법의 파수꾼(phulax tōn nomōn) 4.4
보좌역(paredroi) 48.4; 56.1
부모 학대에 대한 공소(graphē goneōn
   kakōseōs) 56.6
부적당한 법의 제의에 대한 공소(graphē
   nomon mē epitēdeion thenai) 59.2
부족(phulē) [옛 4부족] 8.1, 3; 21.2; 41.2;
   단편 2; [새로운 4부족] 21.2; 22.2, 5;
   29.5; 42.2~3; 43.2; 44.2; 47.1~2; 48.1,
   4~5; 53.1~2, 4; 56.3~4; 58.2; 59.7;
   60.1; 61.1, 3~5; 62.1; 63.1~2, 4; 65.4;
   66.3; ['부족의 구분을 하지 않도록'](mē
   phulokrinein) 21.2
부족 기병 지휘관(phularchoi) 30.2; 31.3; 49.2;
   61.5
부족 보병 지휘관(taxiarchoi) 30.2; 61.3, 5
부족민(phuletai) 31.1; 42.2; 61.3

부착하는 자(꽂는 자)(empēktēs) 64.2~3; 65.3

부채의 명부에서 빚을 갚은 자의 이름을 삭제하지 않는 죄에 대한 공소(graphē bouleuseōs) 59.3

부콜레이온(Boukoleion) 3.5

분뇨 수집인(koprologoi) 50.2

불경죄(신)에 대한 공소(graphō asebeias) 57.2

불법 제안에 대한 공소(graphē paranomōn) 29.4; 45.4; 59.2 ☞ 부적합한 법의 제의에 대한 공소

브라우로니아 제전(Braurōnia) 54.7

비의(엘레우시스의)(mustēria) 39.2; 57.1; 비의 입신자(mustai) 56.4; 비의 감독관(epilelētai mustēriōn) 57.1

사단노선(tetrērēs) 46.1

사모스(사람)(Samos, Samioi) 24.2; 62.2

사소(dikai) 52.2; 53.1; 56.6; ☞ 사적 소송

사역(클레이스테네스에 의한 행정 구역)(astu) 24.1 ☞ 시내

사적 소송(idiai dikai) 58.2; 59.5 ☞ 사소

사형(thanatos, thanatoun) 28.3; 29.4; 45.1; 52.1; 60.2; 67.5; [재판 없는 처형](akriton apokteinai) 40.2

산지의 사람들(diakrioi) 13.4

살라미스(Salamis) 17.2; 22.7; 살라미스 아르콘; 54.8; 62.2; 살라미스의 해전(hē peri Salamina naumachia) 23.1, 5; 27.2

살인 계획(bouleusis) 57.3 ☞ 살인에 대한 사소

살인에 대한 사소(dikē phonou) 16.8; 39.5; 57.3; [무생물, 동물에 의한 살인에 대한 재판] 57.4

삼단노선(triērēs) 22.7; 46.1

삼단노선 건조 위원(triēropoioi) 46.1

상소(하다)(ephesis, ephienai) 42.1; 53.2, 6; ☞ 심리 회부

상속 신청을 (아르콘에 대하여) 제기하다(lēxis) 43.4

상속재산(klēros) 9.2; 42.5; 43.4; 56.6; 58.3

상해에 대한 사소(dokē traumatos) 57.3

새로운 시민(neopolitai) 21.4

서기(grammateus); 400명의 정치체제의 서기 31.2; 프뤼타네이아의 서기(grammateus ho kata prutaneian) 54.3; 법의 기록을 위한 서기(grammateus epi tous nomous) 54.4; 문서 낭독을 위한 서기 54.5; 법정의 서기 67.3

선서(horkia, horkos) 3.3; 22.2; 23.5; 31.1; 39.4; 40.2

선서하다(homnuuai) 1.1; 3.3; 7.1; 22.2; 23.5; 29.2, 5; 31.1; 39.4; 42.1~2; 49.2; 55.5

성스러운 올리브나무 수(moriai) 60.2

성스러운 재물의 회계관(아테나 여신 및 다른 신의 회계관)(tamiai tōn hierōn chrēmatōn) 30.2

소득등급(telos) 4.2; 7.3~4 ☞ 솔론

소송제기관(eisagōgeis) 52.2

소포니데스(Sophōnidēs) 25.1

소환(prosklēsis) 29.4

소환 증인의 위증죄에 대한 공소(graphē pseudoklēteias) 59.3

손님(xenoi) 19.4; 20.2

솔론(Solōn) 2.2; 3.5; 5.2~3; 6.1~2; 8.1; 9.1; 10.1; 11.1~2; 13.1; 14.2; 17.2; 28.2; 발췌 3; 솔론의 정치체제 7~10; 29.3; 41.2; 솔론의 법 7.1~2; 8.1, 3~5; 9.2; 10.1; 11.1; 14.1; 22.1; 35.2; 47.1

수공업자(dēmiourgoi) 13.2; 단편 2~3

수비병(phrouroi) 24.3; 62.1

수원 감독관(ho tōn krēnōn epimelētēs) 43.1

수입을 수령하는 관리(apodektai) 47.5; 48.1; 50.1; 52.3

쉼모리아(summoria) 61.1

스키로스(Zuipos) 62.2; 단편 4; 발췌 1

스퀼라이온곶(Skullaion) 22.8

스키로포리온달(npopriv) 32.1

찾아보기   319

스파르타 시민(Spartiatai) 19.4
시내(도성; astu) 14.4; 16.3, 5; 19.3; 27.2;
    [엘레우시스에 대하여] 39.2, 5;
    [페이라이에우스에 대하여] 38.1; 39.1,
    6; 40.3; 50.2; 51.1~3 ☞ 시역
시모니데스(Simōnidēs) 18.1
시민(politēs) 8.5; 26.4; 28.5; 34.3; 35.2, 4;
    36.1; 37.1; 38.1~2; 45.1; 58.3
시민권(politeia) 13.5; 40.2; 42.1; 54.3 ☞
    참정권; 시민권 재심사(diapsēphismos)
    13.5; 시민권의 등록(hē eggraphē politōn)
    42.1~2; 43.1; 시민권의 받다(metachein
    tēs poleōs) 26.4
시민 대우 체류 외국인(isotelēs) 58.2 ☞ 체류
    외국인
시민 사칭에 대한 공소(graphē xenias) 59.3
시민 신분(astoi) 26.4; 42.1 ☞ 시민
시장(agora) 51.3 ☞ 아고라
시장 감독관(agoranomoi) 51.1
시켈리아(Sikelia) 28.3; 29.1
신관직(hirōsunē) 42.5; 57.2; 단편 2
신임 투표(epicheirotonia, epicheirotonein) 43.4;
    61.2, 4
신적인 일의 감독관(epimelētai) 30.2
신전 건축관(hierōn episkeustai) 50.1
신전의 땅(temenos) 47.4
신체 장애자(adunatoi) 49.4
신탁(manteia, chrēsmoi) 19.2, 4; 단편 4
심리회부(ephesis) 9.1; 45.2~3; 55.2 ☞ 상소
아고라(agora) 38.1; 48.4; 52.2; 57.4 ☞ 시장
아귀리오스 41.3
아나플뤼스토스 구의 사람(Anaphlustios) 34.3
아낙크레온(Anakreōn) 18.1
아레오파고스 평의회(평의원)(hē tōn
    Areopagitōn boulē, Areopagitai) 3.6; 4.4;
    8.2, 4; 16.8; 23.1; 25.1~4; 26.1; 27.1;
    35.2; 41.2; 47.2; 57.3~4; 59.6; 60.2~3;
    발췌 5

아르고스(의 사람)(Argos) 17.3~4; 19.4
아르기누사이 해전(hē en Arginousais
    naumachia) 34.1
아르케스트라토스(Archestratos) 35.2
아르콘(archōn) 4.2; 5.2; 7.1, 3; 8.1; 13.1~2;
    17.2; 22.5; 26.2; 30.2, 5; 47.2; 발췌 8;
    9명의 아르콘의 창설 3.2~5; 우두머리
    아르콘의 직무 56.2~7; 58.3; 60.2~3;
    아르콘에 의한 인민법정의 추첨 59.7;
    63~64; 아리콘의 자격 심사 55.2~5;
    아르콘의 추첨 55.1; 62.1; 아르콘 선서의
    돌 7.1; 55.5
아르콘의 부재(anarchia) 13.1
아르키노스(Archinos); [암프라키아의
    아르키노스] 17.4; [아테나이의
    아르키노스] 34.3; 40.1~2
아르테미스(수렵의 여신) (Artemis agrotera)
    58.1
아르팍티데스(Arpaktidēs) 19.6
아리스타이크모스('Aploralxuos) 4.1
아리스테이데스(Aristeidēs) 22.7; 23.3~4;
    24.1, 3; 28.2; 41.2; 발췌 4~5
아리스토디코스(Aristodikos) 25.4
아리스토크라테스(Aristokratēs) 33.2
아리스토텔레스(Aristotelēs) 단편 1~4
아리스티온(Aristiōn) 14.1
아리토게이톤(Aristogeitōn) 18.2, 4; 58.1
아리프론(Ariphrōn) 22.6
아스크레피오스 구의 사람(Asklēpios) 56.4
아이게우스(Aigeus) 단편 4
아이고스 포타모이의 해전(hē en Aigos
    potamois naumachia) 34.2
아카스토스 3.3
아케르도우시오스구의 사람(Acherdousios)
    38.3
아크로폴리스 7.4; 8.4; 14.1; 15.4; 18.3; 19.6;
    20.3; 24.3; 37.2; 55.5; 60.3
아테나 신상 47.1

아테나 여신(Athena) 14.4; 30.2; 49.3; 60.1
아테나 여신 회계관(tamiai tē Athēnas) 4.2; 7.3; 8.1; 47.1; 60.3
아테나이(Athēnai) 12.4; 19.4; 28.5; 단편 2
아테나이인(Athēnaioi) 16.10; 19.5~6; 20.3; 21.4; 22.4.7; 23.2; 29.4~5; 39.1; 42.2; 56.3; 57.1; 단편 1~3; 발췌 1
『아테나이인의 정치체제』(Athēnaiōn politeia) 단편 2
아티카(Attikē) 12.4; 19.5; 33.1; 단편 1
아폴론 (델포이의 신)(Apollōn ho Puthios) 단편 1
아폴론 신 (조상의)(Apollōn patrō[i]os) 55.3; 단편 1
악테(Aktē) 42.3
안테미온(Anthemiōn) 7.4
안티도토스(Antidotos) 26.4
안티폰(Antiphōn) 7.4
알렉시아스(Alexias) 34.2
알로페케구(의)(Alōpekēthen) 22.5; 45.1
알크메논 가문(Alkmeōnodai) 19.3; 20.1~2, 4~5; 28.2
알크메논(Alkmeōn) 13.4
암몬(Ammōn) 61.7
암프라키아(의 사람)(Amprakiōtēs) 17.4
앙겔레구(의)(A[n]ggelēthen) 34.1
앙키몰로스(A[n]gchimolos) 19.5
약식 벌금(을 내다)(epibolē, epiballein) 56.7; 61.2
약식 체포(apagōgē) 29.4; 52.1
양국 협정(sumbola) 59.6
에라노스에 관한 사소(dikē eranikē) 52.2
에레트리아(Eretria) 15.2; 33.1
에렉테우스(Erechtheus) 발췌 1
에우멜리데스(Eumēlidēs) 45.1
에우몰피다이(Eumolpidai) 39.2; 57.1; 단편 2
에우클레이데스(Eukleidēs) 39.1

에테오브타로타다이(Eteoboutadai) 단편 2
에피뤼케이온(Epilukeion) 3.5
에피뤼코스(Epilukos) 3.5
에피메니데스(Epimenidēs) 1.1
에피알테스(Ephialtēs) 25.1, 3~4; 26.2; 28.2; 35.2; 41.2; 발췌 6
에누알리오스(Enualios) 58.1
엘레우시니아제(Eleusinia) 54.7
엘레우시스(인들)(Eleusis, Eleusinioi) 39.1~3, 5; 40.4
여자 피리 연주자(aulōtris) 50.2
연극 관객 수당 회계관(hoi epi to theōrikon) 43.1; 47.2
예비 의원(probouloi) 29.2
예비 표결(procheirotonia) 43.6
예선을 거친 후보자(prokritoi) 8.1; 30.2; 31.1; 35.1
예선하다(prokrinein) 8.1; 21.6; 22.5; 26.2; 30.2
예심 3.5; 56.6
오레오스(Ōreos) 33.1
오볼로스(obolos) 28.3; 29.5; 41.3; 42.3; 49.4; 62.2
오에구(의)(Oiēthen) 27.4
올륌포스의 신들(daimones Olumpioi) 12.4
왕(basileus) 3.2; 41.3; 발췌 1 ☞ 바실레우스
'왕'의 열주랑(stoa hē basileios) 7.1
외교 사절(presbeia presbeis) 30; 5; 37.2; 43.6
외국인(Xenoi) 57.3
외국인 뇌물 공여에 대한 공소(graphē dōroxenias) 59.3
요새 장관(archontes eis ta phrouria) 30.2
우두머리(당번 평의원의)(epistatēs) 44.1 ☞ 당번 평의원
원형당(tholos) 43.3
위증의 죄(pseudomarturia) 59.6
유괴범(andrapodistēs) 52.1

찾아보기 321

은행업에 관한 사적 소송(dikē trapezitikē) 52.2
의도 없는 살인(akousioi phonai) 57.3 ☞ 살인에 대한 사소
의사목록(to programma) 44.2
의장(평의회, 민회의)(epistatēs) 44.2~3
의장단, 의장에 대한 공소(graphē proedrikē kai epistatikē) 59.2
이사고라스(Isagoras) 20.1~3; 21.1; 28.2
이아오니아(Iaonia) 5.2
이오니아인(Iōnes) 23.4~5; 단편 1; 발췌 1
이오폰(Iophōn) 17.3
이온(Iōn) 3.2; 41.2; 단편 1; 발췌 1
이집트(아이귑토스)(Aiguptos) 11.1; 발췌 3
인민법원(인민재판소); [솔론의](dikastērion) 7.3; 9.1~2; [민주정기의](dikastēria) 25.2; 27.3; 41.2; 63.2
인민법정(dikastērion) 29.4; 45.1; 46.2; 47.3; 52.1, 3; 53.3; 54.2; 56.1, 6~7; 61.2; 63~69; 인민법정에서의 집무 심사 48.4~5; 인민법정에서의 자격 심사 55.2, 4; 인민법정에로의 상소, 심리 회부 42.1; 45.2~3; 53.2, 6; 55.2; 인민법정의 주재 관리에 대한 할당 59.1; 66.1
인민 정치가(인민 선도가; dēmagōgos) 41.2 ☞ 인민 옹호자
인민 지도자(가 되다)(dēmagōgos, dēmagōgia, dēmagōgein) 22.3; 27.1; 28. 1, 4
인민의 옹호자(prostatēs tou dēmon) 2.2; 20.4; 23.3; 25.1; 28.1~2; 36.1
인보 동맹의 대표단(amphiktuones) 62.2
인보 동맹의 평의원(heromnēmōn) 30.2
일당(을 받다)(misthos, misthophorein) 27.2, 4; 30.2; 33.1; 41.3; 49.1; 62.2; 65.4; 66.3; 69.2
임브로스(Imbros) 62.2
자격 심사(dokimasia, dokimazein); [시민권 등록을 위한 자격 심사] 42.2; [평의원의 자격 심사] 45.3; [9명의 아르콘의 자격 심사] 45.3; 55.2~5; [보좌역의 자격 심사] 56.1; [관료 전반의 자격 심사] 55.2; 59.4; [기마 및 기병의 자격 심사] 49.1~2; [신체장애인의 자격 심사] 49.4; [경기 위원의 자격 심사] 60.1

자유인 신분(eleutheros) 42.1
작은 상자(kibōtion) 63.2; 54.1~2, 4, 6; 65.4; 66.2
장군(statēgos) 22.2; 23.1, 3; 26.1; 27.1; 29.4; 34.1; 38.4; 59.2; ['드라콘의 정치체제'의 장군] 4.2; [400명의 정치체제 안의 장군] 30.2, 5; 31.2; 32.3; 장군의 직무 61.1~2, 4; 장군의 선거 44.4
장례 경기(epitaphios agōn) 58.1
재분배하다(anadaston poiein) 11.2; 40.3
재산교환(antidosis) 56.3; 61.1
재산 몰수(dēmeusis chrematōn) 67.5
재산 정시(呈示)(ἐμφανῶν κατάστασις) 56. 6
재산 청산인 선정(datētōn airesis) 56.6
재판관(dijastai) 24.3; 27.4; 35.2; 45.1; 48.5; 54.2; 55.4; 59.7; 62.2; 63~69; 재판관의 자격; 63.3; 재판관 수당액 62.2; 재판관 수당 도입 27.3~4; 재판관의 법정 분배 63~65
적임자 선정 소송(diadikasia) 56.6; 57.2; 61.1; 67.2
전령(외국으로부터의)(kērux) 30.5; 43.6 ☞ 외교 사절
점쟁이(manteis) 54.6
정신착란에 대한 소송(graphē paranoias) 56.6
정치체제(politeia) 2.2~3; 3.1; 5.1; 9.1; 25.1, 3; 27.1; 28.1, 5; 33.2; 41.1; 42.1
제우스(구세주)(Zeus ho Sōtēr) 56.5
제우스(앞 정원의 제우스)(Zeus herkeios) 55.3
제전 사절단장(architheōros) 56.3
조상('자신에게 이름을 준 조상의 영웅-'; epōnumos; 부족의 조상 21.6; 48.4; 53.4; 동년배의 조의 조상 53.4~5, 7
조상의 정치체제(hē patrios politeia) 34.3; 35.2
좌석표(sumbolon) 65.2; 68.2

죄수의 간수(desmōtōn phulakes) 24.3; 52.1
주둔군사령관(스파르타의)(armostēs) 37.2
주사위(kubos) 64.3; 66.1
중대장(lochagoi) 61.3
중장비병(hoplitai) 24.3; 61.1, 5
중장비병급(zeugision telos, zeugitai) 4.3; 7.3~4; 26.2
중재 위원(기원전 403년에 스파르타에서 온 중재 위원)(diallaktai) 38.4
중재원(diaitētai) 53.2~6; 55.5; 58.2
증언(marturia) 53.2~3; 55.5; 67.3; 68.4
증인(martus) 55. 3~5
지역 감독관(astunomoi) 50.2
지위 인정에 대한 청구(epidikasia) 56.6
지팡이(재판원의)(baktēria) 63.2; 65.1~3; 69.2
집무 심사(authunai) 4.2; 27.1; 31.1; 38.4; 39.6; 48.4~5; 54.2; 56.1; 59.2
집무 심사관(euthunos) 48.4~5
징세 청부인(telōnai) 52.3
짧은 망토(견습병의)(chlamus) 42.5
참나무 열매(투표 공)(balanos) 63.2; 64.4; 65.1~3
참정권(politeia) 4.2~3; 20.1; 21.2; 36.1; 37.1; 38.2 ☞ 시민권
참주(가 되다)(turannos, turannein) 6.3; 11.2; 13.5; 16.10; 17.1; 18.4~5; 19.3; 20.4~5; 21.1; 22.3~4, 6; 32.2
참주정(turannis) 12.3; 14.2; 15.3; 16.1, 10; 19.1~2; 20.1; 22.1, 5~6; 41.2
처형 집행자(ho dêmos) 45.1
체류 외국인(metoikoi) 43.5; 57.3; 58.2~3
체류 외국인이 신원보증인을 세우지 않은 죄에 대한 공소(graphē aprostasiou) 58.3
체육 훈련관(paidotribēs) 42.3
최고(催告)(proklēsis) 53.2~3
추방(phugē) 67.5
추첨기(klērōtērion) 63.2; 64.1, 3; 66.1

추첨하다(klēroun) 4.3; 7.4; 8.1; 21.4; 26.2; 30.5; 43.2; 44.2; 47.1; 48.1, 3~4; 50.1; 51.1, 2, 4; 52.2; 53.1; 54.1, 3~4, 6~8; 55.1; 56.4; 59.7; 60.1; 63.1; 64.3; 66.2
출생 귀족(eupatridai) 13.2; 단편 3
출입구(법정의 격자 모양의 문)(kigklis) 65.1
카르모스(Charmos) 22.4.
칼리비오스(kallibios) 37.2; 38.3
칼리아스(Kallias)[기원전 412/411년 아르콘] 32.1~2; [기원전 406/5년 아르콘] 341
칼리크라테스(Kalliktatēs) 28.3
케돈(Kēdōn) 20.5
케뤼케스(Kērukes) 39.2; 57.1; 단편 2
케피소폰(Kēphisophōn) 54.7
코논(Konōn) 25.2
코드로스의 후손(Kodridai) 3.3; 발췌 1
코메아스(Kōeas) 14.1
콜라크레타이(kōlakretai) 7.3
콜뤼토스 구의 (사람)(Kollutos, Kolluteus) 14.4; 22.4
쿠스(xous) 67.2; 69.2
쿠토스(Xouthos) 단편 1
쿱셀로스 가문(Kupselidai) 17.4
퀼론(Kulōn) 발췌 2
크레우사(Kereousa) 단편 1
크로노스(Kronos) 16.7
크산티포스(Xanthippos) 22.6; 28.2; 발췌 4
크세나이네토스(Xenainetos) 40.4
클라조메네스의 사람(Klazomenios) 41.3
클레아이네토스(Kleainetos) 28.3
클레이스테네스(Kleisthenēs) 20.1, 3~4; 21.1; 22.1, 4; 28.2; 29.3; 41.2; 단편 2; 클레이스테네스의 법 22.1, 3~4, 6; 29.3; 클레이스테네스의 정치체제 22.1; 29.3
클레이토폰(Kleitophōn) 29.3; 34.3
키네아스(Kineas) 19.5
키몬(Kimōn) 26.1; 27.1, 3; 28.2 발췌 6

키오스인(Chioi) 24.2
키타라 연주녀(kitharistria) 50.2
타나그라(의) 사람(Tanagraios) 25.4
타르게리아 축제(Thargēlia) 56.3, 5
타르게리온(Thargēliōn) 32.1
탄원 절차(hiketēria) 43.6
탄핵 재판(을 일으키다)(eisaggelia, eisaggellein) 29.4; 59.2; ['드라콘의 정치체제'] 4.4; 탄핵 재판의 법(솔론의) 8.4; [국사범의] 43.4; [관료의 위법행위에 대한 탄핵 재판] 45.2; [중재원에 대한 탄핵 재판] 53.6
테라메네스(thēramenēs) 28.3, 5; 32.2; 33.2; 34.3; 36.1~2; 37.1~2
테레시노스(Telesinos) 22.5
테르메만(thermaios kolpos) 15.2
테미스토클레스(Themistoklēs) 22.7; 23.3; 25.3~4; 28.2; 발췌 5
테바이인(thēbaioi) 15.2
테살리아(의 사람)(thessalos) 발췌 4
테세우스(Thēdeus) 41.2; 단편 3.4; 발췌 1
테세이온(theseion) 15.4
테스모테타이(thesmothetai) 3.4, 5; 45.1; 48.5; 52.1; 63.1, 5; 64.1; 66.1; 발췌 8; 테스모테타이의 추첨 55.1; 테스모테타이의 직무; 59.1~6; 테스모테타이의 서기 55.1; 59.7; 63.1
테스모테테이온(thesmotheteion) 3.5
테오폼포스(Theopompos) 33.1
테이산드로스(Teisandros) 20.1
테타로스(thettalos) 17.3, 18.2
테탈로스(thettalos) 19.5
투사기(katapaltē) 42.3
투옥(하다)(desmos, dēsai) 45.1; 48.1; 61.2; 63.3; 67.5
투퀴디데스(Thoukudidēs) 28.2, 5
투표구(psēphos) 66.2; 68.2~4; 69.1
트라쉬불로스(Thrasuboulos) 37.1; 40.2; 발췌 7
트라키아 여자(Thra[i]tta) 14.4
트리튀스(trittus); 옛 제도의 트리튀스 8.3; 21.3; 단편 2; 클레이스테네스의 트리튀스 21.4
티모나사(Timōnassa) 17.4
티모스테네스(Timosthenēs) 23.5
파라디온 사람들(hoi epi Palladiō) 57.3
파라로스호(쾌속선)(Paralos) 61.7
파레니스(Pallēnis) 15.3; 17.4
파르네스산(Parnēs) 19.3
파우사니아스(Pausanias); [스파르타 섭정] 23.4; [스파르타 왕] 38.3~4
파울로스(Phaullos) 38.3
파이니포스(Phainippos) 22.3
파이어니아구(의 사람)(Paianieus) 14; 28.3; 38.3
파트리아(phatria) 단편 2 ☞ 프라토리아
판디온(Pandiōn) 발췌 1
판아테나이아 제전(Panathēnaia) 18.2~3; 43.1; 49.3; 54.7; 60.1, 3; 62.2; 판아테나이아의 경기 위원 60.1
팡가이온(Panggaion)15.2
패거리(徒黨, hetaireia) 20.1; 34.3
페르시아 왕(basileus) 29.1
페르시아 전쟁(ta Mēdika) 23.1; 25.1; 41.2; 단편 4; 발췌 1
페르시아와 내통의 죄(mēdismos) 25.3
페리클레스(Periklēs) 26.4; 27.1, 3~4; 28.1~3; 페리클레스의 시민권법 26.4
페이돈 중량(Pheidōneia metra) 10.2
페이라이에우스(Peiraieus) 38.3; 39.6; 42.3; 50.2; 51.1, 23; 61.1; 페이라이에우스에서의 귀환; 38.4; 40.2~3; 41.2; 페이라이에우스 구장(區長); 54.8
페이산드로스(Peisandros) 32.2
페이시스트라토스(Peisistratos) 13.4; 14~17;

22.3~4; 28.2; 41.2; 발췌 4
페이시스트라토스 가문(Peisistratidai) 19.4, 6
펠라르기콘(Pelargikon) 19.5
펠라타이('종속된 자', pelatai) 2.2 ☞ 헥테모로이
펠로폰네소스 동맹(Peloponnēsioi) 27.2; 38.2; 펠로폰네소스 동맹에 대한 기금 39.2
「평야의 사람들」(pediakoi) 13.4
평의원(이 되다)(bouleutēs, bouleuein) 4.3; 30.2~6; 31.1~3; 35.1; 43.2~3; 45.3; 48.3; 49.2; 62.1~2 ☞ 평의회
평의회(boulē) ['드라콘의 정치체제'의] 4.3; 400인의(솔론의 정치체제의) 8.4; 20.3; 21.3; 500명의 평의회; 21.3; 22.2; 24.3; 25.2, 4; 32.1; 40.2; 41.2; 42.2; 43~49; 54.3~5; 55.2, 4; 59.4; 60.1; 평의회 재판권의 변화 45.1; 평의회에 의한 앞선 심의의 원칙 44.4; 45.4; 평의회에 의한 관료 재판권 45.2; 평의회에 의한 군선 건조, 공공건축 심사 46.1~2
평의회 회의장(bouleutērion) 30.6; 32.3; 48.1~2; 53.4
포고사(내정의)(kērux) 56.2; 62.2; 64.3; 66.1; 68.4; 69.1 ☞ 전령
포르미시오스(Phormisios) 34.3
포시데온달(Posideōn) 67.4
폴레마르케이온(Polemarchion) 3.5
폴레마르코스(Polrmarchos) 3.2~3, 5; 22.2; 55.1; 56.1; 발췌 8; 폴레마르코스의 직무 58.1~3 ☞ 군사령관
폴리스 시민답게(politikōs) 14.3; 16.2; 18.1; 40.3
표석(horos) 12.45 ☞ 솔론
표준 화폐(charaktēr) 10.2
퓌에(Phuē) 14.4
퓌토도로스(Phuthodōros) [기원전 432/431년 아르콘] 27.2; [아나플뤼스토스구의 사람] 29.1~3; [기원전 404/403년 아르콘] 35.1; 41.1

퓌티아(Phuthia) 19.4; 21.6
퓔레(Phulē) 37.1; 퓔레로부터의 귀환 38.1~2; 41.2
퓔로스(Phulos) 27.5
프라트리아(pratria) 21.6, 단편 2 ☞ 파트리아
프레아토스의 신역(Phreatos) 57.3
프록세노스(proxenos) 58.2
프록세니아(proxenia) 54.3
프뤼타네이아(prutaneia) 43.3, 5; 44.3~4; 47.3~4; 48.3; 54.2; 61.2
프뤼타네이온(prutaneion) 3.5; 24.3; 62.2
피로네오스(Pilonēos) 17.1
피리(아울로스) 연주자(aulōtōs) 62.2
하그논(Hagnōn) 28.3
하급 관리(hupēretēs); [관료의] 50.2; [법정의] 63.5; 64.1; 65.1, 4
하르모디오스(Armodios) 18.2, 4; 58.1
하프를 연주하는 여자(psaltria) 50.2
합동법정(hēliaia) 68.1 ☞ 인민법정
합법적 살인(kata tous nomous apokteinai) 57.3 ☞ 살인에 대한 소송
합창대 봉사자(chorēgoi) 54.8; 56.3 ☞ 공공 봉사
항만 봉쇄선(nēes phrourides) 24.3
항아리(증언, 법률 서류 등을 넣다)(echinos) 53.2~3
해방노예가 신원보증인을 유기한 죄에 대한 사소(dikē apostasiou) 58.3
해상무역에 관한 사소(dikē emporikē) 59.5
해안의 사람들(paralioi) 13.4
헤게시스트라토스(Hegēsistratos) 17.3~4
헤게시아스(Hegesias) 14.3
헤라클레이데스(Herakleidēs) 41.3
헤라클레이아 축제(Herakleia) 54.7
헤로도토스(Herodotos) 14.4
헤르모크레온(Hermokreōn) 22.2
헤카톰바이온달(Hekatombaiōn) 62.2

헤티오네이아(Hetiōneia) 37.1, 17
헤파이스티아 축제(Hephaistia) 54.7
헥테모로이(6분의 1, Hektēmoroi) 2.2; ☞
　　펠라타이
헬레네스(Hellēnes) 23.2
형구(刑具)(tupanon) 45.1
호메로스(Homēros) 단편 3
화해; 기원전 403년의 화해(dialuseis) 38.3~4;
　　39.1; 40.1; 살인 사건의 화해(aidesis) 57.3
횃불 경주(lampadōn agōnes) 57.1
회계 검사관(logistai) 54.2
회계 검사 위원(logistai) 48.3
회계관(tamias) 4.2; 7.3; 8.1; 쾌속선
　　파라로스호를 위한 회계관 61.7;
　　장애인을 위한 회계관 49.4 ☞ 아테나
　　여신 회계관
회계 보고서(logos) 54.2
회전 기둥(kurbeis) 7.1
후견인(epitrotos) 56.6~7 ☞ 데릴사위를 볼
　　딸(상속녀) ☞ 고아
후견인의 임명(epitropēs katastasis) 56.6
훈육관(sōphronistēs) 42.2~3
휘메토스산(Humēttos) 16.6
휩시키데스(Hupsichidēs) 22.8
희생 위원(hiropoioi) 30.2; 54.6~7
히파르코스(Hipparchos) [참주의 아들] 17.3;
　　18.13; 19.2 발췌 4; [카드모스의 자식]
　　22.4
히포메네스(Hippomenēs) 발췌 1
히포크라테스(Hippokratēs) 22.5
히피아스(Hippias) 17.3; 18.1, 3~4, 6; 19.5;
　　발췌 4

아리스토텔레스 전집

- 1 범주들/명제에 관하여
-   2 분석론 전서
-   3 분석론 후서
-   4 토피카
-   5 소피스트식 논박
-   6 자연학
-   7 천계에 대하여
-   8 생성과 소멸에 대하여
-   9 기상학 (근간)
-   10 우주에 대하여
-   11 혼에 대하여
-   12 자연학 소논문집
-   13 동물지
- 14 동물의 부분들에 대하여
-   15 동물의 운동에 대하여/동물의 이동에 대하여
- 16 동물의 발생에 대하여
-   17 자연학 소품집
- 18 관상학
-   19 문제집 1
-   20 문제집 2
-   21 형이상학
-   22 니코마코스 윤리학
- 23 대도덕학
-   24 에우데모스 윤리학 (근간)
- 25 정치학
- 26 아테나이인의 정치체제
- 27 가정경제학
-   28 수사학
- 29 시학
-   30 단편 모음집